何昌垂在联合国粮农组织亚太地区办公室工作期间(2002—2009年)

1997年，何昌垂代表联合国参加香港中文大学地面站落成典礼（右起：陈述彭、何昌垂、李国章校长、路甬祥、杨振宁）

2003年11月15日，何昌垂（左）觐见在华欣行宫的泰国普密蓬国王

2005年10月，何昌垂（右）在粮农组织地区办公室会见萨摩亚总理图伊拉埃帕

2005年10月，何昌垂（左1）和联合国副秘书长兼亚太经社会执行秘书金学洙（左2）参加世界粮食日活动

2007年,联合国秘书长潘基文(左1)访问曼谷,何昌垂(右2)接待

2007年10月,何昌垂(左)邀请诺贝尔和平奖获得者尤努斯到粮农组织参加世界粮食日活动

2008年10月,何昌垂(左1)邀请科技部原部长徐冠华(中)到粮农组织地区办公室参加世界粮食日纪念活动(右1为科技部国际合作司副司长孟曙光)

2009年4月,何昌垂(左1)向泰国总理阿披实(中)赠送粮农组织的技术出版物

2009年，何昌垂（中）去罗马任副总干事之前，与夫人张佩红（左1）一起到泰国王宫向好友诗琳通公主（右1）告别

2010年9月，何昌垂（左1）在粮农组织高管会议上就海地地震的应对进展和后续行动部署发言，迪乌夫总干事（右1）参会

2010年11月，何昌垂（右）代表粮农组织与佛得角总理内韦斯会谈并签署粮食安全合作项目

2011年2月，何昌垂（左）代表粮农组织在总部中国厅会见尼加拉瓜总统夫人

2011年5月,何昌垂(右1)会见危地马拉总统(左1),双方探讨农业与粮食安全合作

2011年6月,泰国农业部部长受泰国国王委托,在罗马授予何昌垂(左)"泰国皇家特级皇冠勋章"以及"皇家骑士"封号

2012年3月,何昌垂(左1)与粮农组织新任总干事达席尔瓦(右1)一起陪同比尔及梅琳达·盖茨基金会主席比尔·盖茨(中)到粮农组织绿厅做关于数字农业的演讲

# 我的联合国之路

MY JOURNEY TO THE UNITED NATIONS

何昌垂 著

中信出版集团 | 北京

图书在版编目（CIP）数据

我的联合国之路 / 何昌垂著. -- 北京：中信出版社, 2020.3
ISBN 978-7-5217-0739-7

Ⅰ.①我… Ⅱ.①何… Ⅲ.①何昌垂—自传 Ⅳ.①K826.1

中国版本图书馆CIP数据核字（2019）第164713号

我的联合国之路

著　　者：何昌垂
出版发行：中信出版集团股份有限公司
　　　　（北京市朝阳区惠新东街甲4号富盛大厦2座　邮编　100029）
承　　印：北京盛通印刷股份有限公司

开　　本：787mm×1092mm　1/16　　印　张：33
字　　数：452千字　　　　　　　　　插　页：16
版　　次：2019年10月第1版　　　　　印　次：2020年3月第2次印刷
广告经营许可证：京朝工商广字第8087号
书　　号：ISBN 978-7-5217-0739-7
定　　价：88.00元

版权所有·侵权必究
如有印刷、装订问题，本公司负责调换。
服务热线：400-600-8099
投稿邮箱：author@citicpub.com

# 序一

这是一本值得推荐的书。

倘若意在由此书中寻找跻身国际组织之捷径,恐事与愿违,难遂心愿;或冀以淘得国际组织游弋晋升之秘籍,亦会无功而返,大失所望。

因为,任何人生都无法简单复制。何昌垂的联合国之路犹然。

然而,这确是一本值得深读的书。

他从海畔渔村到都市求学、从中国科学院到国家科委、从联合国亚太经社会到联合国粮农组织、从科技研究者到管理领军人的跨界飞翔,他笑瞰天下、纵论古今、舒放自如、娓娓道来的讲述方式,启人心智,润物无声。无论为学勤政的学者官员,抑或怀揣梦想的莘莘学子,都会开卷有益。

这是一本令人无法释卷的自传。

不仅因为它揭开了国际组织的很多神秘光环,更重要的是,读这样一本饱满厚重的人物传记,实在给人一种奇妙的体验,犹如穿越时光隧道,回溯一个时代,摊开一段历史,直面一颗伟大的心灵,诸多感佩会油然而生,诸多困顿会迎刃而解,诸多梦想会兀自放飞。尤当此公出身凡家,终成非凡之事,其励志之功堪为独特。

他是中国迄今为止,在联合国凭真才实学、靠能力业绩,一步一个脚印,经历了P5(处长)到D1(副司长)、D2(司长)、ASG(助理秘书长)及USG(副秘书长)各个级别的第一人。

他的路，凝结着独一无二的元素，独一无二的时代背景，独一无二的曲折起伏和砥砺心程。

"时势造英雄。"他是共和国同龄人，与新中国共命运。三十年前，国家科委领导决定忍痛割爱，放飞这位辖下最年轻的局级干部，任其搏击国际舞台。从大局着眼，乃秉承时代呼唤，顺应国家战略发展之需，送出国门，认识世界，适应全球化，熟悉国际惯例，期待他日在更广阔舞台上有所作为，更好报效祖国；从小处入手，是培养后生，了解国际组织，熟悉多边机制，冀其历经风浪，成就自我，为改革开放培养急需国际化人才，助国际科技合作一臂之力。

俗话说："不经历风雨，怎能见彩虹。"得益于改革开放，他成为中科院遥感所第一个出国留学的学子，专修遥感，夙夜苦读，不忘初心，学成归国，潜心科研，初露苗头。然，国家需要为王，他受命挥别科研一线，转战国家科委，开启跨界科技管理，拓展高科技国际合作，得遇伯乐宋健博士，连升三级。初入联合国，他逆势而前，披荆斩棘，创建亚太地区空间合作机制，举世瞩目，备受推崇，时至今日，仍持续运行。他对泥土情有独钟，转战粮农后，引领改革，领导应对印度洋海啸、亚洲禽流感、全球粮食危机，鏖战东西方，历任多职，愈战愈坚。出国经年，历经风雨，无前人引领，无成例可循，他攻坚克难，劈风斩浪，显示出超凡的开拓勇气、坚忍不拔之志和极强的执行力，字里行间让人感受到"欲粟者务时，欲治者因势"的务实精神。读来令人击节赞叹，荡气回肠。

听他讲故事是一种享受。虽理工科出身，却充满人文情怀。他的笔触蘸满真情，生动逼真地描述了自己与天地奋斗的挣扎，百折不回的坚韧，其间闪烁着"君子务本，本立而道生"的东方哲理，激发读者深沉而久远的思索。能够聆听书写厚重人生之士讲述人生真实传奇，实乃吾等读者之幸。

他首先是一位学者。年轻时身居科学院，他一心向学，热爱科研，潜心遥感，心无旁骛。步入政府机关，他胸怀大国之心，抱持入世之怀，力推国际合作，勤勉敬业。跻身联合国，他尊重多元文化，注重团队建设，管理场景，引经据典，鞭辟入里，妙趣横生，讲好中国故事，弘扬中国文化，提供中国方案，令人心折叹服。

他还是一位洞察者。面对国家间利益争议，他审时度势，明辨要害，纵横捭阖，巧妙斡旋，纷繁之中，直抵核心。面对激烈的国际谈判硝烟，他坐看云起，谈笑间信手拈来："斗兽场旁卷风烟，粮安会场齐亮剑。欧美同盟攻为守，谁料弟兄亦相煎。国际谈判难而艰，讲究策略需调研。掌握底线不让步，纵横捭阖推向前。"

他更是一位实干家，在专业上，从"捡兔子"到"指兔子"，他思接古今，视通西东，至今仍是遥感领域广泛认可的一名战略思考者。在管理上，他出任粮农组织亚太地区总代表，从实际出发，问题导向，择要害入手，锐意创新，敢为人先，量身定做构建地区发展战略并采取了一系列的改革举措。身居罗马粮农总部，他大处着眼，举重若轻，稳重求实，提纲挈领，张弛有度，让人感受到中国文化的深沉厚重，东方文明的源远流长。

他亦是一位儒师。谦逊低调，桃李不言，对于年轻后生，他谆谆教诲：专业上当向深处开凿，同时力争一专多能跨界发展；管理上要循章法，未雨绸缪，问题导向，目标明确用实绩说话；要打好外语功底，锲而不舍能成锦绣文章。机缘未至时，潜心秣马；时机天降时，胆大心细。当你与之对面，会感到他举手投足，儒雅风范，悠然一位东方之子是也。

一路走来，他收获了许多第一，如：第一个获得联合国大学奖学金的中国人，第一个获得亚洲遥感奖的中国青年学者，创办了第一届联合国亚太地区空间应用部长会议并成为空间技术应用处第一任处长，组织制定了第一部亚太地区粮食安全与农业发展战略，中国第一个在联合国粮农组织任职最高的官员，也是第一位来自发展中国家的副总干事。他还是30多个在泰国的国际组织中第一个也是唯一一个获得泰国国王"泰国皇家特级皇冠勋章"及"皇家骑士"封号的国际组织领导人。

解读他的人生，犹如对话灵魂。对家乡、亲人与朋友，他充满真诚亲情，饱含关爱；对领导、同仁与僚属，他襟怀坦荡，抱持诚心。此书之所以动人心弦，是因为透过凝练文字，可彰显其背后筋络，洞悉其成败得失。他的磕绊与奋起，砥砺与新生，自信与低调，亦刚亦柔之道，亦儒亦禅之境，实乃后学立足入世的指南针。

书及于此，容我以真诚之心将此书呈于读者面前，期待更多仁人志士，撷得几缕生命之华，汲取几分睿智之光，并以容纳寰宇之心，生生不息之力，在联合国及更广阔的国际殿堂，发出中国声音，书写浓墨重彩，增添中华之光。

中国科学院院士、中华人民共和国科学技术部原部长

徐冠华

2019年6月21日

# 序二

　　读完何昌垂博士洋洋洒洒40余万字的大作——《我的联合国之路》，我掩卷沉思，深感这本书极有分量，内容极为亲切。目前国内外都出版了不少国际组织官员的回忆录和相关著作，分享他们在国际组织工作的心路历程和心得体会。与这些书相比，《我的联合国之路》是一部罕见的有厚度、有温度、有高度和有透明度的"四度"兼具的好书。

　　首先，这是一部有历史厚度的书。

　　何博士与共和国同龄。他在书中全景式地回顾了自己从福建一个偏远的贫苦小渔村，一步一个脚印，步履艰辛，最终成长为联合国粮农组织副总干事的不平凡经历，始终将个人的命运与时代的变迁紧密相连。

　　从他娓娓道来的历史叙述中，读者能深切感受到共和国70年来，特别是改革开放40年来发生的巨大变化、中国与国际组织关系的巨大变化，以及世界所发生的巨大变化。这种历史感使作者在描述自己在联合国的工作经历时一点儿也不枯燥乏味，而是显得非常立体厚重。

　　其次，这是一部有温度的书，集中展现了作者深厚的家国天下情怀。

　　何博士从小生活在贫苦农民家庭，大哥的关照和姐姐的不幸都在他幼小的心灵留下难忘的印象，塑造了他善良、坚毅和执着的性格。在家中，何博士与夫人感情深厚，相濡以沫；在中科院遥感所和国家科委，他如饥似渴学习，满怀激情工作；在联合国，他为推动亚太遥感和空间合作以及全球粮食安全事业不辞辛劳，全力以赴。何博士的工作与职务不断变化，但唯一不变的是他深沉的家国天下情怀。这是贯穿该书的一条主线，令人印象深刻。

第三，这是一部有高度的书。

这绝不是一本讨论国际组织和国际公务员基本素养的普通读物。作者不是通过简单的说教，而是紧密结合自己在联合国亚太经社会和联合国粮农组织长达25年的工作经历，对联合国系统的组织文化、人事任免、机制特点、管理运营、机构间协调问题等进行了高屋建瓴的分析；尤其难能可贵的是，作者提供了大量生动鲜活的案例，这使他的观点极具说服力，具有很强的实践指导意义，实用性极强。

如何做一个优秀的国际公务员？这想必是很多向往进入国际组织工作的年轻人头脑中的一个大问号。当了解了何博士是如何在20世纪90年代初非常困难的情况下促成在北京召开联合国首届亚太地区空间应用部长会议，如何在一片质疑声中首开联合国粮农组织制定地区发展战略先河，如何积极参与粮农组织史无前例的改革以及组织开展应对自然灾害和从容处理各种突发事件之后，大家一定会对何博士的敢于担当、勇于开拓创新和充满中国智慧深怀敬意，也一定会加深对这个问题的理解。

第四，这是一部有透明度的书。

我和联合国直接打交道近30年，深切体会到，由于中国迟至1971年才恢复在联合国的合法席位及中国社会体制差异等原因，进入国际组织做一个普通的国际公务员尚属不易，做一个能被各方称道的优秀高级国际公务员则更难。但何昌垂博士做到了。他是我们中国人的骄傲！更可贵的是，何博士并不避讳他在联合国工作过程中遇到的问题和出现的一些失误，而是坦然与读者分享。比如他在主持一次国际会议时错把"break up"（暂停）说成"break down"（打破）引起哄堂大笑时还"丈二和尚摸不着头脑"的"萌相"，在接受CNN（美国有线电视新闻

序二

网）全球直播采访时出现过紧张窘迫的状态。这些案例生动地说明，要做一个优秀的国际公务员需要不断地学习和磨炼。一个优秀的国际高级公务员不是不犯错误，而是善于从失误中不断总结，不断完善。这种"自我批评"一方面显示了作者的自信与幽默，另一方面也使作者在读者面前更具亲和力和可信度。

常言道，开卷有益。不过读书也有不同的读法：有的书看一遍或简单翻翻即可，长点见识或打发一下时间；有的书则值得反复研读，每读一遍都有新的思考和收获，越读越有味道。这本"四度"书无疑属于后者。在此，我作为何博士在联合国的老同事，以极诚挚的心向读者朋友们推荐。

是为序。

联合国原副秘书长

沙祖康

2019年6月22日

# 目 录

序一／1
序二／5

第一章　如梦如真渔村青少年／1
　　　　苦中有乐少年时／3
　　　　青春无奈但无悔／21
　　　　大学梦圆闽江畔／38

第二章　满怀豪情步入中科院／49
　　　　初涉遥感"捡兔子"／51
　　　　野外实践开眼界／64
　　　　科学春天遥感梦／67
　　　　起跑线上新"海归"／73

第三章　战战兢兢踏上留学路／81
　　　　获联合国奖学金／83
　　　　万里心牵两地书／91
　　　　同窗罹难锥心痛／100

　　　　补修一课"社会学" / 105

第四章　**国家科委管理大学堂** / 107

　　　　科技管理学问深 / 109

　　　　遥感中心新助力 / 122

　　　　涉足外空委活动 / 142

　　　　耳濡目染863计划 / 147

第五章　**谱写亚太合作三部曲** / 155

　　　　竞聘联合国职务 / 157

　　　　迎接挑战逆风上 / 167

　　　　地区合作机制化 / 189

　　　　部长会议载史册 / 207

第六章　**加盟联合国粮农组织** / 241

　　　　西行罗马多崎路 / 243

　　　　岛国农业部长会 / 285

　　　　促成"宣言"靠磋商 / 291

　　　　自古忠孝难两全 / 297

第七章　**担纲亚太助理总干事** / 305

　　　　出人意料获封疆 / 307

　　　　地区领导一把火 / 313

　　　　抗灾救援第一线 / 325

　　　　改革前夜风满楼 / 341

　　　　泰国王室情谊长 / 354

第八章　**来自中国的副总干事** / 361

　　　　总干事峰会绝食 / 363

## 目 录

  获任命出任副总 / 368

  抓改革重担在肩 / 377

  瞬息万变挑战多 / 395

  情真意切话别离 / 425

第九章 三进罗马辅佐新班子 / 449

  选举政治亦艺术 / 451

  新老总三顾茅庐 / 455

  临时管家压力大 / 462

  消防队长不轻松 / 476

  总理荣膺"最高奖" / 483

第十章 西去归来如初家国梦 / 491

  国际组织人才荒 / 493

  位卑未敢忘忧国 / 499

  整装迎接新挑战 / 504

卷 尾 / 511

# 第一章
## 如梦如真渔村青少年

童年啊,是梦中的真,是真中的梦,是回忆时含泪的微笑。
——冰心

世界上有一种最美丽的声音,那便是母亲的召唤。
——但丁·阿利吉耶里

# 苦中有乐少年时

**童年的记忆**

福建省福清市地接山海，风光旖旎，重峦叠嶂。集结于西北部的是戴云山向东蜿蜒的支脉，最高峰古崖山，海拔约 1 000 米。福清境内，古崖山、石竹山、瑞岩山、大帽山，素是名人雅士徜徉之处。福清面朝城南玉融山，明人谓之曰："玉融为邑镇名山，有孤峰万仞，形势奇绝之胜。"古人讲求"形胜"，传说玉融峰第二叠"有石莹然如玉"，故以"玉融"作为福清之雅号，简称"融"。

福清南部有一处海湾，称江镜洋。其西南端是一个高出海平面不到 20 米的红土丘陵，人们习惯把这块土岗称为红坪角。这里坐落着名不见经传的前华村，一个三面靠海、以渔耕为生的小村落。

1949 年 6 月，离福州解放不到 55 天，我在这个偏僻的小渔村出生。那时全村总共不过百户人家，300 多人。正如费孝通在《乡土中国》中所描述的，"只是因为在一起生长而发生的社会"。虽然这个社会极小，但所有人家却有着六七百年共同历史的基因。据族谱记载，我们的一世祖何缙公为避元朝战乱，从南京"铁井槛"逃至龙田角美，后旋迁至前华，选择了这片临海山丘定居，在这儿繁衍生息，历经了二十四代，开创了一脉独特的渔耕文化。目前，前华村已发展到近千户人家，约有

3 500 人。

前华人活力四射，素有游迁、探索的基因。他们生性不安现状，喜欢外出闯荡。目前在 20 多个国家定居的海外侨胞有近 200 户，超过 600 人。

我记忆中的前华村十分贫困，是全县出名的"地瓜村"，但一度也是小有名气的小渔村。村民靠种地、打鱼为生。那时生态环境好，没有污染，这里除了出产海牡蛎、海蛏、花蛤等滩涂海货之外，由于直通南中国海，海水干净，还盛产鳓鱼、金鲳鱼和马鲛鱼等。捕鱼是村民的主要经济来源。由于这里属丘陵红壤，土地贫瘠，淡水资源稀缺，农业基本上靠天吃饭。家乡主粮是红薯，老家人称"地瓜"。每年立冬前后，农民把鲜地瓜切成片，晒在地里，没几天就干了，储存起来，就是从入冬到来年 5 月的主要口粮。

一般年份，村民还把从海里捕捞的鲜鱼海蟹拿到 30 里外的龙田镇上出售，换些油盐酱醋，或一分一角攒起来，到过年过节给孩子扯上几尺布，添一件新衣服。年复一年，大多数人家基本上就是这样勉强养家糊口的。但每逢天灾，尤其是大旱之年，"地瓜难果腹，糠菜半年粮"。遇上这样的年景，谁家要是还能有地瓜片喂饱孩子，那一定算得上富裕人家。白米饭是稀罕物，记得儿时，逢年过节我们才能吃上一顿白米饭。自然，过年过节，如清明节、端午节、中秋节，还有冬至，那是我们最欢喜雀跃的时候。

按理说，"靠山吃山，靠海吃海"，老家紧挨海边，海产资源丰富，老百姓理应不愁生计。然而，由于生产力落后，数百年来，我们的祖先总是饱受磨难：大旱、台风，连绵不断；鼠疫、霍乱，不时侵袭。谋生之艰辛，使得不少男人不得不背井离乡，闯荡南洋，以求养家糊口，维持一线生机。印度尼西亚、马来西亚及新加坡，无不流淌着无数包括前华人在内的福清人的汗水与辛酸。

经世代坎坷，阅百年沧桑，前华人在艰难求生的路上，也铸就了特

## 第一章 如梦如真渔村青少年

殊性格：大海磨合，宽容大度；礁岩打造，百折不挠。

我祖父何德枝生于清光绪二年（1876年）。祖父排行老四，他兄弟五个。据说五兄弟中，他最为聪颖，自小在私塾读了几年书。祖父20多岁时，与邻近后周村的一个殷实的大户人家的三女儿结了婚，生了两个男孩，第一个男孩早早夭折了。直到1909年他33岁时才有了第二个孩子，就是我的父亲何必潮。在那年头，30多岁得子简直就像老天赐宝。我父亲几乎就像独生子一样，备受内亲外戚的宠爱。为了使我父亲幼时不孤单，我祖父母决定抱养我祖母家族一个远亲家的小女孩，作为我父亲的童养媳。青梅竹马，自幼相依为命，是那个年代比较普遍的做法。

父亲19岁那年和我母亲成亲，那时我母亲才15岁。父母总共生了十三个孩子，八男五女，其中三个女孩刚出生不久就夭折了，女孩中只剩下一个姐姐和一个妹妹。我对我姐姐基本没有印象。据说她自幼多病，算命先生说她命硬，不能养在家里，因此三岁时就被送给人家当童养媳。姐姐命运多舛，先后到过两户人家，养母都病死了，最后又被转到第三家，总算安定了下来。可到了18岁那年，姐姐抗拒养父母的安排，坚决不和与她一块长大的男孩成亲，死活要嫁给村里自己钟情的男青年。这自然受到了其养父母的决然反对。姐姐百般挣扎，四处求救，不得已跑回家里向我父母求情，希望得到生身父母的支持。我父母都是厚道人，想到人家的养育之恩，拒绝了我姐姐的要求。父母反复对我姐姐说："我们何家人不能没有良心，不能忘恩负义。"在我父母看来，人家含辛茹苦把我姐姐拉扯大，这绝非点滴之意，是一辈子的恩情。"要知恩图报"，是我父母给我们的家训。父母的断然拒绝，让姐姐失去了唯一的一根救命稻草，她心中的天塌了，心灰意冷，万念俱灰，含着眼泪踽踽而去。第三天一大早，就传来了姐姐死亡的噩耗。姐姐在绝望无助的情况下，上吊自杀，结束了自己年轻的生命。她用花样年华的生命代价，对那落后愚昧的时代做了最强烈的控诉。

我那年才五岁。记得那天母亲痛不欲生，捶胸顿足，一味自责，不断喃喃自语："这么多孩子我都养活了，为什么偏偏把她送给人家？"她无限后悔自己没有勇气支持姐姐的逃婚。一家人都很悲痛，父亲一个劲儿地抽着烟，他平时的话就不多，痛苦时更是一语不发。将近中午，父亲、母亲和几个哥哥都去谢塘村料理姐姐后事，家里剩下四哥、五哥和我三个人。四哥自幼得了关节炎，行动不便，在家待着。五哥生性好动，一个人跑出去玩了。我跟着大人伤心，哭了大半天，后来又饿又累，趴在小桌子上睡着了。那一天，家里没有什么吃的东西，也没人做饭，我们一整天没吃东西。尽管小时候饱一顿、饿一顿是常有的事，但那一次却留给我一生中最深刻的饥饿感。后来我在联合国粮农组织领导抗击全球饥饿，所到之处，常常触景生情，忆起儿时经历饥饿的苦痛。

我属牛，是新中国同龄人。我感到莫大的幸运。然而，我们这代踏着共和国成长脚步的人，也经历过成长坎坷和青春无奈。在后辈听来，我们的故事更像是天方夜谭。

我来到这个世界时，我的"国"，是西方人眼中的"东亚病夫"；而我的"家"，如国之缩微：人口众多，一贫如洗，衣不蔽体，食不果腹。我的到来，又添了一张吃饭的嘴，雪上加霜的日子，让我的父母愁上加愁。

记得母亲曾经对我说过，她在生我的前几分钟还在厨房里转，忍着分娩前的剧烈阵痛忙着为全家人烧饭煮地瓜渣。由于没钱请接生婆，母亲自个儿接生，就在厨房的草堆里把我生了下来。我并非宿命论者，但按中国的说法，1949年是牛年，我在这年来到人世间，一辈子走南闯北，跟牛一样执拗，和牛一样只知耕作不计劳苦，莫非真与这"牛运"有关？

母亲是一个从小就不服命运的人。在她那个年代，女孩儿都得裹足。"狠心"的大人会用一条十厘米宽、一米长的布条，生生地把小女孩的一双平直柔嫩的小脚缠裹起来，强制"塑形"，久而久之，终于变形，成为马蹄形状的小脚，俗称"三寸金莲"。那时美女的标准是脚越

## 第一章　如梦如真渔村青少年

小、形状越圆，就越好看。这是一种身心折磨，锥心之痛自不必说，多少人因而落下了脚疾，失去了劳动能力。那一代女人几乎无人幸免。但我的母亲是个例外，因为倔强。据说她5岁时双脚被强行裹上后，竟趁人不备，逃到屋后的野地里，解开布条扔到沟里，把自己藏起来。她就这么明目张胆反抗，打死也不愿意裹脚。记得在我的家族里，除了我母亲有一双正常平直的大脚之外，几乎所有与我母亲同龄的伯母婶娘，都是小脚女人，走起路来一歪一扭的。

贫困似乎让乡下人的生命变得皮实，性格也变得勇敢顽强。母亲生的十三个孩子里，除了生我大哥和二哥时有我奶奶帮忙外，其余孩子都是母亲自己接生的。"一把剪刀，用开水烫一下，拿块儿干净的布擦一擦"，母亲就是这样坚强而干脆利落地剪断了我们的脐带，把我们一个一个地养活大。"那年头我们村大多数女人生孩子都是这么做的。"记得有一年，我带着妻子和儿子从北京回到老家，母亲在回忆往事时跟我们这么说过。听起来像是天方夜谭，这在今天是多么的不可思议！他们至今还无法相信我和诸多兄妹的命竟是如此"剪"来的。

在那个落后的年代，多子女是农村贫困的根源之一。虽然他们常说"多一个孩子，就是往锅里多放一碗水罢了"。然而，毕竟是年好过，月好过，日子难过啊。衣食住行，生老病死，谁家的日子不是一天又一天地熬着过来的。母亲虽然一生经历过无数的困苦和病痛折磨，却从来没有被困难压倒过。她总是依靠自己，从不轻易求人，顽强地拉扯着我们一群兄妹长大。母亲没有文化，但一辈子善良，在她的心中，教诲子孙后代待人谦和，凭良心做人，老实做事，始终是她的头等大事。母亲极其平凡，可她一辈子深受妯娌和乡亲们的尊敬与爱戴，这与她一生善良、宽厚待人和乐于助人的品格息息相关。

我至今清楚记得，母亲生我妹妹时，大出血止不住（农村说是"血崩"）。将近一天，父亲束手无策，急得像热锅上的蚂蚁——团团转，但他和婶婶们能做的唯一的一件事儿，是给奄奄一息的母亲不断地灌红糖生姜热汤。母亲基本上已踩在死亡线的边缘,她闭着眼,嘴里还喃喃地叨念着:"我不信我命中没有女儿,一定要把这孩子留住,一定……"我姐姐死后,她一直很内疚,怎么也不相信我们家就留不住一个女孩!或许是母亲的顽强意志感动了上天,或许是母亲命中注定要陪伴我们走向光明的未来,奇迹真的在我们家发生了。在死亡线上挣扎了整整两天两夜之后,第三天上午,母亲醒过来了。她说她无法扔下我们这群孩子和我多病的父亲。"我没死,我怎么放心呢?"这是母亲醒后的第一句话。母亲信守承诺,顽强地活下来,还活到了85岁,度过了幸福的晚年。我妹妹两岁后,母亲又生了一个男孩,他就是我的八弟何昌霖。晚年得子,尽管家境贫困,父母和我们兄妹还是把八弟当成宝贝、拉扯长大。家里幸好有了这个弟弟,后来里里外外,他为我们家族的兴旺做出了巨大的贡献。

八弟于1988年到日本自费留学,勤工俭学,除了上课,每天几乎要打8—10个小时的工,不要命地干活,吃尽了苦头。凭着福清人"爱拼才会赢"的基因,以及他从小认真办事的"较真"劲儿,他很快得到老板的赏识和信任。在老板的帮助下,他先后把几个侄子介绍到日本做研修生,带着他们边学习边打工,从事日本人不愿意干的脏、重、险活。他们辛勤劳作,省吃俭用,课余收入除了交学费和维持生活外,还略有积蓄,为他们日后的事业发展打下了基础。大家都说,他是家族兴旺的功臣。当然,这些都是后话。

母亲含辛茹苦,把我们兄弟八个和妹妹拉扯大,帮我们成家立业。1969年,我父亲因高血压引起瘫痪,整整三年无法下床。母亲伺候他吃饭,三餐不误;给他擦澡洗身,保持清清爽爽。就这样一直到1972年9月我父亲去世,无人不夸她是贤妻良母。母亲的一生是永远付出的一生。她任劳任怨,无论多么艰难,都坚强地撑着这个家。母亲想的永远是家人,唯独没有她自己。三年自然灾害期间,我和我五哥在江镜乡上初中时,寄宿在学校,一般周末才回家一次,母亲总会千方百计为我们准备好

## 第一章 如梦如真渔村青少年

吃的，如菜稀饭、地瓜丸子，就连野菜、地瓜叶，母亲也能把它们化成美味佳肴。每当吃饭时，母亲总是站在我身边，左手捧着半碗饭，右手拿着筷子，高兴地看着我狼吞虎咽，不等我吃完，就赶紧一边往我碗里添，一边说："好吃就多吃点儿，到了学校就得饿一个礼拜。"每到周六，母亲知道我们要回家，总是让我三哥提前到地里弄点儿口粮，挑选一袋没有虫眼的地瓜，让我和五哥带到学校。那时，国家还刚从三年饥荒中走出来，家里人口多粮少，但我母亲总是把最好的留下来，供我们上学时吃。

对外人，母亲同样如此，从不吝啬。从我记事起，母亲就喜欢喝茶——尽管那都是低价的粗茶。她发明了自己的茶道，很简单，烧一锅水，待水开后，往里面撒一撮儿茶叶，淡淡的，比白开水好喝多了。母亲自己喝，也为别人准备。村里许多人知道我们家任何时候总是有热茶的，因此，他们不管是外出回来，还是闲着无事，常常会"顺路"到我们家坐坐，喝上一碗免费的、淡淡的粗茶。冬天天冷，母亲会把两个热水壶灌满后放在大厅的桌子上，旁边放着碗，谁想喝都可以自己倒。夏天炎热，为了防暑，母亲每天要上午、下午各准备一锅茶，装在一个大瓦罐里。不少人从地里劳作归来，又饥又渴，总是先拐到我家，喝完我母亲做的一碗凉茶后再回家。

国家改革开放以后，我们的日子发生了翻天覆地的变化。我们兄妹各凭着勤奋、肯吃苦、踏实劳动，生活条件都提高了。母亲的茶的质量也明显改善了，到我母亲那儿喝茶的人就更多了。我的几个兄弟和妹妹每家都有孩子出国留学、工作或做生意，经济条件不错。目前，整个家族里里外外有100多人在国外学习、生活、工作和经商。他们分布在世界各地，包括阿根廷、英国、美国、加拿大、日本和澳大利亚等国家。母亲看到这兴旺景象，常常自称"是家中最有福气、最幸福的人"。她晚年的的确确过得非常幸福美满，几个侄儿、侄女每年都给她寄零花钱，有的还特意万里迢迢，每年回来看望她老人家。母亲是中国最普通不过的农家妇女，但她算是那个时代中国农村妇女的楷模，永远值得我们热爱、骄傲和怀念。

我幼年时农村普遍贫困，从小就知道一双沾满泥土的手，可以自由地与大地相拥，与自然为伴，那可是城市人特别是富家子弟所没有的独特感受。

由于我们兄弟姊妹多，父母溺爱绝对是奢侈的。我们童年时就如一批在山地草间放养的牛羊——基本上靠自己管自己，我从小在不经意中养成了独立性格和自律意识。

小时候，在田野里、草地上，我和其他孩子一起，随心所欲地玩"草根"游戏：抛泥球，骑人马，放风筝，打水漂。我们往往自制各种玩具，商量制定各种规则，不断变换着形式打闹嬉戏。有时我们也会趴在地上，好奇地观察蚂蚁的行动，研究它们迂回曲折爬行，有时相互触碰脑袋，传递某种情报，之后又匆匆离开，后来又有许多蚂蚁伙伴加盟，再后来就成群结队回洞，好奇特、好壮观啊！看着这些，我常常充满遐想：蚂蚁是如何找到自己的家的，它们为何总是成群结队。长大以后我才知道，蚂蚁也是一种有社会性的小生命，它们也有自己的行动信号与行为规律。

夏天，我们最喜欢三五成群跑到海边，游泳嬉浪。我们大多无师自通，不用多久，几乎无人不会狗刨洑水。到了秋收季节，那是我们最高兴的日子。白天，大人忙着收割，打了新粮，有时会做上一顿好饭犒劳自己，我们就跟着有了一顿饱餐。水足饭饱后，孩子们常常会撩开衣服，比着圆咕隆咚的肚子，看看谁的最大。晚上，我们常常三三两两倒在草堆里，舒舒服服地摊开双手双腿，仰身摆个"大"字，大口地吸着带有泥土和秸秆清香的夜风，望着无际的夜空，数着天上眨巴眨巴的星星，脑子里翻遍大人讲过的牛郎织女的故事。这些是你无法想象的美好时刻，没有忧愁，没有烦恼，星空璀璨，清风徐来，万籁俱寂，偶尔会有蛙声与遐想，让我们流连忘返。

捉蟋蟀是另一种乐趣。蟋蟀一般在凌晨醒来，一旦有一只鸣唱，其

## 第一章　如梦如真渔村青少年

余的都会跟着叫起来，多了，就像合唱团一样发出和声。除了蟋蟀，其他的昆虫也会在这时跟进，如此天籁之音汇成一曲令人心醉的"大自然清晨交响乐"。我们常常三三两两结伴，踏着淡淡的月辉，披着丝绢一般轻柔的晨雾，蹑手蹑脚地来到田边或野草堆旁。为了听得真切，我们会不时俯下身子，或趴在地上，把耳朵贴近地面，判断是不是雄性十足的蟋蟀，并随时准备"逮捕"目标。我们常常把那些俘虏来的蟋蟀关进竹筒制的小笼子里，喂以碎米粒和青菜叶等。对于身强力壮、野性十足的具有"大将风度"的蟋蟀，我们总是予以优待，因为它们是强者，得时刻听从我们的命令，随时准备出征。我们把"将领"级的家伙编入特别军团，放到另一种笼子里，加以悉心照料，让它们为我们这些小主人战斗、争取荣誉。

那时候，我们家乡的地是绿的，池是清的，海是蓝的，空气是清新的。一眼望去，绵延的丘陵地连着蓝色的海和蔚蓝的天空，你无法想象那心有多纯、梦有多蓝。在这里，我们尽情享受着蔚蓝的天空、深蓝的海水、腥味的海风和翠绿的大地等种种恩赐——我们享受着大自然赋予人类的各种幸福，好像人间的一切都是我们的，没有比我家乡更好的地方了。

儿时的我虽然瘦小，但并没有影响我成为"天生的"孩子王。也许就是"牛脾气"的缘故，同龄的孩子们都喜欢我，愿意围着我转，跟着我上山下海玩。有时我们不免也有恶作剧。夏季，同学们最开心的就是成群结队到村东海边的"斗门港"——海潮防护堤内的水库玩耍。闸门内水面宽阔，水也很深，像个湖，是我们的天然游泳池。女同学是不让去的，乡下的习俗不允许女孩游泳。小男孩们一般光着屁股，身上涂满黑泥，头上戴着从地里拔的绿色野草编成的伪装草帽。我们一般分成两组，尽情嬉水打闹，比个高低。

凡是生长在海边的人，对大海总是充满好奇和眷恋。我们一有空就喜欢到海边，看落霞与海鸥齐飞，海水共蓝天一色的画卷；感受潮起潮落，海浪拍打岸边礁石的壮观。我们每次都会玩得兴致勃勃，直到浑身湿透后再跑到岸边，褪下衣服，等太阳晒干后才回家。

有时我们也会挑退潮时到海边，那别有一番意趣。海水退去，露出的一片广袤的滩涂，是我们的另一片沙场。在滩涂上，我们循着内心意象，用软泥巴往脸上涂抹，把自己装扮成好人、坏人，如关公、张飞、赵子龙和曹操，还有岳飞和秦桧等，然后打起泥巴战。尽兴之后，我们就开始在滩涂上摸小鱼、抓小蟹作为战利品带回家。有时候，母亲会把我们收拾来的这些小海鲜和豆豉一起煮，弄得特别咸，下地瓜饭，味道美极了。有时候，我们也会瞒着大人，拿着捕获的小鱼小虾，躲到野观音草坡下或避风的田埂处，用火烤着吃。那种美味是我离开家乡后几十年来再也没有品尝过的。

靠山吃山，靠海吃海，老家不少人靠海为生。但在20世纪五六十年代，家乡的渔业最鼎盛时也不过20多条渔船，且都是小渔船，以海风帆为动力。船大约10米长，前后隔成3段：中舱是生活区，供渔民睡觉、做饭；前舱放着渔网；后舱是储存室，打到的鱼放在那儿。每条船一般配5个人，常常是老少搭配，他们相依为命，结队作业。渔船排着队先后进港最是壮观，也最激动人心，尤其是碰到渔民满载而归的时候。小港旁，渔民忙着把船上的鱼卸下，整整齐齐地往竹筐里装。

村里的渔民就是这样祖祖辈辈周而复始地在海上劳作。一年到头，除台风天气，他们基本上是潮落而出，潮涨而归。一天二十四小时，两度潮涨潮落，他们大半时间与海水、海风和海浪为伴。海是他们的家，不管是谁，打登上船的那一刻起，就把命运交给了那反复无常的大海。他们没有畏惧，因为大海提供了他们的生存，尽管也可能会要他们的命。他们和他们背后所有家人的生存出路，注定了他们必须无所畏惧，尽管知道那是一次又一次地在用自己的生命跟大海赌博。

穷人的孩子早当家。为了帮助父母养家糊口，我大哥13岁起就跟

## 第一章 如梦如真渔村青少年

人下海，当了一辈子的渔民。作为海边人，我们都知道出海是有危险的，说不定什么时候就永远回不来了，因为茫茫大海中遇到台风全船覆没是常有的事。我小时候就亲眼看到过堂伯父那次出海不归，几天后人们才找到他漂浮到岸边的尸体。他家穷，大家用稻草把他的尸体一包，就在岸边找了一个地方草草掩埋了。

其实，我小时候喜欢到海边，因为我心中有一个记挂，就是我大哥。作为我们的长兄，大哥从小吃尽人间苦头，对家里无私付出。在所有的兄弟中，大哥最宠我，自然我也深爱我的大哥，对他一辈子敬重。我惦念着大哥，在海边等着，就想第一眼看到他的渔船平安归来，徐徐驶进小港。大哥看见我也总是很高兴，有时会把我抱上渔船，让我吃他特意留下的自己的那份水煮的鲜鱼。大哥是我们家的顶梁柱，早早就扛起了家庭的重担，帮助多病的父亲抚养年少的弟弟妹妹。他21岁那年就当上船长，在海上漂泊了60多年，数不清遇到过多少回大风大浪，但他人好有福报，总能渡过劫难。大哥憨厚、老实、肯干，眼力好，年轻时在伸手不见五指的夜里，能轻松地辨明航向，绕过礁岩，他们的船很少迷航。在同一船上作业的渔民就像拴在一根绳上的蚂蚱，生死相依，谁都愿意跟忠厚可靠的人结伴谋生。经过大海的磨炼，风雨的摧残，他比同龄人成熟得早。大哥善良老实，有点木讷，寡于言语，但内心却无比顽强、坚韧和温暖。他总是设身处地为他人着想，宁可自己吃亏，也把方便留给他人。他还是一个特别懂得感恩的人，连接受人家的一支香烟，都会千方百计答谢人家。遇到困难时，他总是自己默默地扛着，从不轻易给别人添麻烦。我这个老实巴交的长兄一辈子心里装着父母兄弟，就是没有他自己，他赢得了全村老少的一致好评和尊重。他历经惊涛骇浪，却总能泰然处之，以大海为家，与海浪为伴，练就了海一般宽阔的心胸。大哥那海一样的胸怀潜移默化地对我人生产生了深刻影响，使我一生受益无穷。

儿时，我喜欢坐在沙滩上一块裸露的礁石上，眺望着无边的南海，看着远处的后浪推着前浪，我不知道是什么神奇的力量掀起千堆雪万朵浪。有时，我会陷入遐想，琢磨着一连串的问题：这海到底有多大？海底有多深？海里除了鱼虾，还有什么？海有尽头吗？它的另一边到底在哪儿？我有时想，我长大以后一定要乘船到海的另一边看个究竟。没想到20多年后，我果真有机会漂洋过海，出国留学。由于工作需要，我走南闯北，穿行于太平洋、印度洋和大西洋间，到过100多个国家，为联合国的成员国服务。即使如此，我也始终没有寻找到我儿时关于大海的一连串问题的答案，因为海太深，世界太大，而我的小脑袋永远无法穷尽它所有的秘密。

成群结队到村中心的大祠堂里捉迷藏，是童年记忆中另一件超级激动人心的事情。小时候，老师喜欢我，说我有天生的协调能力。他可能说得对，因为同学们都听我的指挥。我喜欢把大家分成两队，根据参加人数每边各分配三四人或五六人不等。捉迷藏靠体力，也靠智力。因为你不但得能卧爬滚倒，登高爬柱，还得会灵活应变，声东击西，迷惑掩护。输赢就看谁更能别出心裁，懂得统一布局和保护团队。

祠堂有两个，一东一西。西边的何氏主祠堂建于嘉庆年间，有200多年历史，土木结构，占地近500平方米。宗祠坐北朝南，面向大海。1945年国民政府创办的前华初级小学，就设在这个宗祠，一直到1972年8月，由于"文化大革命"破旧立新，祠堂被拆除而被迫搬迁。

我的启蒙教育和初小四年就是在这个祠堂里完成的。记得我五六岁时，天很热，父亲就常带我们到祠堂乘凉，他总会指着祠堂中厅的壁画，和我们讲述岳飞"精忠报国"，讲《三国演义》中"桃园结义"，讲孔融"四岁让梨"，讲孙敬、苏秦"悬梁刺股"的故事。父亲还会讲许多类似的故事，并且常常添油加醋，发挥他自己的想象，教我们做一个勤奋自强，讲忠孝，知廉耻，懂"仁、义、礼、智、信"的人。尽管我听得懵懵懂懂，但大家还是喜欢听他经常讲、反复讲。父亲有两句话，即使后来我走南闯北，一辈子也没敢忘记。一句是"不要轻易打扰别人，实在不得已了，受人滴水之恩，当涌泉相报"，另一句是"做人要厚道，借人家的钱一定要还，人家欠的钱不要老记着"。做人厚道，做事独立，宁愿施人以意，不可欠人之情，这是多少人努力但未必可以达到的境界。

父亲很小就被送进私塾，读了几年书。因我祖父也小有文化，他们父子俩先后成为那个年代村里的"代言人""代笔人"。每逢村里族间有摩擦，或与邻村发生小纠纷，有人就会点名，非我祖父何德枝和另一个叫何可珩的长者出面不可。我祖母是邻村一个地主家的三女儿，她的父亲经营一个油坊，有一定文化，精通算盘。新中国成立前父亲曾有一段时间在他外公的油坊里当账房，也就是现在的会计。1949年新中国成立后，油坊被接管。父亲则被吸纳到江镜乡粮站当了几年的公职人员，还是干本行当会计，但后来因胃病严重，无法正常上班而退职。

父亲年轻时很英俊。由于自幼被娇惯，他有点儿桀骜不驯，特立独行。年轻时，他曾不顾家人的强烈反对，说什么也不愿意接过我祖父在老村中心的一个小店铺。他执意要自个儿闯世界。18岁那年，他攥着三块大洋，跟着人家跑到厦门，坐上了去新加坡的轮船。那时新加坡有几个乡亲，大多是拉黄包车的。父亲在新加坡找不到什么理想工作，结果还是开了个小杂货铺。但不到3年，他患上了严重的关节炎，无人照顾，不得不回到老家。他从南洋回来时带了两个木箱，其中一个小红木箱子被我带到北京，至今我还保存着。

父亲特别好学，文笔不错，还有点儿小幽默。一次偶然的机会，我翻出了一本父亲从新加坡带回来的英文小书，上面密密麻麻是中文标注的英文发音，如"好赌有毒"（How do you do），"我吃有奶母"（What's your name）。有一次，我偶然发现父亲还会几句"洋泾浜"英语。他说那都是在新加坡"为了做生意不得不学的几句话，现在都忘了"。我喜欢英文也许源于父亲年轻时的爱好。

父亲还有一点儿学究气。我上初小时，他经常会给我们讲关于错别字的笑话和标点符号的重要性。他讲的关于标点符号的一个段子，我至今不忘。他说，一个年过八旬的老头续弦娶了一个年轻貌美的女子，不久生了一子。族人和老先生本人都怀疑这孩子非老先生所生。为了避免死后的财产纠纷，那老人立了如下遗嘱：八十老翁生一子人言非是吾儿也所有财产全赋予女婿外人不得争执。老翁本想将遗产留给女婿，但他没有在遗嘱中标明标点符号。而那个聪明的孩子利用标点符号翻了案。据说他在其父的遗嘱上添了几个标点符号，变成如下一段话："八十老翁生一子，人言非，是吾儿也。所有财产全赋予，女婿外人不得争执！"那小孩就这样夺回了那老先生留下的所有遗产。父亲强调："可见标点符号是如此之重要。"他还不止一次提到一个书生把繁体字的"泰山石敢當"读成"秦川有取富"的笑话。父亲还说过"一个人的字就像是一个人的外衣，十分重要"，"人家对你的字往往会产生第一印象"。

我的祖父63岁时去世。（我父亲1972年去世时也正好是63岁。）那时，我和我的好几个兄弟都还没有出生。祖父去世后，父亲继承了祖父在村里的一些义务活，帮助协调和仲裁村里的大事，成了村里的"讲话人"① 之一。在我小时候的印象中，父亲替人做得最多的一件事，是经常替人写信。我们村有许多男子年轻时就去了南洋，家里留下孤儿寡母。他们有的甚至一走几十年，再也没有回国与家人相聚过。他们唯一靠的是鸿雁传书，寄托千里相思，一年半载能有一封书信已经是奢望。父亲做事非常认真，他把人家请他写信看作是对他的一种信任、一个重托。他曾经对我说："别看只是一封书信，有时能救人一命，救人一命，胜造七级浮屠。"

父亲素来都用心替人办事，从不马虎应付，深受村里人尊重。他总结了一套理论：替人家写信首先要理解人家的心情，要设身处地，尽量

---

① 福清方言，相当于发言人。

帮人家解惑和化解误会。说到写信技巧，父亲认为，"首先要学会耐心听人家倾诉，了解清楚他们所想的一切才好下笔"。由于不识字，农村妇女每次都想让人把她所口述的所有话都原封不动地写在信上，老一点的妇女更是滔滔不绝，甚至颠三倒四。父亲说，"你不能像记流水账一样，人家说一句，你就写一句，这样的信常常会拖泥带水，会是一堆废话"。当我上高小时，父亲有时也会把替乡亲写信的任务交给我，他指导我说："替人写一封信，就像写一篇作文，既应有明确的内容、清晰的文辞，还得有好的逻辑、结构和条理。"

父亲的这番教导让我一生受益。在国家机关工作，写报告、起草文件是基本功；后来到国际组织工作，我同样常常要准备文件、写会议纪要。联合国经常组织各种会议，各国代表侃侃而谈，长篇大论是家常便饭，作为服务会议的秘书处官员，最头疼的就是如何高效地对会议发言进行梳理，写好每场会议的记录总结。每到此时，我总会想到父亲在我小时候教的这个"写作"要领，真的很受用。

夏天，祠堂是最凉快的地方。我们常常聚集在中厅的天井旁，围坐在石条凳上，听老人说书讲故事，经常听的是《水浒传》《红楼梦》《三国演义》等经典作品。他们有时也讲述《梁山伯与祝英台》《白蛇传》《薛仁贵征东》《西游记》《封神榜》等。有意思的是那些说书的老人自己不识多少字，也不会看什么书，但他们的记忆力惊人，能把从别人那儿听来的故事，或看戏时盘过来的内容，原原本本、活灵活现地讲述出来。孩子们总是听得如醉如痴，有时恨得咬牙切齿，有时高兴得捧腹大笑，有时跟着手舞足蹈。也许，就是在这种没有刻意的说教、不知不觉的熏陶中，我们幼小的心灵受到了真善美的感化和洗礼，体会了正义的力量，打上了爱恨分明的烙印。我们对岳飞那样的英雄无限崇拜，对秦桧那种奸臣充满憎恨，对关公和张飞那种重情义、讲忠义的好人从心里佩服。在游戏时，我们往往都争着要扮岳飞、关公那样的好人，谁都不情愿把自己的脸涂黑扮演秦桧什么的坏人。

老家的老祠堂，在"文革"时被废弃。但它承载着我们童年不可磨灭的记忆。那里有我儿时的融融乐趣，更镌刻着我少年时的浓浓乡愁。乡情，仿佛融入了我的灵魂，不管我到了哪儿，事业有多大的发展，从未变的是初心。回首在国外 20 多年，走南闯北，东奔西跑，也见过不少世面，而路行越远，我越发明晰：人必须身怀对土地的归属感，才能更好地被天下认同，它是一个人的身份的象征；人只有心系本乡本土，才会接地气，有能量，才能像庄稼一样茁壮生长，而家乡的祠堂就是一块最接地气、最连根系、最具归属感的土地。2001 年 10 月，由村里德高望重的老中医何德嘉先生倡导，海内外宗亲赞助了近 200 万元，在原址上重建了何氏宗祠。我得到消息，立即寄回了 10 万元人民币，表达一个游子对故乡的无限思念。新祠堂落成时，乡亲们热情请我回去参加剪彩，我婉辞了。但我最后还是应村支书的再三要求，为新祠堂写了一段铭文，寄托远离家乡的人对那片黄土地的敬仰、眷恋和永恒的爱。铭文如下：

　　风泱潮滂，天华物茂。吾何氏先祖择斯临洋丹丘，繁衍生息，创一脉渔耕文化，源远流长。祖宗历代，刻苦耐劳，治山征海，亦农亦渔。经数世坎坷，阅百年沧桑，铸就前华人文性格：海磨合，宽容大度；岩打造，百折不挠；团结互助，开拓进取。五里方圆，地灵人杰。回首近代，数辈人跨洋渡海，足迹天涯，治学经商；倚勤奋白手起家，凭才智创业五洲，饮誉海内外。功丰业著，无忘故土，论爱国爱乡爱民，数吾族慷慨高风。前有先贤，笃礼崇义，星光灿烂；后有来者，志存高远，英才荟萃。观南海后浪推前浪，乃乾坤旋转。乾恒动，自强不息之精神；坤包容，厚德载物之气量。继往开来，立诚信，养正毓德报人间；兴书道，与时俱进展鸿图。何氏宗族光大发扬，定将舒天昭晖，磅礴南疆。

## 第一章　如梦如真渔村青少年

"少年辛苦终身事，莫向光阴惰寸功。"俗话说，穷人的孩子早当家。童年的经历和磨炼也许是我吃苦耐劳、坚韧、好强、独立和有主见的性格的基石。父亲说，我自小就比其他同龄孩子早熟。我在8个男孩中排行老六，父亲体弱多病，母亲忙里忙外，料理家务，根本照顾不上我，我也就早早学会自己照顾自己。记得初小四年级，我会趁周末去附近的古村落废墟捡碎瓦片，用小铁钩把碎瓦片一片一片地从土里钩出来，半天下来积累一两篮子，挑回去卖给建房子人家作干打垒用的填料，用换来的钱买铅笔、橡皮、笔记本和乒乓球，那时一个乒乓球才几分钱。也是那时候，每天早上天蒙蒙亮，我就会起床，提着小粪箕，绕着村边田头路尾，借着晨曦或月光捡猪粪。那时农村的猪是散养的，清晨会跑出来在墙脚或灌木丛下排泄粪便。清晨捡粪的人少，是拾粪的最佳时段，每周下来都能积攒一大粪桶，可卖上一毛多钱。每天早上六点多钟捡完粪回家后，我马上提着一个我二哥亲手为我做的木头书箱，装着课本、笔记本和作业本，赶到学校参加早自修课，背起课文或写作业。那时候老师很负责任，也很严格。每天早自修课，各科老师都争相到场辅导，当然，也是在争学生的时间，谁都希望学生在早自修时把时间花在学自己教的科目上。我在坚持课余劳动之时，并没有耽误学习，成绩总在学校名列前茅。整个初小四年，我一直担任班长，后来还担任少先队大队长，佩戴着绣有三道杠的大队长标志，让小小的我颇感责任重大。想来，我走上工作岗位后的责任心和组织协调能力，或许还可追溯到小时候担任班干部的锻炼吧。

1958年我上小学三年级时，我老家也跟全国其他地方一样，卷入轰轰烈烈的"大跃进"、公社化的浪潮。学校全面动员，我们小小年纪也不服输，积极到海边沙滩洗铁砂，争着把家里的破铜烂铁搜罗出来上交炼钢铁。大家还积极响应号召，起早贪黑去"除四害"，抓老鼠，打麻雀，消灭各种害虫。那段时间，的确是把各种害虫打得片甲不留，麻雀好像都跑了，连田野里、草地上美丽的蝴蝶也被消灭干净。我们再也听不到蟋蟀的鸣唱了，它们也都被叫作"666"和"滴滴涕"的农药毒杀了。村干部把全村人分成四个片区，吃公共食堂大锅饭。在村领导的硬性要求下，大家把自己家的锅统统砸了，炉灶也拆了。我们的确高高兴兴，每天到饭点听到喇叭声时，大家就赶到大食堂排队取饭。孩子们更是活蹦乱跳，排队时大家用筷子、汤匙敲打着空盆，奏起了农家交响乐。吃大锅饭对于像我们这样人口多的大家庭来说，自然是件好事，我们跟着许多人乐在其中。

但好景不长，灾祸立马到了。1959年年底开始了连续三年自然灾害，我们国家遇到饥荒，从此这成为我们的执政党始终不渝强调中国粮食安全的一面镜子。

## 三年自然灾害时期

我上小学五年级时，我们村由于人不多，孩子少，村小学只设初小班，读完小学四年级，就得换个学校，到五里外的吴塘村读五、六年级。1960年9月，我来到了临江中心小学。学校秉承严格的校风，教学抓得很紧，所有学生必须寄宿，因为每天早上和晚上都安排自修课，有语文和数学老师到课堂监督、辅导。

母亲非常疼爱我，也非常喜欢我媳妇。她好几次和佩红提起我在小学六年级的时候帮她分忧解难的事，不厌其烦地告诉佩红我儿时如何风雨无阻，每天中午回家时从5里外的学校挑回两小桶饭渣的往事。那是母亲抹不去的心疼与辛酸记忆，也是她在儿媳妇面前对我"从小就懂事、爱家"的夸赞。

事情是这样的。那时学生们每天中午回家吃完饭后，带上父母洗好的地瓜片或准备好的菜团，到了学校就放在食堂的大蒸笼里，天气再热也是这样。经过一个下午，或者一个晚上的闷热烘烤，那一钵头的地瓜片或菜团常常变馊了，有时实在无法食用。学校没有固定的吃饭场所，孩子们分散在各个地方，大部分在操场上的几棵大榕树底下捧着饭钵吃饭，剩下的地瓜皮或变质的菜团就随地乱扔。在我心里，这一方面是浪费，另一方面也影响公共卫生。我向老师建议，由我收集后带回家里喂猪。总务处处长陈茂通老师说："一粥一饭，当思来之不易；半丝半缕，恒念物力维艰。我们支持你的想法。"于是，每天早晚开饭前，我就预先很麻利地在树底下摆好几块旧瓦片，或几张废纸，到处招呼同学们尽量把剩饭残渣扔在上面，方便我收集。我自己则总是狼吞虎咽地吃完饭，赶在上课之前用手一点一点地捡起扔得满地的残渣剩饭。有时候还遇上个别好恶作剧的同学，故意在我走近时往饭渣上吐一口浓痰，看上去让人恶心，但我会装着没看见，也不言语。每天我一般能捡满两小木桶，中午回家吃饭时顺便挑回。回家的路有5里，平时倒还可以，一旦遇上刮风下雨，特别是台风季节常常刮起强劲的东南风，风大路滑，我挑着担子在雨中挣扎着逆风前行，摇摇晃晃，一不小心就会连人带桶摔倒在地。看着其他同学听到下课铃声乐乐呵呵，打打闹闹，一路狂奔回家，我却一路跌跌撞撞，摔倒爬起，甚至受了伤，也流过泪。我有时感到难过、委屈，但一想到家里的处境、父母的期待，还有那嗷嗷待哺的母猪和小猪，想到猪出售后，全家就会多些收入，父母可能少些忧虑，也会给我们买铅笔、笔记本，一种幸福感与满足感就会涌上心头。我们所有兄妹都在为父母分忧，为这个家尽力，我也在尽心，虽然微不足道。就这样，风雨无阻，日复一日，我坚持了近两年，直到我小学毕业，以全校第一名的成绩考进了福清第十中学。

## 青春无奈但无悔

### 父亲的艰难决定

福清第十中学于1961年国家三年自然灾害的困难时期创办，当时只有初中部。那里原是一个榨糖厂，建于1958年"大跃进"时期，但很快由于自然灾害下马废弃,被改造成学校。说是改造,实际上只是把大厂房用木板隔成几个教室;在原来的煮糖车间,有十几口直径近两米的大铸铁锅台连成一片,他们往大锅里填满土,铺上木板,就是我们睡觉的通铺。尽管老师中没有一个人到过陕北,但他们却以延安精神鼓励学生:"我们学校的条件是艰苦了点儿,但比当年共产党在延安抗大时肯定要好出许多倍。"

尽管学校条件确实差,周围的村民们还是为这个"糖厂中学"的开办而振奋。新中国成立后百废待兴,江镜这个"老区"人多地少,贫困落后,几十个村庄四五万人办一所中学的要求也迟迟摆不上地方政府的议程。"糖厂中学"的开办正当其时,它为江镜乡农家子女打开了一扇求学的大门,人们欢呼共产党又办了一件利国利民的好事。在第一任校长林友来和教务主任何文法等老一辈教育家的精心打造下,这个学校后来居上,培养了一批批出色的学生,不少人后来当了教授,或成为出色的企业家。20世纪70年代,我的好几个侄子在那里上过学,包括现在侨居阿根廷、担任阿中商贸促进会会长的何文强,在加拿大经营大型连锁超市的企业家何文清,在英国经营饮食服务业的陈虎、陈辉兄弟以及在香港的何文忠,等等,都曾是福清十中的学生。

福清第十中学离我们有20里,一条通往它的小路曲曲折折穿过数片田地和五六个自然村。我和五哥同在学校寄宿,每周六傍晚回家一次,周日返校。那时要维持一家10多口人的生活,还要供养两个孩子上学,父母负担非常重。国家正经历自然灾害,农民的愿望就是能吃饱饭。老实巴交的三哥开始背着村干部在离村较远的偏僻的灌丛荒地开荒,悄悄地栽种地瓜和其他庄稼。三哥的"资本主义尾巴"救了我们一家,也是我母亲在最困难的时候还能为五哥和我兄弟二人准备每周口粮的秘密魔法。

我五哥比我高一届,是校学生会主席。在他上完初二准备升入初三时,家里发生了一系列变故:本来就多病的父亲又得了一场重病,卧床不起；四哥六岁时得的关节炎此时再度复发，痛得整天在床上呻吟、打滚，却没钱买药；大哥已年纪不小，经人介绍好不容易刚定下一门婚事，女方的父母觉察到我们兄弟众多家境困难后，反悔变卦了。全家的主要经济来源只靠二哥一人。他当时在集体企业福清县建筑社龙田分社当木工，收入稳定，每天一元钱，维持家里的柴米油盐各项开支。毫无疑问，继续维持两个人上学，负担两个人的学费，解决两个人的住校口粮变得非常奢侈。此外，当时我们这么个大家庭，除大哥是渔民外，只有我三哥一人在家种地，村干部三番五次找我父亲谈话，最后下了明令，要求我们家必须增加劳动力。父亲无奈，却又不忍心让我五哥去种地，他和几个哥哥商量之后，不得不做出了一个痛苦的决定：让我五哥辍学，跟我二哥去当木工，学门手艺。用他们的话说，家里只能集中力量培养一个人。他们还发誓："即使卖衣当裤，也要培养老六上大学。"父亲的这个决定让五哥失去了继续上学机会。尽管父亲是不得已而为之，我五哥还是无法接受，郁结难解，整天在家发脾气、抱怨，坚持认为父母不爱他。直到我父母过世，五哥好像从未原谅过他们。

**母亲无奈祈梦**

面对家里发生的这一切，最为难的是我母亲。乡亲们告诉她，福清西部山区的石竹山上有一座石竹寺，香火灵验，华侨从海外回来后总要前往拜佛、许愿求签，而且据说有求必应。母亲悄悄地准备前往拜佛。一日凌晨三点多钟，母亲和她的两个同命相怜的女伴，背上几斤地瓜干作为供品，走了100多里，来到了石竹山脚下。石竹山山高路险，她们一步一个台阶地登上了陡峭的半山顶，终于赶在太阳落山之前住进了石竹寺。按当地习俗，善男信女都要在寺庙进素食，要祈梦的还要在庙堂里睡一夜。母亲虔诚地烧了香，跪拜了所有的佛像，最后饿着肚子在香客济济的庙堂里找了个角落，挤着躺下。据母亲说，她那天晚上在寺庙里的确做了许多梦，其中印象最深的是，梦中见到一个白发老人带着一群孩子围着一堆耀眼的东西跳着笑着,欢天喜地地唱着。母亲说,解梦的庙祝告诉她,我们家的子孙将来会个个发财,黄金成堆,她老人家也会衣食无忧。但如果由我来解梦,我一定会告诉她那肯定是一堆谷子,因为我们一家人都饿怕了,解决吃饭问题才是最有实际意义的。的确,母亲在菩萨面前虔诚地许了不少愿:她求我父亲、四哥能恢复健康;求我几个哥哥都早日成家;求老六(我)读书有成;求我的弟弟妹妹健康成长。母亲还专门为我求了一个签,问的是我的前程。如她所愿,她得到一个上上签,上面写道:

窗下读书人不识,相貌堂堂宰相才;
忽报一声春雷响,使臣飞马天边来。

解签的庙祝告诉母亲,她家儿子有大富大贵之命,将来一定很有出息、出人头地。后来似乎巧合,我果真上了大学,步入了科学院,还出国留学,36岁时就当上了中央部委的局级干部,再后来还到"高大上"的联合国组织工作,居然一路升迁,最后还当上了联合国副秘书长级的洋大官。尽管我本人并不相信母亲求得的那个签,但母亲生前还是坚持认为老六有了眼下这一切,是何家祖宗积的德。她特别自豪的是儿子娶了个天下难寻的好媳妇。她见人就夸儿媳知书达理,相夫教子,贴心周到,家庭和睦。她笃信佛教,而且很虔诚,她总是说"这是儿子前世修缘,今生的福报"。我知道这一切不过是母亲的一种信仰,一种那个时代乡下老人儿孙梦的寄托,现实也只不过是机缘巧合。但为了让母亲高兴,我也往往会附和母亲,说"那是我们家祖上积了阴德,是母亲行善、做好人的好报"。

父亲当时采用的"舍一保一",让我继续读书的决定对我其实也是沉重的压力和负担。我对五哥的被迫辍学充满内疚,我感激父母与兄长,但我唯一能做的是通过自己的努力,用最好的成绩回报。我在学校里一直保持着全优的成绩，各科作业经常被作为范本贴在墙上展示，每年都被评为三好学生或优秀学生。在初二时，我成为共青团员，后来还当上了学校的学生会主席。

**考入福清第一中学**

1965 年夏天，我参加了福清全县中学统考，以福清第十中学最好的成绩考入了福清第一中学，如愿以偿地升入福清县的一流学校。

偏僻渔村的一个穷孩子能被城关最好的学校录取，在当时是一件大事。村里人都为我高兴，说我是中了"举"，祠堂可以挂上一块"文魁"匾了。对于父母和兄长而言，这无疑是给我们家的最好礼物；对我个人而言，这则是今后人生道路上的一个里程碑。

福清第一中学是位列福清县宝塔尖的完全中学，同时也是福建省首批重点中学。一中由创建于 1925 年的"福清县立初级中学"、私立"文光中学"和"闽海初级中学"三个学校合并，于新中国诞生后正式成立。校园设在融城（福清城区）北隅风景迷人的凤凰山。凤凰山上常年密林覆盖，郁郁葱葱，果树连片，蝶舞草间，鸟语花香。西面的山脚下，有一条南北走向的溪流——后慕溪，它常年流水潺潺，清澈透底，像是一条环腰玉带，那是学生们夏天游泳的好去处。山南半坡上有一个阶梯教室，深掩在一片茂密苍翠的竹林中，夏天特别阴凉，是一个天然的空调教室。南面凤凰山下，有一棵近 500 年的大榕树，它像是一把撑开的绿色巨伞，一年四季为两个排球场和一个篮球场遮风挡雨。这里不愧是莘莘学子求学的绝好去处。这所学校无论是师资还是教学设备，都是全县一流的。直到今天，福清一中的教学质量仍然在福建省的一流名校之列。福清一中每年都要向清华、北大等名校输送一批人才。

我庆幸自己能够考入福清一中，我深信，只要继续努力，三年后上一所中国名牌大学的概率已十之八九。也就是说，我这个乡下青年离上大学的梦想只有咫尺之遥了。

我带着"三好学生""优秀学生""共青团员"等初中时代的各种荣誉,以及全县统考成绩优异的光环来到这个青年学子梦寐以求的县城最高学堂。我入学后下的第一个决定就是:努力奋斗,苦读三年,目标北大或清华。我素有言必行、行必果的决心与意志。到校不久,由于成绩优异,我很快就被选为高一四班的团支部书记和学校的团委委员等。在这个县城的最高学堂里,除了来自农村、家庭贫困等客观条件无法与城里人比,我自感我的其他条件都很优越。从小艰难困苦的经历让我相信:天道酬勤,人来到世上就得劳碌、拼搏。那个年代,大家都笃信精神力量,也好喝心灵鸡汤。一个农村孩子,就得有农民的本色,踏踏实实,勤勤恳恳,吃苦耐劳,春播秋收,这才是正道。我相信凡事只要坚持就会有结果,只要敢拼就一定会赢。老家那些人,哪一个不是一辈子在跟命运、跟天地抗争呢?我的兄弟,个个都用勤劳、厚道和自强不息的精神照耀、指引着我。家里人省吃俭用,倾全家之力供我上学,送我进城,我怎么能放松自己,又如何敢挥霍分秒呢?家里人也都放心我,他们都认定我自小就是个很自律自觉的人,有这么好的条件,一定会珍惜时光,努力学习,将来一定会成为有出息的人。

福清一中果然名不虚传,那里云集着一批名师。我接触的第一批老师都很出色,如语文老师赵宗江、物理老师林宗立、数学老师佘兆华、几何老师余贤水以及历史老师陈仲俊等,他们经验丰富、学识渊博,有的还极具幽默感。我对古文很感兴趣,赵宗江老师讲《核舟记》时,引申开去,把"中峨冠而多髯者"苏东坡讲述得栩栩如生,激起了我极大的兴趣,我几乎当场就把这篇古文给背了下来。而我对英文的喜欢,则始于对陈立鸾老师个人的崇拜。

在这个闻名全县的学堂里,我们如鱼得水,精神饱满,过着很有规律的学生生活:宿舍、课堂、图书馆,基本上三点一线,就像在执行计算机程序,有序不乱。因为家在乡下,路途远,交通不便,我每两周回家一次。遇到没有回家的周末,我偶尔也会约上几个同学,有王子庚、关文和以及王荣辉等，一起下了凤凰山，来到后埔街的久乐天饭店，每人花一毛钱买一份"福清扁肉"，慢慢品尝并聊上半个钟头。我们常常舍不得过快吃完那几个"扁肉"，主要是为了三番五次加汤，因为那汤是骨头熬成的，味道美极了，而且加汤是免费的。老板大概也看出我们这几个穷孩子的心思，尽管见到我们肯定头疼，但是出于心疼我们，有求必应，没有丝毫怨言，不断给我们加汤，喂饱我们这群馋猫。

但我们一心向学的好梦不长。1966年，"文化大革命"开始，我们停课近两年。

## 回乡知青的经历

1968年12月22日，毛泽东关于"知识青年到农村去，接受贫下中农的再教育，很有必要"的一声令下，全国在校的老三届（"文革"爆发时，在校的1966届、1967届、1968届）初、高中生1600多万人开始了大规模的上山下乡运动，成为有史以来最罕见的从城市到农村的人口大迁移。福清虽为小城，但也闻风而动，全县一两万的中学生到闽北、闽西山区插队。像我这样来自农村的学生，一概回乡务农，接受贫下中农的再教育。

我上大学的梦被彻底打碎了，从县城的最高学堂回到海边小村，再度挤进那低矮潮湿的小土屋，与我四哥和八弟三人同住小阁楼。我感到迷茫，恍惚觉得眼前的路朦朦胧胧，小时候无限热爱的村南大海，也变得白茫茫的。原本那令人遐想、美丽可爱的白沙滩、红树林和拍岸惊涛，突然间变得如此陌生。我不知如何面对这种人生变化。

我拿起锄头，挑起粪桶务农，回归属于农民子弟的生活。我家乡本来人多地少，人均不到三分地，而且耕地是砂质红壤，肥力很差。农民一向靠雨养耕种，完全靠天吃饭，即使在风调雨顺的年份，连身强力壮的农民都养不活自己，我们这些知青只能是增添累赘！客观上说，村里本来人多活少，几乎辈辈都出几个二流子，他们游手好闲，抽烟赌博，历来让村干部头疼。

  我不甘于命运的摆布，尝试了好几种出路。跟我大哥当渔民是不可能的，因为渔场也在收缩。和三哥一起干农活有意义吗？家乡人多地少，农民都摊不上多少事，混着过日子而已。二哥和建筑社的领导商量后，带我到江镜农场当木工学徒。我顶着烈日趴在屋顶，握着铁锤钉椽条。不出两天，双手起疱流脓，握住锤把就钻心疼，我没有告诉二哥，第三天还是去了，想咬紧牙关坚持下来。当二哥发现我的手已经起疱、红肿、流脓时，他比我更痛，硬说我根本不是干木工的料。他和父亲商量后，决定让我放弃。而且不管我怎么坚持，他就是不再带我出去干木工活。这一决定注定了我没有走二哥的路，我终于没有成为一名可以拿集体企业固定工资的小木匠。

  一天，我在大队部偶然看到《福建日报》上登载了一篇关于人工栽培白木耳的文章，说白木耳不但有药用功能，还具有很好的经济价值。我立马找到一些资料，上面对白木耳做了较详细的介绍：其营养价值极高，为"菌中之王"；从药理上说，它性平、味甘，具有强精、补肾、滋阴降火、益寿延年等功效。我心想："嘿，这倒可能用上我的文化知识。"我和四哥商量，决定拿出家里好不容易积攒的近100元钱投资栽培白木耳。憨厚的大哥从小疼爱我，他宁可委屈自己，也把方便留给别人，永远是我们兄弟的保护者。他知道我需要场地，就把他家所有的零碎东西搬到小居室的楼上，腾出底层给我作白木耳的栽培基地，面积不到20平方米。随后，我到邻村买了一批桉树，锯倒了，按着书本写的，精确地截成1.5米长的木段，在木段上每隔10厘米钻一个拇指大的、5厘米深的孔，然后用稀释的灰锰氧溶液（高锰酸钾溶液）逐根擦过，最后有序地摆放在用石灰水消毒过的栽培基地里。我认为自己在应用知识，很科学、按部就班地做好了基础准备，紧接着就是骑着自行车到福清县城买回十几瓶白木耳菌种。我再次认真地对照着操作说明，严格按程序给每个预制孔种满了已发酵过的以锯木屑为基的菌种。以后的日子里，我每天早起晚睡，开窗通风，仔细观察每根木头，检查上面的白色菌种，有时还闻闻，辨别是否有霉味。每过几天，我就给木头喷洒一次干净的井水。日复一日，我就这样小心翼翼地伺候着这些宝贝木头。我经常趴在木头架层上，睁大眼睛观察是否长出菌苗。大约一个半月后，当看到个别孔眼长出白花瓣般的细嫩的小苗苗时，我喜出望外。但没过几天，让我失望的是，那几个孔眼的嫩苗蔫了，接着黄了，之后就烂了。其他地方还是什么都不长。我到处找书看，也四处询问，但那个年头在福清这个地方，其实即使是整个中国，科技书也寥寥无几，找科技咨询更似上九天揽月，任凭我急得如热锅上的蚂蚁也无济于事。凡是我能问到的人我都问过了，有人说我的菌种有问题，也有人说室内气温过高，还有人说我消毒不够严格。总之，在没有任何外部技术指导的情况下，我失败了，而且是作为知识青年回乡后的第一次自己创业的失败，我感到无比痛苦。我不得不把所有的木头搬出来，晒干后交给我妈当劈柴烧火煮饭用。

这次失败给我的打击可想而知。我损失的不单是全家近百元的积蓄，更是对我所处环境产生了一种莫名的恐惧。后来我领导的联合国粮农组织在泰国北部农村和缅甸农村推广农业电视项目时，我特意安排了一个帮助残疾人自力更生栽培蘑菇的项目。我常常以自己年轻时栽培白木耳的失败教训为案例，要求我的同事必须加强对农民的实用技术培训，重点放在农村农民的知识提升和能力建设上。

回乡期间还有一桩往事如今想来都还蛮怀念的。我们村有办闽剧团的传统，从20世纪40年代末就有几个小有文化的人抱团成立了戏班子，唤作前华闽剧团，专门演传统闽剧。新中国成立后，在南洋爱国华侨的慷慨资助和热心支持下，前华闽剧团购置了一批崭新的行头，同时用较高的待遇聘请了从福建省闽剧团退下来的颇有名气的老演员当导演，搞得红红火火。那时农村没有照明电，华侨还亲自从新加坡带回烧煤油的常备汽灯，效果非常好，贼亮贼亮的。我还记得小时候经常钻到祠堂人群中，找个离舞台近的地方，踮着脚看他们演出。节目还不少，印象最深的有《包公铡美案》《桃园三结义》《穆桂英挂帅》《杨六郎招亲》《搜孤救孤》《一门三进士》等，宣传的大多是"仁、义、礼、智、信"，教诲"忠孝廉耻"，"忠君报国"，"肝胆侠义，秉承正义"以及劝世从善的思想。至今我还记得《一门三进士》，讲的是明朝一个叫吴子恬的读书人与他的善良妻子如何受继母虐待，但成名后摒弃前嫌、以德报怨善待继母的动人故事。它说明一个做人的道理：施人以爱得爱，赐人以福报福。我想，小时候的一种文化烙印最经得起岁月的打磨，往往终生难忘。儿时听到的许多劝人崇尚正义、正直、善良以及仁爱的故事，竟不知不觉中成为一个人修身养性的养分，变成了一种相伴相生的修养基因。

我们村闽剧团即使在20世纪50年代末60年代初经济最困难的时候也没有真正"停办"，直到"文革"才被关闭。10多年里，村剧团常常被邀请到全县许多村庄巡演，最远还到过靠近闽侯的官口和长乐县城。更让我们自豪的是，这个乡村剧团竟先后为福清县闽剧团输送过一批人才，有的还担任主角。

大概是源于这个传统，"文革"中我们村虽然没有了闽剧团，却也组织了一个文艺宣传队，模仿《智取威虎山》《沙家浜》等革命样板戏演出。村里人一向喜欢看戏，那几出样板戏，很多农民不但能道出剧情，还能哼哼几句。像"文革"前的闽剧团一样，宣传队除了在自己村里演出外，还经常被邀请到各地巡回演出。演出是义务的，没有酬金。一般是邀请的村庄负责安排吃住，条件极其简陋，大多住农民家里或睡在祠堂的舞台上。但我们总是能感受到他们是拿出能够拿得出的最好的东西招待演员们，演员们能体会到那淳朴的感情和浓浓的乡情。条件好一点的村庄，有时也会专门杀一头猪，让大家吃上一顿有鱼有肉的美美的大餐。宣传队一般在一个村庄只演一个晚上，第二天另一个村庄派板车把布景和行头拉走。至于我们文艺队员,就看运气了,遇上条件较好的村庄,我们还能乘上他们派来的"专车"——拖拉机。那时候的人似乎不懂得挑三拣四,更不懂得讨价还价,一切奉献都是理所当然的,很少有人说三道四、心生怨言。

在队里,我当过编剧,也当过群众演员,跑跑龙套。我演过《智取威虎山》里的栾平、猎户老常等配角。导演说我语速快,普通话好,栾平在威虎山匪首座山雕面前与杨子荣的那段匪徒"暗语"对话难度大,非我莫属。我还算"不负重托",把那段台词背得滚瓜烂熟,演得绘声绘色,常常博得台下观众阵阵喝彩。那些闭塞山村或边远渔村的老百姓能看到一场"乌兰牧骑"般的演出,品一出革命样板戏或革命样板戏的片段荟萃,尽管水平有限,但也绝对是一场享受。当然,一些年轻的农民自小到大没出过远门,看到异乡来客,尤其是女演员化装之后的惊艳美貌,犹胜于享用一道大餐,与过节一样激动。

那时候整个县只有几个电影放映队,带着几部"名片",如《南征北战》《地道战》《上甘岭》《柳堡的故事》等在农村轮回放映。每当电影队来了,大人小孩都会奔走相告,极度欢快,人们早早地搬上一条板凳,到土场上占个好位置。人除了有肚子里的饥饿感,还有精神上的饥饿感。村民们没事时常聚在一起,抽烟、胡扯、讲风流故事来消遣。他们忙时白天干活,闲时晚上早早上床睡觉,生孩子是他们打发时光的办法。在我老家,再穷的人家,三五个孩子是正常的。多子女、文盲、疾病和贫困就像麻花一样自然地扭在一团,一代又一代地传下去。

老家农村宣传队起码为农民送去了精神食粮。我认为,能为他们献演一些喜闻乐见的节目,让他们看看一些正能量的东西,应该比老年人聚众赌博,年轻人游手好闲,用大把大把的时间混日子,真不知道要强多少倍。我很高兴参与这样一些有意义的活动,使自己年轻的心减少了烦躁,同时也加深了我对农村和农民生活的深刻体验。

## 赤脚牙医

1969 年夏天，一个偶然的机会，龙田镇下乡来的牙科医生郑荣春来到我家给父亲治牙。郑医生是龙田、高山、江镜一带颇有名气的牙科医生，但听说他性格刚烈，是个桀骜不驯的人。"文革"前因意见不同常与同事、领导争执，"文革"开始后第一个挨批斗，他一气之下索性放弃铁饭碗，脱离龙田医院。他在那年头决定单干，自己开诊所，我们无法想象他到底通了什么魔法。郑医生与我父亲和四哥聊得很投机，接触两次后，欣然同意我父亲的要求，收我为学徒，时间为 18 个月。按双方商定，父亲给了郑医生 180 元的学费，我可以在他家学习，一切都听从他的安排。

1969 年 7 月，我来到龙田镇，开始了牙医学徒的生活，吃住在师傅家。师傅家一楼安了一张长竹椅，它是多功能的，白天供看牙的病人躺，晚上当床铺供我睡觉。郑医生常对人说他之所以收我为徒，看重的是我父亲的厚道以及一家人的人品。他认为我忠诚、可靠、聪明、勤奋，是个很有前途的人。师傅、师母对我很器重。我的初心也很明确，我认为牙医是医学的一个分支，我可以借此机会学点儿医学知识，将来大学招生了，可以凭这个基础，争取去医科大学。我认定这个计划一定不会错。

农村卫生条件差，农民根本不懂得如何保护自己的牙齿。大部分人一辈子没刷过牙，他们的牙齿状况非常糟糕，有的不到 30 岁就因严重的牙周炎掉落了大部分牙齿。民间有个说法：牙疼不算病，疼起来真要命。我曾见过村里老人牙疼时在床上打滚的痛苦难受状。可就这种普遍的疾病，在农村基本上无人关注，也根本不当一回事。学牙科很可能还真是既为人也利己，起码可以用上我的知识，我也避免了纯体力劳动，甚至无所事事，浪费时光。我对学徒生活十分投入。

我跟郑医生学习医牙的全部工序：打样取样、制石膏模、制造蜡样、烧铸洋金或锻造不锈钢冠等。不用说，我很珍惜这个机会，也学得非常认真。师傅对我很放心，除前面讲的工艺活外，他很快允许我动手，给患者施行拔牙、取牙髓等难度大一点的手术。有一次，一个小伙子摔掉门牙，由于牙齿完好，牙床也没有被破坏，我建议师傅施行原齿复植手术。在师傅的指导下，手术由我施行，而且很顺利，也很成功。我保住了那个小伙子的门牙，他们一家人都非常高兴。这个事例得以口口相传，不久，周围村家喻户晓，师傅对我也赞赏有加。除学习工作外，我在师傅家也主动帮助师母做点家务，如挑水、扫地，有时骑自行车带师傅下乡等，凡是我能干的活我从不推辞。师傅有两儿两女，他们都在上学，我尽可能帮助他们4个，做些业余辅导。两个男孩很调皮，常做些恶作剧，但他们对我很信任，需要时我也当他们的"保护伞"，在师傅惩罚他们时劝阻。

师傅见人就夸我是一个忠诚老实的人，而且富有同情心，他说我悟性强，比以往徒弟学得既快又好。我爱看书，较快掌握了一些基本理论，而且动手能力很强。在师傅身边不到一年，离约定的18个月还差好几个月，师傅看到我父亲因高血压偏瘫，一直卧床不起，家里十分拮据，就主动让我提前回去，早点回去赚钱还债，有问题可以随时找他。师傅极富同情心，他的态度非常诚恳，我感动不已。

回家开业，万事开头难。那是计划经济的年代，又是在"文革"中，配置一套牙科工具比登天还难。我的中学同学肖道德让他二哥在县五金厂铸造了一个牙车的传动轮赠送给我，另一个同学庄振宝请他父亲从新加坡捎回一套5支的牙科手术钳，作为礼物送给我。就这样，我靠师傅的支持和中学同学的帮助，开了独立的牙科诊所。后来的一年多时间里，农忙时我去做点农活，插秧、挑粪、除草，需要干什么就干什么。强劳力每天能赚10个工分，我每天也可以得7分或8分。到了农闲，我早出晚归，骑着自行车跑遍方圆四五十里的几十个村庄，巡回给村民看牙，有时还到对岸的江阴岛和柯屿岛。现在这两个岛都变成了半岛，有福州通平潭特区的八道高速公路通过，从我家到岛上任何一处不出半个钟头。而在当年,我得扛着自行车,搭上小木板船渡江,来回至少需要两个钟头。由于交通闭塞,岛上比其他地方还缺医少药,我因此成为非常受岛民欢迎的人。老乡们对我特别客气,经常提供午餐,遇上条件好些的,还特意多做一个鸡蛋或煮一碗菜稀饭。

农村生活极其贫困,农民种田就是为了吃饭,他们没有别的主要经济来源,许多人靠卖几个鸡蛋或等年终杀一头猪攒点钱,维持家里的油盐酱醋。看病是万不得已而为之,看牙则被视为奢侈行为。他们有时牙疼得厉害,整个脸都肿了,却迟疑不决,不敢找医生。目睹此景,我常常感到心酸,眼睛有时会情不自禁地模糊起来。他们没钱,只好忍着,没有别的办法。多少人一年到头忙忙碌碌,竟然穷得连一两元的零花钱都拿不出来。但他们并没有像当今的人这样怨天尤人,他们好像更认命。我见过无数这样的家庭,十分同情他们的境遇。我觉得那既不是因为他们低能,也不是他们应有的命运,总觉得那时的社会应该承担一定责任,应该为他们做点什么,比如让他们起码能吃饱饭、看上病,让他们的孩子读书识字受教育。我知道自己无能为力,唯一能做的是遇到特别困难的家庭,少收他们的诊费,有时只收成本费,个别的干脆不收钱,或者给他们记账,等他们有钱时再给。那时替人家拔一颗牙收费2毛5分钱,做一个瓷牙成本5毛钱,而麻醉剂普鲁卡因一支成本是8分钱,但那不是随便能买到的,需要找人帮忙到福清县城医药公司凭证采购。在从业的近两年时间里,我的确遇到过不少欠账,但我不记得有人不还欠款。那时人穷,但志不短,民风淳朴,非常诚信,大多数人都有一颗老实、善良和懂得感恩的心。

老年人不便出门,我就随叫随到。不出多长时间,我成为方圆几十里老乡们熟悉、敬重的牙医。我很感激朋友送来一本上海医学院出版的《口腔学》老教材,作为唯一的参考书,我总是带在身边,见空就看,对着书本学容易印象深刻。有一段时间,我甚至下定决心,将来有机会一定报考医科大学,当一名口腔医生。

## 第一章　如梦如真渔村青少年

狄更斯说过，世界上能为别人减轻负担的都不是庸庸碌碌之徒。从这个意义上说，我的确年轻时就不凡。我特别感谢我师傅给我机会，在那缺医少药的年代，可以用我学到的知识和手艺，在短短的一段时间里，为许多患严重牙病的农民看牙——治虫牙、止痛和装假牙，既解决了他们眼前的痛苦，也提高了他们的生活质量。每当听到牙疼病人含泪说我这是在"积阴德""会有好报"时，我特别感动，好像自己真的做了什么了不起的大好事，心里有一股暖流，有一种满满的幸福感。我至今还能记得，有时半夜三更，那些痛得双手抱着头、流着眼泪、歪着嘴巴、流着口水的患者，经过我认真医治之后，道不尽的感谢，还有轻松离去的背影。两年左右的牙医生活对我后来的人生生涯只不过是一段特殊的插曲。然而，这段为时不长的特殊经历，为我后来从事科研、政府管理以及联合国工作时能更好地了解农村，理解和同情农民，从心里想帮助农民脱离贫困和消除饥饿，做了极其有益的铺垫。它成为我人生中巨大的无形资本。

可能是出于那段时间养成的职业习惯，也可能是出于对那段特殊经历的怀念，多年后我在联合国任职时，每当到农村，我总爱打听当地的医疗现状，包括农民的牙齿情况，看牙、补牙的条件。此外，每当我自己去看牙，我也总爱与医生交流讨论牙科的发展。有一次我在意大利罗马看牙时，我们谈论了医牙的流程和目前新技术的应用，我的牙医安东尼惊讶地问我是否牙医出身。

对我个人的经历而言，两年左右的牙医生活就像是我人生的一幅彩照，光彩永存，因为我把大部分时间给了需要的人和需要的事。农忙时我也干农活；农闲时就去当牙医，一方面替农民治牙，免除他们的疼痛，另一方面，我也由此得到一份收入，贴补家里，给父亲买药治病。按当下的时尚说法，我应该算是我国最早的"创客"之一。记得那时制作瓷牙要经过12道工序，一颗瓷牙收费最高8毛，成本5毛。但因为"文革"，没有地方可以受理行业执照申请，也没有任何部门发给我执照。严格地说，我是"非法创业"的。对于类似的不在计划经济内的

"自由"行动，在那个年代被统称为"资本主义尾巴"，是要被斩割的。县里有时会有人顺便下来看看，发现了就没收你的器具。尽管老百姓非常需要，我在他们那儿很受欢迎，但因为规定，我的行为却名不正，言不顺，心里总有说不出的滋味。

## 心中的梦想

梦想使我逐渐平静下来，我慢慢地忘却寂寞，开始面对现实，充实自己。我到处找书看。有一次，我从江兜王荣辉同学家里得到一本香港出版的英语小字典，就开始逐页背单词，憧憬着总有一天大学会重新招生，总有一天英语能派上用场。我舅舅是华东政法学院毕业生，被下放到江西共产主义农场劳动，他家里存了一些小说。我师傅的邻居是福清三中的语文老师，也借给我一些书。凡是我看到的，只要我可以借到，不管是什么书，我都争取看。在茫然无助中阅读，一方面助我消磨时间，排遣寂寞；另一方面，在不知不觉中，丰满了我的思想，进一步激发了我的梦想，还无形中净化了自己的灵魂。我印象较深的书有《战争与和平》《复活》《安娜·卡列尼娜》《静静的顿河》等。此外，我也读了《红楼梦》和《红楼梦评注》等。《名利场》《威尼斯商人》等也都是我在那时翻阅的。

春夏秋冬，只要没事，我总喜欢一个人到在祠堂高墙和我家那低矮房子之间不到1.5米宽的小"夹巷"，坐在那条石板凳上，静静地看借来的小说或其他书。那年头，在农村，看书是一种奢侈。夏天，小巷是避暑乘凉和读书的绝好去处。小巷南北走向，又长又窄，形成一个天然的风道。习习海风，从海边吹来，夹杂着淡淡的鱼腥味，那是我们海边人从小就闻惯了的，伴着古旧的书香和书中的情调，有时别有风味，偶尔联想诗和远方，令人陶醉。当然，一切都得看读书人当时的心境，因为心情抑郁的人心态是不稳定的。

1972年夏天的一个上午，那天极其炎热，空气潮湿得好像抓一把

## 第一章　如梦如真渔村青少年

都会捏出水来,一丝风都没有,简直让人窒息。我坐在小巷那个基本上属于我的石凳上,有点漫不经心地再次翻着那本破旧的《钢铁是怎样炼成的》。这好像是我第三次读这本书,也许是百无聊赖,我根本看不下去,也不知道自己在想什么,茫茫然的。我看到二哥从小巷的南端走来。他从村部回来,顺手递给我一封信。这封从厦门大学发来的信,好像带来了一股清风,使我的心倏然变得轻快。从那笔迹我认得出,这是福清一中的一个同学写的,她于年初从永安县插队的地方到了厦门大学,成为第一届工农兵学员。她在信中热情洋溢地描述了厦门大学如诗如画的景色,向我分享着她重新走进校门的兴奋之情。她写道:"何昌垂你不属于前华,一定要争取离开那里,外面的世界大而精彩。"她还说:"这社会终究还得有文化,到头来还是知识有用。"末了,她写道:"到时有人会对你说,我是商人,你给我多少,我就卖你多少。"直到今日,我仍然没太明白这段话的确切含义,但我感觉到她是在鞭策我,激励我不要向现实低头,更不要让自己的梦想从此破碎。应该说,当时这封信给了我一种动力,一份生机,一种勇气,鼓励我坚持,决不轻言放弃。我至今都感恩于她,是她在我人生最彷徨无助的时候,给我写了一封热情洋溢、充满智慧的信。它鼓励我,鞭策我,不消沉,不放弃,努力靠自己改变命运。从那以后,我决心争取上大学。当然,天上不会掉馅饼,我还是不知道路在何方。

既然有福清一中同学重返校园,步入高等学府的先例,我坚信大学重新开办是迟早的事。我开始用更多的时间关注国家正在发生的事情,尽管海边渔村很闭塞。记得有人说不重视教育的民族是没有希望的民族。我相信,一个国家,一个民族,不可能长久这样下去,任何时代都需要读书人:从商周到民国,数千年文明不断,薪火相传,靠的是读书人对中华博大精深文化的传承,更不用说共产党领导的天下了。我安慰自己:大学之门重开只是时间问题,我一定能赶得上,必须时刻准备着。我又开始有具体的梦了,常常梦见我上了北大、清华或厦大。于是,我开始系统地自学我高中时没有学完的物理和数学课程,继续背我的英文单词。说实话,这些高中教材是"文革"中,福清一中图书馆被造反派砸烂时,我看了心痛,舍不得,偷偷捡回来的,心想将来没准能用得上。在那个年代,书和吃穿一样,没有什么可挑的,有什么看什么,翻来翻去就是那几本书,尤其在乡下,根本就没有书店和其他图书来源。书是精神食粮,它往往能把人带到另一个世界,教人思考人生的意义,理解人生的渺小。外面的世界肯定与乡下大不一样,我无论如何要出去看看,出去拼拼。书看得越多,自然而然,我出去闯闯的念头越大。

当后来真的在外面经历了坎坎坷坷时,我才逐步明白了一些道理:人的一生,不可能永远一帆风顺;但大凡有所选择,最要紧的是做自己的主人,选择自己最感兴趣、最想干的事;一旦做出决定,就必须坚持到底;相信只要坚持,就会有收获。记不得谁说过:只坚持百分之九十,你收获的可能只是百分之十甚至更少;只有坚持百分之百时,你才可能收获百分之九十或者更多。凡事坚持到底,才能胜利;半途而废,必定前功尽弃。尝过酸甜苦辣,闯过苦难,才懂得如何用心体验奋斗得来的幸福。

在以后的每一段人生际遇,无论是顺境还是逆势,我都感恩我上过的学校,感恩那些谆谆教导过我的老师,以及那些曾经影响过我的书。由于这些缘故,我对学校情有独钟,特别是那些我小时候待过的学校。那几年,我先后给家乡我读过书的学校捐助了 10 万元,帮助建立校舍和老师宿舍。我知道这区区几个小钱无法报答家乡、母校的如海恩泽,因为我这棵小树之所以能活下来,并得以长成,得益于他们对我的悉心栽培。

## 大学梦圆闽江畔

**梦想成真**

韶华似水。1970 年,在中断高考 5 年之后,一些地方开始从工农兵中招收学员,定点培养,学制三年。原则上从哪儿来,毕业后回哪儿

## 第一章 如梦如真渔村青少年

去。工农兵大学生，前前后后有七届。1977年拨乱反正后，国家开始恢复高考，历史航船回到了正确的航线，中国迎来了科学与教育的春天。那特殊的几年培养的近百万青年学生，成为特殊时代的产物。

所幸的是，这代人并没有选择沉沦与放弃。在那广阔的农村天地，他们清清楚楚地了解到了一个真实的世界，触摸到了亿万贫困人民渴望过上幸福日子的心愿。他们多了认真思考和深刻反思的习惯，有了坚忍的意志和排除万难的决心。这一段经历奠定了他们后来坚定支持中国改革开放的思想基础，成就了他们在中国改革开放的波澜壮阔的潮流中的参与者、贡献者和毫无保留的推动者，甚至引领者的地位。

1972年6月初的一天，我回到福清一中，在阶梯教室参加摸底考试。阶梯教室是一个独立的教室，依山而建，竹林围绕，夏天鸟歌蝉鸣，是当年上集体课的绝佳之处。可惜由于"文革"停课，它被荒废了多年。没有莘莘学子相伴，它显得那样寂寞、苍凉，以至于它满身散发着一股霉味。记得那一天，全县基层人民公社推荐的一百多名青年云集于此，埋头答卷。这个"文革"时停办的，曾经为清华、北大等名校输送过不少高才生的学校，又有了一些人气，浊气被驱散了，周围的鸟儿也跳出寂寞，欢唱起来了。

这场摸底考试，的确无法和严格的正规高考相比。后来我才知道，那次"考试"也只是福建自己的"创举"。参加考试的人是认真的，我们像参加高考一样紧张。考试只有一种考卷，没有分科，而且试题也很简单。但现场气氛紧张严肃，尽管绝不像现在的全国统考，出题刁钻，戒备森严。我轻轻松松地按时完成了考试，交了卷。从福州大学和厦门大学来的监考老师和县教育局的人共同在场。摸底考试结束后，他们让我们都回家等候通知。因为最终录取，并不单单取决于这次的成绩，主要还得看大队和公社的推荐，看我们"文革"的表现以及我们思想政治觉悟。1972年基本上是革命造反派掌权的年代，"思想政治觉悟"的评判标准多少让我担心，因为我在"文革"中参加的是福建省的"三字兵"。"三字兵"为传统意义上的好学生、学生干部，多数为革命家庭和贫下中农家庭出身，但"三字兵"也是"保皇派"的代名词。

在煎熬的折磨中，我焦虑不安地等待着，度日如年。大概是7月30日，我实在熬不住了，决定进县城看看。我骑着自行车，一口气蹬了70里，到了县城找到县教育局。我碰到了林孝金老师，他原在福清一中教务处工作，被临时借调到县教育局。林老师对我很了解，也蛮喜欢我，一见到我就高兴地说："江镜公社推荐了两个人，但经过有关方面的反复斟酌，大家最后还是认为从培养国家科技人才的角度看，你更有潜力，所以你被批准录取到福州大学。"

尽管上大学是我梦寐以求的事，但猛然听到这个消息时，我几乎晕了过去，根本无法相信自己的耳朵，不敢相信这是真的！这是决定我命运的大事，我觉得比天还大。林老师看到我有点发愣，补充说："赶快回去吧，你的录取通知书也该到了，两天前就已经发出了。"

我如梦初醒，激动地道了谢，推起自行车，扭头就跳上车，飞一般地往城南回家的路猛骑，脚下如安上了风火轮。那天下午4点多，我大汗淋淋、全身湿透地跑到大队部，劈头就喊："我的通知书，我的入学通知书呢？"当我接过县教育局寄来的信件，迫不及待地扯开信封时，福州大学录取通知书让我眼前一亮，就像一束耀眼的激光，我热泪盈眶，什么都看不清了。是啊，从1968年回到村里，我做梦都在想有朝一日大学招生，我重回学堂。如今，梦竟然成真，我真的有书读了，真比打了鸡血还兴奋呢！当求知无门，陷入彷徨之际，如天门顿开，又可以回学校了，对于一个想当科学家、大医生的青年人，那兴奋之情，那激动之态，是今天的青年无论如何都无法想象的。我相信，从那一刻起，我的命运已经发生转折。一个大学生就要从这个贫困的渔村，从这个子女众多的农民家庭诞生了。不管怎样，这是我们家好几代人一个了不起的突破。对于我含辛茹苦的父母、老老实实的兄弟，对于我的家族甚至整个村庄，没有什么能比这个消息更让人热血沸腾，更振奋人心了。

## 第一章　如梦如真渔村青少年

### 走进福州大学

　　1972年9月初,我扛着一个红色的小木箱走进了坐落在闽江岸边的福州大学。我上福清一中时二哥为我特制的木箱陪伴我度过了在福清一中的美好时光,见证了我梦想破碎后的彷徨与苦痛,又与我一起实现新的梦想,踏上新的征程。

　　福州大学始建于1958年。建校原因据说是崇尚教育的福建省委书记叶飞,决心开办一个南方清华,造福一方。大学建在闽江畔,紧挨建于大唐时期的西禅寺,离著名的三坊七巷也不远。三坊七巷自晋唐形成起,便是贵族和士大夫的聚居地,清至民国走向辉煌,成为国内现存规模较大、保护较为完整的历史文化街区。区域内有大量的古民居,包括沈葆桢故居、林觉民故居、严复故居等九处典型建筑。三坊七巷的古建筑群素有"中国城市里坊制度活化石"和"中国明清建筑博物馆"的美称。尽管它们在"文革"中安静低调地存在着,有些地方还是难逃浩劫,现今才变成福州主要的文化旅游胜地,被国务院列为全国重点文物保护单位。

　　从1966年起,学校完全停课关门,直到1971年9月才招了10多个学员,说是办试点班、探索经验。1972年秋天,福州大学迎来了第一批来自全国各地的工农兵学员。闽江岸边、西禅寺周围、三坊七巷附近又有了熙熙攘攘的青年学子,再次充满了生气,响起了阵阵久违的读书声。

　　工农兵学员以推荐为主。那时我们既不能凭自己的理想选大学,也不可能按自己的兴趣挑专业,原则只有一条"服从组织安排"。我没有机会选择清华、北大或者一所医科大学的牙科专业,也没有进入厦门大学无线电物理专业,而是被安排在福州大学物理无线电系。后来听说,之所以让我到福州大学物理无线电系,是因为考虑到我在福清一中数理功底不错。

　　我被分配在无线电二班。我们班有58位学员,他们来自全国各地,包括北京、上海、黑龙江、安徽、四川、江西、广西、浙江、江苏、湖北等。学生文化程度参差不齐：有几个来自三线的兵工厂，已有多年工作经验；有高中毕业的；也有个别是刚进初中就停了课的，实际上还是小学毕业生。

考虑到这批学生的基础差异较大，学校大胆采取了分班教学补课的办法，在初始阶段（实际上有6个月时间）实行"差异化教学"安排。学校号召学生"一帮一"，建立"一对红"，口号是"不让一个人掉队"。这些都是那个年代特有的术语，但摒弃偏见，确确实实带来许多今天的人们无法想象的成效。抛开时代的局限，人性的善和人心深处潜存的爱是永恒的正能量，不管通过什么方式，一旦被激发出来，就会化成巨大的动力，产生意想不到的效果。

我们如饥似渴，很快投入了紧张的学习中，而且专注得让我们似乎忘记了身边的其他一切事。

## 父亲的心愿

1972年9月底的一天，福州和往常一样蓝天白云，秋高气爽。我和同学们高高兴兴地来到物理无线电楼，参加"分班教学"的摸底考试。大概是10点左右，系指导员王志强悄悄走到我身边，轻轻拍了我的肩膀一下，把我叫出教室。他低声询问有关我父亲的身体状况。我觉得有点怪怪的，但马上明白过来，一定是父亲出事了。因为20多天前我离开老家时，父亲身体非常虚弱，他因高血压偏瘫在床已将近3年了。王指导员握着我的手，安慰我一定保持冷静，并告诉我他批准我马上回老家，并说他会安排郑中钦和陈诗铨同学用自行车把我带到福州长途汽车站。50分钟后，我终于挤上一辆开往厦门的长途汽车，顺路到渔溪镇。下车后我小跑30多里，转而登上去江阴岛西部的小渡船。上岸后我又是一路小跑来到岛的东岸，跳上小木船到了城头村后，我又小跑了5里路。傍晚时分，我上气不接下气地赶到家，见到父亲双目紧闭，安详地躺在大厅东侧的一张木床上，一息尚存。按我们老家的风俗，在老人断气之前应该把他从卧室移到大厅：一是把卧室干干净净留给后人；二是考虑老人是一家之主，生前在大厅主事，死后也在大厅守护子孙。

父亲其实已无知觉，我一头扑倒在他身上，号啕大哭。四哥对我说，父亲在弥留之际，的确很想看看我，但他最后还是否定了自己的要求，说"昌垂他好不容易刚刚进了大学，现在一定很忙，就不要打扰他学习了"。母亲哽咽着告诉我，我父亲的最大心愿就是希望我这个9个孩子中唯一的大学生能成为有出息人、成为对国家有用的栋梁。

那年7月，我捧着大学录取通知书到父亲床前，当看到家里终于出了一个大学生时，躺在床上的他侧过僵硬的身躯，背着我流下了喜悦的泪水。我知道父亲此时比谁都更欣慰更幸福，因为当年他"卖衣当裤也要让我上大学"的心愿终于实现了！

我这辈子感到特别遗憾的是：父亲他老人家没有福气等到我大学毕业后，步入中国科学院这个中国最高的科学殿堂；也没有福气看到我结婚、给他生了个孙子；更没有福气看到我进入联合国这个"高大上"的国际组织，为全球服务。我常常想，哪怕父亲能用上国家发给我的第一个月36元工资中的1元钱，我也会感到无限的释怀。父亲若还在世，看着我20多年来马不停蹄，足迹天涯，跑遍了五大洲100多个国家，为各国农村的发展、农民的温饱而努力工作，他将会有何感想，对我有何嘱咐？

我会很骄傲地告诉父亲：我所在的联合国粮农组织的任务是帮助世界各国消除贫困与饥饿，我们通过各种形式帮助贫穷落后的国家，特别是帮助挣扎在死亡线上、饥寒交迫的农村劳苦大众，譬如，帮助他们发展农业、生产粮食、提高营养水平。我还会告诉父亲：每当各种灾害临头，我和我的同事就会及时采取应对措施，参与救济灾民，为他们提供农具、种子、化肥和农药，帮他们尽快恢复生产；我们向他们传播农业科学知识，培训技术人才；我们还帮助他们的国家和政府制定相关政策，让农民经济收入提高，过上好日子。父亲自己就是一个农民，他清楚农民祖祖辈辈辛辛苦苦，唯一的奢望就是能看到自己的子孙过上好日子，吃得饱饭，上得起学。父亲在天之灵一定会为我所做的一切感到无比的欣慰。

工农兵学员是这个古老而又现代国家的一个时代的符号。无论后来人们如何评价这个时代，只要没有偏见，这些学员终究是中国特殊年代的产物，代表一个时代的伤痕，也担负着一个时代的责任。后来的发展证明，这代人并没有被蹉跎岁月压垮，他们依然承担了一代人应当承担的职责。

## 珍惜每一寸光阴

没有经历过那个特别苦难和饥渴的年代，绝对无法理解那一代人的艰难、彷徨。当给我们打开了一扇通往"知识殿堂"的天窗时，你无法想象我们是如何兴奋，如何狂热地珍惜时光，又如何自虐般勤奋。一进校门，我们如同打了兴奋剂，恨不得一小时当作一天使，一天掰成两天花。没有人愿意掉队，没有人舍得浪费时间。要把以往大学四年的课程压缩成三年，对大部分人来说，的确是在跟时间赛跑。在物理无线电系，我们系统地学完了无线电专业的基础课程，如高等数学、微积分、场论、偏微、电工基础、无线电基础、电波理论等，以及无线电专业课程，如天线、接收与发射、雷达等。回想那一届学员中，个别只有小学文化程度，他们的确困难重重，但"勤能补拙"，几乎没有人自暴自弃。多年后，一些人还成为大学教授、研究所研究员或高级工程师，担负着共和国建设的重任，忠实地履行着一代人的职责。我说这些，并非想以偏概全，掩饰客观，粉饰历史，但起码我在福州大学的绝大多数同学当年是这样辛勤刻苦地学习的。

重新回到学校的学员尽管如饥似渴地抓住机会学习专业知识，但当时对大部分学员来说，学习外文还缺乏目标与动力。于是，坚持学习外文的个别学生会被当成另类，有时还受到善意的嘲笑。我和来自浙江诸暨满身书生气的徐成岳同学却很喜欢英语，坚持每天自学，同学们为此给我们分别取了"何博士"和"徐教授"的绰号。每天早上6点，我们就带着英语书，跑到东门的小湖边背英语单词，数年如一日，风雨无阻。1975年秋，我在被分配到中国科学院时，正赶上国家要组织遥感科技的调研和立项，所里领导决定让我参加卫星组的工作，英语水平要求高，因为我有一定的英文基础，我的学习能力马上派上用场，应了"苍天不负苦心人，天生我材必有用"的说法。

老师的良心，就是民族的希望。我特别怀念那时学生与老师之间的感情，犹如劫后重生才有的真挚感情。大学多年没有招生了，全社会在焦虑，家庭在盼望。其实，作为职业人的老师也在着急。"文革"中，许多老师正步入中年，事业如日中天时，却被横扫成牛鬼蛇神。因此，当学校恢复招生，他们能重启教案，重拾教鞭，拿起粉笔，全身心地站在讲台上为学生授课时，他们无比珍惜，犹如浴火重生。

当然，在那年头，教师到底要传什么道？授什么业？解什么惑呢？这批经历过"文革"的老师，虽然对这一系列问题的态度还是小心翼翼，但他们更清楚的是一种责任：教师是社会的精神遗传基因。仅仅出于这个原因，教师们知道他们首先应该教授为人之道，传授专业知识，分享解决实际问题的能力。

我们从心里感激那些老师，他们与我们学生一样，有饥渴，有期盼，更有行动，就是要把失去的时间统统找回，因而更加废寝忘食、忘我劳动。"文革"中破坏了的师生信任，被我们共同重新找回。记得一大批老师，庄琼珊、石俊明、王志强、程正刚等，晚上经常来到教室，辅导同学们晚自修，到深夜11点是常态。庄琼珊是我们的高数老师，她治学严谨，认真负责，是一位让人终身不忘的好老师。她认真批改每一个同学的作业，还常常夸我的作业工整。我们无线电二班有58个学生，文化程度参差不齐，老师们得付出多少心血可想而知。是啊，当年，老师周末加班备课、为学生批改作业变成常态，带病给学生补课的例子比比皆是。

20世纪70年代是一个资讯贫乏，信息极度不对称的时代。不得不承认，在那个时期看课外书是一种奢望。社会上没有多少公开出版的书。新华书店里摆的主要是《毛泽东选集》以及一些政治学习资料，文学类书十分罕见。我们班有几个同学来自北京的高级干部家庭，他们偶尔弄来一些书偷偷和信得过的同学分享，但必须限时看完。我有幸也在信得过之列，从而享受到一些"特权"。出于紧缺，书一旦到手，就得在限定时间内一目十行、囫囵吞枣地看完。因为守信用就有可能借到下一本书。那时我读过柯切托夫的《你到底要什么》，巴巴耶夫斯基的《人世间》，赫拉特的《左拉传》，司汤达的《红与黑》，罗曼·罗兰的《约翰·克里斯朵夫》，托尔斯泰的《战争与和平》，等等。那时消息封闭，信息匮乏，知识封锁，只有一定特权才能读到，只能偷偷摸摸私下传递阅读这些书，它们中很多属于"禁书"，却提供给我一种恍如来自"天外的精神食粮"，为狭窄封闭的知识和思考开启了一道知识之门。我后来遇事总喜欢思考、喜欢做类比分析的能力，也许就得益于下乡的经历和大学期间阅读的"禁书"，尽管选择有限，能读到的书并不多。

在大学期间，学生们没有太多的文化娱乐生活，大多时间都可以用在学习上。周末，学校图书馆前的露天广场偶尔会放电影。我们每人拿着一个小板凳，在草地上看一场老电影，就是最大的享受。星期天，同一个学习小组的同学会一起参加种菜劳动。物理无线电楼后边有一块空地，靠近我晨读英语的小湖，土肥得很。班上每个组都分得一小块地，我们种包菜、茄子、西红柿等来改善伙食。大部分同学下过乡、种过地，有丰富的经验，大家八仙过海各显神通，松土、播种、移苗、浇水、施肥、拔草、除虫，样样精通，把小菜地经营得跟专业户的菜地一样。这些活动，既为我们休闲减压、增进友谊，又无形中培养了学生们的团队精神和协作精神。

## 第一章　如梦如真渔村青少年

　　福州大学是我们的人生转折点，高等学府把我们带进了知识的海洋，为我们今后的深度学习钻研打下了一定基础。记得1973年《中国科学》发表了陈景润"1+2"的详细证明论文，立即在国际数学界引起了极大轰动，他的研究被公认为是对哥德巴赫猜想研究的重大贡献，是筛法理论的光辉顶点。他的成果被国际数学界称为"陈氏定理"，写进美、英、法、苏、日等国的许多数论书籍中。由于陈景润是福州人，一切好像就发生在我们自己身边那么切实，我们刹那间好像觉得自己也可以成为另一个陈景润，发现另一个陈氏定理。陈景润的成功为我们提供了一种无形力量，激发我们更加发奋读书，也为不少人点燃了科学征途的"梦想之光"。是啊，有梦想就会有追求，而追梦的过程是无比喜悦的。特别对于一群"文革"十年失去大好时光的青年，大家都很珍惜失去的韶华，珍惜每一寸光阴。大家聚在一起谈论、描绘和追寻着相似的梦。这一切，至今想来都还觉得无比幸福。

　　世间的东西，当来之不易时，人们才会倍加珍惜。

# 第二章
## 满怀豪情步入中科院

君子之立志也,有民胞物与之量,有内圣外王之业,而后不忝于父母之所生,不愧为天地之完人。

——曾国藩

## 初涉遥感"捡兔子"

**进京报到**

　　1975年7月，我从福州大学物理无线电系毕业。大家翘首企盼，渴望第一时间收到毕业分配的消息。当收到让我上北京工作，到中国科学院报到的通知书时，我心潮澎湃，兴奋万分。这是多少人梦寐以求的机会啊！中国科学院是中国科研的最高殿堂，在国际上也闻名遐迩，多少学子十几载寒窗，悬梁刺股，就是为了有朝一日能步入中科院，为攀登世界科技的高峰贡献自己的毕生精力。我被分配到中国科学院地理研究所的卫星组，从事遥感的新技术研究。这是当时中科院接受的一项开拓性的国家课题，急需一批年轻人参与调研工作。

　　1975年9月20日，我带着简单的行李——一个小背包和那个上大学时用过的红色小木箱，乘坐福州开往北京的K46次直达快车进京报到。长途硬座，我一路饥渴，到北京站时已是第三天晚上8点多。我拖着疲惫的身子下了车，没有人接站。幸好那位从杭州站抢着爬窗上车，与我比肩而坐的杭州姑娘主动提出让来接她的男友顺道送我一下。她的男友开着吉普车把我捎到了动物园332路车站，并教我如何乘车到中关村。按照他的指引，我到中关村时已是晚上10点多。我从南方来，穿着一件衬衣，拖着行李走在陌生的中关村，整个身子和心里都是凉飕飕的。转了两圈，路上基本上没有什么行人，偶尔碰上的人都不知道地理所在哪儿，我感到十分无助。过了有20多分钟，我终于遇到一个科学家模样的人，一打听才知道中科院地理所根本不在闻名遐迩的中关村内，它早已搬到了安定门外大屯路917大楼，地处郊区，离中关村有10多千米。那里没有通公共汽车，平时靠单位的班车接送。我心里凉了半截儿，不知这一夜如何度过。那人觉得不放心，带着我陆陆续续问了几个行人，都说帮不上忙。正在辗转无策、无比焦虑之时，我们终于遇上一老一少两个人，年纪大的手拿一把木剑，他主动询问需要什么帮助。一听说我从福建来，要到地理所报到，他儿子大声惊叫起来，说："嗨，爸爸，我们班的陈庚同学的爸爸陈之平是地理所的，我认识他们家。"就这样，他们父子俩把我带到一栋旧楼房，那是中科院研究人员的标配楼。

我们顺着黑暗的水泥楼梯爬到四楼，敲开了陈之平的家门，一位非常热情、性格爽朗的中年科技人员出现在我面前，这个瘦高个就是那孩子说的陈之平。听说我来自福建，他不停地说放心，并一口答应安排好我。他想了一下，随后带我到了海淀招待所，此时已是晚上11点30分。陈之平在临走时语重心长地对我说："小同志啊，你要有思想准备，首都北京并非事事都如人们想象中的那么美好、那么如意。这里的人也是人，将来你在这里也会遇到一些不顺心的事和不平坦的路。"

第二天一大早，陈之平如约来到海淀招待所，把我带到地理所班车的乘车点并和我一起上了车。后来我从地理所同事那儿知道，陈之平毕业于北京大学，从事地貌学研究，是业务尖子，在"文革"中受到过冲击。此后几十年，每当遇到一些不顺心的事，我总会想起我到北京的第一天、接触到的第一个人以及他给我的第一个忠告。

到了中科院地理所，我被带到卫星组。该组的创组成员郑明轩是一名归国华侨，是"文革"中的"逍遥派"。不知是出于他个人的兴趣，还是出于一代人的使命感，他和一些人悄悄地开了块"自留地"，搞起了"卫星数据接收实验"。当然，他们可能并没想到自己是在"拓荒"，而且整出个荒漠上的"小绿洲"。"文革"中他们把别人"造反闹革命"的时间用来满足自己的科学兴趣和实现理想抱负，用电子管组装气象卫星接收站，成功接收了美国诺阿（NOAA）卫星的气象云图，这在当时不得不说是一个突破，他们无意中闯进了中国卫星遥感的先行者行列。

**遥感启蒙人**

我初来乍到，卫星组的老同志包括王长耀、闫守邕等都热情地为我科普了一番遥感。闫守邕英文好，看过不少外文资料，还把其中一些论文翻译成中文。他也很幽默，说遥感并没有那么神秘，其实中国神话中的千里眼顺风耳就是在搞遥感，比美国早了几千年，只不过那时先人用的是眼睛和耳朵两种生物传感器。而今天人类发现了更多可能，发明了光学、微波等各种传感设备，把它们装在车上、气球上、飞机上，乃至卫星上，对地面拍照，监测资源环境情况。这些就是遥感，就这么简单。王长耀说得更直白："许多人都照过相，照相机就是最早的、最常用的一种光学传感器。"

他们把遥感说得如此简单，进一步激起我的好奇。我想更快地了解更多的遥感知识，明白它的科学机理。我向他们要了一些资料，但那时没有关于遥感的中文书，与这门科技有关的一切资料都是英文的。我凭借大学时的英文基础，借助英语词典，看了当时能拿到的一些文献资料，马上对遥感产生了极大兴趣。可以说，我开始对这个涉及天、地、生、数、理、化广泛领域的新技术有了更多的兴趣，充满了激情。

"遥感"一词是由美国女科学家伊夫琳·普鲁伊特于20世纪50年代在海军工作时率先提出的，但直到1962年密歇根大学召开首届国际环境遥感大会时才为世人所知。20世纪六七十年代初，遥感技术带有十分神秘、浓厚的军事色彩。1972年美国发射了第一颗地球资源技术卫星，说是民用，却带有明显的军事用途。中国人却无缘问津，连参加国际学术讨论会做小学生旁听的门票都拿不到。该卫星在离地约800千米的太阳同步轨道上绕地球运行。卫星上装有分辨率为80米的多光谱扫描仪，对地球进行连续不间断的拍照。拍摄的数据以数字模式送回地面接收站，用先进计算机进行图像处理，包括初加工、几何校正、辐射矫正、图像增强、自动分类、信息抽取等运算，得到各种有用信息，用途极其广泛。

20世纪70年代后期，空间技术发展迅速，成为美、苏两大国争夺的高地。毫无疑问，卫星遥感技术已然是美国霸权主义军事手臂的延伸。美、苏和一些西方国家除在军事领域应用外，开始利用卫星遥感技术对全球的战略资源进行监测，包括进行全球的矿产、土地、森林等资源的监测制图，农作物产量预测，地球环境与各种灾害监测，还大量用于城市和农村区域发展规划。通过卫星遥感技术，一个控制全球的空间信息体系正在悄然形成。

遥感是以不接触的方式对目标的特性进行感测分析和应用的新技术。中国的遥感之父陈述彭先生认为，遥感是基于物理的手段、数学的方法和地学的分析的综合技术。他以惯有的超前思维，敏锐地觉察到遥感技术的综合作用和巨大的发展潜能。他和一批科学家呕心沥血，呼吁政府尽早立项，发展遥感技术，推动遥感在国家安全、军事和国民经济社会发展中的应用。20世纪70年代初，出于军用和民用的双重目的，中国政府采纳了科学家的建议，中科院的领导决定组织人马开展遥感技术的跟踪研究。

我很幸运，能在中国遥感起步的第一时间来到中科院，在中国遥感科技的策源地，参与了卫星组的调研，与童庆禧、闫守邕、王长耀、龚家龙和郑兰芬等中青年科技骨干一起工作，并参与了中国早期的遥感科研和一系列实验。这是我人生中难得的一次机遇，也是终身受益的一段经历。

记得我刚到地理所卫星组报到时，郑兰芬同志抱来厚厚的三册《国际摄影测量与遥感文集》，它们都是英文版的影印件，每册起码有三四厘米厚。她说，文集里有不少关于多光谱理论和多光谱成像机理研究的文献，希望我能好好看一下，并说这将是我们的主攻方向。她补充说："在科学院工作，不精通两门以上的外语是不行的。"我有一定的英文基础，随手翻了一下厚厚的文集，看到各种各样卫星平台、传感器以及多光谱图像的分析图表，顿然激起我对空间技术和应用的极大兴趣和无限好奇。不多久，我就意识到自己作为一名科研新兵所面临的各种挑战，顿感"压力山大"。

从政治意义上说，在1975年，"文革"还没有完全结束。但邓小平于1月复出，胡耀邦7月受命整顿中科院，提出《关于科学技术工作的几个问题》（又称《汇报提纲》）。这一切，足以使中科院里一些有经验的人开始感到：严冬就要过去，春天即将到来。有些人也早已按捺不住心中的激动，坚信已经闻到科学春天的气息了。是啊，科学与教育是国家的战略投资，是一个国家、一个民族能够屹立于世界之林的立国之本。中国科技底子本来就薄，经过"文革"毁灭性的打击，没有什么资本可以再消耗了！老一代科学家惜时如命，一有机会就宣传科学新思想，力图推动新技术的发展。

中科院地理所也有这样的一批科学家，陈述彭就是其中的一位。陈述彭是著名的地图学家，因30岁时协助竺可桢院长编撰《中国大地图集》而闻名。20世纪60年代，他就独具慧眼地在我国首倡开展制图自动化研究。那时研制自动化设备用的是电子管器件，几乎和现在家用的电灯泡一样粗大。20世纪70年代初，陈先生和他的一些同事再次站在科技发展的战略高地，用国际视野，在国内率先呼吁并带领青年科技工作者开展遥感研究，追赶世界先进水平。他一直强调中国发展遥感要优先为国防和国民经济发展服务，应用导向始终是他关于中国遥感发展的思想，后来也成为我在国内的工作指南。

我有幸进中科院不久就认识了陈述彭先生，并很快为他的博学和科学远见所吸引。我把他当成自己的导师，而他也很慷慨地视我为其"没过门"的弟子，不吝施教，让我受益终身。2008年9月，即陈述彭先生病逝前两个月，我从国外回来出差并探望了他，还向他请教农业遥感的问题。

## 科学院的"三种人"

记得1975年年底的一个下午，陈述彭先生在他堆满书籍、拥挤不堪的办公室见了我，与我倾谈良久。陈先生的这次谈话内容让我永志不忘。

作为一个刚到中科院的新人，我能够受到大师的单独指点，这是我的幸运。陈先生谈到他于1972年以及1974年带团到墨西哥和英国考察遥感的经历，分享了他向中央有关领导汇报的国外遥感新技术的发展以及方毅等主管领导的指示精神，他还谈及他对中国遥感发展的畅想。他说中国国土面积大，地质条件复杂，地理景观多样，生态环境变化迅速，需要解决的科学问题很多，遥感科技将大有用武之地。他鼓励我说，遥感是一个新型科技领域，需要大批年轻科学家，需要既懂地学又懂物理和计算机学科的两栖人才。那次谈话是一次启蒙，点燃了我投身遥感事业的激情，指出了我在中科院的发展方向。也是在那一次，我听到了陈述彭先生关于科研团队"三种人"的说法，觉得特别新鲜，从而深深地印在我的脑海里。陈先生说中科院有三种人：第一种人"捡兔子"，第二种人"打兔子"，第三种人"指兔子"。年轻人刚进研究所，缺少实践经验，可以从实习研究员干起，认真向所有人学习，踏踏实实，先从搜集文献做起，帮助做些具体的实验，工作性质就如在猎场上"捡兔子"。那些有一定经验的研究人员，包括助理研究员和一些研究员，他们独立参与研究方案设计，规划研究路径，并具体负责项目的组织实施，他们解决问题犹如枪手举枪瞄准"打兔子"。他最后说，年纪大一些的，也就是所谓老研究员，重点考虑如何能站得更高一点，看得更远一点，更需要带领大家定战略方向、谋篇布局，就是所谓的"指兔子"。

我当时对陈先生所说的大部分遥感学术问题似懂非懂，但对他的"三种人"团队建设的描述印象极其深刻。这是一个科技领军人对如何打造团队、带兵打仗的生动形象、浅显易懂的描述，一下子就激起了我的兴趣。我顿有所悟：作为一个领军人物，或者说管理人才，要比其他人想得更超前，更具前瞻性。以后的工作中，我不断注意到，大凡是一个"指兔子"的领军人物，一定不仅具有洞察问题、确定方向、谋篇布局、统筹规划的能力，还都具有构建团队、组织执行和落实计划的实战水平。但无论进什么门、干什么事，脚踏实地，把"捡兔子"的基础工作干好，也是很有必要的。

多年后，不管是在政府部门服务，还是在联合国机构工作，我常常想到陈先生所说的"三种人"。当今的大科学哪一项不需要很好的顶层设计和战略规划？哪一个成功的项目不需要团队建设和协同运作呢？那一次谈话后，我开始崇尚陈先生的思想方法，注意观察他的学术风格，并用心学习他不断学习、谦虚待人、雅量宽容的做人态度，也学习他对新生事物的敏锐和敢为人先的探索精神。

刚刚跨进中科院的每一个新人，都必须做出面对未来的选择，尽快确定自己的研究方向和目标。在广泛的了解和老同事的指点下，我对地物波谱和遥感成像机理很感兴趣，开始系统地搜集有关的科学文献。我参加了由助理研究员龚家龙负责的中科院第一台地物光谱仪的研制。实际上，这是对一台室内分光光度计的改装工作。我负责记录仪的设计和组装。这台地物光谱仪的原理是把从紫外到近红外的连续波段，按美国地球资源技术卫星多光谱的波段分为4个波段，通过光脉冲在普通摄影胶片上打点曝光，记录被测量地物目标的光谱反射率。在改装的过程中，为了研究仪器的稳定性和定标方法，我们经常抱着这个"宝贝仪器"到917实验大楼的最顶层，从早到晚，顶着烈日，反复观察、测量并比较不同种类的岩石或树木样本在不同太阳高度角下的波谱反射率，晚上再进暗室对记录底片进行感光化学处理，最后用计算出的数值在坐标纸上描绘出反射率曲线。在当时的条件下，我们这项工作还被看作是一项带有探索性的基础研究。其实，我那时干的就是陈述彭先生所说的那种"捡兔子"的活，但我仍觉得津津有味。看来，任何事，只要喜欢，而且认真投入，就可以内心满足，兴趣盎然。

**苦练英语口语**

20世纪70年代初，中国的空间遥感研究基本上还是空白，中科院才刚开始组织力量开展科技调研，许多信息和新知识都得从国外的文献查找，特别是英文文献。不懂外文，寸步难行。但由于"文革"，那时懂英文或自觉学英文的人还不多，至少我所在的中科院917大楼的氛围是这样。面对英文文献，我感到最大的问题是缺少一本好的工具书。大部分时间我不得不泡在图书馆，因为那里有唯一的一本《英汉大词典》。但到了晚上，我就没法工作了。一段时间之后，我的孜孜不倦打动了中科院地理所图书馆管理员朱晓尧老师。她破例将那本唯一的《英汉大词典》借给我，允许我把它从图书馆带出来用。当然，她敢这么做，是因为她确信暂时还没有第二个人有兴趣在图书馆使用那本厚重的大词典。

在同龄的科技人员中，我的英文基础较好。我那时已经可以借助词典阅读专业英文文献了，我学的只是哑巴英语，无法开口，也不敢开口讲英语。我想未来终究可能需要和洋人面对面地交流，于是我决定好好练习口语，尽快补上这个短板。对于一个初来乍到的年轻人来说，这明显有点不安分守己，想入非非。但既然压力是自己加上的，我就没有理由前怕狼、后怕虎。我瞄准了图书馆墙角的一台旧的手摇留声机，以及

## 第二章 满怀豪情步入中科院

书架上的一套灵格风英语教材唱片。朱晓尧老师对我照样有偏爱之心，她告诉我那部老机子已经好几年不工作了，并同意让我试试能否把它修好。我花了小半天时间修好了这台在墙角休眠了多年的机器，如获至宝，连同黑胶木唱片一起借走了。它陪伴我在917大楼的7楼实验室度过了六七个月时间，直到1976年9月我到中国科技大学科技英文班进修。

40多年前北京的冬天似乎比现在要冷得多。作为单身职员，我和几位退伍军人合住在917大楼4层的一个集体宿舍。我的办公室在7层。为了节省能源，917大楼晚上基本上只维持最低限度的暖气，确保水管不会冻裂，室内温度自然很低。几位退伍军人都是测量兵出身，他们的工作性质决定他们有较多的空余时间。那时没有电视，扎堆打牌是青年人消磨时间的主要方式。一方面我对打牌没兴趣，另一方面我的确觉得这是浪费时间。所以每天晚饭后，我总是跑到办公室，用一件野外工作穿的黄色破军大衣裹着身子，反复听那套灵格风教材唱片，认真地跟着唱片，一个单词一个单词地练发音。有时累了就练笔译，翻译遥感文集中的一些论文。集腋成裘，不知不觉我的译稿已有10多万字。我做这些并不是为了出版，而是在练笔译，我相信将来某一天一定会派上用场。有一次，我挑了两篇译文给陈述彭先生，请他指教。陈先生十分热情，他看了之后，建议我把这两篇译文再从中文译回英文后对照原文，从中寻找差距。我照办了，自然发现差距极大。但多次用这种"硬"办法、笨办法反复磨炼，我发现效果的确不错，进步惊人。陈先生建议的这种办法很实用，在缺乏英文老师指导的情况下，我体会到，原来"钢铁是这样炼成的"。

走过1976年的人都记得，那是中国最多事，也是经历最严重考验的一年，悲伤接踵而至：1月8日周恩来总理逝世，4月5日爆发"四五"事件，7月6日朱德委员长病逝，7月28日唐山里氏7.8级大地震夺走了20多万人的生命，9月9日毛泽东主席逝世……老天爷好像决意跟中国过不去。然而，"多难兴邦"，这些事件是在考验中国人的承受力和新一代领导人"治国安邦"的能力与智慧。在那个非常时期，大凡有思考能力的人，无人不在思考中国将向何处去。没有人不问自己该为国家做点什么。在中科院这个知识分子云集的地方，有更多的人同时在思量同一个问题：天下兴亡，匹夫有责。大家包括我自己都在默默地准备着，必要时会义不容辞地站出来，承担起责任。

中科院焕发出一股崭新的生机，正在考虑选拔一批人送出国进修。1976年9月底，地理所决定让我到合肥中国科技大学参加为期6个月的科技英语培训。这次培训班的学员共有18人，分别来自中科院的不同研究所，包括计算所、物理所、生物所、化学所、天文台等。培训班由李佩、金童超等老师执教。李佩先生是我国著名的两弹一星元勋郭永怀的遗孀。20世纪50年代李先生的丈夫郭永怀应钱学森的邀请回国，担任中科院力学所副所长，从事核弹研究。由于从美国归来，李老师在"文革"中被打成美国特务，并被下放劳改。1976年她被调回科大教授我们英语。由于这个特殊经历，我们对她格外尊重。她是真正在美国生活过的人，听她的课程无疑是一种享受。至今我还记得她的高雅气质和独特风度对我们心灵的滋养与渗透。

1976年10月8日，当我们和往常一样专注英文练习时，消息灵通的学员得到从北京传来的粉碎"四人帮"的消息。这个消息如重磅炸弹，激起千层巨浪，反响强烈。大家按捺不住内心的激动，喜形于色，奔走相告。由于"文革"的磨炼，来自不同单位的年龄稍大一点的学员平常都很压抑、谨慎，除了专心学习英语，一般很少聚在一起吹牛侃大山、谈论政治，生怕惹上不必要的麻烦。但那天破例了，我们掩饰不住内心的喜悦，额手称庆，连平常最有城府的几位年龄稍长的研究员也不例外。"四人帮"倒台了，大家顿时觉得机会在向我们走来，盼望已久的科学春天马上就要到来了。时不我待，没想到我们所学的英语也可能马上就要派上用场了。

"天将降大任于斯人也",刹那间让我们感到了时代在召唤,这是一种巨大的鼓舞力量,像一团火在每个人胸中燃烧。我们没有任何理由不珍惜这特殊的机会。我们在合肥的科大培训期间,几乎所有时间都用在功课上,我们不是在教室里,就是在操场边的梧桐树下与书本为伴。从清晨到傍晚,经常可以看到我们这批大龄学员在低声背诵英文课本,或两人结伴练习英语对话的身影。我在这批进修生中年纪较小,资历也浅,感到自己是很幸运的。我觉得自己必须再次与时间赛跑,把失去的年华抢回来。

受福建方言的影响,中文中"f"和"h"发音我无法区分,英文中的"l"和"n"我也总是混淆不清,常常因此闹出笑话,不彻底改变不行。然冰冻三尺,非一日之寒;要改变从小养成的习惯,非下苦功不可。《中庸》里有一句话:"人一能之,己百之;人十能之,己千之。"关键在于毅力。我按金童超老师的建议,每天早晚用手捏着鼻子练"l"和"n"两个音,并仔细体会二者的区别,有时一口气不停歇地重复半个多小时,直到口干舌燥。功夫不负有心人,大概花了一个月时间,我终于纠正了地方口音,学会区别"l"和"n"的发音,从此可以跟大家一样正确说出"lead"(领导),而不是"need"(需求)的发音。

那时合肥相对闭塞,培训条件有限。"四人帮"倒台之后,中科院的领导同意培训班马上搬回北京,在玉泉路中科院研究生院继续进行。回到北京后,培训班请到了在外文局和对外广播电台工作的几位"洋人"为我们做了系列讲座,着重训练我们的听说能力。此外,还尽量安排机会让我们陪同到访的外宾。记得那时犹太人沙博理先生和魏露丝都给我们上过课,他们是我接触的第一批说英语的外国人,我印象很深。

## 日本专家醉酒

6个月的科技英语培训结束后,我回到了917大楼地理所。"四人帮"倒台后,中国与外界的科技交流活动就逐渐多了起来。除继续参加科研项目外，我经常被所里派去协助各种外事接待活动。1977年5月，我第一次协助接待外宾，他们是英国剑桥大学的一个地理考察团，紧接着又来了菲尔利测量公司的范杰德林博士。当时英文业务翻译由科班出身的张莉女士负责，我被安排陪同外宾参观游览，包括故宫、长城和颐和园等地。这是练习英语口语的极好机会，每一次我总会提前准备好材料，查词典，造句子，用英文向外宾介绍景点的情况。当然，让他们理解我的中国式英语的确是一件不那么容易的事。每当我急得满头大汗，又掏本子又查词典的时候，外宾总是非常友善地安慰我说"你很不错"。对于地理所陈述彭先生和其他领导来说，他们的目的则很明确，就是希望我多接触外国科学家，多练习英语口语。他们的想法是"养兵千日，用兵一时"。菲尔利测量公司的范杰德林博士后来与中国遥感界建立了深厚的友谊，直到现在我们还保持着工作上的联系。范杰德林博士后来到荷兰国际航天测量与地学学院（ITC）当教授，帮助培养了一批中国留学生，2000年年初还被聘为中科院遥感所的外籍专家。

应中科院的邀请，日本国际协力事业团的遥感代表团于1977年8月访问了中国。该代表团由著名航空摄影与"远隔探测"（遥感）专家西尾元充先生任团长，团员包括日本电气的都泽智多夫先生、亚洲航测的渊本正隆博士、东京大学的饭坂二郎博士以及京都大学的安田嘉纯教授等一批著名的遥感和摄影测量专家。中科院高规格接待了日本代表团。他们下榻在友谊宾馆，为我们做了一系列的技术讲座，系统地介绍了日本遥感技术发展以及遥感图像处理系统，展示了日本电器研制的遥感图像彩色合成仪，让我们大开眼界。我不得不佩服我们中国科学家的聪明才智，他们一点即通，有极强的领悟能力。事实上，没过多久，中科院长春光机所就研制出一台自己的多光谱彩色合成仪。遥感所的科技人员用这类彩色合成仪完成了多个国家项目，获得了数个科技进步奖。

记得在那次科技交流中，日本团注意到我们把英文的"remote sensing"翻译成"遥感"一词，他们非常兴奋，说日本的"远隔探测"译

## 第二章 满怀豪情步入中科院

法绝对没有中国"遥感"译法的精确、贴切与传神。西尾元充先生当即说，他们回日本后要争取把自己的著作改写，同时还要建议日本学界使用"遥感"一词取代"远隔探测"。这看似是件小事，却给我很深的印象，我佩服日本人那种善于学习、吸取他人长处的精神。有人说，日本人就是靠这种敏于学习的韧劲，就像鲁迅说过"运用脑髓，放出眼光，自己来拿"的拿来主义的精神，为日本技术的弯道超车，少花了许多时间，争得了无数机遇。

那次接待还有一件事对我震撼很大。事情发生在访问结束前一天，中科院地学部主任杨生在友谊宾馆设宴为日本代表团送行。席间，宾主频频举杯，祝访问圆满成功。我们谁也没有注意到都泽智多夫已微有醉意。他端着满满一杯茅台酒，从圆桌的另一边走到我面前，说要敬我一杯。我是在座中最年轻的，而且还是普通工作人员，我真不清楚他因何特别感谢我。老先生眼里含着泪花，他说非常喜欢我，冷不防扑通一声跪在我面前，口中还念念有词，一个劲儿地说"对不起中国，对不起年轻人"。在外交场合，这的确失态、出洋相。他的下跪让在场的日本人员和中方人员都措手不及，场面十分尴尬。我急忙把他扶起来，送回原位坐下。

后来我听说，都泽智多夫在日本侵华战争中是一名航空测量兵，他在我国东北目睹过日军对华的侵略行径，特别是日军杀害中国青年与儿童的滔天罪行。作为一个见证过历史的学者，一个从那场罪恶的侵略战争中走过来的老人，他一直有负罪之心。他在战后第一次有机会再来中国，酒后众目睽睽之下向一名中国青年下跪赎罪，应该是受良知的驱使吧。但无疑，都泽代表了一批有良知的日本人，他们敢于正视历史，对日本军国主义在中国犯下的滔天罪行也难以释怀，起码在内心里充满悔过。这是中日世代友好的心理基石。中日恢复邦交时，周恩来总理对日本首相说过前事不忘，后事之师。我真希望那个晚上下跪的是日本的某一个首相，而且下跪的地点不应是友谊宾馆，而应是北京天安门广场的中国人民英雄纪念碑前。

都泽智多夫先生作为一个普通的日本民众，他的下跪，毕竟代表他良心的忏悔，应该值得我们理解和尊敬。后来我多次因公访问日本，发现像他那样对日本侵华罪恶有负罪之心、悔过之意的日本老一辈人不在少数，他们可以成为我们的朋友。无论如何，都泽智多夫先生当年的"酒后下跪"应该值得热爱和平的日本年轻后人的由衷敬仰。

## 野外实践开眼界

### 初上海南岛

作为中科院的一名实习研究员，我参加了两次大型的野外实验——实际上是两次机会难得的实习经历。1976年春节一过，由陈述彭研究员带队，中科院地理所中青年研究人员十余人搭上南下的列车，到海南岛参加航空遥感富铁会战。这是我到中科院后第一次出差，参加野外工作，我很激动。我的任务是协助龚家龙助理研究员开展野外地物波谱测试。我们乘火车用了两天时间从北京来到广东湛江，换乘轮渡，穿过琼州海峡，数小时后才抵达海口码头。先期到达的两辆解放牌越野吉普把疲惫不堪的我们拉到了招待所。那时的海口市没有几条马路，连一盏红绿灯都没有，当然也没有多少汽车。两辆挂着"京"字牌的车子在海口市牛车、人力车和肩挑担子的熙熙攘攘的人群中缓缓行驶，显得格外扎眼。

经过一夜休整，我们继续沿岛西线的崎岖不平的土路南行。到处都是土，一路颠簸，吉普车轮胎掀起的滚滚尘土拖着长长的尾迹，活似一条腾空飞翔的黄色巨龙，肆无忌惮地向车辆行进的相反方向扬长而去。从海口到三亚总共只有约300千米的路程，我们却用了整整一天。当我们到达三亚时，个个浑身泥灰，完全看不清彼此的脸，甚至辨不出男女。我们自己研制的野外地物光谱仪是这次实验的唯一的"最先进"设备，也是我们考察队的"秘密武器"。为了防止仪器被颠坏，一路上我专人负责重点保护——自然因为我年轻，而且是"捡兔子"的。我把这台仪器平放在自己的双腿上，双手紧扶着，任凭一路颠簸，有我大腿作防震垫，这10多千克重的宝贝没受到半点冲击。

晚上，我们住进了三亚招待所。这里的优美环境使我们忘记了疲劳。到处是椰林绿草，鸟语花香，简直像到了世外桃源。听说中央首长，还有我们科学院的老院长郭沫若等到三亚时都下榻这个招待所。能住进这个特殊的招待所，足以证明中科院这次野外考察任务的重要性，以及当地政府对科技的重视和对科技人员的爱护。

## 野外大课堂

我们在海南岛工作了两个月。通过这次野外实践，我得以较系统地了解了野外遥感实况考察的流程和方法，同时也得到了地学界老同志手把手的指导。几位助理研究员，如地质遥感专家林恒章，地貌遥感专家闫守邕和王长耀，以及自然地理专家陈正宜，等等，有时高声辩论，有时促膝切磋，探讨海南富铁矿成因，研究航空照片和卫星影像成像机理。我仿佛被带进了一个深奥无比的课堂——既宏大又真实的世界。我学的是物理无线电，对地学基本上一窍不通。每当听到他们的讨论，就如堕五里雾中，在似虚幻又真切的弥蒙中，我开始产生了对地球科学的好奇，以及对我周围同事的崇拜。在他们的熏陶下，我在这次独一无二的实习机会中，得到了一些基本的地学知识的普及，对我后来从事遥感应用研究受益匪浅。

地物波谱是遥感技术的物理基础，也是军事遥感中目标识别的关键，属基础研究范畴。当时，我们和美、苏在这个领域的差距很大，所以一开始地物波谱就被列为中国遥感攻关的重点之一。我和龚家龙一起工作。我们的任务是通过实地测试验证自主研制的地物光谱仪的性能和可靠性，同时探讨海南石碌矿区富铁矿成矿地质体的地物波谱特性。我们头顶烈日，肩扛这台仪器，几乎跑遍了石碌矿区方圆几十千米的地方。此外，我们对海南岛的重点地区——从天涯海角到尖峰岭等地的一些地表物体也做了重点采样。为了取到样本，我们有时不得不披荆斩棘，开路前进，划破衣裤、割破手脚是家常便饭。野外山地没有高架，无法从高处往下观察树冠，我们只好把各种不同的树枝砍下，模拟堆成自然形状，在一天中不同的时段连续测量，为的是建立物理模型。一天下来，我们常常是腰酸腿痛。特别是头几天，由于爬上爬下，双腿肌肉紧张疼痛，僵硬发抖，走路都颤颤巍巍的。尽管如此，任务还是要按时完成的。这一次斩获不小，我们对矿石标本、树木、土壤和草被等近千种不同样品在各种不同太阳角的条件下进行了测试。无论多累，我们每天晚上都必须进实验室对记录胶片进行暗室处理，然后对测量结果进行计算，在坐标纸上描当天测量的地物波谱反射率的曲线，最后再做对比分析。常常挑灯夜战到深夜，第二天早上我们照样闻鸡起舞，开始新一天的工作。

海南岛成为我遥感研究的实践起点，是我走进遥感天地的重要节点。它是我到中科院从事遥感工作后的第一个野外项目地点，也是我接受野外工作训练的第一课堂。在那里，我使用亲自参与设计的地物光谱仪开展地物光谱测试研究，我们在现场发现问题，集体讨论追寻答案，提出改进建议和方案。

在这个偏僻而美丽的海岛上，我有机会和一批经验丰富的老一代科研人员朝夕相处。他们毫无保留地教我如何测地物光谱，不厌其烦地向我解释富铁矿成因，平易近人地与我一起探讨"同物异谱，同谱异物"的原因。两个月时间固然很短，但我学到了许多书本上无法学到的知识，而且印象更加深刻。从那一次起，我更加相信实践的重要性与必要性，没有实践的人生是虚无缥缈的。

## "四五"追查令

有一件事我至今难以从心头抹去。

1976年，我们正在海南岛野外考察，北京天安门发生了震惊中外的"四五"事件。清明节前后，北京的广大民众纷纷涌向天安门广场，向人民英雄纪念碑献上各种各样的花圈，对1月8日去世的周恩来总理表示深切的怀念。一时间，全国上下到处都在自发组织纪念活动。人们创作诗词，张贴传单，批判甚嚣尘上的"四人帮"，表达对邓小平主持中央工作的拥护。由于当时的特殊环境，人们只能借助诗词，间接地表达自己的心声。其中有一首诗最著名，被到处传抄："欲悲闻鬼叫，我哭豺狼笑。洒泪祭雄杰，扬眉剑出鞘。"我平时也爱哼两句，发自内心感叹，我转抄给同事。这次群众性的运动声势浩大，有一发不可收之势，当时被指责为"反革命破坏活动"。4月5日晚，"四人帮"就出重手驱散清场，并要求追查参与者。

没想到，这种追查令自上而下，很快传到了祖国的最南端海南岛。尽管4月5日那天我们这队人马已经在海南岛，但我们所有人还是被要求要自证那天我们的确不在北京，而且没有参加天安门广场的活动。

## 科学春天遥感梦

### 春天来了

对科技界来说，1978年可以说是好事连连。12月，中共十一届三中全会召开，全国上下重新回到以经济建设为中心的正常轨道上来，一个注定在中国历史上有浓墨重彩的历史篇章——中国的改革开放开始起步。1978年3月18日，中共中央在北京召开了具有深远历史意义的全国科学大会。邓小平提出"科学技术是生产力""知识分子是工人阶级的一部分"等重要论断。3月31日，中科院老院长郭沫若在全国科学大会闭幕式上做的满怀豪情的演讲中，欢呼我们民族历史上最灿烂的科学的春天到来了。郭老感慨万千地说：

在旧社会，多少从事科学文化事业的人们，向往着国家昌盛，民族复兴，科学文化繁荣。但是，在那黑暗的岁月里，哪里有科学的地位，又哪里有科学家的出路！科学和科学家，在旧社会所受到的，只不过是摧残和凌辱。封建王朝摧残它，北洋军阀摧残它，国民党反动派摧残它。万恶的"四人帮"对科学工作百般摧残，对科学工作者横加迫害，妄图重新把我们的祖国拉回到愚昧、落后、黑暗的旧社会去。现在，我们可以扬眉吐气地说，反动派摧残科学事业的那种情景，确实是一去不复返了！科学的春天到来了！"老夫喜作黄昏颂，满目青山夕照明。"

我们民族正在经历着一场伟大的复兴。恩格斯在谈到十六世纪欧洲文艺复兴时曾经说过，那是一个需要巨人而且产生了巨人的时代。今天，我们社会主义祖国的伟大革命和建设，更加需要大批社会主义时代的巨人。我们不仅要有政治上、文化上的巨人，我们同样需要有自然科学和其他方面的巨人。我们中国相信一定会涌现出大批这样的巨人。

科学是讲求实际的。科学是老老实实的学问，来不得半点虚假，需要付出艰巨的劳动。同时，科学也需要创造，需要幻想，有幻想才能打破传统的束缚，才能发展科学。科学工作者同志们，请你们不要把幻想让诗人独占了。嫦娥奔月，龙宫探宝，《封神演义》上的许多幻想，通过科学，今天大都变成了现实。伟大的天文学家哥白尼说：人的天职在勇于探索真理。我国人民历来是勇于探索，勇于创造，勇于革命的。我们一定要打破陈规，披荆斩棘，开拓我国科学发展的道路。既异想天开，又实事求是，这是科学工作者特有的风格，让我们在无穷的宇宙长河中去探索无穷的真理吧！

我祝愿中年一代的科学工作者奋发图强，革命加拼命，勇攀世界科学高峰。你们是赶超世界先进水平的中坚，任重而道远。古人尚能"头悬梁，锥刺股"，孜孜不倦地学习，你们为了共产主义的

## 第二章 满怀豪情步入中科院

伟大理想，一定会更加专心致志，废寝忘食，刻苦攻关。赶超，关键是时间。时间就是生命，时间就是速度，时间就是力量。趁你们年富力强的时候，为人民做出更多的贡献吧！

我祝愿全国的青少年从小立志献身于雄伟的共产主义事业，努力培育革命理想，切实学好现代科学技术，以勤奋学习为光荣，以不求上进为可耻。你们是初升的太阳，希望寄托在你们身上。革命加科学将使你们如虎添翼，把老一代革命家和科学家点燃的火炬接下去，青出于蓝而胜于蓝。

"日出江花红胜火，春来江水绿如蓝。"这是革命的春天，这是人民的春天，这是科学的春天！让我们张开双臂，热烈地拥抱这个春天吧！（摘录于1978年4月1日《人民日报》）

久旱逢甘霖，一度死气沉沉的中科院重新焕发青春。中科院上下沸腾，科学家的激情被重新点燃。作为一名青年科技人员，我反反复复地阅读4月1日《人民日报》刊登的郭老的演讲，不禁有热血沸腾、激情燃烧之感。我憧憬着改天换地的时代对科技的需求，对科技工作者的寄托；想象着遥感科技将要腾飞，在军事、经济、资源环境和人民生活等领域将做出的贡献；庆幸自己来到中科院，从事遥感研究，真是生逢其时，走对了路，进对了门。

**扬帆起航**

遥感科技很快被列入了国家的科技攻关计划。遥感是新科技，它源于美国和苏联争霸世界的计划。1957年10月4日，苏联发射了人类第一颗人造地球卫星，标志着空间遥感新时期的开启。这引起了美国公众的大哗。美国民间和政府相互指责说："苏联人做了90%，才说了10%；而我们美国人说了90%，才做了10%。"从来不甘当老二的美国迅速反应，于1958年1月31日发射了第一颗人造卫星，命名为"探险者一号",从而拉开了美、苏两个超级大国空间争霸的序幕。一方面为了确保不失去空间霸主的地位,另一方面为了更加系统地监视和控制全球的战略资源,美国在一系列军事侦察卫星应用技术的基础上,于1972年发射了一颗探测地球资源和环境的地球资源技术卫星,后改称陆地卫星。客观上说,陆地卫星为民用航天遥感的发展及广泛应用开创了新纪元,推动了空间科技应用的发展,出现了群雄四起的竞争局面。

但竞争归竞争,就总体发展而言,从运载火箭到卫星平台、星载传感器、地面接收站和计算机图像处理系统,再到遥感基础理论研究及应用等各个领域,在这些领域的宽度和深度,其他国家都无法与美国相比。那时,苏联当然也是空间遥感超级大国,它的运载工具的发射能力,遥感技术的数量及应用都具有一定优势。其他发达国家,也只能尾随、穷追直赶。法国从1978年也开始研制比陆地卫星分辨率更高的民用遥感卫星,加拿大则研制发射可以穿透云层的全天候的微波雷达遥感卫星。中国和印度等发展中国家也开始考虑发展自己的空间遥感技术,研制和发射自己的卫星系统。

尽管群雄四起,从总体看,各国遥感还都处于起步实验阶段,离实用阶段相去甚远。卫星遥感虽然具有实时监测、重复观测、大面积覆盖和海量数据的优势,但在信息机理、应用模型和数据处理能力等方面还无法满足实际应用的要求。国与国之间的鸿沟不小,人们意识到,为了缩小甚至跨越鸿沟,重要的是人才资源。谁愿意投资培养人才,谁就可能抓住发展机遇,实现赶超。

20世纪70年代初,中国还处在"文革"中。中科院地理所的几个青年科研人员率先看到了卫星遥感初露端倪,他们在北郊大屯917大楼的7楼顶偷偷地架起了自己研制的天线,接收美国诺阿气象卫星云图数据并试图进行地学元素分析。1975年我到中科院报到时有人告诉我,这几个青年科研人员实际上就是中国卫星遥感的"先驱"。我为自己能加入这个中国遥感的"先遣队"着实高兴了好一阵。

中国的遥感就是在这样的国际、国内背景下扬帆起航的。我国国土辽阔,地形复杂,自然资源禀赋不详,各级领导决策规划严重缺乏数据。为了清查和掌握农业、土地、森林、草场、地质矿产以及水资源和生态环境,更好地配合国民经济建设,中国迫切需要先进的卫星监测手段。林林总总的需求,成为驱动中国遥感科技在随后几十年迅猛发展的最根本原因。

新中国成立的头二三十年,经历了风风雨雨,厚积薄发,已建立了一定的遥感技术基础。20 世纪 50 年代,我国就组织了专业的航空测量队伍,开展了航空摄影和应用工作。20 世纪 60 年代,我国航空摄影工作已粗具规模,完成了我国大部分地区的航空摄影测量工作,航空照片的民用范围不断扩展。中科院还在地理所成立了航空照片判读研究室,专门从事地学应用研究。有关院校也设立了航空摄影专业或课程,培养了一批又一批的专业人才,源源不断地补充进技术队伍,为我国遥感事业的发展打下了基础。令人振奋的是:1970 年 4 月我国成功发射了第一颗人造地球卫星,中国航天科技的序幕从此拉开;1975 年 11 月成功发射了一颗返回式卫星,获得了第一批自己的卫星相片。20 世纪 70 年代末 80 年代初,遥感被列入国家的"六五"科技发展规划。中科院还成立了专门的遥感研究所,汇聚多学科人才,整合多领域科技资源,明确了攻关方向。这一切的一切,向人们展示出一幅令人憧憬、充满遐想的中国遥感发展蓝图,引无数科学家竞折腰。

## 腾冲实验

1978 年年底,经过多个部门的反复磋商与协调,中央经过慎重考虑,批准由中科院牵头开展的中法航空遥感联合实验的科技合作项目。与外国机构在中国国土上开展遥感实验,这是开天辟地头一遭,是一次重大的突破,是中国在粉碎"四人帮"后开始走向改革,准备在科技领域对外合作的一个重大信号。羽翼未丰的遥感人喜出望外，各路专家摩拳擦掌，准备大干一场。遗憾的是，由于某些原因，包括西方对华高技术出口限制，法方的高分辨率航空多光谱扫描仪无法履约到位，中法双方科技合作方案无法执行。尽管如此，中国政府还是决定按国际科技合作的要求，开展中国第一次国家级的航空遥感科学实验，来验证我国自主研制的航空遥感仪器等在勘察自然资源和自然环境中的应用，探索遥感在科研和生产中的应用。

中科院按照中央批示的精神，牵头并会同云南省组织了18个部门的近70个单位，进行一场规模空前宏大的国家级航空遥感实验。这是中国首次进行大型多学科、综合性的遥感实验，先后有超过700名科研人员参与，他们分别来自中科院、林业部、地质矿产部、核工业部、国家测绘局以及有关高校。这场实验历时两年，除了完成预定的科学目标外，最大的成就是培养了一批多学科的遥感科技队伍，也锻炼了一批我国早期的遥感管理人才，其中许多人后来成为中国各个行业遥感事业的领军人物。

继参加海南岛航空遥感实验之后，我又得到了一次难得的锻炼机会。1978年12月，我再次跟随陈述彭先生带领的大队遥感人马，来到云南西部边陲，参加腾冲航空遥感实验。我依然负责地物波谱测量，不过这次是与任凤钦工程师合作。由于有海南岛的实践经验，我们对自制的地物光谱仪做了重要改进，同时对野外测试方法也有了系统的提高和规范。

我们辗转在腾冲地区，从著名的打鹰山火山口到徐霞客经过的热泉，从"景里绣，画中游"的叠水河湿地到"一泓碧水，河畔柳如烟"的和顺古镇，我们对树木、草被、水体、土壤、作物和地质体等100多种样品进行光谱测量，获得了1 000多组地物波谱曲线。其中有一部分还与童庆禧研究员领衔的航空多光谱扫描仪飞行同步，做科学对比和仪器定标实验。从云南回到北京后，我们对大量的数据做了认真的分析、对比和评估，写了一篇名为《腾冲地区地物波谱测试方法与结果应用研究》的实验报告，收录在《腾冲航空遥感实验文集》中出版。这是我到中科院工作后参与的第一篇研究论文，我自然特长知识、特有成就感。

无知者无畏。在野外测试地物波谱时有一个插曲，我迄今难忘。那天正午，烈日当空，我们头顶赤日，正在打鹰山火山口测试火山灰波谱时，几个衣着破旧的人走到我们身边，默默地看着我们操作。过了好一会儿，其中一个中年人非常认真地向我讨教这台仪器的工作原理、我们的测试方法、太阳高度角的计算等问题。我侃侃而谈，毫无困难地回答他所提出的许多问题，并且显得非常自信与自豪，因为我参与了这台仪器的研制和改装工作。几个月后，我到北大参加遥感培训班时突然发现，那个在打鹰山火山口不耻下问，向我"讨教"地物波谱测试的人竟是北大的一名资深老师，名叫吕斯华。他是一名学识渊博的物理讲师，负责讲授遥感物理课程，包括地物波谱理论。我顿觉尴尬无比，心想要是当时知道他是教授遥感物理的老师，我是绝对不敢班门弄斧的。是啊，无知者无畏。年轻人需要有勇气，有闯劲，但有时不免会"半桶水晃得响"，甚至自以为是，哪知道静水流深的道理啊。

## 起跑线上新"海归"

**初归的小委屈**

在中科院工作四年多后，我于1979年出国留学两年多，获得硕士学位后于1982年4月归国。

归来的第二天一早，我就迫不及待地来到917大楼的中科院遥感应用研究所报到，我想尽早投入工作。我出国前还没有建立遥感所。当第一眼看到崭新的"中国科学院遥感应用研究所"的牌子时，我心潮澎湃，激动万分。为了赶超西方的遥感新技术，遥感所在科学的春天里应运而生，拔地而起，寄托着无数人的期望，承载着国家和人民的重托。

作为从欧洲学习遥感后归国的第一人，我憧憬着自己美好的未来和"英雄大有用武之地"的图景，满怀豪情，决心好好干一场，用学到的知识回馈中科院，报答人民。

的确，我很快成为全所新闻，成为大家关注的焦点。所有认识我的人都为我高兴，自然也都怀有好奇。国外生活到底怎么样？欧洲的遥感有何特色？那里的科研条件一定超好，我们与他们的差距有多大？如何缩小这些差距？这些是大家关心的问题。有几个朋友则关心我今后的去向，想和我聊聊我下一步的打算。

我呢，仿佛不经意之间成为百米赛跑的金牌得主。在羡慕声中，我也感到，在改革开放后的中国，竞争序幕已悄然拉开，那种捧着铁饭碗、吃着大锅饭的年代已受到挑战，包括科技战线。人贵有自知之明，我很快感悟到，自己不过是在起跑枪响后比别人快了半拍，有实力的人正在后面快马加鞭，飞奔赶来。隆隆锣鼓声起，个人奋发向上与拼搏进取将重新成为时代主流。

说实在的，我在西欧的这两年多，国内也在发展进步。在建制上，中科院已于1980年正式成立了遥感应用研究所，从国内各所抽调了一批充满活力的中年业务骨干；国家还拨出专款支持遥感科技攻关；遥感所也开始招收培养研究生。可以预见的是中国遥感发展的新时代已开启。

我是幸运的，我赶上了改革开放的科学春天。我第一批出国，第一时间学成归国。遥感所成立不久，所里除了有一批满腔激情的科研人员外，可以说一些条件还欠缺。在准备回国时，尽管个人能力有限，但我用两年多来从个人生活费中省吃俭用积攒下的钱，为研究所买了一台照相机、一台电动英文打字机和一台投影幻灯机。当时遥感所业务处的对外科技交流活动开始多起来，有了这几样"洋货"，外事活动和专家讲课就方便多了。没想到，这个许多人可能会做，原本不值一提的事，却得到大家的称赞。但说实话，我也为自家买了一台18英寸的彩色电视

## 第二章 满怀豪情步入中科院

机、一个床头柜式的小型电冰箱、一部立体声收录放机和一台照相机。考虑到我们有了小孩,需要缝缝补补,我还专门为妻子买了一台小型台式缝纫机。由于"武装"了这几大件进口"洋货",我毫无疑问地成为20世纪80年代初中国知识分子中绝对的"超前消费"一族,我家一夜间成为"小康人家",提前跨进了普通国民做梦都不敢想的"现代化"家庭行列。我不经意地成为遥感所"最时尚""最富有"的人,一下子和所里所有人,包括书记、所长和老科技人员的差距全拉开了。

但我万万没有意识到,我犯了忌讳,播下了一颗烦恼的种子。那年头,我们还处在一个"不患寡而患不均"的年代,平均主义的思潮还占主导地位。最明显的是我获得的学位出现了认可问题。我在荷兰研究生毕业并获得了硕士学位,按当时有关规定,研究生毕业的工资定为每月56元,而我出国前的月工资是39元。按道理,我回国后的工资应当立即得到相应调整,但所里却显得"保守"。所党委书记和业务处的一个领导认为我出国批件中是"进修",没有明确注明是学习硕士研究生课程,这个结果既不在"原出国计划"之中,也没有预先得到明确授权批准。此外,这个学位是国外授予的,眼下没有明确的政策文件,因而我不能享受国内相关政策规定的待遇。听说那位所领导还说"他年纪轻轻已经是遥感所的首富了"。一向宽容大度的陈述彭教授,是我出国留学的举荐人,我留学期间的一切进展也都向他提前报告了,包括硕士课程。他应该能为我说明、做必要的争取。但出于举贤避亲、顾全大局,陈先生没有明确表态,要我耐心等一等。事情一拖再拖,我感到委屈。后来听说新所长杨世仁教授为我的"遭遇"感到气愤,他认为这对我是不公平的,出面替我鸣不平,找到了中科院教育局局长反映了我的情况。数月后,这位刚从科技大学调来的新局长发话了,说现有的中央文件中的政策对我完全适用,应该对我一视同仁。他认为,"文革"期间长期没有外派留学生,自然没有新文件,但可以参考"文革"前留学生的政策。

有了这个精神，我的事很快得到了解决。我很感激杨世仁所长和那位我从未谋面的教育局局长。他们有"揽天下人才而用之"的胸怀。这个决定让我体会到国家政策的温暖，它释放了走向改革开放的国家对人才的渴求和真心欢迎的积极信号。对今后出国留学的学子来说，这是一种关爱，一种感召。

这件事对我未来的工作方式也产生了一定的影响。走上管理岗位后，我常常更多地思考管理与决策中涉及"人"的问题，注意身边与周围治理的主体和客体的关系，特别是对公平、公正的重视与追求。我在国际组织担任领导时，对下属的体察和自觉关怀便成为我的一种习惯，我往往会尽量想办法为那些弱势的底层职员争取一些合法、公平的权益。记得我到罗马担任副总干事不久，无意中发现一位来自非洲（安哥拉）的年轻保安兼司机极其勤奋，他利用一切可以利用的空闲时间，包括别的司机用来聊天的候车时间看书学习。有一次，我出于好奇，问他在看什么书，他很紧张，担心我批评他，马上向我道歉说他不该在那时看书。他告诉我，他正在准备罗马大学在职博士课程的考试，所以才抓住一切空闲时间偷偷看书。我还得知，他离开故土时只是高中生，经过不懈努力，已经获得了经济学方面的硕士学位。我打心眼里喜欢这种有梦想、有志向、追求上进的人。我想，这种人才为什么只能当保安或司机呢？怎么不能人尽其才，破格使用呢？我让人事送来了他的个人档案，详细了解了他的背景，他有连续多年的"优秀"工作绩效的记录。我决定向总干事推荐提拔他。人事部门和保安处长对他进行了综合考核后，把他从 G 级的辅助人员提升为 P2 级的专业人员，并按我的建议先把他派到阿富汗实地锻炼。没想到，我的这个决定很快传开，成为机构内的美谈，不少 G 级人员深受鼓舞。

我觉得，领导人要是都能把手中的权力当成一种"服务"的工具，为那些"拥你上位""给你权力""为你服务"的人实实在在地办点事，就会得到更多的理解和支持，为机构带来正能量。那些把权力当作谋求

第二章　满怀豪情步入中科院

私利的手段的领导人员，轻则伤害人心，动摇人心，重则有毁信誉，坑害社会。中国传统文化中"水能载舟，亦能覆舟"的睿智，传递的就是这个道理。

**站在起跑线上**

我学成后马上归国，赶上好时期，站到了中国遥感的起跑线上，搭上了中国遥感起步的列车。和这个新建立的研究所的科研人员一起工作是一个机遇，我心情分外愉悦。我从1975年9月到北京时就已经在遥感所的前身——地理所二部工作，对它的历史了如指掌。遥感所的建立凝聚了陈述彭、杨世仁等一批老科学家的科学远见、聪明智慧和不懈努力。它是当时全国唯一也是全球仅有的一个专门从事遥感新技术发展与应用研究的综合性研究所。它体现了中国追赶西方科技强国的战略部署，也是为了满足国民经济建设的现实需求。国家对遥感科技的发展寄予了厚望，能在这个节骨眼儿上进入这么前沿的领域工作，是我的无上荣光。看着不少年轻科研人员花了九牛二虎之力调入这里工作，我怎能不珍惜这个机会呢？

但我也很快意识到，"理想很丰满，现实很骨感"。中国遥感发展的道路不会平坦。由于刚从十年"文革"中走出，我们还面临着重重困难，最大的问题是缺乏经费和人才资源。尽管遥感被列为重点支持领域，但当时国家的底子还太薄。就像一个子女众多的贫困家庭，每个孩子都嗷嗷待哺。中科院暂时还拿不出太多的经费进口必要的先进设备，新成立的遥感所连一套计算机数字图像处理设备都没有。而那时，美国、法国、加拿大和英国等发达国家已经开发出了商用计算机图像处理系统，如美国的 Image 100 和 $I^2 S$、法国的 SPOT Image、加拿大的 DIPIX 和英国的 Magican 等。我在荷兰留学时所做的多时相数据分析、农业土地利用变化监测等研究工作，用的就是美国的 $I^2 S$ 系统。

缺乏基本设备等必要的科研条件，作为一个刚刚学成归国，怀着梦

077

想与激情，准备大干一场的年轻学者，我的确很失望。在现实面前，我一度有些动摇，打算再度出国攻读博士学位。我同几位好朋友谈了自己的想法。在彷徨之际，我得到了陈述彭、周上益以及黄绚等老同志的诚挚告诫，他们都认为我应该好好发挥"第一个遥感留学生，第一个归国人才"的优势。陈述彭先生还加了另一个"第一"，即"第一个接受技术和应用综合训练的两栖人才"，希望我紧紧抓住遥感所这个难得的开创期的机遇，不忘初心，开创一条属于自己的学术道路，做出有益的贡献。面对这些指导，我重新冷静下来，思考如何尽快适应眼前的环境。当时很时髦的话是"没有条件创造条件也要上"，眼高手低不行，我需要的是脚踏实地，尽量争取做一些现实的、可能做的课题。

陈述彭和杨世仁等所领导都先后和我讨论过我的工作安排。陈先生建议我选择农业遥感应用作为我今后的发展方向。他高瞻远瞩，从几个维度分析，强调了国家对遥感应用的迫切需求和它的巨大发展空间。我提出我的地学基础薄弱，希望从遥感应用角度出发，侧重遥感影像的计算机分析处理来开展工作。他最终表示赞同了。遗憾的是，由于经费限制，我没有自己的课题，只能开展一些尝试性的研究工作。

我的第一个实验项目是利用不同时期采集的陆地卫星多光谱数据，监测江西鄱阳湖地区的环境变化和土地利用情况，目的是检验概念和测试我在国外开发的方法与软件。通过这项工作，我很快发现了我们开展卫星遥感应用的真实瓶颈。我们与西方的差距不仅仅在技术层面，更在数据源的匮乏。那时，我费了九牛二虎之力，才在国内找到试验区的三幅不同时期的多光谱卫星遥感数据。当时，一盒多光谱卫星遥感数据磁带约300美元，相当于一个教授近一年的工资。很明显，中国要发展遥感事业，必须解决数据源，而关键是研制传感器，发射自己的卫星。中国不能全靠美国和西方的施舍，靠它们的卫星提供数据，要有自己的资源卫星——这几乎从一开始就是中国遥感界的梦。

我开展实验碰到的第二个问题是计算机图像处理。所里没有可用的

## 第二章 满怀豪情步入中科院

计算机图像处理系统,唯一的办法就是到所外去租用设备。那一段时间,我和唐寿彬老师搭档,我们骑着自行车到四道口的中国石油研究院,租用他们的设备上机。和我们中科院研究部门相比,石油研究院得益于石油产业在国家的优先地位,经费相对多一些,他们进口了一套 $I^2S$ 的数字图像处理系统。我对这个系统是熟悉的。问题是僧多粥少,计算机资源有限,机时供不应求,用户得排队几周甚至个把月才轮到一次上机的机会。我们常常排到夜班,搞得筋疲力尽,事倍功半,极其低效。但无论如何,我还是完成了回国后的第一个研究,取得初步实验成果。

结合在荷兰的硕士研究成果,我认真总结并准备了一篇论文。1983年11月,我在斯里兰卡召开的第三次亚洲遥感大会上做了一个题为《多时相多光谱数据应用于鄱阳湖地区动态变化监测》的学术报告,得到了与会专家的赞赏,并获得该届大会的最佳论文奖。用今天的技术水平来衡量,这项工作的确很简单,但回到30多年前中国遥感的起步阶段,这项工作的方向、思路、方法和成果,还是很有开拓性意义的。在亚洲遥感会议上得奖后,我深受鼓舞,对今后的研究工作有了一定的信心。

20世纪七八十年代,中国流行一句话,那是大庆油田工人的豪言壮语:"困难像弹簧,看你强不强,你强它就弱,你弱它就强。"我认为,搞科研说难也不难,和我当年回农村种地有类似道理,再大困难,只要敢于面对,经得起寂寞,埋头苦干,最终就会有收获。这两者不同的是劳力和劳心上的差别。

正当我准备规划下一步路径时,我的工作出现了一百八十度的变化,这完全出乎我的意料。我要是再坚持搞计算机图像处理,也就是说侧重搞技术开发研究,那就必须从遥感应用研究室调到计算机室。陈述彭先生非常希望我继续留在应用室,因为他那时正带领全国的力量,编写中国第一部遥感巨著——《资源遥感纲要》。所里已抽调了郑威研究员和杜端炳助理研究员协助他开展工作。陈先生多次找我谈话，做我的思想工作，希望我参与这个专著的编写。我考虑了很多，而且很有自知之明：我还没做过太多具体工作，也还没有达到"打兔子"的境界。参与编书，除了抄抄书本、翻翻外文资料，我哪有什么基础和经验积累写出原创的东西。接受安排，留学两年半学到的知识就没有"用武之地"，起码在一段时间内是这样的，这点我很清楚。我面临着耽误自己科研前程的风险。

陈先生看出我的心思，也表示十分理解，但他的确需要一个懂英语的年轻专业人员来协助他。他答应我，编书工作时间不会太长，也可以让我安排适当的时间继续做科研工作。他说一定在几个月最多一年之内安排我回到研究岗位。一方面是出于对陈先生的尊重和感恩，我不好意思拒绝他的要求；另一方面，当时所里关于遥感应用图像分析的条件在短期内不可能改变，我打算从事的相关研究工作还无法如愿展开。

我无法逃避现实，有一段时间处在极度两难的局面。但最终我还是做出了决定：服从组织需要。我答应了陈先生的要求，接受了所领导的安排，参与了《资源遥感纲要》编写组的工作。

我怎么也没有想到，这个临时性的安排竟结束了我从事科研工作、做一名科学家的理想。它不经意地把我推进了国家科委的大门，彻底改变了我的人生方向，使我走上了科技管理事业的"不归路"。

# 第三章
## 战战兢兢踏上留学路

我唯一知道的事，就是我一无所知。

——苏格拉底

# 获联合国奖学金

**初到荷兰王国**

1978 年，中国迎来了科学的春天，祖国大地出现了一片生机。

年中，中科院地理所吴传钧研究员应邀到日本东京进行学术考察。他访问了总部设在东京的联合国大学，并争取到了一项到荷兰国际航天测量与地学学院学习研究生课程的奖学金。

到底选派谁去呢？地理所领导为此绞尽脑汁。在衡量了国家的迫切需求、个人的业务能力以及外语水平等综合因素后，他们决定先派一人探路。不知怎的，幸运之神又敲上了我的门。一名工农兵学员，能够被确定为"文革"后第一批选派出国留学的对象，这像是一个美好的传说。出国留学，而且学的是国内最需要的遥感新技术，这是多少人梦寐以求的啊！

荷兰国际航天测量与地学学院的前身成立于 1950 年，是一个国际培训中心，它的成立是荷兰前首相威廉·舍默尔霍恩教授的战略远见和政治智慧的结晶。据说他当时有两个考虑：一是二战之后和平建设的需要，尤其是发展中国家的资源丰富，但人才奇缺；二是作为一个老牌殖民者，荷兰本身疆土小，资源有限，为了生存，必须与广大发展中国家发展合作，而且最好和最有效的办法是培养人才、建立国际性的人才资源网络。舍默尔霍恩教授的思路非常明确,他要求学院把重点放在向发展中国家提供技术援助,培训自然资源勘测与制图人才。在这种思想的指导下,该学院早期主要开展航空调查和资源制图人才的培训。

1957年7月,印度总理尼赫鲁访问了该学院,在院长舍默尔霍恩教授的陪同下,仔细地参观了航空摄影和立体测量设备,以及他们所做的工作。一个具有4亿人口的大国总理,立即被这个院长的远见卓识和培训中心的高技术成果吸引。他离开时在大门口发表了即席讲话,高度赞扬了航空调查和制图技术的应用和潜力,指出印度作为一个大国,需要全面开展资源调查和发展制图技术,尤其需要大量人才,他表达了在印度建立类似的中心的愿望。首相和总理,有一种对未来的共同眼光。要知道,二战后的荷兰刚刚从5年的德国统治下走出,在百废待兴的困难情况下,舍得每年拿出近100万荷兰盾的资金投资航空新技术和提供国际培训,这是何等的全球眼光和政治胸怀。我不得不佩服他们的战略思维和前瞻能力。

听到这一段故事时,我就被这个学院深深吸引。我相信人才资源是第一资源,是一个国家、一个民族发展的战略资源。后来,在我长期的联合国生涯中,培养人才资源始终是我的推动重点。早在20世纪90年代初,我到联合国亚太经社会工作不久后,就极力向政府有关部门建议在北京大学和武汉测绘科技大学建立国际空间遥感培训中心,为有朝一日中国"走出去"编织人才网络,储备国际合作的战略资源。

荷兰国际培训中心运作15年之后,荷兰政府于1966年决定在它的基础上成立国际航天测量与地学学院,该学院成为荷兰最具国际化的高等教育学院之一。该学院与时俱进,在课程设置上做了明显的调整,转为主攻航天测量与遥感应用领域的研究与教学,传授空间应用多学科领域的前沿信息与技术方法,为政府管理部门制定相关政策提供决策咨询。学院主要设研究生课程,提供高级培训和硕士研究生、博士研究生教育。学院最显著的特点是注重实践教育，结合实际问题帮助在发展中实施可持续发展战略，提高环境和资源的管理和可持续应用能力。学院教师队伍由来自 30 多个国家的 200 名专家组成，校友超过 17 000 人，遍布世界各地。相当一部分毕业生回国后成为相关领域的带头人，不少校友还成为非洲和拉美国家政府的高级官员或国家领导人。20 世纪 70 年代末，在联合国大学的支持下，该学院成为最早进入中国的荷兰高等教育学校之一，踏上了与中国合作，培养中国科技人员和管理干部的征程。

1979 年年初，中科院做出了审慎的决定，批准中科院地理所的关于接受联合国奖学金派我出国留学的请示。那时能用英语在国外独立工作学习这个硬条件，使一大部分专业优秀的中年研究人员失去了机会。或许是应了那句"机会只偏爱有准备的头脑"，我之所以被确定为中科院（也是中国）首位获得联合国奖学金的青年学者，是因为我有理工科背景，适合学习遥感技术，最关键的是我"懂英语"！但是，根据荷兰校方规定，所有学员都必须参加入学考试，最后决定去留。我心中无底，对此所里的人也一无所知，我无处请教，自然少不了焦虑。但吴传钧教授对我非常有信心，他早年留学英国，剑桥毕业，是个见过世面的学者。他安慰我不必担心，说大家都相信我的专业能力和英语水平，要是没考上，就当作是一次出国考察的机会。但安慰归安慰，我有自知之明，加班加点准备考试。

当时，出国留学生如凤毛麟角，是一件政治性极强的事，政治审查之严格是不言而喻的。涉及的部门和单位最担心的是万一有人学成不回国该怎么向上级交代。我猜测，所领导一定下了很大决心才做出这个极其困难的决定。据说陈述彭先生立了"军令状"，力荐我出国，并以他的直觉担保我不会出事。当然，我并不知道陈先生除了研究地学之外，是否还研究过曾国藩的"识人、用人、管人"三绝，是否深谙其高明手段、玄妙心法。

085

**特殊留学生**

初次走出国门，我觉得外面的世界真大、真精彩。

1979年9月10日，我甫至欧洲，遇到的第一件事便给了我很大的教育。我离开北京经法国巴黎戴高乐机场转机后，当天就到了荷兰阿姆斯特丹国际机场。我的导师杨·范登布鲁克先生早早在机场等候。他亲自开车把我送到荷兰王国东南部与德国交界的恩斯赫德市，帮我于ITC的学生宿舍安置后，马上带我到他家吃晚饭，因为那天刚好是他小女儿的生日聚会。聚会很热闹，许多东西是我平生第一次吃到，有奶酪、烤牛腿、提拉米苏甜点和蛋糕等稀罕物。但由于太累了，没有胃口，加上膝盖还肿痛，我想早点回宿舍休息。还是杨教授开车送我，夜间路上车很少，也几乎没有行人。教授每逢红灯都停车许久，有时周围根本一部车都没有，他却依旧"傻傻"地停下等着。而我呢，真希望他不老停车，快点走。几次之后，我忍不住说："这么晚了，又没人，我们不可以开过去吗？"杨教授听后，一下子变得严肃起来，说："不行啊，我的朋友。人人都得遵守交通规则。这既是为了别人的安全，也是为了你自己的安全。"接着他又说："你以后就会知道，在荷兰，凡事并不需要别人来提醒、监督，人人都自觉遵守规定，这样社会就有秩序。"他不经意间给我上了留学的第一课——做人的基本原则。

遗憾的是，我们国内的学校好像从来就缺少"人文与社会责任课"。后来遇到的一些事使我深刻地意识到，在文明社会，人文是根植于人们内心的素养，人们享受着以承认约束为前提的自由，有设身处地为别人着想的善良。可惜啊，我们有多少人，有多少时候，不需要别人的提醒和监督就知道检点自己的行为，能够自觉遵纪守法、恪守做人的本分，尽量为别人的福祉着想，主动帮助别人？中国现在似乎有钱了，许多人变得很任性。我们会看到有些人拿着鼓鼓的钱包往桌上一扔，大声嚷着服务员，要一杯咖啡或别的什么来附庸风雅。在国外最不舒服的就是看到国人在机场不排队,在餐馆和其他公共场所大声喧哗、随地吐痰或把厕所搞得一塌糊涂。他们哪里明白,文雅是骨子里的高贵。

我终生难忘的一件事是刚到荷兰不久,在卫生间里方便时不经意地放了一个屁,发出了声响。旁边的一位英国同学说:"天啊,中国人都是这样的吗?"此事让我反思了好久,如今想起来还会感到难过,尤其为他知道我是一个中国人而羞愧。文化可以立国,类似的一件件"小事",一旦印象积累叠加,就会被误以为是你个人的素养,甚至会被放大为你所在国家的文化或民族形象。一旦这可怕的印象形成,需要多少努力、多大代价才能扭转?

到达学院的第二周,我参加了新生入学考试。由于之前认真努力的准备,我顺利通过了英语、数学和自然科学三门考试,而且据说成绩还不错。当收到学院确认我入学的通知书时,我极度兴奋,很自豪没有给自己和家人丢脸,也没给所里丢脸,更没给国家丢脸。我可以留下,按原计划学习。

我上的是航空遥感研究生班。班里学员来自许多国家,有英国、德国、瑞典、以色列、韩国、马来西亚、缅甸、泰国、印度尼西亚、巴西、哥伦比亚、牙买加,还有苏丹、肯尼亚、马里和斯威士兰等非洲国家,共25人。除来自欧洲发达国家的几位学员是自费,或者由他们的政府或相关机构资助外,其他发展中国家的学员是荷兰政府的奖学金,仅我一人是联合国大学的奖学金,每个月为1 500荷兰盾。

按当时的规定,我把每月领到的奖学金全部上交大使馆教育处统一管理,同时按规定实报住宿费350荷兰盾,使馆另发我每个月300荷兰盾的生活费。我极其节省,精打细算地使用每一个荷兰盾。学校大楼附近的广场周末就变成大集市,商贩和农民会在集市出售各种蔬菜、鱼肉等食品。外国人不吃鸡翅,1千克才1.5荷兰盾;再就是明太鱼,也很便宜,1千克2.5荷兰盾。对于20世纪70年代的中国人,有鸡、有鱼已经是高档生活了。学生宿舍的每一层楼都有一个公共厨房。我一般周末会炖上一锅鸡翅，每顿最多吃 3 个，一般能吃上三四天，既营养又省时。除了吃饭，我基本上没有别的开支，偶尔学校放电影，两个荷兰盾看一场电影，我也不舍得老去看。

随着中国改革开放步伐的加快，被派到发达国家的留学生的人数逐渐增多。继我之后，有不少中国留学生也来到我所在的学院，基本上是荷兰政府的奖学金，我们的队伍也因此在不断扩大。1979 年年底，中科院地理所的唐孝谓和李文彦，以及测绘部门的高俊、王任享、杨凯、林宗坚、熊永泰、文沃根、梁怡希和马丽蓉等，加上先前到来的国家测绘局的楚良才和武汉测绘学院的胡瑞明，中国留学生一下子有了大队伍，包括来自台湾的 3 个人。被大陆选派到 ITC 的这些人都是各单位很有水平的中青年科技人员，大多是助理研究员级别。经过一段时间的学习，校方很快发现，现有的课程根本无法满足这批基础扎实、独立勤奋、如饥似渴追求新知的中国学员的需求。经过反复商量，航测系的几位中国留学生向校方提出要求，希望校方开一些小灶，增加课程上没有的学术内容。刚开始校方有点为难，但经过反复考察和研究，终于承认中国学员的基础水平和研究能力，破例为这批中国学员安排特别课程：主要是减少基础课和练习作业，增加新技术课程和自主研究选择，如计算机编程等。中国学员变成 ITC 的一批特殊学员——从上课为主变为研究为主。校领导告诉我们："这是学院创办以来从未有过的一种尝试，是荷兰教育部批准的专门为中国学员做出的安排。"这可以被认为是西方教育制度的灵活性，也可以说是荷兰方面对中国表现出的诚意。当时，中荷关系正向友好发展，我们无从知道这个决定是否与荷兰首相范阿赫特准备于 1980 年 10 月访华的友好气氛有关。

这批学员果然不负重托，学成后都按期归国，并且不久后成为研究员、业务骨干。大部分还挑起业务大梁，成为研究所领导。另外几个还进入政府部门，担任了司局级以上的业务领导。高俊和王任享后来还都当选中国工程院院士。荷兰遥感界的一些朋友也引以为傲地说：中国在 ITC 的第一批研究生集体的成功，是该学院的历史性骄傲，是荷兰与中国长期友好合作的一个成功例证。

## 确定研究方向

我出国后不久，中科院就宣布成立遥感应用研究所。消息传来，我高兴得夜不能寐。我相信中国遥感将由此迈向更新、更高的台阶。那几天，我一直思考着如何让自己的学习与今后的研究方向更好地结合起来。我的想法逐渐明朗：把西方先进的理念和技术引入中国，推动遥感在中国的应用才是当前的主要方向。我和几位教授做了多次深入的探讨，在他们的认真指导和热情鼓励下，我向 ITC 提交了正式报告，阐述了中国这样一个大国在自然资源和农业方面的需求，明确要求把我的课程重点调整为遥感图像处理及其在农业方面的应用。学院不久就批准了我的要求，并决定由遥感物理教授韩鹪士、综合考察系的范登布鲁克教授以及数字图像处理实验室主任姆尔德博士 3 人共同担任我的指导老师。这是 ITC 首次做的跨系、跨专业的特别安排，不少师生感到震惊。从某种程度上说，校方尝试通过对我的特殊安排，探索"需求导向"的教学改革实验。我一下子成为"娇宠"的重点学员，受到许多人的羡慕，当然可能也受到个别人的嫉妒。

我选择的研究方向是资源遥感，具体课题为农业土地利用遥感自动分类制图。论国土面积，荷兰面积不到 4.2 万平方千米，相当于重庆市面积的一半。但是，小国大农业，它却是全球著名的农产品出口国。这里一定有许多"奥妙"等着我去探究、学习。我想，我来自农村，务过农，有一定经验。中国是一个农业大国，吃饭是最大问题，通过遥感技术研究土地利用变化并对农作物进行监测和清查，是国家的重大课题，相信值得我认真投入、深入研究。由于当时回国做地面调查、采集数据受到保密规定限制，我无法按校方规定回国做地面实况调查。在韩教授的建议下，我选择荷兰中部地区的"Polder"（圩田）垦区作为我的试验区。该试验区的优点是它本身就是欧空局和荷兰政府共建的遥感试验场，专门种植小麦、玉米、油菜、苜蓿草、土豆、木薯等10多种农作物。我考察了几次，觉得确实是一个理想的试验点。

参考农作物生长的农事历表，我选了5种不同时相的美国陆地卫星多光谱影像和高分辨率专题制图仪数据，开发了聚类分析和主成分分析等多种不同算法，对试验区进行了分类验算，结合多次地面调查结果对比分析，建立了数学模型，做出了"Polder"垦区农业土地利用清查和农作物分类图。这个研究工作在当时的遥感数据源和计算机分析技术条件下，被认为具有开拓性和领先意义。我按期完成了题为《资源遥感——荷兰北部农业土地利用案例研究》的硕士论文。此外，我还参与韩鹔士教授的一些研究课题，包括协助他计算完成赤道卫星的轨道设计与计算方法。我还与格莱恩姆博士合作研究并发表了题为《光度仪的校标方法研究》的论文。应该承认，在两年半的留学时间里，我自己还是有一定的成就感的。当然，用妻子的话说就是：我不比别人聪明，但我无论走到哪儿，都愿意比别人多花时间、肯花时间。想想在那漫长的880多个日子里，除了偶尔捧着下巴，面向东方发呆，深深地思念我的爱妻和想象着那出生几个月的儿子的模样，我基本上把别人喝咖啡的时间都用在学习和研究上。因为我知道我们那块土地已经失去了太多的时间和机会，而遥感这门新科技需要我们更多的投入、拼搏和不懈的追赶。

在那个时代，大使馆对派出的留学人员管理严格，也照顾有加。逢年过节他们都会请我们吃一顿丰盛的中国饭，打打牙祭。平时，我们一般每月最后一周的周末会到海牙大使馆，按规定报账并上交奖学金的余款（50%左右），然后集中学习，传达文件，讨论心得。对于大部分人来说，这是自愿而愉快的事，因为我们都是被集体主义训练过来的人，习惯成自然。当然，我们大家都还有一个动力，很乐意乘几小时车到代尔伏特的留学生管理处，因为赶上好运气，我们会收到由外交信使转来的家书。每当接到家里的来信，我们无不欣喜若狂。真的，唯有经历过那种分离、孤独和思念的人，才能真正体会那种心情，那种感觉至今想来我仍会隐隐作痛。我们这批远行人，恐怕最能体会的是杜甫笔下"家书抵万金"的滋味。

## 万里心牵两地书

### 出国前匆匆结婚

早期的中国留学生，都是只身一人，原因很简单，国家还很贫困。我们虽然都是已婚，但没有一个拖家带口的。远隔重洋，万水千山，最痛苦的就是思念父母、妻儿等亲人。

我是出国前几个月结的婚。我在出国前匆匆完婚多少也有单位领导的建议。

我的妻子张佩红来自浙江宁波，比我小两岁，毕业于上海化工大学，学有机化学。她毕业后被分配到中科院地理所航空照片判读室，从事遥感图像光化处理。1978年我刚从中国科技大学进修完回到所里，就有老同事提到她，说："你们俩简直是天生一对，非常般配。"接着就有好几个同事两头做工作，使劲撮合。后来，更多同事也跟着附和，都说这姑娘既聪明能干又温柔贤惠，打着灯笼都难找。我的老乡林恒章还说："真的，恋爱中的一对不但要自己觉得合适，还得别人看着舒服。"

那一天在食堂排队买饭时，我在人群中偷偷地看了一眼这位新来的大学生。她长得漂亮，小巧苗条，一张鸭蛋脸像刚刚剥开的鸡蛋一样白嫩，有着一双水汪汪的大眼睛，双眼皮。我第一眼看到她时，就觉得她就是我梦想中的妻子。在相貌秀丽、端庄大方的外表下，她身上透着一种气质，一种温柔、实在、让人信赖和完全可靠的感觉。我是一见钟情，大概这就是人们常说的缘分吧。

我决定主动接触她，与她约会。在那既革命又保守的年代，年轻人谈情说爱是一件很"难为情"的事，一般都不公开，更不张扬。当时的社会风气不接受年轻人在公开场所秀恩爱。至于今天习以为常的搂搂抱抱、腻腻歪歪、卿卿我我的做派，当时是不能容忍的。我们同在一个研究所，但由于不在一个研究室，也很少有机会见面，尽管心中时刻渴望能多在一起聊聊。我们这一代人都经过"文革"的洗礼，内敛得很，彼此相爱着，却总把情感深深地藏在心的最底层，像保护水晶一样，小心呵护着，生怕有意无意地被磕碰。

浪漫对我们这一代人来说是奢侈品。我们彼此倾慕，在将近一年半的"悄悄"恋爱进程中，两个人没有一起去看过一场电影，也没有一起进过一次像样的餐馆，唯一的一次出去约会是去了北京动物园，还是偷偷摸摸的。记得那天从动物园出来时到饭点了，我请张佩红在动物园门口的一家小餐馆吃午饭。那年头，一来是收入低，生活很简朴；二来是物资匮乏，没有太多选择。我要了一份羊肉饺子。张佩红只吃了两个，就放下筷子，一双水汪汪的眼睛看着我一个又一个地把那份本来供两个人吃的饺子扫了个光。我一直以为她是不好意思吃，直到我们结婚后，才知道她不吃羊肉。她说那天为了不让我尴尬，才硬着头皮陪我吃了两个。不过，看着我狼吞虎咽，她说她倒有说不出的愉悦。

1979年春，我和张佩红谈恋爱已经有一段时间了。我们非常低调和克制，以至于我们的恋爱关系还没有太多人知道。这时，书记周上益同志代表党组织和我正式谈话，强调派我出国留学是祖国的需要、时代的要求以及所领导的期望。之后连续有几位所领导包括黄绚同志和我谈了话。他们要传递的信息很明确，也很一致，就是希望我能在出国留学前结婚、要孩子。这种安排似乎是为了让我在国内留个念想，有个牵挂，不至于在外产生非分之想，甚至学成不归。西方世界花花绿绿，纸醉金迷，谁能保证呢？"文革"结束不久，派人出国留学还只是一种尝

## 第三章　战战兢兢踏上留学路

试。在还未对外开放的 70 年代，有人担心政治安全是不难理解的。其实，我的愿望比谁都强烈！我更希望马上结婚，我心欢喜，老家高兴，领导放心，单位安心，皆大欢喜。我和佩红商定，马上结婚，而且尽快要孩子，让所有人觉得安稳。是的，我和新中国同龄，共成长，有什么不能交给国家呢？

1979 年 4 月 26 日，我和张佩红带着所里开的介绍信，领了结婚证，正式成为夫妻，并决定于 6 月初回南方老家。我们先到宁波看看我的岳父母，小住几天后继续南下回福建。在我老家，我们按照乡下的习俗简单地办了几桌酒席，满足了母亲和兄长们的心愿，酬谢了亲友。

从福建老家回到北京的第二天，我们夫妇一起来到办公室，给大家送了从福建带回的一些土特产，有花生，还有从宁波带的几斤上海产的大白兔糖。你可别小看今天在哪一个大超市都能买到的大白兔糖，它当年可是举国闻名、轻易无法得到的名品。

回到北京后，我们婚礼同样一切从简。按当时社会主义计划经济的分配制度，作为新婚夫妇，我们得到几张专供结婚用的票证，凭票可购买几件必需的家具，包括一张双人床，一个双开门的衣柜，一张可折叠的圆桌加四把折叠凳子。这是当年北京地区的标配，不问出身，不分地位，谁家都一样。同事们按惯例凑份子，帮助购置了脸盆、热水壶等日常用品。佩红的父母从宁波托运来了一个被柜，里面装着两床厚厚的棉被和两个枕头，分别套着漂亮的丝绣被套和枕套。这一切让我们感到非常幸福。

研究室的同事都来祝贺。我们那一代人过的是极简的生活，举行极简的婚礼。除了前面提到的几件家具和生活必需品，我们没有花什么钱，也不增加同事和亲人的负担。大家聚在一起热闹热闹，喝杯茶，嗑点瓜子，吃点花生，尝一两块糖，祝福一场，就算礼毕。无论是谁，婚礼都是这么简单。没有人像今天这样讲排场、比阔气，也没有人觉得简约有失体面。

中科院综合考察委员会的老乡何希吾研究员非常慷慨，他和他爱人赵楚年研究员把他们仅有的两间房腾出一间，借给我们暂时安了新家，而他们一家四口却挤在只有 16 平方米的另一间房子里。我们在老何家住了几个月，一直到我出国前两天，所里为我们安排了一间 9 平方米的小北房。我出国时妻子已怀孕。几个月后，我们的儿子何宇平出生了，他们母子俩就在这个 9 平方米的空间里，度过了数个春秋。

那时出国可是件稀罕事，不像今天这样能说走就走。出国的手续烦苛，我不得不东奔西跑，照相、填表、办签证，还有制装，等等。按规定，政府为每个公派出国人员免费提供两套西服、两条领带和两件衬衣，全部在王府井的红都制衣店定做。由于劳累，离 9 月 10 日出发前不到两周，我的右膝盖患了急性骨膜炎，红肿得厉害，行走都有困难。我被送到厂桥的北大医院，骨科王大夫听说我将要出国，大胆施药，为我的膝盖连续抽了两次积水，打了激素封闭，帮助消肿。

好男儿志在四方。只是新婚燕尔，倏尔劳燕分飞，一走还得两年多，我自然万分矛盾。但想到机会难得，我最后还是决定牺牲小我。最令佩红担忧的是，行程日益逼近，我的右膝并未完全消肿。我暗下决心，决不错过这个千载难逢的机会。我心想，就是爬也得爬上飞机，按时到校报到，参加入学考试。我很清楚自己是第一个享受联合国大学奖学金的中国人，是中科院"文革"后外派的第一批留学生，也是研究所向国外派送的遥感专业的第一个进修生。我肩负的是亲人和朋友的重托，同事和领导的希望。这也是我实现梦想的机会，我没有理由不按时出发、不去做一次拼搏。

1979 年 9 月 10 日上午，所领导和我妻子送我到首都机场。临别时，我忍着身心疼痛，咬紧牙关，不让眼泪往外流。我们结婚才四个多月就要离别，而且妻子已经有了身孕，今后长长的时日里，她一个人留在北京工作、生活，还要照顾肚子里的孩子，一切的一切全得靠她独自扛着了。我不敢回头多看她一眼，因为我知道佩红此刻一定是泪流满面，心疼地看着我一瘸一拐地离去。

## 我欠妻子一辈子

在随后的两年多里，我和妻子远隔重洋，没有电话联系，相互更见不着，唯一靠的是每月一封通过外交部信使队传递的书信，鸿雁传书，彼此鼓励、安慰。

让我无比自责的是，妻子在孕期最需要人照顾的时候，我远在天边，爱莫能助。出国前几天，我前往北大第一医学院就医时，顺道买了3斤苹果。这是在妻子十月怀胎整个过程中我对她唯一的一次"营养性照顾"。妻子从怀孕到临产，都是一个人在北京生活，坚强地承担着所里分配的科研工作，直到临产前20天才回浙江宁波我岳父母家。

1980年5月8日凌晨，我儿子在宁波一家卫生院降生，但一个多月后我才得到具体消息。那时跨洋通信非常困难，普通人必须到市长途电话局排队打国际长途，而且国际长途话费贵得惊人，工薪阶层是不敢问津的。那些日子，我日盼夜盼，心急如焚，但万里之外，千山阻隔，除了鸿雁传书，基本上束手无策。我焦虑地等着家书，直到1980年6月中旬才接到妻子佩红的来信，报告母子平安，并说按照我的意见，给儿子取名宇平，寓意环宇泰平，世界大同，社会和谐，人人平等。信中还夹着刚出生几天的儿子的两张黑白照片。我一遍又一遍读着妻子分娩后当天就写给我的信，一次又一次拿起孩子的照片，端详着我和妻子的爱情结晶，不知道看了多少遍。我兴奋不已，拿着照片给我的导师和许多同学看，收到了他们的祝福。自然，乐极之余，我也深感思念、不安与内疚。

我马上给妻子写了回信，感谢她一个人默默地把应该由我们两个人共同承担的家庭责任全都承担了下来，感谢她为我的事业做出了巨大牺牲。我说，我唯一能做的是希望她多保重身体，期待儿子健康成长。我向她承诺，我要用一辈子的爱来回报她。我也很快给我福建的母亲和兄长们写了一封家信报喜。是啊，我过而立之年才得子，全家老少当然喜出望外。尽管我们一家三口不在老家，母亲还是按照习俗，煮了很多线面，给邻居亲戚每家送一碗面，外加一个染红的熟鸡蛋。

我们继续通过大使馆的外交信使每个月互相寄一封信，报告各自的情况。我除了问妻子和儿子的情况外，说的大多是我的学习情况和论文的进展，而妻子则报告遥感所进展和宇平的成长。她最高兴的是，儿子非常健康，而且非常聪明、活泼和可爱。儿子成为我们俩最引以为傲的作品，也是我们每封信的主题，是我们幸福家庭的主角。有一次，教育处的陈邵武处长回国，他主动提出帮忙，破例替我带回一瓶榛子巧克力酱，作为我给儿子的礼物。佩红说，她用小调羹挖一点点放在小宇的嘴里，小家伙可爱吃了。

我一辈子最内疚的是，从妻子身怀六甲到分娩后坐月子，我都不在她身边，无法给她任何照顾。她挺着肚子，拖着日益沉重的身子，上班、买菜、做饭、洗衣，遇上伤风感冒、头疼脑热等，一个人自理。她是个坚强的人，从来不轻易把任何困难转给他人，即使是自己的丈夫。为了让我能安心学习，她来信从来没有说她哪儿不舒服。我真不知道她一个人在长长的十月怀胎中是怎么熬过来的。我回国后才知道她对家事是报喜不报忧。有一次儿子病了，高烧两天不退，她一个人抱着孩子，走了3里路到北沙滩才搭上公交车到北医三院。她说："孩子小，头疼脑热的事经常发生，我总不能老麻烦所里的同事。"我听了心如刀割，无法控制自己的情绪，我感谢妻子用满满的爱，坚强地为我和我们家做出了如此巨大的奉献。

就这样，又过了一年多，1982年4月初，我毕业回国时，才在北京火车站见到了阔别两年半的妻子。我们紧紧拥抱，热泪盈眶。我万分激动，因为我第一次见到已经1岁零11个月的儿子。可能由于初次见面，儿子对我感到陌生，他在妈妈的教导下腼腆地叫了一声"爸爸"。第一次听到儿子叫我"爸爸"，我的心在微微颤抖，有一种说不出的涩涩的感觉。当我们回到917生活区那9平方米的家时，儿子立即跑去找对门

## 第三章　战战兢兢踏上留学路

的小朋友丽丽，奶声奶气地对她说："丽丽，今天别到我家，因为我家来了一位客人。"听到这句话，我的心感到一阵酸疼，我意识到，我这两年多出国留学的所有收获，是用牺牲亲情的巨大代价换来的。这种损失恐怕是我很难完全弥补的。

老家人都说，我的妻子有旺夫相。我是无神论者，不相信这种说法。但我从心里感谢我聪明能干、贤良温婉、充满爱心、通情达理的妻子。如今我们结婚40年了，她牺牲了自己的一切，成全了我的事业。早年在国内时，我有一段时间每天骑车到三里河国家科委上班，来回40多千米，早出晚归，根本照顾不了家庭。她除了在单位承担科研任务，还挑起了所有家庭重担，"妻子、母亲和保姆"，三位一体，做到工作、家务两不误。任何时候，她工作再忙也会把这个家的里里外外收拾得清清爽爽、井井有条。我在联合国亚太经社会工作时，她在著名的亚洲理工学院任教，还负责遥感实验室工作，每天来回60多千米，早出晚归，九年如一日，始终保持工作与家庭两不误。无论是在中科院还是在亚洲理工学院，她在职场上一直勤勤恳恳，备受同事赞扬。在曼谷，不管春夏秋冬、刮风下雨，她每天总是5点第一个起床，先照顾儿子宇平和我侄儿小乐吃饭、上学，送走他们后又忙着安排我的早饭。6点30分，她必须准时离家，匆匆出门，赶班车到34千米外的亚洲理工学院上班。这样的生活节奏，从1989年一直延续到1998年7月。由于我工作调动，她才不得不辞去亚洲理工学院的工作，随我去意大利罗马，开始了另一种新的生活。其实，我妻子在事业上也一直非常优秀。她于1986年被中科院遥感所选派出国进修一年，学习航空遥感。她原本也可以有自己的成就。但由于我在联合国工作的调动频繁，她不得不放弃自己的事业，全力支持我，并成全了我的事业。

在家里，她是贤妻良母，贴心周到，任劳任怨；在我的事业上，她就像是我的一面镜子，时时照映出我的一些缺点、弱点。她理解我，体谅我，总是用适当的方式，毫不吝啬地作我的劝谏者。每当我工作顺利，偶尔自然而然地流露出些许骄傲情绪时，她总是提醒我要低调做人，不可自我膨胀；我遇到逆境时，她总是安慰、鼓励我，劝我保持淡定；我遇到不顺心的事，对同事或下属有抱怨时，她会劝我做人真诚厚道、宽容体谅。

　　她自己没当过领导，却始终有领导者的胸怀。她经常劝我不要对下属过分苛刻，她常说："如果大家都有你的能力和水平，人家干嘛还要挑选你当领导呢？"无论我在哪儿工作，她对我的下属，包括我的秘书和司机都特别关心。他们也都把她当作自己的朋友，平等对待。在我担任粮农组织亚太地区代表及副总干事的10多年时间里，由于工作需要，我有专职司机，理论上是一周7天、一天24小时专门供我使用。据说数个前任的夫人，没有一个不把这部专车看成自家的，三天两头指挥司机带她出门购物、聚会、访友。有一个前任曾好几次凌晨二三点把司机招来，帮助他去警察局认领醉得不省人事的儿子。我深深体会到："一个成功的男人背后必定有一个优秀的女人。"谦虚、低调、自律是佩红的一贯作风和优良品德。她从来没把我的成就和地位当作资本和资源，从不沾沾自喜、盛气凌人、以势欺人、颐指气使，甚至伸手牟利。她外出办私事，从来不肯动用单位司机。

　　在我担任粮农组织亚太地区代表时，由于工作需要，我时不时会在家宴请客人。每逢过春节，我们还会在家举行酒会，答谢办公室的工作人员，最多会请上30多人。中国菜比较复杂，准备工作量大，除了自掏腰包，每次总是搞得筋疲力尽，但妻子从无怨言。20多年来，无论我们走到哪里，妻子除了搞好自己的工作，还总是给我无微不至的照顾。对于一个职业女性来说，的确非常不容易，但她所做的一切，生性使然，精诚所至，留下了很好的口碑，赢得了大家的尊重。

　　我妻子就是这样一个普普通通的人，贤妻良母，相夫教子，一个永远怀着一颗平常心、做平常事的人。我一路能平平安安走来，顺利完成每一个使命，并不断有所进步，离不开妻子对家庭的无私奉献，对我精神上的殷殷关怀，对我事业的充分理解和全力支撑。我是幸运的，我永远感激我这个内外兼修的贤内助。

## 归心似箭

从 1979 年 9 月我幸运地得到联合国大学提供给中国的第一个奖学金去荷兰留学，到 1982 年 4 月研究生毕业后第一时间回国，我在荷兰足足待了 31 个月。联合国大学为我购好了回程机票，但应大使馆的要求，我退了机票，改走陆路，陪同中国驻荷兰临时代办郭洁夫妇回国。那时国家外汇紧张，要求驻外人员尽量坐火车，节省外汇开支。

我平生第一次乘坐国际长途列车，看到另一番风土人情，很有意思，也很刺激。火车一路东行，途经西德、东德、波兰，进入苏联，一共花了 3 天时间。由于使馆人员事先和苏联的列车员打了招呼，我们一路上受到特殊照顾。

到莫斯科后，中国大使馆的人员把我们接走，我们在使馆歇了一夜。第二天，他们带我们到了使馆的免税小店。我用使馆发给的 20 多卢布，买了一个漂亮的洋娃娃、一个小望远镜和一只铝锅。洋娃娃和小望远镜（这玩意儿非常耐用，30 多年了，至今还完好）都是给我儿子的见面礼，铝锅算是当年能给夫人的最好礼物。这三件东西在现在看来是普通得不能再普通的东西，在 20 世纪 80 年代初的中国，却是无法买到的"洋货"，算是人们羡慕的好东西。

我们在莫斯科小憩之后，改乘由莫斯科开往北京的中国列车。我只记得一路上千里冰封，万里雪飘，火车拖着滚滚的浓烟，呼哧呼哧地东行。几天后，火车穿过西伯利亚，掉头南行，沿着贝加尔湖，途经蒙古国，终于接近中国，又一次换了车轮，因为轨道的宽度变了。旅途前后 7 天，我一路上除了看书，没有任何消遣，更谈不上看电视。闲下来了，我一心只想着阔别了两年多的妻子和已经 1 岁零 11 个月的儿子，真是心急火燎啊。

鹤归来兮，东山之阴。列车终于缓缓地在北京车站停靠下来。我远远就看见了佩红，她抱着儿子，用急切的眼神扫过一节又一节车厢。当我俩的目光相交、相互锁定的那一刻，我的视线模糊了，是激动快乐，还是歉疚痛楚，五味杂陈，我一时也说不清楚。

遥感所业务处领导来接我，他们用一辆吉普车把我们一家三口拉回了我久别了的中科院917生活区。我回到妻儿身边，很快安置下来，心像二极管开关电路一样，很快从荷兰切换到中国。因为这里有我的家，有我日夜思念的妻子和儿子。"频道置换"不费吹灰之力，就像我从未远行，生活的节奏很快回到从前。

与同时代的许多人相比，我的确是幸运的。改革开放使我成为中国第一个享受联合国大学奖学金的青年学者，中科院地理所二部第一个被选送出国学习遥感技术后第一个学成归国的遥感科技人员。这些个"第一"，让我不经意间搭上了时代的顺风车，也给了我数次机会。我在工作生涯中连续做出了许多个"第一"，做了别人没有做过的一些事。

## 同窗罹难锥心痛

### 一颗新星的陨落

在荷兰最让我痛心的是我同事唐孝谓的意外之死。由于发生得太突然，所有人都没有思想准备，对我们冲击极大。老唐是中科院地理所的一颗冉冉升起的新星，我们都认为他前途无量。

老唐来自湖南西部农村，20世纪50年代被选拔到苏联留学，是个非常优秀的学生；在地理所也是有名的勤奋，是业务尖子。他每天乘班车上下班约花3个小时。别人在班车上睡觉或不停地聊天，他则利用这段时间坚持自学英文。他是第二个享受联合国大学奖学金到ITC进修的中级科技人员。

## 第三章　战战兢兢踏上留学路

1981年6月19日，ITC地学系组织学员到荷兰北部的海岛开展野外实习，中国学员唐孝谓参加了。很明显，校方组织工作欠缜密，带队教师对天气预报没有认真预判。他们原计划是，利用北海退潮的两个半小时的间歇徒步穿过格罗宁根浅滩，到对面的斯希蒙尼克岛。荷兰人经常这么做，认为是一种挑战自我的行动。但19日那天天气突然发生变化，刮起大北风，海水提前涨潮。带队教师犹豫不决，贻误时机，在明明已错过越海最佳时间的情况下，还下令继续前行，结果使所有学员都被海潮困住。所幸的是附近船只赶到，紧急救援，把所有人都救上了船。但由于气温低，还在水里挣扎了好几个小时，大家被冻得瑟瑟发抖，尚有一丝体能可以自己挪动的人，各自纷纷寻找保护。唐孝谓是最后一个被捞上来的，他的体力已消耗殆尽。据在场的学员后来说，被拖上船时，他似乎还有生命体征。然而，由于没有及时施救，没有采取必要的保暖措施，唐孝谓以及中东和北非的2个学员到医院时就已死亡。

当天下午3点多，学校的教务主任打来电话，叫我即刻赶到校长办公室，说有急事商量。我一到场，发现在座的校领导和老师个个面色阴沉，气氛凝重。等我坐定，学生事务部主任阿丽丝先开口对我说："何先生，首先请你保持镇定。我们不得不在第一时间告诉你一个非常不幸的消息，你的朋友唐孝谓先生在参加野外考察时遭遇意外，于今天中午死亡。我们需要你的协助，马上与贵国有关部门联系。你看通过什么渠道，与什么人联系最为合适，我们必须以最快的速度通知他们。"她紧接着说："学校将很感激，如果你能从现在起介入，协助联络处理善后事务。"闻讯，我犹如五雷轰顶，悲痛万分。

我和唐孝谓同属中科院地理所，我们都酷爱英语，在所里颇有点"臭味相投"，还在接待外宾时有过交集。况且，18日晚9点多，老唐在完成一份北部卫星照片判读报告之后，拖着疲惫的身子来到我在5楼的宿舍。他躺在我的沙发床上，与我聊了很长时间。听说他还没有吃饭，我递给他一个大苹果，他一边啃着，一边兴致勃勃地谈着他的计划。他说他准备在明天野外考察之后，对报告做进一步修改后作为论文发表。接着我们针对那张卫星影像和他的论文设想谈了很多，后来话题转到国内的事。我们聊了一个多钟头。想到头一天晚上我俩还在热烈讨论的情形，我无法接受老唐死亡的事实，如此突然，太让人震惊，太令人难以接受了。

在校长办公室，我建议院方马上通知中国驻荷兰大使馆，同时也通知中科院地理所。记得我们出国前填写的个人资料中，遇到紧急情况的联系人是地理所的所长。一方面我们那代人都属于国家，而不属于个人的小家；另一方面是从实际出发，因为除了个别高级干部外，普通家庭没有电话，有紧急事情根本无法直接联系家里。

用校长的电话，我多次拨打所长黄秉维教授家里的电话，但无果。我决定与地理所值班室联系。当时是北京时间凌晨4点多，我拨通了值班室的电话，保卫科金春林同志在睡眼惺忪中被紧急电话铃声吵醒，从我这儿得到了老唐遇难的消息。他问了老唐的死因和一些相关情况后，答应马上赶到野外农地通知所领导。

20日上午，大使馆派沈参赞和教育处留学人员办公室的陈邵武等人从海牙赶到恩斯赫德市与学院领导会晤。我陪同使馆领导与校方会谈。这是一场正式的外交交涉。事故中死了3个人，是学院建立至今从来没有过的事故，而且死亡学员牵涉3个国家——阿尔及利亚、伊拉克和中国，荷兰政府自然对此事故特别谨慎。荷兰教育部还特别指示院方在事故调查结论出来之前，不能发布任何新闻或接受媒体的采访。

我清晰地记得，学院教务主任与中国大使馆人员会见时表情拘谨，小心翼翼，极其紧张，一句多余的话都没敢说。而中国大使馆的官员也是满脸严肃，要求校方尽快提供事故的完整报告，同时要求荷方尽快提出善后计划，以便使馆向中国政府报告。

论语中有一句话："生，事之以礼；死，葬之以礼，祭之以礼。"荷兰人应该懂得我们中国的文化。

我们提出要求，想马上看一下唐孝谓的遗体，好向国内通报具体情况。校方一开始非常勉强，说这必须得到北部格罗宁根省警察局批准。第三天一大早，学校突然通知我们可以前往探视，还派了一部车专门接送。接大使馆指示，我和楚良才同志代表中方到北部的警察医院探视老唐的遗体。

记得那天下着倾盆大雨，我们冒雨驱车前往，一路上听到的只有哗哗雨声，而且雨根本不停，气氛自然被渲染得更加悲凉。经过近4个小时的雨中疾行，我们来到了医院。一个警察把我们带进了地下室的太平间。我仔细地观察老唐，他身体消瘦，衣着单薄，而且还光着脚。

我的眼前再次浮现老唐遇难前一天晚上和我一起聊天的情形。他在我的沙发床上半躺半靠着，和我聊着他最近的工作和正在准备的论文，言谈举止，历历在目。他在我的房间聊到11点多才回去。按平时，我们这批学员没有人在12点前睡觉。他之所以早睡，是因为第二天早上5点还要起床去野外考察。看着他此时孤零零地躺在那儿，我不由得深深叹息，我们这批人分明是在拼命换取失去的时间和知识。我们向老唐的遗体深深地鞠了个躬，我心里默念着"老唐，走好"。我们缓缓地走出了太平间，但还久久地惆怅：一个鲜活的生命，就这样说走就走了，而且是消逝在异国他乡。

## 善后处理的思考

唐孝谓的后事处理中有好多故事，其中有外交的斡旋与争议，也有当年政策的局限和人性的褊狭。我相信今天或以后我们是永远不会再遇到那些状况的，因为我们实行改革开放，国家自信多了，不断破除僵化的思想，不断以人为本，治理更加人性化了。

我们入学时，荷兰政府为所有学生买了保险。根据规定，如果家属愿意，荷兰将负责把老唐的遗体运回中国安葬，自然一切费用都由保险公司承担。但留学生管理处的负责人说，此例不可开，因为我们国家在非洲援外的人员每年有好几十人牺牲，根本无法将他们的遗体送回。此

第三章　战战兢兢踏上留学路

## 补修一课"社会学"

1982年2月，校方按规定程序组织我的论文答辩。毕业论文顺利通过后，我按要求对论文个别地方做了必要的修改，我的任务就算完成了，我可以立即准备回国。其实，大使馆也不希望大家拖延时日，再说，刚刚成立的遥感所肯定有许多事等着大家去做。我比谁都急迫，归心似箭。

我的回程日期定在4月初。出发的那一天，我的导师韩鹏士教授开车，专程送我到代尔夫特中国留学生管理处。他先把我带到阿姆斯特丹，说需要给我补上最后一课。没想到他把我带到了阿姆斯特丹城里著名的红灯区——这对于我们来说是绝对的禁区，我自然非常生气，觉得是让我犯错误。我们到红灯区时是下午1点多钟，行人并不多，但仍有三三两两的妓女坐在橱窗里边等客。韩教授先提醒我只能用眼睛看，不能在这个地方照相，免得惹麻烦。他指着一个接一个的在全球闻名、臭名昭著的红灯区的橱窗，问我到底看到了什么。见我不语，他说："其实这里集中了资本主义社会的许多邪恶，有卖淫、吸毒、凶杀。你们中国学员在荷兰只埋头读书，钻研学问，很少接触社会。你们看到的是西方社会的表层，似乎都是好东西，如先进技术、高楼大厦、琳琅满目的商场。但对于资本主义社会的邪恶一面，你们根本没有用心去观察，好像更没有兴趣去了解研究。这不全面，有点遗憾，我希望你们不要带着片面的眼光回到中国。这就是我为什么要带你来这儿看一眼，作为我能给你提供的最后一节课。"

我一直觉得他是遥感物理学家，是搞自然科学的。我虽然知道他是一位比较开明的人士，对中国很有好感，但却没有想到他竟然对社会问题如此深入关注，而且用这种方法与我讨论、点评西方社会的本质问题。这使我想起另一个名叫约翰·洪的教授，他有一天在实验室里跟我闲聊时告诉我，他研究过马克思主义，同时也认真研读过毛泽东著作，能背诵毛的红皮书中的许多语录。他说那些话时顺势把双手往后一背，继续道："我相信如果马克思还健在，当看到苏联和东欧的社会主义国家时，他一定会说，这绝对不是他要的社会主义；他提倡的社会主义已经有了，就在北欧。"他继续说："你们毛的许多主张我都很赞同，我希望你们中国既不要学习苏联和东欧，更不要向美国学习。你们应该向北欧学习，建立福利社会、公平社会，走第三条路。"

我不免想，作为自然科学家，他们竟有如此"闲情逸趣"。他们关心自然科学，也能客观地看待社会问题。在向中国留学生传授先进科学知识的同时，他们也很希望中国留学生能客观、全面地了解、借鉴一些西方的人文知识和社会现象。这跟中国的先哲强调的教书先育人的主张是如此契合。可惜，我们有些留学生，要么"两耳不闻窗外事，一心只读圣贤书"，要么喝了点"洋墨汁"，看到了一山半水，就自以为完全了解西方，学到了西方的"真经秘籍"。他们回来后总觉得格格不入，横竖看不惯，左右不顺眼，一边喝着母亲的奶水，一边还不断骂娘。每逢这种情况，我总为他们的片面和偏激而难过。

此后25年，我在国外工作、生活，到过不少国家，有时如入天堂，有时如进地狱，是好是坏，孰是孰非，见仁见智。与那些科技与经济发达的国家相比，我们在不少科技领域还有巨大的空间需要追赶，在社会进步和公平方面，的确还有一定的差距有待弥补。然而，无论如何，我从心里不喜欢把自己的祖国说得一无是处，也看不惯如此数典忘祖、妄自菲薄的人。

# 第四章
# 国家科委管理大学堂

有两种生活方式：一种生活视一切为平常；一种生活视一切为奇迹。

——阿尔伯特·爱因斯坦

管理科学是密切联系实际的一门科学，它有很大的作用。它一旦起作用，就了不起，就会出现很大的变化。

——钱学森

# 科技管理学问深

**调动是机缘巧合**

中国有一句老话:"有心栽花花不开,无心插柳柳成荫。"人生的经历,就像苏联作家柯切托夫的小说《你到底要什么》中的一句话:有时候向左一步,或向右一步,就可能决定你完全不同的人生。

从荷兰归国之后,我曾祈愿把此生献给科研事业,本想一头扎进遥感研究天地,开创一个领域,开辟一方天地,潜心致力于学术研究。然而,时也运也,改革开放形势和国家的发展需要左右了我的方向,最终我未能如个人所愿,当一名科学家。改革的大门刚刚打开,科技交流活动迅速增加,外事人才奇缺,所领导不断抽调我参加一些外事接待和学术交流活动。不知不觉,事务性工作占用了我的大量时间,一度几乎成为我的主业。我根本没有意识到,自己竟然很快就为大环境所左右。这些事务性的工作,如春蚕吮桑,悄悄分割了我的时间;如春雨撒地,"润物无声"地改变了我的业务方向。后来,机缘巧合,国家科委的领导盯上了我,一纸调令让我彻底改变了人生方向:我被调离遥感所,来到国家科委,当上一名国家机关公务员,走上了职业管理人的道路。

三里河54号那幢20世纪50年代建造的、高屋顶的国家科委办公大楼,成为我人生的转折地,印刻着我数年从事政府科技管理的足迹。

从 1983 年到 1988 年，我在政府大楼将近 6 年，整日忙忙碌碌。尽管工作十分繁杂辛苦，但我照样满腔热情、斗志昂扬，就像是一部机器，顺其自然地运转，扎扎实实地干活，接受了一次又一次的挑战，完成了一个接一个的任务。有意思的是，就连我自己也没弄明白到底踩了什么狗屎运，稀里糊涂地进了一个快速道，在 5 年时间里连升三级，我从一个普通的处员，成为副处长、处长，再提升为国家科委基础研究与新技术局的副局长，成为 20 世纪 80 年代中期国家机关最年轻的厅局级干部之一，还连续 3 年被评为国家科委优秀工作者。我的箱子里至今还压着一堆任命证书和优秀工作者证书，它们曾经是单位领导和同事们对我辛勤付出的一种认可，对我能力的一种肯定，对我人品的一种赞赏，也是我此生的一段重要里程的历史见证。

我庆幸一路走来，遇到的都是朋友和老师。我并不以为自己的三次升迁是"天上掉下个林妹妹"。诚实为人、踏实做事才是根本。除了铆劲儿干活，还得敢于接受挑战，有创新、有创意。毫无疑问，我的成长过程除了靠自身的努力和贡献外，主要还是靠中国改革开放带来的机遇，得益于时代对人才的渴求，也得益于伯乐的赏识和同事的支持。我十分清楚，中国有十几亿人，国家机关更是人才济济，尽管我很勤奋，努力把一切工作做好，但我绝对不可能是最好的。得到重用，我从同事眼里看到他们对我的更高期盼，从朋友的话里感到更大的压力。我心里也常常纠结，感到底气不足，害怕"能力不够，德不配位"，总觉得如履薄冰。是啊，我在不到 5 年的时间里，得到了国家机关很多干部终生奉献都没有得到的认可和回馈。以我的年龄和在国家科委的资历，我"跨越"得太快，得到了太多。因此，我必须保持谦虚谨慎，把自己的进步看成是国家对自己的期望，领导对自己的鞭策，群众对自己的要求。我必须毫不动摇地继续坚持遵循：做事先做人，做厚道人，做一个勤勤恳恳、实实在在的人。

其实，我进入国家科委完全是一种机缘巧合。

## 第四章　国家科委管理大学堂

我在中科院遥感所协助陈述彭先生编写《资源遥感纲要》工作的一段时间里，由于需要对外界联络协调，跟踪进度，我和国家遥感中心有了接触。那时，国家遥感中心科技外事活动不断增加，外国专家来华讲学、探讨科技合作项目、先进设备和技术引进谈判等活动频繁，懂外文的科技人才缺乏，特别是科技外事人才奇缺的短板凸显出来。不少部门开始向下级单位伸手，长期借调工作人员。

1983年年初，我开始被借调了几次，参加国家遥感中心接待联合国官员以及日本、英国和加拿大专家的活动。国家科委领导发现并瞄上了我。国家遥感中心陈为江、郑立中等领导和遥感所领导商量，希望将我长期借调到国家科委工作，协助推动中国与联合国关于遥感合作项目计划的执行，同时参与组织协调国家"六五"科技攻关项目管理和"七五"计划的制订。

我开始在三里河54号院和大屯917大楼之间穿梭、跑"马拉松"。我骑着自行车每天来回跑40多千米，风雨无阻，两边兼顾：一方面继续为陈先生的"编写组"工作；另一方面协助科委基础研究与新技术局和国家遥感中心，从事项目管理和一些外事活动。这样过了好几个月。

在生活中，每个人都会走到这样的十字路口，不知道是该选择风光无限却通向错误终点的平坦大道，还是该选择布满荆棘、人迹罕至却通向正确目的地的崎岖小径。我大学毕业被分配到中科院，第一批被选派出国留学，等等，这一切并非我的决定，而是服从组织分配的结果。这次又面临一个新的转折，而且是国家更高一级机关的需要，我似乎只能又一次服从需要，服从组织调动。我们那一代人啊，基本都这样，习惯把自己的命运交给别人，交给上级。

1983年4月，在借调和试用了几个月之后，国家科委的领导，确切地说，应该是基础研究与新技术局的领导认为我各方面的条件符合国家机关的要求，业务好，懂外语，文笔也不错，关键的是"人品好、诚实可靠",属"可培养对象"。于是他们就决定把我正式从中国科学院调到国家科委,并在我到国外出差期间向中科院发出了调令函。"国家利益高于一切",尽管陈述彭先生希望我能留在他身边,但他一向是一个顾全大局的人,再加上他本身也相信:"管理不是简单的行政事务,而是一门科学;国家科技部门需要懂行的专业人才,需要领军人才。"他表态完全支持把我调到国家机关工作。"改革开放,国家机关更需要专业人才,你在政府管理和决策部门的贡献会比在遥感所大。"陈先生很认真地对我说,努力说服我要有远大的胸怀、全局的理想,动员我无条件接受组织安排。那一席话,是商量,是建议,柔软中带着坚定。

就这样,我怀着依依不舍的心情,离开中国科学院这个令人向往的最高"科学殿堂",走向了中国科研管理的最高部门——国家科委,颇有"投笔从戎"之慨地开始了科研管理的工作。未曾想,此去经年,一发不可收,愈行愈远,我最终竟成为一名终身的职业管理人。

## 管理也是一门科学

20世纪80年代初,科学之春到来,百花盛开。国家科委这个独特的舞台,汇聚了一批满怀豪情、充满活力的科技管理干部。这里上下一条心,没有大角小角之分,只有新人老人之别,大家准备撸起袖子大干一番。换句话,在这儿,只要德才兼备,努力工作,人人都是角儿。

"文革"之后,科技发展再次被提到强国的议事日程。1978年3月18日中共中央在人民大会堂召开全国科学大会,在6 000人参加的开幕式上,刚刚复出的邓小平发表重要讲话,他指出:四个现代化,关键是科学技术的现代化。同时,他提出了"科学技术是第一生产力"这一著名论断。历史证明,这个论断对国家的长远发展具有十分重要的意义。

中国的"六五"科技攻关计划就是在这个时代背景下制订的。计划重点瞄准农业、消费品工业、能源开发及节能、地质和原材料、机械电子设备、交通运输、新兴技术、社会发展8个方面的38个项目。国家为这些攻关项目拨款 15 亿元，加上各部门、各地方的拨款，总计投入 25 亿元。

遥感技术研究和应用被摆上优先领域，列入了新兴技术项目。当时国家投入仅有 5 000 万元，还赶不上今天一个普通中型遥感项目的经费。国家遥感中心负责遥感领域项目的组织实施。在科委基础研究与新技术局总工程师陈为江的领导下，我配合傅力勋、郑立中负责具体的项目组织工作。

由联合国科技促进发展临时基金资助的国家遥感中心项目执行得也很顺利，为国家协调遥感发展提供了一个特殊的平台。国家遥感中心先后组织了100 多名科学家对"六五"遥感项目进行深入分析，根据国家的现实需求，提出优先选题方向，对具体攻关内容提出指标要求并进行可行性论证，最后确定每个课题的主持单位、承担单位、经费分配等，并签订了攻关专题合同。"六五"课题包括了"三北"地区防护林遥感监测、山西省遥感综合系列制图等国民经济建设中急需的应用项目，以及机载侧视雷达、计算机图像处理系统、多波段航空相机和记载光谱扫描仪数据采集及数字处理等新技术系统。尽管当时国家投入不过区区 5 000 万元，但"六五"遥感科技攻关在集聚人才、技术开发、应用探索，以及攻关组织和项目实施协调等方面取得了巨大的进展，培养了一批技术和科研管理人才，为中国走向世界先进遥感技术国家的行列奠定了牢固的基础。

我来到国家科委恰逢其时。我直接参与了"六五"科技攻关遥感技术与应用领域的项目组织、协调与管理工作，工作很具体，也很有挑战性，几乎所有参与的人员都充满了激情。在这个平台上，我进一步开阔了眼界，结识了一大批中国一流的遥感科学家。有一次，我和中科院技术局的张宏同志一起参加会议，闲谈中他对我说：中国的科技落后，在很大的程度上与外行领导内行有关。他当时也刚从西德留学回来，中科院把他调到院部并准备培养他做技术局的领导。他还说：这个局面必须改变，我们不仅要有一批优秀的科学家，还得有一批高水平的管理决策人才。我后来才知道，张宏的这段话并非信口开河，而是有背景的，因为他有机会与中央领导人直接讨论过中国的科技改革和管理的大政方针。

管理也是一门科学，这个在西方老早就被接受的理念，而在中国，一直到了改革开放之后，才被广泛认知、高度重视。

记得在荷兰求学期间，我的导师会带我去参加一些学术讲座。主讲人一般都有点儿名气，在某个领域有一定造诣和影响力。他们有的也是从国外回来的，特别是从美国归来的。我觉得欧洲人也有崇洋媚外的，对美国也迷信得很。我曾参加过一场代尔夫特大学的一位副教授关于"公共与非营利组织的战略规划"的讲座，印象深刻。他是从美国学术休假（sabbatical leave）回来的，因而大家特别当一回事。我参加的其他几次讲座的议题十分广泛，除与遥感和空间技术专业直接有关的内容外，大多是关于决策和管理学方面的理论与实践。这些讲座让人脑洞大开。我开始接触到关于决策理论和规划方法的一些名词和概念，尽管有些云里雾里，但还是觉得很新鲜。我虽然没有机会去系统学习，但对诸如古典决策理论中统计决策、序贯决策、多目标决策、群体决策和模糊决策，以及演变进展的现代决策理论中行为决策和方法等新名词和概念产生了浓厚的兴趣，偶尔还会去找一些文章或一两本书看看。我了解到现代管理的一些理论核心，悟到决策是一种贯穿于整个管理过程的综合的运作。决策是基于科学的过程，现代管理者在决策过程中，除了经济、政治、社会、文化和环境因素外，还受其个人的行为表现和经历经验、情感、动机和态度等影响。

管理者的客体是组织，这是一个由管理者本身及其同事组成的系统。但成功高效的管理者从来都会把自己的组织当作一个开放的系统。换句话说，管理者的决策全过程应该是从研究组织的内外环境开始，基于问题、成果导向，确定目标，分析优势短板（SWOT），制定战略规外，校方还提出在保险理赔正式处理之前，他们想自愿凑一部分钱来安抚唐夫人。这种好意同样受到婉辞。

学校出钱买了机票，唐夫人来到了荷兰，与她的丈夫最后一别。我带头建议应按照出国人员的规定指标，用唐孝谓生前节省下来的伙食费为唐的遗孀购买几件家电，也遭到反对。理由是怕"影响不好，人已死，不能再享受留学人员的待遇"。我们很气愤，再三坚持，认为这是我们能够为故人所做的最微不足道的一件事，但最终都没有实现。

两年之后的 1984 年，ITC 不知从哪儿得知荷兰对唐孝谓死亡的赔偿并没有送到死者的家属，非常不解。院长杨·比克教授受中科院邀请访华期间，曾提出代表校方去看望唐夫人，并准备送她 ITC 老师自愿凑的一部分钱。他的要求也没有得到安排。接待人员告诉比克院长，这一切没有必要，因为听说唐的夫人可能已经改嫁了，她目前的日子过得不错。这一切在今天看来既可气又可笑的事，在当年的的确确发生了。

事隔多年后的 1999 年，我在国外从电视上看到在美国轰炸南斯拉夫大使馆事件中身亡的工作人员的遗体被护送回国，朱镕基总理到机场迎接时老泪横流，我不禁也失声痛哭。事后，我想了很多，联想到当年老唐的善后。我高兴的是，中国强大了，国家开明进步了，管理也更人性化了，人民活得更有自信和尊严了。那些为了祖国的利益和荣誉在外国拼搏捐躯的人的遗体可以归国，入土为安了。

改革开放后，国家站起来，富起来了，并且逐步强大起来了。中国公民开始有了自己应有的尊严。有一句顺口溜："一二三四五，有事找政府。"在国外，我国的公民遇上突发事件，无论是天灾还是人祸，中华人民共和国的使领馆都会在第一时间出手帮助。像《战狼2》那样的故事，每每使我们热血沸腾。我坚信，当一个国家的公民得到充分的尊严和保护时，他们没有理由不誓死捍卫自己的国度。

划，设计实施方案，以及执行、监测评估等重要环节。我体会到，现代管理者常常把古典的决策理论和行为决策理论有机地结合起来，在决策过程中，广泛地应用现代化的手段和规范化的程序，利用系统论、运筹学、模型和计算机等手段，实现了信息化、系统化和科学化的决策。

没想到，管理决策的理论如此系统、复杂和深奥。留学期间不经意的几次讲座和茶余饭后的兴趣阅读，我如今回味还印象深刻。有些理论与方法今天还可以派上用场，我甚至常有"书到用时方恨少"的感觉，我发现这或许是一种兴趣、一种潜能。

在荷兰研究生学习期间，我们参观过欧空局、法国和德国的几个空间遥感研究机构。每当工作人员介绍他们的情况时，免不了总是要讲他们单位的愿景、使命和目标，谈决策规划、组织实施以及机制布局等。我注意到，西方研究部门十分注重上新项目前的群体决策过程，他们总会花大量的时间开展头脑风暴，举行团队论证，收集数据、分析处理、归纳综合、最后做出决定。上大型项目尤其如此。当年我们在法国空间研究中心（CNES）参观游学时，关于法国SPOT（斯波特）卫星研制过程的所见所闻便是典型的例子。法国人1978年就开始了这个涉及数亿美元的项目，他们重复模拟，多维评估，反复论证，一直到1986年2月才发射成功。他们谨慎决策的态度，多少让遥感界的同僚们觉得法国人不如美国人大气。我对此不全赞同，我觉得花纳税人的钱就要精打细算，这是理所应当的。

到国家科委后不久，我才意识到，在荷兰留学期间，导师带我参加一些当时与遥感专业没有直接关系的，我认为是"不务正业"的活动，今天看来却很有意义。我导师的韩鹬士教授除了对遥感技术发展的研究感兴趣外，对战略决策与管理问题似乎也情有独钟。我导师的观点是对的。福特汽车生产线的建立既是技术的突破，更是管理的创新。美国"阿波罗计划"的成果，是多学科管理和协作的模板，是现代决策的经典。我的另一位导师范登布鲁克教授对自己在ITC创办综合考察系特别自豪。他认为发展经济学中的许多问题，必须基于综合分析研究，需要现代管理与决策手段。他强调遥感技术只是规划决策的一种工具，是自然资源调查和管理中的一个新手段而已。原本我以为我是来"狠狠学一把遥感技术的"。这些与遥感技术本身并无直接关系，近乎社会科学甚至哲学理念的谈论，一度使我纳闷，我甚至有过失望。因为我的任务是来学习西方的遥感技术，学成归国后的目标是从事科学研究工作，而不是来学管理、搞管理的。没有想到，留学期间受管理与决策概念的几堂课和相关领域的不经意的熏陶，对我后来的职业生涯却产生了重要的影响。

国家科委是政府最高的科技综合管理部门。简单地说，其主要职能是制定国家科技发展政策、规划并组织实施。跨进国家科委大门后，结合林林总总的科技管理问题，我开始回顾过去接触到的管理层面的一些理念，有意识地梳理枝叶脉络。慢慢地，我发现科技管理蛮有学问的，也蛮有意思的。你也可以像儿童搭积木、玩拼图游戏一样，关键的是"构思大图像"，据此寻找关键元素，布局优先顺序。有效管理者需要注重考虑的是，如何在思维空间中建构决策过程中涉及的政策、方向、优先需求和资源配置等图谱，在实体空间统一调配人力、财力和物力等资源要素，目标是实现项目运行中投入产出比的最大化。

在大量的日常工作中，我逐步了解管理领域与科学研究一样重要，一样需要人才，而且需要有战略思维的帅才。重大科研政策的有效制定和组织实施更需要懂科技的领军人才。我体会到，领军人才一般具备"四种才能"，即眼力、能力、魄力与魅力。当时的国家科委可以说是人才济济，他们是一批有情怀、有事业心，忘我工作、充满献身精神的人。我开始认同自己进了一种良好的工作环境。在这里，你每天都能开阔眼界，而且只要有心，你每天都能学到新东西。

那时国家科委由方毅副总理担任主任。他是一位政治家，革命资历很老，深谙宏观政策和宏观管理。1984 年，著名系统科学家宋健博士被调来担任国家科委主任。他是一位国内外公认的博学多才、充满智慧的科学家，还是一位卓有远见、心胸开阔的开明领导者。当时的国家科委，有一批精明强干的中高层干部，负责基础研究与新技术局、科技政策局、科技攻关局、科技预测局等局级领导工作，开创了一代辉煌。有人称赞这是国家科委管理层的一个"黄金搭配"时代，一度是国家科委的标志性品牌。

当时，国家科委根据中国的国情与国民经济发展需求，大刀阔斧地进行了一系列的改革，推出了一系列创新性的大动作。除负责牵头组织实施民用863计划之外，国家科委出台了推动新技术开发应用的"火炬"计划，扶持实用科技、面向农村扶贫的"星火"计划，等等。用宋健的话，就是让科技的恩赐普惠百姓。

针对当时国务院批准的国家科委负责组织协调中国科技基础研究、政策制定、科技攻关以及发展预测等重点职能，人们编了一个顺口溜，幽了这个领导群体一默，说国家科委是：糊（胡兆森）基础，无（吴明瑜）政策，假（贾蔚文）攻关，佯（杨浚）预测。这本来是中国"百家姓"在国家最高科技管理部门的偶然聚合，却成为记录科技领域一代高管的天成之作、幽默佳话。是的，他们中有好几个人后来被调到各个部门，成了部长或副部级干部。当时国家科委管理人才资源储备和人才素质可见一斑。

**工作生态很重要**

令我兴奋的是，在国家科委，我所在的基础研究与新技术局有一个良好的生态，良好的生态孕育创造力和生产力。局长胡兆森、副局长刘美生和总工程师陈为江都是具有亲和力的管理者，而处长傅立勋的厚道稳健与郑立中的干练高效相得益彰。这批人配合默契，有深厚的职业修养，个个散发着人格魅力，形成一个强有力的磁场，把一个充满生机活力的多学科遥感团队紧紧地吸附在一块儿，形成优势互补的综合体，处处散发着正能量。这在 20 世纪 80 年代初期国家机关中是难以多得的财富。

我印象极深的一件事就是中央交办、李鹏副总理亲自过问的关于我国广播电视和通信卫星技术路线的论证,当时简称"KC"波段之争:广电部希望研发 Ku 波段的广播电视专用卫星;而邮电部则主张研发 C 波段的卫星,以优先满足国内迅速增加的通信频道的需求,兼顾卫星广播的实验。面对显然不断攀升的文化领域和国民经济发展的需求,当时经济还相当落后,百业待兴,科研经费非常有限,国家一时根本不可能拿出一大笔资金,同时支持研发广播电视和通信两颗卫星。国务院的要求是统筹规划,利用我们的体制优势,集中力量办大事。国务院把协调这个部门和技术论证的任务交给了国家科委的宋健主任,希望他领导探索出符合中国国情的广播通信卫星发展道路和运营模式,具体工作则由胡兆森为局长的基础研究与新技术局负责。这是一个既涉及部门利益,又极具技术挑战性的困难问题。在宋健主任高屋建瓴的领导下,由胡兆森局长直接操办,国家科委与广电部、邮电部和航天部等部门,经过了将近一年的技术论证,深入分析了当时国际科技的发展趋势,结合国内的航天科技发展现状,提出了先租用国外的卫星转发器,再买卫星,同时研发自己的 C 波段卫星的方案。这是一个既能满足国内急需,也给国内一定时间,集中力量发展自己的卫星的方案。后来,国务院批准了这一租星过渡、自己研发的方案。经过 10 多年的努力,虽然几经推迟,中国终于在 1998 年发射了自己研发的第一颗 C 波段通信卫星。

作为一名年轻的工作人员,我跟随胡兆森等领导参与了这场旷日持久的论证与协调过程,在此期间,领略了宋健主任既高瞻远瞩又切入实际的风范,在部门争议激烈、讨论陷入僵局的时候,他常常举重若轻,具有高超的引导大家统一思路的领导艺术。宋健主任的博学和幽默,常常让现场紧张的气氛活跃起来,使不时出现的问题迎刃而解。当时我是科技管理战线的一名年轻新兵、一名实习生,我的主要任务是跟班、见

## 第四章　国家科委管理大学堂

习、干具体事、出具体结果。领导们思想开放，非常放手让年轻人独立工作，不断鼓励我们主动接触各个领域各种层面的问题，才有我后来的脱颖而出。那时人少、事多、业务面广，我们的任务非常繁重，而且急件多，除委领导部署的任务外，常常有中央和国务院领导交办的事。从局长、总工到处长、一般处员，加班加点、"早八晚七"是机关工作的常态。大家都主动承担额外工作，谁都没有怨言。在这样的一批人身边工作，绝对是一个不用交学费的大课堂，再苦再累也是一种享受。

在日常工作中，耳闻目睹领导与科技人员坦诚磋商、认真听取建议、为科研人员排忧解难的无数事例，我能感悟到这批领导者居高而不自恃的平和心态和谦逊态度。这是一种修养，一种精神，也是一种能够把科学家团结起来、凝聚在一起的力量源泉。在中国还是非常贫困，国家拿不出更多的物质报酬回馈科学家的年代，他们的特殊领导魅力促成了高技术领域的各界科技人员的抱团发展。特别是在遥感学术领域，他们培养了中国遥感界特有的凝聚力。开放合作和团结包容成为中国遥感界的鲜明特征，影响了中国几代遥感人，使中国遥感人才长盛不衰，直到今天。领略他们严肃、客观、缜密的科学态度，体会他们刻苦、勤政、敬业、忠于职守的工作精神，感受他们实事求是的工作作风，我们感到榜样的力量是无穷的。

当年我同意调去国家科委时，一些朋友曾提示我，能到国家科委这个"高楼深院"里工作的均非"等闲之辈"，大多有显赫的家庭背景。还有人劝我别去国家科委，说"国家机关管理之路充满未知数，你唯一的成功之道是在中科院搞研究，做业务强者"。到了科委之后，我突然感到自己像掉进了"科技的黑洞"、茫茫宇宙，又像被抛进了知识的海洋，漫漫无际，如生物、电子、信息、激光、新能源、新材料等高技术。科委所做的是，研究发展战略，制定相关政策与规划，组织协调规划的实施，以及开展国际合作，等等。面对这一切，我就像是一个小孩，充满了好奇，样样新鲜，处处无知。看来，管理也是一门大学问，高山仰止，水深似海。做一个好的科技管理人员，与做一名优秀的科研人员同样不容易。

要扎扎实实学习，老老实实做人，勤勤恳恳做事——这些到哪儿都需要！

的确，有不少专业能力很强的人步入科技管理庙堂之后，或多或少有些后悔。因为这里不是一个可以计算投入产出效益的名利场，相反，这里事无巨细的、强调的是"服务"，像是一台不知疲倦的机器人。

"知我者，谓我心忧；不知我者，谓我何求。"不少人认为国家科委这个平台"高大上"，不是一般人想去就能去的。此言也不假。毕竟，我们服务的领域是科学技术界，我们要与各种层次的科学家打交道，比纯粹的科研工作要繁杂得多。我们所从事的管理工作，从某种意义上说，也是一个战场，虽然没有弥漫的硝烟，但绝没有平坦的道路，有时甚至也会布满地雷或陷阱，弄不好也会有粉身碎骨、身败名裂的危险。那年头，勤勤恳恳、兢兢业业、严于律己、洁身自好，是大多数人一辈子的追求。

当然，"师傅引进门，修行靠个人"。在这里，观察和实践是最主要的学习途径。不同的管理者有不同的管理艺术和模式，他们对不同问题有不同的处理办法，但团队精神是大家的共同追求，是群体决策的基础。和研究工作不同，基本上没有任何一项高质量的管理工作，可以不经过从上而下或从下而上的反复咨商而"独立"完成。经过一段时间，我很快体会到，机关生态的基本要旨是要懂得尊重、信任和与人共事；要学会寻找、发现和学习别人的每一个优点和长处，不断弥补自己的短板和不足；要懂得感恩别人，哪怕人家只为你提供过些许的帮助；要学会敬畏、欣赏别人，与诚实可靠的人结成朋友。道理很简单，与什么样的人为伍，取决于一个人的品德、气质和高度。只要你放下身段，认定自己是学生、助手，你就会有好心情；只要你愿意，人人都可以是你的老师。我发现，那些年尽管事多活重，但我的心情总是很轻松，幸福感特强。我认定这里的许多同事，如陈为江、胡兆森、林美声、郑立中、傅立勋等老同志，以及白先宏、武国祥，国际合作局的孟曙光、姚尔欣和钱京京等年轻同志,都是值得尊重、信赖,值得交往的人。后来我又有机会和马俊如、林泉等儒雅的学者共事,从他们每人身上学了不少东西。大家彼此视作朋友,直到30多年后的今天,我们仍保持友好往来。这的确是一种缘分。你遇上好人,身边不乏高人和能人时,你就像是一只蜜蜂,飞在花丛中,博采众长,不进步都不行。

从初始"听从安排"走进政府部门的勉强,到热爱管理工作并把它当作一门学问探索,我至今也没太明白我从什么时候开始了转变。对科技管理工作的兴趣和热情悄然融入了我的血液,以至于后来竟然成为我的职业取向。改革开放初期,我好像有用不完的劲,干什么事都觉得很快乐,我常常处在亢奋中,再累也不感到疲倦。我可能是被20世纪80年代初那春潮般科技改革东风感召,也可能是被国家现代化科技发展需求驱动,还可能是被中国老一辈科学家献身精神鼓舞,被国家科委那批同事人格魅力吸引。这些因素的综合影响,是这个时代的特征。

国家科委是我进入管理职业的启蒙学堂。在那里,一批领导和同事热情地培养了我,小心地把我扶上马,又贴心地送了我一程。他们教我做人、做事,无怨无悔。这批在"文革"中深受其害的知识分子,最懂得"珍惜"什么。他们有一个共同点,就是珍惜人才、时光、生命、科学的春天和难得的时代。他们认真、严谨的风格以及正直与专业的精神不断滋养着我,使我获益匪浅。我相信,精神境界往往可以使人潜移默化地演变内化。那些精神培养了我,浸润了我,使我后来在国际组织从事管理工作时树立了自己的一种特质,一个品牌,一种风格,即勤勉、谦恭、和为贵及与人为善。

在这个独特的"管理"学堂里,我还受到了浓浓的中国文化氛围潜移默化的熏陶。在那批经历过各种磨炼、极具修养的老一代知识分子身边,我学到了如何在复杂局面中通过换位思考,寻求"平衡"和"和而不同"的管理原则。我以为,这是管理与决策学的一种很有中国特色的"秘密武器"。团队建设中讲究促进和谐,得人心者得天下,在以多元文化为特征的国际组织环境中担任管理者，中国的这种哲学尤其适用。

## 遥感中心新助力

### 开拓国际合作

1979年1月春节期间，国务院副总理邓小平访问美国时，与美国签订了中美科技合作协议，其中包括从美国引进先进的陆地卫星地面接收站，可见国家对发展遥感新技术的高度重视。在这股强劲的东风推动下，中国政府与联合国签署了"建立一个国家遥感中心合作项目"的协议。根据这个协议，联合国科技促进发展临时基金出资150万美元，帮助中国政府建立国家遥感中心。1981年4月，经国务院批准，国家遥感中心正式成立，挂靠国家科委，其被赋予协调全国遥感工作、制定国家遥感发展规划、推动国际交流与合作、人才培养、技术引进、能力建设，以及组织国家级遥感攻关项目等职能。有不少人，如遥感界泰斗陈述彭院士就认为，把我调到国家遥感中心工作，"既是国家需要，也是用其所长，是大有作为的"。我当时并不理解为什么陈先生就认定我更适合去搞管理，并且强烈推荐我到国家遥感中心。

在20世纪80年代初，国家刚刚对外开放，懂外语的科技人员和管理干部奇缺。在国家遥感中心，我懂得一点英语，被派上了用场，堪称"山中无老虎，猴子称大王"，常常被安排参与一些外事接待和学术交流活动。我的具体任务是负责国际合作，在协调实施国家遥感项目的同时，参与设计、组织了一系列的国际合作活动。有多项活动是当时"第一次"举行的，根本没有先例，完全靠大家商量、讨论、琢磨、探索。为了推动能力建设，我们与联合国外空司、亚太经社会、法国、日本、英国等开展了大批技术合作、专家讲课和国际讨论班项目。那时，被推荐来华交流访问和讲学的一批外国学者，基本上是当时国际上很有名气的遥感专家。我参与接待的有英国国家遥感中心（原菲尔利测量公司）

的范杰德林博士、英国上议院议员杰夫里·帕藤博士、丹地大学气象卫星遥感学家约翰·克莱克内尔教授,以及一批美国的著名遥感专家,包括来自美国国家宇航局的侧视雷达微波遥感专家任尼博士、圣塔巴巴拉大学的西蒙尼特教授等,当然还有意大利、法国和德国的专家。他们带来了当时世界最新的空间遥感发展情况,分享了新技术应用的成果,使中国的科技人员大开眼界。由于参与接待他们,与国际权威专家有了近距离的接触和更多交流机会,我也常常"近水楼台先得月",开阔了视野,获益匪浅。

1985年,加拿大国家遥感中心的罗伯特·莱尔逊博士受国家遥感中心邀请来华讲学,为我们留下深刻的印象。莱尔逊博士在遥感所讲课时提了一个问题:哪个国家是当今世界首个完成了全国的土地利用遥感制图的国家?听课的中国科技人员几乎不约而同地高声回答:"美国。""错!"莱尔逊博士斩钉截铁地说,"是中国,是你们伟大的中国。"莱尔逊博士还说:"我相信在不远的将来,你们中国在遥感应用方面会走在世界前列,引领全球的发展。"一个外国专家,对中国有如此的评价和预判,为我们增添了莫大的信心。

还有一件事也使我记忆犹新。那天下午,莱尔逊博士匆匆忙忙离开北京饭店,前往国家测绘研究所讲课。在课间休息时,他突然想起自己把刚刚从联合国开发计划署领取的3 000多元生活补助费放在客房的办公桌上,他急得满脸冒汗,无论如何要赶回饭店。我安慰他说:"你放心,这里是中国,你的钱一分都不会少。"他好像没有完全被说服,那天下午他并没有安心讲课。他好不容易挨到傍晚,等他回到旅馆,服务员把一个鼓鼓的信封交给他。信封是封好的,还有两个人的签字。服务员要他打开检查,点一下总钱数。他当即谢绝了,说:"不用点了,我绝对相信。"他后来对我说,有一次在印度的一个酒店,他的一个新相机被人顺走了,而且始终没有找回来。"诚实度简直无法相提并论!"他说。20世纪80年代的中华大地,民风淳朴,诚实可信，实在令人自豪。

那时，外宾来华讲课，一般都要安排他们参观、旅游或观看文艺节目，一方面是为了彰显中国人好客的传统，另一方面也向他们宣传中国的文化，以增进他们对中国的了解和友谊。当涉及空间技术和遥感应用时，我有时还被要求客串，担任他们讲课的英文翻译。我不是英文科班出身，那时的水平也很有限，仅仅掌握一些日常生活用语，因此在翻译时难免常出些状况，有时十分尴尬。所幸的是，我的心态不错，我总认为那些笑声是善意的，从来没让自己泄气，反而把它看作鼓励我必须加倍努力的动力。

在英文普及的今天，这些看来易如反掌的事，在那个年代却并非人人可以胜任。那时英文资料很少，连一部像样的中英词典就是宝贝、稀罕物。每遇到接待陪同的任务，我总会花很多时间，到图书馆收集资料，白天坚持上班，晚上挑灯夜战，学习到深夜，认真背诵北京名胜古迹的历史资料和文化背景。我的目的很明确，就是尽量向外宾宣传中国的文化，讲好中国的故事。这并不容易，因为我学的是理工，不是英文专业，何况我的历史知识也有限。六朝古都的北京，是一部厚厚的历史长卷。长城、故宫、颐和园、天坛和雍和宫等名胜古迹，后海的四合院和门钉、上马石等，每处都有一段厚重的历史，每个角落都有一串自己的故事。我还要根据每个团主要成员的专业背景和讲课交流的主题，广泛查阅资料做好技术准备。幸好那时年轻，善于采取强记的办法，我能在较短的时间内背下大量的英文单词。

天道酬勤，我的每次付出都会有收获。每次参加接待外宾总会让我有不同的体验，我觉得新鲜，疲惫中往往夹杂着些许兴奋和收获知识的快感。是啊，除了锻炼英语口语，正是通过与这些国际知名专家的近距离接触和交流，我获得许多他人没有机会得到的科技动态信息，学到外国的一些人文历史知识，进一步加深了对各种文化的了解，开阔了我的眼界，为我后来在国际组织工作提供了帮助，奠定了一定基础。我很感恩那些人、那些事和那个时代给我的近乎"独宠"的机会。

## 联合国项目管理

根据1981年中国政府与联合国签署的"建立一个国家遥感中心合作项目"的协议，中国国家遥感中心在国家科委设立总部，在中国科学院、教育部和国家测绘局分别下设三个专业部门。它们分别是中科院遥感研究所的遥感技术研究与发展部、北京大学的遥感技术培训部、国家测绘研究所的遥感资料服务部。各专业部门的负责人均由所在单位的领导兼任。这是根据当时中国的国情设计的一个特殊的运行模式。

国家遥感中心总部和国家科委基础研究与新技术局合署办公。在国家科委的直接领导下，在中科院、教育部和国家测绘局的紧密合作，以及全国遥感界的大力支持下，国家遥感中心项目的执行获得高度成功，达到了预期的目标要求，成为联合国技术援助项目的一个成功案例。

当时国家外汇相当有限，合作项目中的经费有将近45%作为设备引进费用，打破了联合国惯例。这是根据中国的特殊要求，由归口部门对外经贸部经济交流中心黎群和龙永图等与联合国官员艰难谈判才争取到的。一般来说，联合国项目以帮助成员国的能力建设为主，设备引进费用不能超过总经费的30%，其余经费用于聘请外国专家、安排人员出国进修以及组织赴国外学术和管理考察等。

在改革开放初期，经济、科技发展有了活力，中国的科技人才奇缺。我们渴望尽量多安排一些科技人员出国进修，看看外面的世界，学习西方科学技术。这个项目的另一个特点，是安排了一部分经费用于管理人员出国考察，学习西方先进的管理模式。这对于20世纪80年代的中国尤其有意义。

各部门的需求不断增加，僧多粥少。蛋糕就那么大，如何管理好项目经费，最大限度地使更多部门、更多人通过国际合作项目获益，是对当时国家科委基础研究与新技术局领导的管理理念和管理水平的考验。怎么办呢？国家拿不出更多的钱，我们只能把一个美元掰成两半使用，在联合国项目规定的范围内，内部切蛋糕。穷有穷办法，我们按国内公派出国人员的标准制定出国预算，这样就可以把按联合国标准预算的奖学金和出差费的40%左右节省下来。利用大家"节余"下来的这些经费，我们安排了比原计划多出将近一倍的科技人员到美国、加拿大和欧洲等地考察访问，参加进修培训。对于联合国来说，这相当于是一种"克扣"，但对于中国科技人员来说，这是一种自愿的奉献，他们愿意降低标准，让国家派出更多人出国学习。这是为更多人提供均等机会的变通办法。当年，没人有怨言，大家乐见其成，还支持这种管理创新。这是一种精神、一种理解和一份贡献。"人心齐，泰山移"，在中国还贫穷落后的时候，中国的多少大事都是靠这种精神的力量和牺牲个人利益，为国家多做奉献的精神实现的。联合国每年在世界执行了成千上万个援助项目，没听说还有任何别的国家能够这么做，但我们做到了，而且做得非常好。

改革开放初期，我国的政府官员及科技人员在国际交往中给人如此清新、清廉、敬业和专注的形象，令联合国和有关国家的官员及合作伙伴叹为观止。对于这件事，联合国主管官员从不解到发自内心的钦佩，以及行动上的支持。加拿大著名遥感科学家罗伯特·莱尔逊博士在1985年曾因此预言："我敢说，不出几年，中国的遥感注定要走在世界前列。"

我十分怀念遥感中心时的创业精神、人们的精神境界——淡泊明志，宁静致远。大家身上都是满满的正能量，很少有人考虑个人得失，大家一心一意，都把精力扑在事业上。这才是中国本真的精气神！

那些年，西方对我们心存芥蒂，多方刁难。遥感属高技术范畴，西方自然是处处防备。利用联合国的中立渠道，我们引进了一批又一批的外国专家，也结交了一批热爱中国的外国科学家。我们的科学家和管理人员，从美国人身上领悟到开放包容、勇于创新的精神，从欧洲人特别是德国人身上学到严谨缜密的风格，也从日本人身上悟到精于学习的韧劲。中国遥感的发展与成就的确与联合国早期的合作与帮助密不可分。通过中国国家遥感中心的平台，我们在国际交流合作、人才培养、能力建设、技术引进、机制创建等方面有了长足的进步，奠定了中国遥感事业可持续发展的基础。

1985年6月，作为国家遥感中心的负责人，我带领国家遥感中心代表团到纽约联合国总部，进行联合国与中国国家遥感中心合作项目完成后的总结汇报，同时考察美国国家宇航局、国家大气与海洋局以及地质调查局的遥感科研。此行我们收获颇丰。

联合国官员在项目总结时高度称赞："中国严格执行项目合同各项规定，合作经费的每一美元都花在项目活动上，中国高质量地完成了所有计划。这是联合国科技促进发展临时基金在全世界资助的100多个项目中首例如此成功的，是独一无二的，是一个典范。"时任联合国科技促进发展临时基金主任拉卡卡博士和联合国项目评估考察团在中国验收时也有同样的看法。这个评价如黄金般珍贵。改革开放初期的中国，赢得了国际社会的如此好评，意义重大。后来我在联合国任职时才真正地体会到，联合国这个评价的潜台词，其实是对中国在国际合作项目中"零腐败"的高度赞扬。这为改革开放初期中国政府官员和科技人员在国际上的美好形象争得了荣誉，也为国家赢得了尊严。通过大家的辛苦劳动，国家遥感中心在全球建立了广泛的国际合作网络，联系了一批国际机构，扩大了国际交往圈。作为参与者，我感到无比高兴。

通过国家遥感中心的建立，中国利用联合国这个中立平台，有效地打开了与国际组织和西方一些发达国家科技合作的渠道。遥感技术有着很强的军事背景，当时被普遍视为"很敏感"的领域。但我们很快打开了一些禁区，开始了数字图像处理设备、雷达技术应用、遥感影像数据等的引进与合作。值得一提的是，通过与联合国外空司和亚太经社会建立的紧密合作关系，我国在"引进"的同时，还积极"推出"了中国的遥感成果。后来我出任联合国亚太地区遥感项目主任时，也顺理成章地利用亚太经社会的平台，推动中科院、教育部、农业部、地质部等有关部门的科技人员与孟加拉国、马尔代夫、马来西亚、蒙古、伊朗、尼泊尔和泰国等国开展合作，在这些国家执行了10多个遥感技术应用示范项目。这些项目的成功执行，奠定了早期中国南南合作、互利共赢的坚实基础，推动了20世纪90年代中国和马来西亚等国的政府间遥感科技合作项目的签订。

国家遥感中心拥有充满活力的机制，在国际上的知名度不断提升，迅速成为中国遥感科技对外合作的一扇窗口、一个品牌。我们与联合国开展了广泛的合作，在短短的几年里，我国举办了一系列的地区性、国际性的遥感学术讨论会、政策咨询会和决策规划会。我们通过交流与学习，以它山之石，在我中华攻玉，既打开了我国遥感科技国际合作的局面，也扩大了我国遥感应用的政策视野，有力地推动了我国遥感综合发展的进程。国家遥感中心很快成为引导中国遥感发展的一面旗帜。

1984年，国家遥感中心与联合国外空司和联合国亚太经社会共同发起，在北京大学召开了首届"亚太地区遥感应用于发展规划与决策研讨会"。我们的目标是推动遥感在政府的规划与决策过程中的应用，服务政策制定工作。我们要求亚太经社会选择聚焦该会议目标，无论是在中国国内，还是在亚太地区，这是第一次。这次研讨会吸引了20多个国家的政府高级管理人员和专家。作为东道国，我们悉心准备了一批相关论文，展示了中国在农业区域规划、城市发展规划、海岸带资源调查、三北防护林建设等方面的应用成果。中国政府高度重视，李鹏副总理代表中国政府在人民大会堂接见并宴请与会代表。这对国内国际遥感是一种巨大的激励。

我当时担任李鹏副总理的英文翻译。这是我生平第一次为国家领导人担任翻译。尽管那只是一次礼节性的会见和一般性的交流，对我却是一场严峻的考验。可能是初生牛犊不怕虎，那天下午胡兆森局长交代这个任务时，我没有信心，但也没推辞。可临上场时，我绝对是战战兢兢的。当我坐在李鹏副总理和联合国外空司外空应用专家阿迪·奥比阿登博士之间时，我觉得两腿开始发抖，手心也开始冒冷汗了。20世纪80年代初，能用英语直接交流的科技人员还很缺乏，而对于英语专业的人来说，遥感专业的技术词汇很陌生，所以担当此次翻译对谁都是一种挑战。我记得李副总理在简短的欢迎之后，继续谈了一段话，他说了三点，大意是：中国是一个发展中国家，正致力于改革开放；中国支持联合国，坚持外层空间的和平利用和探索；遥感是新兴技术，中国地域辽阔，国民经济建设中需要采用卫星遥感技术，进行决策与规划。李副总理数着手指，一口气讲了三点。我当时浑身发热，一急之下，大脑空白，完全忘了他讲的第三点。我低声说："抱歉，我没记住您说的第三点。"听到我颤抖的声音，李副总理知道我过分紧张了，他非常平和地说，没事，别紧张，把前面的两点先译了再说。随后，他有意放慢语速并尽量缩短每段话，他在刻意"配合"我。他自始至终脸色平和，给我留下了深刻的印象。那场翻译对我来说确实是一场煎熬，换作今日，我是不敢贸然答应的。口译毕竟是一种专业能力，必须受过严格的训练，而给政府领导人当翻译的，都是训练有素的专门人才啊。

国家遥感中心的建立是时代的需要，是中国遥感发展进程中的一个重要里程碑，是中国遥感发展史上华彩的一章。它的成就为国内外所瞩目。

## 中法香山讨论会

20世纪70年代末80年代初，美国在空间与遥感领域一直和我国保持着"一定距离"。尽管美国的科技界和商界在某些领域也有与我们合作的强烈意愿，毕竟中国有巨大的研发需求和市场潜力，但由于政治原因，双方无法走得太近。相比之下，法国对华科技合作政策则实用得多了。早在1978年，中法两国就开始探讨在云南腾冲开展航空遥感联合实验，尽管后来由于双方的原因最终没有实现，但我方还是希望能与法国开展合作，获取他们的一些技术和理念。这也是国家科委推动中法科技合作的布局原则。

1985年5月，中法科技合作联委会在北京举行会议。在我方的强力推动下，法方同意我方提出的将SPOT卫星应用列入双方科技合作的计划。科技合作混委会之后，国家遥感中心立即安排跟进行动。我们组织了有关专家仔细研究、认真论证，根据国内国民经济建设的实际需求以及高分辨率卫星数据分析处理科研需要，我们提出法方在SPOT卫星发射后的第一时间内向中国提供6幅卫星多光谱数据。中方组织科技人员开展首次应用试验，验证法国卫星数据在中国的实用性和应用潜力。我负责这个计划的主要筹划和协调工作。试验覆盖中国6个区，强调"三不同"，即不同地区、不同生态环境条件和不同应用领域，包括南方水稻分类、华东海岸带制图、内蒙古草场资源调查、新疆地区矿产资源勘查、西南林业分类以及北京城市规划等。我们的承诺是：在接到数据后的6个月内，中方科学家保证完成数据处理、应用分析，同时准备好相关论文。我们的目标是：当年11月双方在北京共同举办中法卫星遥感及SPOT卫星数据首次应用讨论会。"在法国境外举办SPOT卫星首次应用讨论会，将扩大国际影响，有助于推动数据市场"，是我们在谈判中吸引法方的一张主打牌。法国无疑对我们的项目设计与规划高度赞赏，很快答应了我方的方案，并同意提供资助，邀请发展中国家的代表到北京香山参会。

从当时中国遥感图像处理的硬件能力，以及项目所需要的地面实况调查工作要求来看，要在6个月内完成所有的分析任务，的确是一个大胆的承诺、不小的挑战。但中国人历来说到做到，我们的信心来自国家遥感中心这个品牌。在国家遥感中心的统一协调下，所有参加试验的部门主动配合，认真组织落实，克服野外实况调查、验证经费不足，对法国卫星数据格式不熟悉，计算方法和条件限制等困难，在6个月内完成了6个试验区的试验和室内分析，提交了20多篇研究报告，并提前出版了中、英文版会议文集，提交会议使用。

这件事让法国惊叹不已。一切进展是如此顺利，所有安排是那么有条不紊，最主要的是效果出奇理想。法方在好几个场合都高度赞赏中国国家遥感中心的组织协调能力，羡慕中国遥感科学家的聪明才智，并叹服中国改革开放带来的效率。对于参会的国际专家来说，他们对SPOT卫星首次在国际上使用，特别是在中国内地的应用成果，赞叹不绝。通过这次合作，一方面，我们有机会率先得到一批当时民用市场分辨率最高的卫星的原始数据和一些相关的数据处理方法；另一方面，国家遥感中心的品牌在西方科技界进一步响亮起来。当然，这次合作也为法国SPOT卫星在亚洲市场的迅速开拓，打了一次漂亮的广告。从这些意义上说，这是一次双赢的科技合作，在中国遥感发展史上，留下了很有开拓意义的一页。

国家遥感中心的建立为中国遥感对外合作打开了一个特别通道。在一段时间内，我们在科技外交上与西方国家广泛接触、纵横捭阖，确定了一系列合作意向，包括与法国、英国、意大利等。美国方面，除了与中国签订输出陆地卫星地面站的协议外，美国的商业界特别活跃。那时美国Image公司研发的计算机图像处理系统在中国很受青睐，我国的石油和地质部门已经引进了几套Image100和Image101系统，每套300万到500万美元，这在当时是天价。而且，他们还往往故意把系统的核心功能的性能降级后才卖给中国。以飞机为例：当时全国年生产的所有对虾，即使全国人民一只也不吃，每年也只能换回一架波音747；还有人说，中国出口一亿条牛仔裤，才够换回一架波音飞机。这是何等无奈啊，国家落后，我们需要人家的高技术。就在那一年，中国政府在促进教育的名义上，成功向世界银行贷款3 000万美元，用于引进计算机图像处理系统。一向精明的美国商人，消息非常灵通，马上组织人马，大张旗鼓地向中国推介他们的图像处理设备。尽管我们向世界银行借的这笔钱是要还的，但根据规定，世界银行有权插手招标。美国依靠在世界银行的信息和人脉，通过多种途径向中国推销，这笔贷款基本上是"名花有主"，其他国家多半"名落孙山"。

**科技合作架起商贸桥梁**

1984年年初，国家遥感中心接到我国驻加拿大使馆科技处的一份报告，报告介绍了加拿大一家名叫Dipix的公司所研发的DIPIX计算机图像处理系统的主要性能，并建议我们会见该公司董事长普尔博先生。我在荷兰留学期间对DIPIX系统有所了解。从性能看，它的确无法与美国的Image100或Image101系统相比，特别是主机速度和外围设备能力。但该系统的最大优点是出价低，而且是开源系统。这意味着，科技人员可以打开软件的"黑盒子"，深入探究系统软件的顶层设计和相关算法以及模型结构等。据悉，该公司每年对这个系统投入了120人来进行软件设计与开发。当时中国科技人员急需了解遥感图像处理系统整个系统软件，认为这是反向工程的捷径。因此，加拿大的系统对我们特别有吸引力。事实上，当时联合国粮农组织援助的中国农业大学遥感培训中心已经引进了一套DIPIX系统。我马上写信向联合国粮农组织遥感中心主任卡兰斯基询问相关情况，并从中国农业大学林培教授那里获得了他们对该系统的运行和使用的第一手资料。他们均认为整个系统特别适用于培训。我和中心同事一同到中国农业大学做了一次实地考察，并向实验室的工作人员就系统性能做了较深入的了解，对如何准备谈判预案，我们已基本上心中有数。

我们决定会见Dipix公司董事长普尔博先生，重点探讨合作的可能性与条件。很有意思的是，普尔博先生一见面就带着哭丧的表情抱怨说："我们陷入了世界银行的陷阱，此行目的是要中国国家遥感中心拯救我们这艘船，因为我们知道你们是懂技术的。"他接着详细介绍了

DIPIX 系统的性能和价格。正如我们所料，他强调他们的系统的优点：一是价格适合中国这样的发展中国家的购买力；二是开源系统，更适合教育培训。

我们按预先商定的方案，提出了问题：其一，中国已有数套从美国进口的 Image100 系统，口碑不错，关键的是中国派出的科技人员的大部分，在美国和西方学习使用的都是 Image 系统，该系统已有一定的用户基础。其二，从技术上说，我们也愿意考虑引进别的系统，了解不同的技术路线，但引进其他系统，我们目前还缺乏熟悉其他系统的种子科技人员。所以，我们强调：当务之急是开展科技人员培训，扩大人们对 DIPIX 系统的认知度，培养潜在用户。我们进一步说明以科技合作为先导，推动贸易合作的原则。最后，我们提出了具体合作建议：双方共同说服加拿大国际发展研究中心出资 30 万加元，Dipix 公司提供一套计算机图像处理系统，中国国家遥感中心技术培训部负责组织开展计算机遥感图像处理培训班。

经过反复沟通，包括我国驻加拿大使馆科技处余仁泉参赞的努力推动下，加拿大政府很快批准了 30 万加元经费的合作项目，国家遥感中心执行，引进安装了一套 DIPIX 系统，开展遥感图像处理培训班。在不到半年的时间里，北大遥感所举办了 10 多期培训班，先后约 500 人接受了培训，为中国遥感图像处理储备了一批人才，同时使国内更多的人对加拿大的 DIPIX 系统有了直接的了解。整个合作充分体现了中国遥感科技界对新技术的热情拥抱，也反映了改革开放初期，国家遥感中心这个崭新的国家科技协同管理部门的中国效率。

这是一次双赢的合作。由于 DIPIX 系统产品在我国遥感界的口碑大大提升，加拿大向中国出口了 50 多套不同规模的系统，改变了美国系统在中国市场一花独放、一家独大的垄断局面。最主要的是，清华和北大等研究机构的科技人员，在 DIPIX 开源软件系统的启发下，迅速研制发展了我国自己的计算机图像处理系统，培养了一批自己的计算机图像处理系统人才，为"六五"科技攻关成果的提升做出了贡献。

## 一诺千金的启示

在国家遥感中心主持开展的一系列国际合作项目中，中国与意大利的遥感合作值得一提。1984年年初，时任国家科委副主任杨浚带队的中国科技代表团访问了欧洲三国。国家科委基础研究与新技术局总工程师、国家遥感中心负责人陈为江是代表团成员。代表团和意大利签署了一揽子科技合作意向书，包括遥感领域的合作，由陈为江负责跟进落实。

陈为江一回国就马上召开会议讨论跟进计划。我们研究了意大利遥感领域发展现状及其在欧洲的地位与影响，很快确定了我方希望的合作方向和目标。当年意大利在欧空局承担空间遥感研发的不少重要项目，包括卫星数据地面接收与运行、数据处理与分析以及地理信息系统建立等。我们把中意合作聚焦在数据接收与分发技术和地理信息系统，以便与我国和其他国家的合作的目标形成互补。

在很短的时间内，我们形成了具体的项目建议书，通过中国驻意大利使馆科技处送给了意方。1985年年中，我们得到了意大利外交部的回复：原则同意中方的建议，并同意派出由意大利Telespazio（泰雷兹帕佐）公司牵头的代表团来华考察，磋商具体方案。1985年年底，Telespazio公司遥感部主任吉基博士率领的意大利5人遥感代表团访问了国家遥感中心各部。经过双方多次车轮式的反复讨价还价，意方基本上同意了我们提出的方案，资助250万美元的项目经费，其中45%用于从意大利引进硬件设备，提高国家遥感中心资料服务部计算机化数据建档和分发服务能力，帮助国家遥感中心研究发展部建立国家地理信息系统基本构架。我们对这个协议的成功都很欣慰，因为我们真正从国家的薄弱环节出发，设计了一个以我为主、面向需求的合作建议书。所有参与的专家都很高兴，都相信这个项目的实施将有效地填补我国的缺口与

## 第四章  国家科委管理大学堂

短板。

吉基博士率领的代表团走了之后，我们眼巴巴期待意大利政府尽早批准协议，好让双方技术部门马上可以进入实施。但一拖再拖，就像是泥牛入海，杳无音讯。中国驻意大利大使馆接到国内一封又一封的催促电报，却没有什么效果。很简单，我们国家还很穷，整个合作本来就是我们有求于人。一句话来说，主动权在意大利一方。客观地说，当时意大利政府很不稳定，执政党更迭，影响了政策的延续性，他们一直无法兑现自己的承诺，这也是一个主要原因。

1986年9月，意大利政府来函，邀请国家遥感中心派一个代表团到意大利做专门的技术考察，并对合作建议书做必要调整，以便新政府重新考虑。无论如何，这是一个积极的信号。国家科委决定让我带队赴意。这是我第一次担任科技考察团团长，任务重大，压力不小，我自然如履薄冰。所幸的是，考察团配备的三元大将都是领域权威，为我指点迷津。他们是：闫守邕教授，遥感应用专家；何建邦教授，地理信息系统专家；李伯衡教授，测绘与遥感制图专家。他们都比我年长，是我的师长。闫、何两位教授曾经分别留美和留英，所以他们的英语都很好。无疑，这是个技术实力过硬、经验老到、阅历丰富的团队。名单一报出去，马上引起意方的高度重视，这从我们到罗马时享受的接待规格也可判断三分。在使馆科技处的协调下，意大利政府对外合作部为我们派了专车，同时还派了一个精通中、英和意大利文三语的年轻漂亮翻译全程陪同。除了参观Telespazio总部和地面接收站等研发单位，我们还参观了欧空局在意大利的研究中心、联合国粮农组织的遥感中心等与遥感有关的主要研究机构。此外，意方还安排我们游览了罗马的斗兽场，以及美国电影《罗马假日》中的主要景点。我们周末还用一天的时间驱车南行，参观了公元79年因一场火山爆发而变为废墟的庞贝古遗址，了解了意大利科学家用遥感图像开展地质考古研究的成果。

在这次考察的基础上，我们和意方再次在罗马共同修改了合作文本，主要是更新了一些具体的技术指标，使它们更契合我国的需求和意大利所能提供援助的实际能力。遗憾的是，那个合作文本再一次进入了休眠，我们也又一次陷入了无奈的等待。这一回似乎是完全无望了。一晃8年多过去了，国家遥感中心也把这件事彻底忘了。

光阴荏苒。1995年年底的一天晚上，我在泰国曼谷突然接到国家遥感中心郑立中副司长的电话。她非常激动地告诉我，意大利政府已经批准了中意遥感合作项目，而且马上执行。她还说，意方主动考虑到这个项目拖延太久和通货膨胀的因素，认为原先提议的250万美元经费已经不现实，决定主动将援助经费提高到350万美元。这真是"天上掉下个林妹妹"。我作为这个项目早期的参与者、设计者之一，自然是喜出望外。兴奋之余，颇有感触，我在电话的那一头喃喃地说：我们从全面抗战到打败日本鬼子也才用8年时间啊。不管出于什么原因，意大利终究懂得一诺千金，还算是讲诚信的。我那时已在联合国工作了七八年，基本上已融入国际社会，对包括日本在内的许多亚太国家的文化也多少称得上有所了解。我深深地体会到，诚信是一个国家的立国之本，是一个民族也是一个人的价值观的重要组成部分。国无诚信，无以长盛；人无诚信，难以远行。

在那相对落后的年代，每一次对外合作的机会，哪怕是一个外国教授访问，一场学术讲演，都会引起整个单位的重视。有机会去直接听洋人的学术报告，也是一种权利。但能够亲自参加接待工作，往往则被看作是一种"特权"。有一段时间，国家遥感中心的大量工作是接待外宾，安排学术报告，开展学术交流。联合国、英国、法国、荷兰、意大利，以及美国的专家教授接二连三来中国，络绎不绝，还真有"你方唱罢我登台"的热闹劲儿。这给中国遥感从启蒙向深入发展指明了方向，并带来不少的启发和思路、新概念，当然更有不少具体的技术转让成就。作为技术陪同，由于经常和外宾在一起，我有时也会有一些额外的收获和小惊喜。我至今还无法忘记的两件小事让我真正了解到美国人的幽默和

## 第四章 国家科委管理大学堂

英国人的缜密。

1983年，中美双方同意探讨科技领域的合作。继中国从美国引进陆地卫星地面接收站协议执行之后，美国总统科技顾问基沃斯先生带领的20多人的空间技术代表团访问中国，讨论空间科技合作。当时中国希望与美国国家宇航局合作开展空间科学实验，培训中国宇航员，搭乘美国的航天飞机。双方在钓鱼台国宾馆连续谈了几天。头天是美国国家宇航局专家的技术介绍，大量的技术词汇和专业表述，的确把中方的两个英文翻译都难倒了。美方能感觉到他们讲课的信息并不畅通，很不满意。当天晚上，吴怡康局长找到我，说我懂专业技术，不妨明天上场试试，帮助解决场面上的尴尬。我当时不知是出于自信，还是觉得职责所在，在推辞无果之下，同意壮着胆子试试。当天晚上，我看了一大堆资料，通过强记的办法，背下了好多专业词汇。就这样，此后几天的演讲与技术讨论，我客串了几场技术翻译。当时中国非常重视，看看出场的阵容就知道了，我记得有陈芳允院士、孙家栋院士，以及屠善澄、杨嘉墀、戚发轫等老一辈科学家。那次合作谈判的最终结果还是令我们大失所望。美国航天飞机，可以让日本人、苏联人上，中国人就不行。这就逼着我们自己干，结果呢，我们活生生地把中国的神舟飞船给造出来，发射上天了。是啊，在国际合作中，对等是相对的，西方从来就没有打算白给我们任何东西。我们学到的是：打铁还得自身硬。

国家遥感中心的建立，开创了我国遥感对外合作的黄金年代。20世纪80年代，在联合国科技促进发展临时基金为全球发展中国家援助建立的千百个机构和项目中，"建立中国国家遥感中心"项目仍为现在发展良好的仅存硕果，"唯此一家，别无分号"，它不愧是联合国与成员国成功合作的一面旗帜、一个经典。作为联合国"建立中国国家遥感中心"项目的具体执行者，中国空间遥感事业发展的一段历史的见证者，我有机会系统地参与了那个时期中国遥感发展的相关政策的制定，规划的组织实施，建立了广泛的国际、国内业务网络。从这个意义上说，我是幸运的。我有了独特的机会，直接参与并了解联合国项目实施的全过程，包括项目年度计划制订，经费预算编制，预算修正与报批，咨询需求分析，国际专家甄别、确定和邀请，设备引进审查，人员交流与考察，以及项目回顾、反馈、监测和评估，等等。在实践中，我有幸全面地了解联合国援助项目的政策、相关规定和执行规范。这一切，似乎为我安排了一期非常系统的联合国职员预科培训班，为我提供了独一无二的实习机会。尽管那时我压根儿没有想到，有朝一日我会成为联合国的职员。

**探索遥感商业化**

在许多国家，空间和遥感技术往往被作为国家长远战略的一个组成部分。还有一些国家把它们列入公共物品（Public goods），由国家财政拨款支持研发。原因很简单，在20世纪七八十年代，空间研究的费用太高，技术开发风险也很高，几乎没有民营企业愿意投资开展空间技术研发。20世纪80年代中期，当研究美国和西方国家空间技术发展政策时，我们注意到关于美国政府扶持私营企业进入常规航天领域，政府给私营企业支付酬劳，甚至购买卫星发射服务等报告。我们也看到加拿大政府的有关规定：凡是私营机构可以提供的服务，政府部门都不应该设项与之竞争。这些基本上都是政府在对空间和遥感技术可持续发展进行考量后推出的产业扶植政策。即使在高度发达、富得流油的美国，空间和遥感技术也不可能永远靠政府买单。这一点毋庸置疑。科技主管部门出台政策培育科技市场，促使科技成果转化，才是科技可持续发展的根本道路。西方推动遥感商业化已经走在前面，这就是我们和西方在管理层面的差距。

在国家科委工作两三年后，我开始认真思考遥感商业化这个问题，主张我们也应该尽早考虑中国遥感可持续发展的路径。1986年5月，我代表国家遥感中心参加了中国煤炭遥感中心在西安举办的全国煤炭遥感

## 第四章　国家科委管理大学堂

讨论会。在开幕式上，我作了"推动中国遥感实用化、商业化和国际化"的发言。我分析了国内和国际的发展趋势以及面临的挑战，认为中国遥感发展的动力在于应用，科研项目应注重向实用化努力。我提出遥感发展的潜力在于市场，遥感科技布局应朝着商业化方向发展。我还强调遥感是一项国际化很强的技术，中国的遥感终究需要参与国际市场的竞争，需要到国际上比拼，就像我国的体育运动一样。可能是在欧洲留学期间就已形成的心结，我那时有个梦想：中国遥感赶上美国，超过西欧，有朝一日可以与国际先进比肩同行、同台论道。

30多年前，我的这些想法的确是超前了，近乎是理想主义。因为那时中国遥感在国际上还缺乏竞争力，更缺少适当的机制。当时的主流想法是在高技术领域跟踪国际先进水平。对于中国遥感来说，它首先要服务国家的需求，优先解决中国的问题。而且，遥感国际化涉及一系列问题——技术、能力、市场、法规和服务等。我们的基础很薄弱，特别是对国外市场、法规、文化都了解甚少。面临着林林总总的问题和方方面面的制约，推动中国遥感的商业化、国际化，谈何容易，尤其是缺乏配套政策和机制的支持。我也疑惑自己的想法是否太欠考虑了些。

恰在此时，中国驻巴西大使馆经济商务参赞处传回一个消息：世界银行在巴西有一个500万美元的航空制图项目正在全球招标。我和郑立中处长一致认为，中国的航空遥感制图实力还是比较强的，我们的科技人员和工程人员几乎是世界上工资最低的，明显具有人工成本的优势。"这是中国遥感'走出去'的一个难得的机会，只要不赔本，我们要想尽一切办法，参与招标，并争取中标。"我和郑立中一起向主管南美洲科技合作事务的郭副主任作了汇报，谈了以上想法，并请求领导同意组织中国遥感人员出去试试。主管领导认为，出国竞标是一件极其复杂的事，也不是科技部门的责任，我们何必去担当"没事找事"的风险。郑立中和我几次商讨，认定这是政策导向问题，国家科委应该鼓励遥感界"走出去"，哪怕是当作一次考察或练兵，交点学费也值得。我们硬着头皮，软磨硬泡，坚持推进。在使馆的配合和推动下，我们终于说服了国家科委领导，支持煤炭部遥感中心和中科院地面站联手投标。

后来发现，参加国际投标的确问题不少，困难重重。我们的确一无经验，二缺机制，而且没有条件充分准备，挑战极大。通过多方努力，煤炭部遥感中心锲而不舍，采用国际上的通用机制，选择与巴西当地企业合作的模式，经过极其复杂的筹备，最终胜出，获得了世界银行的这个项目。

这是我国科技人员首次在国际上参与投标，通过市场竞争的方式获得的一个国际项目，成为我国遥感技术打入国际市场的第一次尝试。当时我们有一种想法：盈亏不重要，关键在练兵。这次参与国际竞争的意义，不在于获得 500 万美元经济收入，而在于中国遥感首次走向世界，真正了解国际规则，为实现国际化迈出了重要的一步。应该说，这个"零"的突破在政策领域也是一次创新举措，在一定意义上是我国遥感科技实用化、商业化和国际化的一次演练，提振了中国遥感国际化道路的信心。惜乎限于当时条件，未能全面按市场规律办事，更欠缺系统的国际市场信息与运作经验，在相当长时期内，中国遥感应用技术实用化、商业化和国际化的思路未能全面系统地得到及时推进。我们这个号称遥感大国的国度，未能分得世界遥感产业数以千亿计美元的市场蛋糕的应有份额，颇为可惜。

在中国推动科技改革，出台一种新政策绝非轻而易举之事。它需要有锲而不舍的勇士，有学术先见的推手，关键的是还得有远见卓识的领导层的强力支持。记得 2012 年年初，我第一次被邀请参观"中国二十一世纪空间技术应用股份有限公司"展览，一场参观，我感慨万千。这是我国较早出现的一个"政府、民间和国际科技组织"的伙伴合作机制（PPP），是空间遥感商业化和可持续发展的一个机制创新。

今天叫得响亮的 PPP（政府和社会资本合作）模式，在 20 世纪末却备受争议，绝非易事。那时候，西方开发的一种小卫星，具有巨大科技潜力和市场前景。它的"廉价""高效""运行灵活""数据公开"等市场运作理念，深深地吸引了中国的一批科技人员和管理人员。在科技改革强劲东风推动下，要求改革空间科技管理体制的呼声四起，二十一世纪空间技术应用公司应运而生，并且有了一位充满梦想与活力、敢于拼搏的经理人吴双。吴双与国家遥感中心邵力生主任和郑立中副主任等志同道合，坚信中国的空间技术应该走市场化道路。在童庆禧等院士的科学指导下，他们历经曲折，拟定了一个关于与英国萨里大学合作研制遥感小卫星的建议，并很快被提到了科技部部长徐冠华院士的案前。这是一个国际合作建议，只需花 1.5 亿元人民币就可研制发射一颗与同时代要价 5 亿元的同样性能的遥感卫星的大胆计划。批准这个建议等于挑战中国现存的"吃皇粮"的空间科技管理体制。这不仅仅是政策问题，更是深层次的机制问题，涉及部门利益冲突。但另一方面，支持这个建议，可以促成中国第一个商业化的遥感卫星运营公司，这是促进中国科技改革的一次伟大的尝试。中国遥感"走出去"，担当起大国遥感数据共享的责任，可能由此打开一个改革的缺口。这"一开一关"的风险是不言而喻的，一般的管理者总要瞻前顾后，左右平衡。但徐冠华部长认为科技部应该有所担当，毅然决定支持、批准了把研制"北京一号"遥感小卫星列入 863 计划和中英科技合作项目。徐冠华强调发展小卫星必须坚持"双创"——技术创新和机制创新。

我认为，二十一世纪空间技术应用公司就是"双创"的典型案例。它在发展进程中不忘初心，沿着问题导向和市场驱动的理念，形成了技术开发、数据获取和应用产业一体化的市场管理体系，闯出了中国遥感商业化、国际化的一条可行之道。

从 20 世纪 80 年代中国遥感技术实用化、商业化和国际化的梦想，到目前国内大面积、规模化、商业化空间遥感技术的形成，我们走过了30 多年的探索之路。这给我们一个很有说服力的启示：每个领域，只要有一批人准备做出牺牲，有"敢吃螃蟹"的精神，不屈不挠地钻研进去，而且坚持到底，最终总会有一些顶级的人物走出来。这就是中国改革开放东风带来的硕果，是科技改革沿途的风景与魅力。

## 涉足外空委活动

### 更高平台锻炼人

我到国家科委之后，正值中国开始积极参与联合国和平利用外层空间委员会（COPUOS，简称外空委）相关活动的初始阶段。刚刚恢复的国家科委，作为联合国和平利用外层空间委员会的国内牵头部门，负责协调我国参加外空委的有关活动。1981年6月，我国代表团第一次以正式成员国的身份，出席了在纽约联合国总部召开的联合国和平利用外层空间委员会第二十四届会议。

外空委成立于1959年，是根据1959年联大第1472号决议建立的联合国大会下属的一个永久性委员会。外空委的宗旨是制定和平利用外空的原则和规章，促进各国在和平利用外空领域的合作，研究与探索和利用外空有关的科技问题及可能产生的法律问题。联合国秘书处专门在总部设立外空司，为外空委提供秘书处的工作条件，外空委一直到1993年联合国改革时才迁到维也纳办公。

外空委下设科学技术小组委员会和法律小组委员会，由外空委全体成员国组成。委员会及两个小组委员会每年各举行一届会议，审议联大提出的有关外空问题及成员国提出的外空报告和问题。会议一般在上半年举行，以便向下半年举行的联合国大会提交报告、建议和决议案。外空委及其两个小组委员会以协商一致方式做出决定。中国是77个成员国之一，1980年加入第十七届联合国外空委。

外空委科技小组委员会主要审议和研究与探索及和平利用外空有关的科技问题，促进空间技术的国际合作和应用问题；法律小组委员会主

## 第四章 国家科委管理大学堂

要审议和研究在和平利用外空活动中产生的法律问题，拟订有关的法律文件和公约草案。外空委主要审议两个小组委员会的工作报告，及不由小组委员会审议的一般性外空问题，就委员会的工作做出决定，并向联合国大会提出报告和建议。

从某种意义上说，外空委是东西方冷战的产物。由于冷战的原因，20世纪外空委非常活跃。自1959年成立到20世纪末，外空委拟订了3项宣言、3套原则和5个国际公约，均已提交联合国大会审议通过。3项宣言为《各国探索和利用外层空间活动的法律原则宣言》（1963）、《关于开展探索和利用外层空间的国际合作，促进所有国家的福利和利益，并特别要考虑到发展中国家需要的宣言》（1996）、《空间千年：关于空间和人的发展的维也纳宣言》（1999）；3套原则为《各国利用人造地球卫星进行国际直接电视广播所应遵守的原则》（1982）、《关于从外层空间遥感地球的原则》（1986）、《关于在外层空间使用核动力源的原则》（1992）；5个国际条约是《关于各国探索和利用包括月球和其他天体在内外层空间活动的原则条约》（1967）、《关于援救航天员，送回航天员及送回射入外空之物体之协定》（1968）、《外空物体所造成损害之国际责任公约》（1972）、《关于登记射入外层空间物体的公约》（1975）和《指导各国在月球和其他天体上活动的协定》（1979）。上述5个公约均已生效。

外空委其他经常性活动有：研究并促进空间减灾、远程医疗、远程教育及气象、通信、导航、直接广播和遥感地球资源等各种卫星的国际合作，举办国际、区域和区域间的研究会议及讨论会和讲习班，促进外空研究的情报交换，等等。

冷战结束后，国际关系产生了巨大而深刻的变化，外空委的职能和重新定位的问题不可避免地被提到了议事日程。那时的热门议题包括静止轨道资源、卫星通信频率分配、空间碎片的处理、空间使用核动力源以及空间遥感和遥感应用合作等。从两个超级大国的空间争霸，到维护发展中国家利益和分享空间成果，后来由于空间商业化的成熟，原先东西方对立已被空间科技力量较强的国家与发展中非空间国家的矛盾取代。中国既是发展中国家，又是空间技术和应用的空间大国，尤其在空间领域具有特殊的地位和影响。利用外空委这个平台，发出中国声音，维护中国利益，是中国空间技术与应用走向国际化的一个很好的途径。

20 世纪 80 年代初，国家科委基础研究与新技术局的陈为江总工程师分管有关外空委的工作，负责组团代表中国参加外空委科技小组委员会的年会，代表团成员有航天部和外交部的专家。根据议程需要，有时也有中科院的科学家参加。我调到国家科委后，由于英文基础相对较好，领导让我协助陈为江总工程师，跟踪外空委空间科技应用事务。我们的具体任务是，组织有关部门的专家一起认真地研究会议文件，广泛征集各部门的意见，针对每一个议程提出中国的立场、意见和相关建议；准备参会预案，包括立场文件、重点发言的立场要点，报请有关部门会签批准备用。遇到政治性强和敏感的议题，一般还得报中央和国务院审批。我们代表团最后将根据批准的预案精神，认真准备代表团在会上的议程发言稿。

那时候组团参加联合国相关会议可是一件大事，准备工作必须认真、细致、严谨，丝毫不敢马虎。我们遵循一个原则，就是周恩来总理曾经说的："外事无小事。"重要立场的形成必须追根溯源，严谨求证，多方协作，反复磋商。每一场会议的每一个议题所涉及的每一份文件都有专人负责研读。参加会议的成员都非常专注，没有人擅自中途离开会场，更没有人在会议期间借各种名义出去旅游。当然，由于所有方案都提前在出国前已经过审批，代表团在前方参与辩论时，缺乏一定的灵活性，有时会显得比较呆板。记得有一次当会议主席已对议题做结论并宣布进入下一个议题时，我们的代表团还在宣读前一个议题的立场。后来在联合国的其他场合，偶尔也看到某些中国代表团的这种滞后现象，不

## 第四章　国家科委管理大学堂

经意引起会场一阵满堂哄笑,多么尴尬的场面。

前方代表团的工作往往需要后方科研与管理队伍的密切配合。由于经费困难,领导总是把出国人数控制在最低限度,因而后方积极配合,及时为前方提供各种资料和对案就显得格外重要。每当会期,我们在国内的人也的确经常加班加点,有时甚至通宵研读文件,随时为前方提供技术资料。没有人对自己额外的辛勤付出有任何怨言。

对于发展中国家来说,联合国是最主要的多边机制。无论是发达国家还是发展中国家,无论是大国还是小国,强国还是弱国,贫国还是富国,大家至少都有一席之地,发表自己的意见和建议,尽管结果不一定会按照你的思路走。1985年2月,中国代表团根据陈芳允院士和马蔼乃教授等人的建议,率先在联合国外空委科技小组委员会上提出了推动小卫星群发展和应用的科学建议,得到了与会代表,特别是发展中国家代表的热烈响应和广泛支持。可以说,这是中国科学家在国际上发声、提出中国方案的较早的一次尝试。我认为,不久之后国际和国内掀起的小卫星的研制与发射热潮,与中国代表团的这个提案不无关系。看来,我们还必须学会在国际舞台上,适时发出中国的声音,提出中国的方案。在正确的时间,做正确的事,才会得到比预期更好的影响。

那几年,尽管我们国家贫穷、经费短缺,机关工作多,人员少,办公室用的还是打字机、复写纸,但我们大家团结一致,心往一处想,劲往一处使,干得特别愉快,也特别有成就感。那个时代,各行各业有一个共同的响亮口号:有条件要上,没有条件创造条件也要上。我们利用国家遥感中心的优势和开放渠道,通过联合国空间应用方案,与联合国粮农组织、联合国教科文组织、欧洲空间局、国际宇航联合会、国际空间法学会等机构开展广泛合作,推动了中国与欧洲以及亚洲发展中国家的技术和学术交流。我们还积极探索通过联合国开发计划署援助有关国家,推动空间技术应用于经济和社会发展的合作,包括为马来西亚、伊朗、孟加拉国、斯里兰卡等国提供中国咨询专家和技术培训,开中国和发展中国家在空间技术和遥感应用领域中南南合作之先河。

**用英语主持的尴尬**

当心中有梦想，充满正能量时，就会怀着好心情干自己喜欢的事，即使条件再差、工作再苦也不觉得累。应该说，那时候没有任何条件能与今日相提并论，但不知为何，大部分人心境都很平和，大家的幸福指数很高。我自愿担负了许多外事和国际合作方面的工作，也拥有了一些独一无二的机会。我参与组织各种形式的国际科技合作活动，既扩大了自己的眼界，增长了见识，丰富了专业知识，也锻炼了自己的英文能力，我感到受益匪浅。没有经验不是问题，"三人行必有我师焉"；每一次活动都是学习机会，日积月累，不知不觉，跬步千里。到今天，我偶尔还会想起当年与外国专家用英语互动过程中出错的尴尬，以及事后体验到收获的喜悦。

1985年10月，国家科委与联合国合作，在京西宾馆召开联合国空间科学技术和应用讨论会。这是中国第一次在北京举办高层次的空间科技与应用研讨会。参加会议的有世界各国的近百位科学家，以及联合国和其他国际组织的代表。在那次讨论会上，我狠狠地出了个"洋相"。那是在开幕式后的第二天，我是上午一场会议的主席，用英语主持会议。到了10点钟茶歇时间，我本可以很流利地宣布休会茶歇（It is time for a tea break）。但我当时想换一种表达方式，以显示优雅，我说"Let's break down for tea"。话声一出，引起哄堂大笑。当时我并没有意识到自己的错误，对着麦克风说"Well, it is time to break down for a cup of tea or coffee"。大家继续大笑。我则是丈二和尚摸不着头脑。此时，坐在我身边的联合国外空应用专家阿比奥登博士急忙用手掩住麦克风，带着微笑小声对我说"No, no, no, don't break down the meeting. Break up for tea, please"。我突然醒悟，是啊！我这个会议主席怎么要自残，要"break down"（打破）会议呢。我机械地跟着宣布让会议"break up"（暂停）。参会专家又发出一阵笑声。我当时感到异常尴尬，脸上一阵热，后悔自己犯了低级错误。其实他们的哄笑未必有何恶意，但我却为此羞愧不已。

我庆幸自己并没有因此却步不前，停止学习英语。因为我毕竟不是英语科班出身，即使后来在联合国工作了许多年，当用英语交流时，类似的错误还是难免的。如"make""give""do"等简单动词与各种副词的搭配，可以有许多不同的意义，用得好，信手拈来，就是妙语连珠，生动得很，但用不好，搭配不合适，往往闹笑话。遇到这种情况，大多时候人们根本并不在意，他们都会努力从上下文关系去理解您的意思；偶尔的确也会引起一阵笑声，但从他们的表情看，大多还是善意的、幽默的。我注意到，当有人遇到这样的场面时，一些外国朋友有时会故意安慰和圆场，说："这没什么，你的英文水平比我的中文不知道要好出多少倍。"有时也会有人对你说："与你的英文相比，我的中文可是差十万八千里啊。"英美人有一个习惯，只要不是重大问题，都会尽量给人以正面鼓励。我发现这个习惯不错，人都喜欢听表扬。学会用正面的方式与人打交道，特别是与辅助人员沟通，效果往往更好。

是啊，给人一句鼓励的话并不需要成本，传递的却是一种使人暖心、让人有勇气坚持的巨大动力；正面鼓励使人一时、一日、一年，有时甚至是一生受益。用经济学概念说，人际交流中的正面鼓励，有极好的投入产出比。

## 耳濡目染 863 计划

### 当科学家的"服务生"

1982 年 4 月初，我离开荷兰前到我的导师韩鹬士的办公室与他道别。韩教授从他的书架上取下一本 1980 年托夫勒的著作《第三次浪潮》。这是一本英文原版书，它的出版是爆炸性的，引起了全球关注，而且好评如潮。由于研究生阶段学习紧张，我没时间读。韩教授一边翻着书，一边建议我回国后挤时间看看，会有所启发。

回国后，我尽可能利用晚上和周末休息时间阅读，很快读完了这本名著。托夫勒基于对世界变化的系统观察和认真研究，形成了自己的未来学思想体系。书中，他主要集中在人和社会在适应这些急剧变化中的种种困难和障碍，强调人们必须抓住机遇，适应转变，否则将付出沉重代价。他对未来社会做出了构思，并指出：第三次浪潮的特点是将以电子工业、航天工业、海洋工业、遗传工程等组成工业群；社会进步程度将不再以技术和物质生活标准来衡量，而以丰富多彩的文化来衡量。这个时代，鼓励个人发展，但不是创造某个理想的超人，而是培养一种新的社会性格。他所谓的第三次浪潮文明是对未来社会设计的一种蓝图，其立足点是现代科技的发展，其内容则反映了当代西方社会思潮的一些重要观点。

20世纪70年代末80年代初，科学技术飞速发展对人类产生了巨大的影响，引起了经济、社会、文化、政治、军事等各方面的深刻变革。许多国家为了在国际竞争中赢得先机，把发展高技术列为国家发展战略的重要组成部分，不惜花费巨资，组织大量人力与物力。1983年，美国里根政府提出了"战略防御倡议"（星球大战计划），1985年，欧洲制订了"尤里卡计划"。之后，日本也出台了未来10年科学技术振兴政策，苏联和东欧制定了"新技术政策声明"，韩国推出了"国家长远发展构想"。全球出现了连锁反应、你追我赶的局面。

我与同事们接触中注意到，托夫勒的《第三次浪潮》对当时中国知识阶层有相当普遍和深刻的影响。科技界关心更多的不是社会变革层面的论述，而是面对着如此激烈的国际挑战，中国该怎么办。有识之士总是"先天下之忧而忧"。1986年3月3日，王大珩、王淦昌、杨嘉墀、陈芳允四位著名科学家向中央领导呈上了"关于追踪世界高技术发展的建议"的报告。针对世界高科技迅速发展的紧迫现实，他们建议中国要全面追踪世界高技术的发展，制订中国高科技的发展计划。不然的话，中国在21世纪将会被历史的车轮远远地抛在后面。这份建议通过时任中科院科技开发局局长张宏直送中南海。中央领导很快做出"此事宜速决断，不可拖延"的重要批示。国家科委主任负责牵头，根据国务院指示迅速组织相关部门开展研究，经过国内著名专家深入调研、论证，编制了《高技术研究发展计划（863计划）纲要》草案。党中央、国务院果断决策，于1986年11月批准了这一高技术研究发展计划。

我在国家科委工作时，863计划还是国家长远发展的重要战略计划。它聚焦国家中长期发展以及国家安全战略性、前沿性和前瞻性的高技术问题，发展具有自主知识产权的高技术，培育高技术产业生长点，力争在有优势和战略必争的高技术领域实现跨越式发展。经过科学家论证，根据当时的国际发展趋势和国家的经济实力，明确了"有所为，有所不为"的原则，集中力量，选择了对中国未来经济和社会发展可能有重大影响的生物技术、航天技术、信息技术、自动化技术、激光技术、能源技术和新材料7个领域，并确立了15个主题项目作为突破重点，组织全国上万名科学家协同合作，联合攻关，以追踪世界先进水平。

1987年3月，中共中央、国务院决定正式开始组织实施863计划，两弹一星元老朱光亚院士为863计划的总负责人，国家科委牵头负责协调组织实施。在国家科委主任宋健博士的领导下，国家科委成立了以常务副主任朱丽兰为主任的863计划办公室，负责计划的协调组织，并为科学家提供服务。根据委领导决定，我除在基础研究与新技术局的本职工作外，兼任863办公室副主任，协助朱丽兰主任做一些具体的工作，成为863计划早期的一名"服务生"，一直到1988年8月18日我离开国家科委到联合国任职。

这是一个不同于常规计划的特殊科研专项，国家拨专款支持。但当时相关的科技管理政策、有关经费规定以及运作程序等，很难适应形势，有些则是禁锢，根本无法满足创新型科研项目的管理需求。中国的科学家有足够的聪明才智设计优秀的科学和技术方案，但面对许多行政羁绊和执行层面的实际问题，他们往往无能为力。显然，863计划的成功，如愿以偿，出成果、出人才，关键在于科技管理机制的改革。

　　我们在大量的调研中得到了许多反馈：能否让863领域专家委员会有一定的自主权和比较灵活的科研经费分配与使用权；是否允许他们有一本可多次使用的护照，能够说走就走，出国考察、学术交流或参加国际会议；能否解决特需人才引进，包括进京优秀人才的户口问题；是否放松对科技人才的管控，允许他们灵活调动；是否可以简化外汇审批手续，允许及时进口关键的仪器设备和器材；等等。诸如此类，在今天看来是如此简单，有些还是理所当然的事，但在部门割据、权力貌似高度集中，实际却是高度碎片化的20世纪80年代的中国，要想冲破诸多条条框框难于上青天，可谓困难重重，有时甚至寸步难行。我们悟到，热情归热情，即使是中南海的政令，有时也不可能畅行无阻。进行科研制度改革和体制创新，在当时要承担巨大的风险。但为了推进863计划，改革刻不容缓，势在必行，而国家科委作为具体组织协调部门，负重而行，并不轻松。

　　以宋健和朱丽兰为首的国家科委领导，不但没有知难而退，反而极力鼓励大胆创新突破。为了推动863的有效实施，首要的任务是机制创新，是组织制定一整套可行的政策和863计划科技管理制度。这需要胆识，需要挑战现行体制的勇气。历史上任何改革，最核心的问题是会冲击利益集团的地盘，触动既得利益者的蛋糕。作为863主管部门的国家科委，义不容辞，要协调组织相关部门开展深入调研，了解并分析时弊，评估现有机制，提出改革思路，制订可供选择的政策方案。1986年到1987年的一年多时间，大家满腔热情，不知疲倦，有时甚至夜以继日工作，推动了一个又一个新政策和试行规定的出台，有效地促进863计划的初始实施。

　　人才资源始终为第一资源。当时为了吸引一些高级科研人才回国，

## 第四章　国家科委管理大学堂

除出台探索性的政策外，国家科委领导还亲自过问，大胆点将，重用优秀人才。生物领域专家陈博士就是一个例子。当时他才26岁，就在美国获得华盛顿大学植物分子生物学及基因工程博士学位。1985年，还是华盛顿大学研究生三年级的他就已取得两项重大研究成果：一是在世界上首次成功地利用植物基因工程新技术，将大豆储藏蛋白的基因转移到烟草和矮牵牛上；二是在第一项成果的基础上，成功地总结了这个基因的转化植株及其后代的遗传规律，提出了其表达的分子模式。美国几家公司包括孟山都和科研机构正准备高薪聘用他。1987年，中国驻美使馆科技处卢景庭公使接到国家科委领导"引智挖人"的指示，"三顾茅庐"，会见这位年轻专家，诚恳邀请他回国担任863计划的生物领域专家委员会成员，并聘请他为北大副教授，支持他筹建蛋白质工程及植物基因工程国家重点实验室。这个举措在20世纪80年代的北京大学确实爆出冷门，引起极大的轰动和热议。当时国家为863计划设计的政策举措的力度可见一斑。

一般说来，一项好的政策的形成是一个反复迭代的过程，从问题的提出，到广泛征集意见，讨论磋商，评估反馈，最后才形成决策，付诸实施。自上而下，又自下而上，这就是当年国家机关出台每一项政策的工作模式。

第一批863计划管理政策就是按这种模式产生的。无数次的调研、协调会议和头脑风暴，为我们提供了平时做梦都得不到的独特学习平台。通过这些场合，我有机会参加钱学森、王大珩、王淦昌、杨嘉墀、陈芳允、孙家栋等中国科技界泰斗参与的各种会议，聆听他们的远见卓识。那种气场你可能无法想象。你会觉得那里像有极强大的磁场吸引着你身上的每一个细胞，感到大脑里的每一根神经都被调动。感受他们那种严谨的治学精神，深邃的科学分析，以及高屋建瓴的政策建言，每次都是一种特殊的享受。他们大多谈吐平和，但激发的巨大感召力却常常震撼人心。他们学富五车，才高八斗，学贯东西，一身睿智，却谦虚得没有一点架子，使人感到越有知识、有本事的人，越显得平凡朴素、平易近人。对于我这样的年轻人来说，每一场的会议，每一次的见面，都是一次享受，一种情操的陶冶。

我们也有无数的机会和工作在第一线的一流中青年专家一起讨论。他们经验丰富，活力四射，浑身透着拼搏的精气神。听着他们满怀激情的构想，慷慨激昂的话语，我们仿佛被带到一场又一场的科学答辩讲堂，我们尽情免费享用他们的思维精髓。我总像学生一样，即使后来当了处长、副局长，也还照样仔细听，认真做笔记，尽管未必都能理解各领域专家所讲的东西。实际上，在更多的时候，对核裂变、DNA、大功率激光器等议题，我是懵懵懂懂的，像是雾里看花。但我相信，大凡有心人，经过反复熏陶，只要肯学习、勤耕耘，都会有所收获。每场会后不轻易放过重要概念，认真查找材料，补充学习，是帮助提高能力的极好办法。

## 出访欧洲

有一种说法，和什么样的人在一起，将会决定一个人的高度。

1986 年年中，我有幸跟随宋健主任访问欧洲四国——德、法、奥、比，以及欧盟，近距离观察与学习，让我受益终身。在将近一个月的时间里，宋主任每天要参加 5 到 7 场活动，包括正式会谈、学术演讲、参观高技术设施、与科技人员交流等，马不停蹄。连我和姚尔欣这样年轻力壮的随员都筋疲力尽，快支撑不住了。

几天后，有几位国内的省市领导，累得一上车倒头就睡，但宋主任总是精神饱满，一上车就开始看资料或各种书，手不释卷。他带了好几箱书，出访途中，一路抚卷。他勤奋好学，据说在国务院领导中早已闻名遐迩；他具有独特的领导风范，思维敏捷，谈笑风生，在交谈中的驾驭能力令人折服；他在全球科技、经济、社会和环境发展等广泛领域学识渊博，古今中外引经据典，实在让人高山仰止；他作风严谨，参观中仔细询问并做笔记，亲自反复修改讲演稿，让我们年轻人佩服得五体投

## 第四章　国家科委管理大学堂

地。跟随宋健主任出国访问，通过一个月近距离接触他在日常工作与生活中无数平常微小的行动，我们体验到他博雅的导师风范。言传身教，真真切切，胜读十年书。

我庆幸自己拥有了难得的机遇，我感恩改革开放赋予我的一切：学习的机会，实践的课堂，锻炼的熔炉。我有幸经历了伟大的863计划的初始阶段，虽然当时只是一名小兵，但能亲历那转折时期的伟大潮流，结识一大批中国科技界泰斗与中青年精英，耳濡目染，醍醐灌顶，提高了政策水平，扩大了科技视野，也锻炼了组织协调的能力。遗憾的是，这样的工作机会和时间太短了。1988年8月，我离开国家科委到联合国任职，离开了这个中国划时代的高科技主战场，无法再有机会直接为那一批代表着中国最高水平的科学家服务，是我人生的一个重大损失。

1990年，福清一中老同学到前华老家小聚（左起：关建雄、关文和、何昌垂四哥、王子庚、何昌垂）

何昌垂母亲（前排中）和何昌垂（后排右1）兄妹

何昌垂夫妇在斯坦福大学参加儿子宇平（中）大学毕业典礼

1976年年初，何昌垂（后排右1）到海南岛参加航空遥感富铁会战（前排左1为陈述彭，左3为周上益，左5为左大康副所长）

1976年，在海南石碌铁矿，何昌垂（右2）第一次参加野外实验，用自制的中国第一台野外地物光谱仪，开展遥感的物理基础实验（右1为龚家龙助理研究员）

1978年，何昌垂（左1）陪同到访的英国遥感专家范杰德林博士（右2）游览长城（右1为陈述彭，左2为业务处马敬治）

1978年,何昌垂参加腾冲航空遥感实验(左起:闫守邕、周上益、陈述彭、何昌垂)

1980年元旦,何昌垂在荷兰国际航天测量与地学学院院标旁

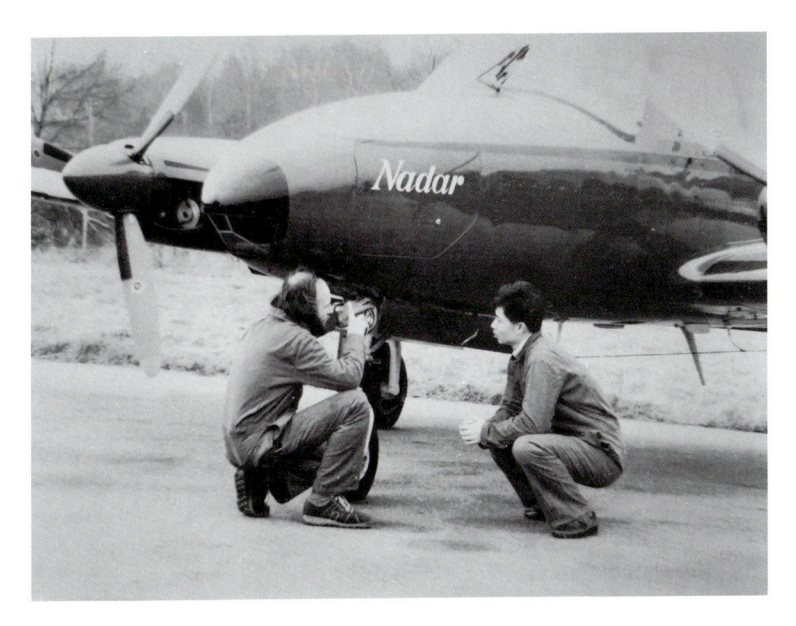

1980年，何昌垂（右）在荷兰留学期间参加航空遥感飞行实验

1980年，在荷兰国际航天测量与地学学院的第一批4个留学进修学员及联合国大学官员（右起：胡瑞明，唐孝谓，联合国大学合作处处长布格尔，楚良才，何昌垂）

1984年冬,国家科委基础研究与新技术局部分领导与同事合影(前排右起:刘美生副局长、胡兆森局长、傅立勋处长;后排右起:何昌垂、白先宏、郑立中处长、郭仕德、王正藩)

1985年6月,何昌垂率代表团到联合国总部参加"建立中国国家遥感中心"项目总结(左起:何昌垂、武国祥、周上益、钱京京)

1986年5月,何昌垂(右1)随宋健主任访欧,有幸聆听了钱学森(左3)的一场学术报告(左1为辽宁省副省长,右2为姚尔欣,右4为吴武锋秘书长)

1986年6月,何昌垂(左)在德国再次见到福州大学老校长、中科院院长卢嘉锡院士

1986年,何昌垂(前排左1)随国家科委宋健主任(前排左4)访问欧洲四国及欧盟总部

1987年,何昌垂参加在北大遥感所召开的空间遥感技术综合应用学术讨论会(左起:郑立中、承继成教授、陈述彭院士、何昌垂、沈克琦副校长)

# 第五章
## 谱写亚太合作三部曲

*如果你不能飞,那就跑;如果你不能跑,那就走;如果你不能走,那就爬。但无论如何,你必须继续前进。*

*——马丁·路德·金*

# 竞聘联合国职务

## 竞聘一波三折

1988年8月18日是值得我纪念的日子。那天上午,北京碧空如洗,偶尔飘过几片白云,宛如一群骏马在蓝天漫步,分外遒劲。这好像是一个好兆头。在不太拥堵的北京首都机场,我拥别妻子和儿子,登上飞往有"天使之城"雅称的泰国首都曼谷的飞机,迈上了一个新的征程,开启了在联合国长达25年之久的国际公务员生涯。

这天,我是去联合国亚洲及太平洋经济社会委员会报到的。年初参加竞聘,我成功获得了亚太经社会地区遥感项目主任/协调官兼首席技术顾问岗位,P5级别,是联合国系统专业人员的最高级别。在20世纪80年代,对于大多数中国人来说,联合国组织很"high"(高级),充满神秘感。的确,那时在国际组织任职的中国人少得可怜,简直是凤毛麟角。一个中国人能得到这个专业职务,对个人、对工作单位、对国家都算是一件稀罕且意义不同寻常之事。

中国是联合国的创始成员国之一,并且是联合国安理会的5个常任理事国之一,但直到1972年,中国才恢复了在联合国的合法席位。20世纪80年代之前,在联合国秘书处工作的大部分中国职员来自台湾,他们是国民党当局占据中国在联合国的席位时留下来的。在联合国秘处工作的中国大陆人寥若晨星。现在世界格局变了，争取更多的人进入国际组织工作，符合国家利益，也是发展之需。联合国是另一个极富挑战性的外交战场。然而，由于经验匮乏，科技人员能争到一官半职，异常不易，同事们对此也很刮目相看，许多人都为之高兴，表示祝贺。作为国家科委最年轻的副局长，虽然得到的是"国际衙门"的一个仅相当于处长的职务，我还是为自己能凭实力竞争加盟联合国而感到自豪。说实话，那时我们图的并非联合国的高薪和良好的福利待遇，因为按规定我们所有的薪酬都将如数上缴国库，然后我们再按中国驻外使团同等级别官员的待遇领取工资。我当时的待遇是局级参赞级别。那时我们想得更多的是国家利益，我是为国家出去办"洋务"的。

当然，我也偷偷怀揣着当联合国官员的那种神圣的自豪感——这也是心里话。我这个职务的确来之不易。从报名应聘、面试、联合国内部审核批准，到最后正式决定任命，过程一波三折。

1987年12月底，国家科委收到了中国驻联合国亚太经社会代表处传回的一个消息：联合国开发计划署资助、联合国亚太经社会执行的"亚太地区遥感项目主任/协调官"的职位空缺，正在全球范围内招聘。信息还说，联合国总部技术合作部有官员在一些国际活动中接触过何昌垂，认为他的专业背景对口，具有一定优势。为此，前方代表处建议国内鼓励何昌垂申请竞聘该职务。

消息来得有点突然，我遇到了选择的困惑。有人说，联合国这个职务涉及高技术领域，很重要，争取得到，有利于帮助推动我国与地区乃至世界各国在空间领域的合作。也有人认为，目前国内高技术领域发展，特别是863计划，正需要懂专业的管理人员，我正处于上升通道，国内前景更看好。但素有战略思维、国际视野的宋健主任最终还是批准我申请该职务。他鼓励我说："出去试试，到'国际衙门'锻炼几年，学学人家如何管理科技。"

尽管我在国外留过学，也多少算见过一些世面，但申请国际组织的

## 第五章 谱写亚太合作三部曲

职务可是"大姑娘上轿——头一回",我一点儿经验都没有,连填写申请表都感到无从下笔。当第一次拿到联合国职员报名申请表时,我翻来翻去,对表里的每个英文单词的意思都还明白,但对许多东西就是不懂得该如何理解,怎么填才好。比如"工资待遇"一栏,当时我是局级干部,每个月工资还不到百元人民币,一年总共才 1 000 多元,相当于 300 多美元,不及联合国官员一天的出差开销。如实填报,真担心给国家丢面子。我与国家科委国际合作局的姚尔欣处长等人商量,把能算上的都加上了,年总收入也才凑到 2 400 元人民币左右。表中还有一栏"职务变更的理由",我从科学研究工作变为管理工作,又连升三级,从处员变成副局长,变化不可谓不大,但每次变动都是服从组织和工作需要,个人的自由选择余地不大,更不是为了"升迁提拔"、"挑战自我"或"寻求更好职业"。我后来在联合国才知道,这些描述在西方人求职时,一般都是但说无妨,直言不讳,而在我们国家的制度中要由组织决定。又比如说,对于主要工作成就,我们的一切基本上归功于集体,特别是国家机关干部,事情由领导决策定夺的,大家携手完成。诸如此类,我拿着表到处向人请教、商量,可谁也没有在国际组织任职的经验,真有点儿不知所措。尽管这些都成过去式,但即使是今天,凡是想到国际组织应聘的,填写申请表可是第一个要过的关,也是关键的基本动作,哪个级别都不能避免,都需要如实填写。

记得我那份申请表还是用打字机填写的,因为那时没有电子表格,无法使用计算机。我就像小学生一样,规规矩矩地完成了作业,于 1988 年 1 月 20 日通过中国驻泰国使馆的代表处向亚太秘书处递交了申请表。剩下的就是等待命运的安排了。

1988 年 3 月初,曼谷来了几个人,是到北京出差的,他们受委托"顺便"对我进行了一次面试。临走时,他们对我说:"你的条件不错,我们的印象很好。"听起来我似乎有较大的成数,我心里自然高兴并充满希望。后来我在联合国工作久了,经常负责招聘面试工作以后才发现，这基本上是国际组织面试时惯用的语言模式，他们一般对谁都是正面肯定的。换一句话说，在没有做出最终决定之前，基本上对谁都这么说，不让任何人难堪。事实上，国际组织的这种文化，常常让不少亚洲人特别是中国人误解。

1988 年 4 月中旬，中国驻亚太代表处告知国家科委，我的申请没有成功。他们说，联合国选用了美国的一名专家，叫约翰·盖尔里。我认识盖尔里博士，他是美国国家大气与海洋局的高级科学家，有一段时间曾和美国著名的地理信息系统专家杰克·邓杰曼德一起在曼谷的亚洲理工学院任教，讲授遥感应用课程。他的能力和学术水平在业界颇有名气。我认为联合国这个选择很公平公正、令人信服。对于自己的落选，我心无芥蒂，因为盖尔里博士的确比我更有国际影响力。

一切回归从前，我该干什么照样干什么。4 月下旬，为了加强推进国家 863 计划的国际合作，委领导决定把我从基础研究与新技术局副局长的位置，平调到国际合作局任副局长，分管 863 外事和国际组织的工作。同时，我还继续兼任国家科委 863 办公室副主任，协助 863 办公室主任、国家科委副主任朱丽兰做些具体工作。

我与联合国的缘分似乎未了，该发生的事总会发生，该属于你的东西总会到来。1988 年 5 月中旬，国家科委接到了中国常驻联合国亚太代表处的最新报告，告知联合国亚太经社会执行秘书基伯利亚约见了杨冠群代表并告诉他：美国国家大气与海洋局的盖尔里因工资待遇问题决定放弃，如果何昌垂还愿意接受，亚太秘书处将任命何昌垂出任地区遥感项目主任。对于中国来说，这当然是一个好消息，因为我国是一个空间大国，正急迫地希望能和亚太地区国家合作，共同推进空间遥感技术发展与应用。

杨冠群代表是一个经验老到的外交官，他虽然心里高兴，但表面上表现得平静、不卑不亢。他淡淡地对亚太执行秘书说："据我所知，何昌垂是国家科委的重点培养对象，他可能已有新安排，除非这个提议

(offer)是确定的。"换句话说，没有板上钉钉的确切决定，他并不打算再次向政府报告。面对杨代表这种娴熟的外交艺术，恐怕任何人都难以再出尔反尔，模棱两可了。杨代表与国内沟通后立即通知了亚太秘书处，于是6月初我就收到了亚太经社会的任命函。聘书是1988年5月25日签发的，要求我在一个月内提交书面确认接受任命的回执。

那时，对个人、家庭、单位或上级部门来说，到联合国任职是一件大事。我是一名局级干部，按规定需要走比较复杂的程序，要打报告逐级审批，这个过程十分严格。当时，科委主任宋健正在苏联访问，访问时间将近一个月，等他回来再决定恐怕来不及了。科委常务副主任阮崇武召见了我，他很认真地听完了我的汇报，当场拍板表示我们要接受联合国的职务。他说："我们中国有的是人，在国内培养几个局长、副局长相对不难，而能争到联合国一个高官职务未必容易。你就去吧，等宋健主任回国后我再向他说明。"阮崇武来国家科委之前是公安部部长，素以雷厉风行出名，他擅长繁事简办，事情就这么干脆利落地敲定了。由于他的决断，我及时向联合国发出了同意接受出任亚太地区遥感项目主任/协调员的复函，国家科委也立即启动了我的出国程序，各部门一路绿灯，手续办得很顺利。

我的前任亨利·汤是美国人，有1/4的中国血统，获有康奈尔大学地理学博士学位。听说他因为与联合国亚太经社会执行秘书有点不融洽，关系紧张，于1987年8月辞职离任。此后，该项目主任岗位招聘不顺，一直空缺。联合国开发计划署作为项目的出资部门，对招聘迟缓不满意；亚太经社会作为项目的执行部门，压力自然不小，也一直在努力物色人选。决定聘用我之后，他们自然希望我在最短的时间内到位。但由于办理国内审批手续和泰国政府对长期签证受理的时间要求，最终拖到8月18日我才成行。

对于招聘过程的背景情况，后来一个偶然的机会，我才有了一些详细的了解。我得到这份工作，还真有点像"天上掉下个林妹妹"。据说当时申请这个职务的有73人，他们来自世界各地，但绝大部分来自美国、法国、英国和荷兰等发达国家，也有来自南亚，如印度、巴基斯坦和孟加拉国的。亚太经社会秘书处与联合国开发计划署和技术合作部考核确定了短名单，经过进一步的审定和面试后，他们上报了5人，其中美国的盖尔里博士排第一名，我位列第二。盖尔里博士接到任职通知时，临时提出了副司级（D1）（该职招聘书上明确定为P5）的待遇要求，理由是他举家越洋到曼谷工作的"机会成本"太高。正是他的放弃促使亚太经社会执行秘书做出新的决定：依次顺推，起用第二名。我就成了那个幸运儿，得到了这个"协调官"的职务。

**联合国亚太经社会**

我虽然参加过联合国组织的一些活动，但对这个"高大上"的组织始终只是隔岸观景，知之甚少。联合国是全球最具影响力的政府间组织，它根据《联合国宪章》设立了联合国经济及社会理事会。除在美国纽约的总部外，联合国经社理事会下设5个地区委员会，分别是：亚洲和太平洋经济社会委员会、美洲和拉丁美洲经济社会委员会、非洲经济社会委员会、近东经济社会委员会以及欧洲经济社会委员会。这5个地区委员会由联合国经社理事会授权，分管5个地区的经济和社会发展问题，是联合国在这5个地区经济及社会事务的最高合作平台。

联合国亚太经社会的前身为联合国亚洲与远东经济委员会，1947年3月28日，根据联合国经社理事会第37号决议，为促进亚洲经济的重建与发展，由中国倡议于上海成立。秘书处于1949年撤出上海，迁至泰国曼谷。1988年我进入联合国时，亚太经社会还只有46个成员国（目前已有53个成员国和9个准成员国），覆盖范围西到土耳其，东至太平洋岛国基里巴斯，北到苏联，南至新西兰。法国、英国和荷兰等西欧国家虽然在地理上不属于亚太地区，但它们曾是亚太地区一些国家的殖民者或宗主国，作为特例，成为联合国亚太经社会的成员。

## 第五章　谱写亚太合作三部曲

联合国亚太经社会的重点工作，包括经济与社会统计、发展政策研究、自然资源与环境、农村发展、人口以及交通运输等领域，按照这些重点分别设立了6个专业司，另外还有计划管理和监测司、技术合作司及行政司等综合部门，那时更多强调的是行业分工。20世纪80年代，亚太经社会秘书处有近1000名职员。在我加盟之前，中国籍的技术职员只有5名，包括一名司长（D1，来自中国大陆）、一名处长（P5，来自我国台湾）和三名P3级专业人员。另外还有几位中文翻译，联合国为6种官方语言配备的译员不占地域份额，像是给6种联合国官方语言国的一种"福利"。

联合国亚太经社会的办公大楼在曼谷市中心的纳差达姆大街，看上去蛮气派的。对泰国人来说，纳差达姆大街从地理位置、历史作用、社会功能和文化影响角度看，都有点类似于北京的长安街，是泰国首都的政治活动中心。联合国办公地点之所以选在泰国，据说是因为当年泰国普密蓬国王的远见，他向联合国提出，愿意让联合国在曼谷的中心地段任选一块地建设办公大楼，并供无偿使用。到20世纪末，联合国和其他国际组织有近30个，包括联合国开发计划署、联合国环境署、教科文组织、粮农组织、国际劳工组织、工发组织、世界银行及亚洲开发银行等，都在曼谷设立地区办公室或总部。这确立了曼谷作为亚太地区国际政治中心的地位，其影响不可小觑。这些国际机构有近2000名国际职员，招聘了数千名的当地行政人员，包括秘书、后勤、采购、保安等行政人员。

顺便提一下，进入亚太经社会几年后，我曾给国内有关部门写了一篇调研报告，指出国际化的曼谷为泰国创造了大批的就业机会，加上各个组织每年举办大量的政府间会议、专业会议、研讨会、培训班等，各国代表带着美元在曼谷住宾馆、吃海鲜，甚至进行医疗、保健按摩、休闲旅游与特色购物等，大大带动了泰国经济发展。同时，在政治和情报方面，曼谷是鱼龙混杂，形形色色的人都有，使得泰国近水楼台先得月，总比别人预先把握国际风云变幻的脉动。此外，泰国的各级学校还可以经常组织学生到联合国大楼旁听各国代表的政策辩论，学生从小得到多边外交和全球治理氛围的熏陶。这对人才的培养与发展具有深刻影响。像中国这样的大国，年轻人缺少机会直接旁听联合国的各种辩论，体验教育，潜移默化，机会损失很高。

执行秘书是亚太经社会的最高行政长官，由联合国秘书长任命的一位副秘书长兼任。从1988年到1998年的近10年时间里，我经历了三任执行秘书，先是来自孟加拉国的基伯利亚，后来是巴基斯坦的阿罕默德，最后一位是印度尼西亚的莫伊。

基伯利亚是一位职业外交家，受过英式教育。早在孟加拉国1972年从巴基斯坦独立之前，他就一直在巴基斯坦外交部工作，从基层做起，后来出任孟加拉国常驻联合国代表团大使。他是一个老到的外交家，非常讲究仪表，任何时候总是西装革履。最典型的是在他的西装外衣的上口袋里，一直有一块与领带搭配的漂亮手巾，折叠得很整齐，露出一个三角花瓣形状。他对秘书处的工作人员要求严格。我刚到亚太秘书处报到时，我的秘书就告诉我许多规章制度，包括要求上班时必须穿西装打领带，即使在曼谷最酷热的盛夏也没有借口。他认为，作为一名国际职员，必须保持仪表仪态，衣着整洁，这是对成员国的尊重，因为大家通常打交道的是一批受过良好教育、有很高素养的外交官。他说："这些国家代表没有义务努力透过连你自己都毫不在意的随便衣着和邋遢外表，来发现你内在的优秀，判断你的工作能力和服务态度。"

基伯利亚几乎把亚太秘书处当作自己的家一样经营，殚精竭虑，倾力奉献。但他很武断，崇尚威权主义，不容许别人有不同意见，不允许别人挑战他的权威。那时，亚太经社会P5以上干部，相当一部分来自南亚。11个D1级高管，有4个来自孟加拉国。记得有一次联合国开发计划署总部分管亚太地区的主任扎卡利亚，在ACPR（亚太经社会常驻代表顾问委员会）会议上批评亚太秘书处过于官僚，未按计划完成项目经费年度预算的执行。基伯利亚以他惯有的不可挑战的姿态，当场反讽扎卡利亚："那就请你告示我，UNDP 有哪些方面的官僚主义比我们 ESCAP 少，我可马上派人去你那儿学习。"

基伯利亚还特别重视保持联合国秘书处中立的形象。有一次，当 ACPR 讨论亚太经社会预算时，有成员国代表委婉批评日本政府未按其承诺提供预算外项目经费时，日本籍的副执行秘书永井暴跳如雷，竟忘记自己联合国高管的身份，立马与那位常驻代表争执，为日本政府极力辩护。基伯利亚立即浇水灭火，明确告诉参会代表："我们秘书处是为成员国服务的，我很抱歉，我们不应该选择立场，卷入辩论。"这给刚刚参加联合国工作的我留下了深刻的印象。作为秘书处的工作人员，客观地说，或多或少、或明或暗会在关键时刻为母国发声、做事。这是人之常情，情怀使然。但一定要懂得策略，注意场合与方法，原则上要维护联合国在成员国心目中的中立地位。

## 报到第一天的印象

1988 年 8 月 19 日一大早，我由秘书领路履行各项报到手续。我先到人事部门填了一大堆表格，大多涉及个人事务，有开银行账户、人寿保险等等，十分繁杂。最主要的是要签署一份入职宣誓，誓词大意是：

> 我，何昌垂，庄严宣誓，作为一名联合国的国际公务员，以绝对忠诚，按照赋予我的职责，凭着良知，谨慎行事，唯以联合国的利益来履行我的职责并规范我的行为；在履行我的义务中，绝不寻求或接受任何政府或联合国组织之外的任何权威的指示。

人事官机械地问我是否完全理解誓词的含义后，他要我签上名字和日期，算是履行了入职手续。后来，我在联合国粮农组织，也做了类似宣誓,当提升为助理总干事和副总干事时,按规定还得在高管会上宣誓,由人事司长监誓。

那天我办完了行政手续后,人事官就直接把我带去见了执行秘书基伯利亚。第一次见面,基伯利亚颇为客气。他说之所以决定任命我,看的是我的"个人能力"(他用"by merit"一词)。"因为你很出色,在遥感专业有较高造诣,在研究机构和政府部门都有一定经验,特别是管理经验,我们需要你这样的人。"他还说,"我们对你寄予很高的期望,相信你不会让我失望。"

我没有机会说话,也不知道第一次见面该说什么。听到我说了"谢谢"后,执行秘书马上接着说,他紧接着还有一个会议,下次找机会和我详谈。我们的会面就这样结束了,时间很短,应该是例行公事吧。不过,和他再次见面详谈已是很久很久以后了。在秘书处工作时间久的人都说,基伯利亚和来自南亚的一些高官都很摆谱,他们的手下很难有机会单独见到他们,除非摊上大事或遇到麻烦问题。

我又被带到了自然资环司张海伦司长的办公室。张博士出国前是南京水科所所长,是个精通水资源业务、为人厚道的学者。他温文尔雅,谦恭和善。我一见面就觉得他是非常好相处的上司。第六感还告诉我,我可以和他很好地共事。他向我介绍了亚太经社会的基本情况,特别是自然资环司的具体情况,其下辖矿产资源、水资源以及能源资源3个建制处。不久后,亚太秘书处改革,成立了环境处,同样属预算内编制。自然资环司旋即改为资源与环境司(简称资环司),成为有4个建制处加1个预算外地区遥感项目的大部门。与预算内"吃皇粮"的4个建制处不同,地区遥感项目靠预算外的经费维持。听完有关现状的介绍,我才恍然大悟,我的职务性质是什么,面临的挑战到底有多大。

地区遥感项目作为一个预算外、临时性的项目,由联合国开发计划署出资,亚太经社会执行,具体由亚太经社会资环司代管。司里的4个处长分别来自加拿大、荷兰、土耳其和印度尼西亚。除来自土耳其的水资源处处长外，其他3人都是在西方留过学的博士。4个处长人称"四大金刚"，是秘书处出名的强势人物。

司长张海伦博士以及他的继任石广长教授（1992年上任，国家核安全局原副局长）都是儒雅之士、学者型干部。有了这批"荷叶包钉子——个个想出头"的斗士，资环司简直就像一个"香蕉王国"。无疑，管理这个亚太经社会最大的司级机构需要特殊的智慧和领导能力。他们二人的共同特点是沉稳，类似的智慧是"治政不在言多"。我先后和他们相处几年，非常尊重他们，深感中国人的"糊涂难得""中庸之道"的哲学，在多元文化中有时还真的很管用。遗憾的是，尽管我努力向他们学习，但我和他们"内敛"的性格差异较大，我永远掌握不了他们绵里藏针的风格、寡言治政的真谛。

## 迎接挑战逆风上

**面临的第一大考验**

去联合国赴任前，我向国家科委主任宋健博士告别时，他言简意赅地嘱咐了我一番话，我至今记忆犹新。他说："你的事业在中国，我们国家正处在飞速发展的黄金时期，需要大量懂业务的管理人才。你到'国际衙门'去看看，到发达国家深入了解一下人家的科技管理经验，好好武装自己，两三年后再回来为国家服务。"宋健主任还说："进了联合国之后，你有双重身份：一方面你是中国政府派出的干部，我们希望你能够继续为国家办点事，多提点建议，多结交朋友，多争取些国际合作机会；另一方面，你是联合国的官员，你要效忠于联合国，为成员国办实事。但重要的是，你要首先成为一名称职的联合国官员，做好在联合国的本职工作后，才有资格、有机会争取为自己的国家多办事。"宋健主任这番话，充满辩证思维，高瞻远瞩，语重心长，一直是我25年国际生涯遵循的原则。我一直把这些话铭记心中，当成是国家的期望、领导的嘱托。不管遇到多大困难，工作出现多少变化，我始终铭记，不忘初心，努力方向至今未改。

在联合国的字典里，没有"容易"二字。尤其是中国人，要想很快打开局面，成为一名像宋健博士所嘱托的"称职的联合国官员"更是不易。在改革开放初期，中国在国际组织工作的人不多，职务高的更少，没有多少人可以和你交流现成经验。而且，由于刚刚开放，国人的思想较保守，作风谨慎，行事低调，在国际舞台上并不提倡主动开拓。我 70 年代末留洋时也是"两耳不闻窗外事，一心只读圣贤书"，与人交往不多。我一下子进入联合国的多元文化环境，落差很大，必须恶补的课程太多了，包括各个成员国的历史文化、宗教背景、政治经济状况以及发展需求等。从我的工作职责看，最主要、最基本的还是国际项目管理、预算和计划的组织实施。此外，设计项目文本、撰写会议报告、为领导起草各种讲话稿，以及与捐助方和各种合作伙伴的沟通谈判等等，都需要英语的沟通能力。对于中国人来说，特别是我们这些理工科出身的，如何尽快熟练掌握和使用英文写作、沟通，是面临的第一大考验。后来接踵而来的许多事使我相信，专业固然重要，英语却是进入国际组织的敲门砖，也是入门后完成任务的垫脚石。

要想成为一名优秀的国际公务员，闯不过语言这个坎儿不行。撰写报告和领导讲话稿是第一个难关。我经历过不少尴尬和难为情的场面，直到今天，好多事还历历在目。第一次为亚太执行秘书起草一场讨论会的开幕词时，我几乎无从下手，还不敢主动问下属。我尝试先用中文写，然后再译成英文，前后修改不下 10 次，最后还是怎么看怎么不像。后来我想了一个很"土"但很有效的办法：我让秘书找来了五六份执行秘书在不同会议的开幕式上的讲话稿，认真地琢磨内容，了解执行秘书的讲话模式和风格。之后，我选择了一份我认为比较对路的稿子作为参照，撰稿人是统计司的司长，是英国人，我相信他写的稿子一定不错。我把它作为模板，用我们空间遥感专业的技术内容，生搬硬套地

## 第五章 谱写亚太合作三部曲

"模拟写作",有些地方还直接拷贝它们的语境、用词,为讲话稿穿靴戴帽,写了开头结尾。就这样我硬着头皮提交了我在联合国的第一份写作作业。

数天后,执行秘书办公室专门负责起草领导讲话稿的助理,把我的稿子退了回来,那是一片花脸,上面是密密麻麻的修改痕迹。严格地说,他重新为我写了。修改的内容特多,字又小,也很潦草,对我来说,简直就是天书。我的秘书不错,她有读懂所有人的手写体的本事。正如有人所言,联合国里一个训练有素的秘书,就像一台智能计算机,能对任何模糊潦草的文字进行识别。我请秘书把修改稿重新打印出来,并在修改的地方画记号,利用下班时间,趁着办公室没人,把前后两个稿件一页一页地平放在办公桌上,对照研究,一边看着被修改的地方,一边不断地琢磨为什么这么改。

后来,我把这个过程看作学习、恶补英文写作的机会。我几乎从不放过对照考察任何人为我修改的任何东西。虽然这样做花费我太多的时间,但我尽量用下班后的时段,既不影响白天的工作,也好集中精力,不受干扰,我发现效果不错。这也许就是中国人说的"笨鸟先飞"、勤能补拙吧。我把这种学习方法称为"偷师",我发现这个办法很有效,久久为功,我的英文悄然进步。执行秘书办公室的"定稿人"对我提交的文件的修改逐渐减少了,证明他们的满意度在提高。

应该说,在联合国机构里不管职务高低,用英语工作是起码要求,即使出任领导岗位,撰写或批阅英文报告也是一项基本功,无人可以代替。这一点,和中国的一些领导干部过度依赖秘书的习惯大相径庭。对于任何一名来自中国的新职员,这都是一个从必然王国到自由王国的过程,求效不可太捷,困时切莫间断,只要下定决心,都会如曾国藩所言:"熬过此关,便可少进。再进再困,再熬再奋,自有亨通精进之日。"

持之以恒,不到一年,我基本上克服了几乎每一个新职员都要经历的陡峭的"学习曲线"。与此同时,我还把相关的业务工作搞得风生水起，轰轰烈烈。有人说，我挽救了这个面临关闭的项目。有一次，亚太秘书处的第二把手、日本籍的副执行秘书中川来到我的办公室，他用不经意的语气顺便提起："当时决定聘用你时，我们真的没有太大把握，也可以说，捏着一把汗。我们看到你的简历时，印象非常深刻。你年纪轻轻，在政府里连升三级，不到5年，从一个普通的工作人员升为副局长，不简单。我们曾猜测，要么你是货真价实的优秀人才，要么就是你们政府为了让你得到这个职务，为你编造了一个很吸引人的故事。"我敏感地注意到，他用的词是"story"（故事）而不是"CV"（简历）。他笑眯眯地说："现在你用自己的实际能力和水平证明了我们的担心是多余的，曾有的猜测也是错误的。"

在联合国工作，具备抗压能力非常重要，需要随时准备好承受来自各个方面、不同层面的精神压力。我见过不少人因与同事和领导的关系紧张、没完没了的工作压力而抑郁，有的不得不找心理医生长期咨询。更有不少人常因合同性质、合同期限和绩效考核而纠结。

一般说来，工作合同分两大类：预算内和预算外编制。预算内编制由正常预算即成员国会费拨款招聘，属正式编制（类似国内公务员编制），纳入各国职员人数地域配额统计。与预算外编制员工相比，预算内编制员工待遇上有优势，一旦工作满5年，只要表现没什么问题，其工作合同一般都可以转成永久合同（有些组织称长期合同）。而预算外编制的职员，由于经费来自"自愿捐款"，有很大的不确定性，其合同期限随项目经费而定，最多两年续签一次，有时则是一年一签，甚至几个月一签，常常让人有朝不保夕之感。持此类合同者，即使干满了5年，其工作合同也不会转为长期合同。也许是出于这个原因，那些预算内编制员工，往往会流露出一种莫名的傲慢。在他们眼中，编制外的职员为临时工，低他们一等，要听他们的摆布。

还有一种说法，预算外的项目职员不能代表秘书处与外界直接联系，原因是他们没有行政权力（如此愚蠢的规定直到90年代末才被明

## 第五章 谱写亚太合作三部曲

确取消)。我知道这一点,还是因司长有次休假时对资环司"临时负责人"的安排。那段时间恰好"四大金刚"都出差在外,秘书处只剩下我一个是"P/L5"级的"高官"。按惯例,"临时负责人"都是由司里级别最高的官员担任,但司长办公室那次却确定由一个 P3 级的年轻职员负责,理由是他是编制内的正式员工。当意识到"编内"和"编外"之间还有如此歧视性差别时,我感到十分郁闷,有一种受侮辱的感受与尴尬。

我的项目团队包括我自己总共只有 6 名职员,全是预算外编制,大家的合同都不稳定,朝不保夕。其中两名专业助手:一名是 P3 级助手,被安排在斐济,分管南太平洋岛国,远隔千里,日常工作根本指望不上他;另一名 P4 级助手,是我在曼谷唯一可以依靠的专业人员,他来自孟加拉国,叫穆罕默德·乔杜里,是一名林业遥感博士。其余三名是辅助人员,一个是我的秘书,两个是行政助理,其中一个为信息员,都是在泰国当地招聘的。由于联合国开发计划署和亚太经社会在预算外项目管理方面长期存在分歧,联合国开发计划署已决定本期项目到期后不再资助,亚太经社会要么另辟财源,要么结束该项目。这意味着我们这个小团队在两年左右的时间里就要结题关门、打道回府,当然,除非我这个项目主任能够找到新的财源。由于这个结构性原因,我们这个小团队终日诚惶诚恐,大家精神压力很大,时刻担心失业,队伍很不稳定。

直觉告诉我,我面前的路将很不平坦。我的主业是带领项目团队,确保利用好剩余的项目经费,"干好活,出成果"。但同时我必须创造条件,力争"保住项目",使这个地区合作平台得以延续。我还不得不花一定精力处理好和各个部门职员的协作关系,取得他们对项目团队的认同和工作层面的支持。事实上,从进联合国第一天,和矿产处的处长巴克博士首次见面时,我就预感到未来之路一定不会平坦。巴克博士来自荷兰的佛雷明地区。我在那里留过学,对这个民族有一定的了解,他们是出名的直率。他说:"我就跟你透露吧,这个项目的主任过去一直比较独立，大家不喜欢，不过这个项目要马上关门的。"他接着说："你应该知道，在剩下的时间里，这个项目的实际领导是我——矿产处处长，而不是资环司司长。作为项目主任，你得向我报告工作。你们项目的一切活动必须先征得我的同意。"

我对这个说法有疑虑。我认真研究过我的职责（TOR），上面明明写着我的直接领导人是资环司司长。我顿时警觉起来，觉得他像是在欺生，给我下马威。我觉得应该弄明确，把丑话说在前头，省得日后麻烦。我从手里拿着的一堆报到材料中，抽出我的合同和附件的工作职责，很客气地说："巴克先生，这份工作职责上写的是，项目主任在资环司司长的领导下工作，也就是说我应该向司长——而不是向你——报告，你能和司长澄清一下再告诉我吗？"我注意到巴克先生有点不自然，他说："你应该知道，从去年年底你的前任辞职之后，司长就指定我来负责这个项目。我想这不应该改变，况且你是新人，不了解情况。"我似乎明白他的真正意图了，用坚定而平和的语气对他说："我当然会欢迎并感谢你的继续帮助，必要时将继续寻求你的建议。但按项目管理的规定，项目主任是要对整个项目的计划、预算和实施负全面责任的（accountable for the project implementation）。如果巴克先生想担负这个责任，我们需要一起找司长或执行秘书商量后，提出修改我的工作职责。你说呢？"

初次见面的这一场对话，似乎给我们双方都留下了不可磨灭的印象。巴克预感到我不是那些把命运随便交给别人掌控的人。"此人性格倔强，显然不同于我们惯于打交道的那些中国人。"听说他和他的"金刚"同事在背后这样议论过我。而我呢，到联合国的第一时间就已经感受到了一种压力：国外的人事关系并不比国内的简单。国际组织内同样充满竞争，这里的任何成功都不会轻轻松松获得。我思索着：初来乍到，我是否太强势，如果我采取"服从命运，逆来顺受"的方式与他打交道是否更好。我预感到，与这4个"出名"的强人处长在同一个司工

第五章　谱写亚太合作三部曲

作，往后的路一定不会平坦。

　　随着对情况了解得越多，我感受到的压力就越大。我的团队最担心的是"资金中断，项目结束，关门散伙，失业回家"。因是"无所作为"的"关门主任"，名字被载入亚太地区遥感合作史册，想想这个后果，我的心就难以平静。这不是我的目标。在答应出任这个职务之前，我已经是国家科委最年轻的司局级干部，我之所以出国，是因为想干一番事业，为这个地区创一个平台，为中国遥感开一个"窗口"。而如今要面对如此困局，承担如此挑战，我真有"知我者谓我心忧，不知我者谓我何求"的感受。

　　不错，当时确切的图景是：在项目剩下的不到两年的时间内，我若无法打开局面，找到新的资金，地区遥感项目就要夭折。届时，亚太地区的遥感合作平台将轰然倒塌，亚太地区各国的数年努力将前功尽弃，项目团队也将作鸟兽散，各奔东西。事实上，接受这份工作时，我对此一无所知，毫无思想准备。当我明白过来时，一切已突现眼前，我开始体会到什么是"受命于危难之时"。

　　我开始有点彷徨，不时陷入深深的焦虑。但思考甚至焦虑于事无补，我必须做点什么！一切答案只存在于行动之中，面对挑战，我逆势而行。我属牛，有的是韧劲儿。关键之关键，我是中国人，既然接受了任命，就不能给国家丢脸。开弓没有回头箭，我必须使出全身力气，开创一个崭新的局面。

　　人们常说，"危机"二字有双重含义：危险与机遇。眼前一切都在不确定之中，关门与不关门，各有50%的概率，关键在于抓住机遇，探索创新。我安慰自己：从公出发，亚太地区各国的空间信息能力建设非常需要一个可持续的合作平台；从私而论，我想证明我的能力，证明一个中国人也可以在国际组织中有作为。

　　美国黑人领袖马丁·路德·金不是说过："如果你不能飞，那就跑；如果你不能跑，那就走；如果你不能走，那就爬。但无论如何，你必须

173

继续前进。"鲁迅说过的，被无数事例证明了："希望本是无所谓有，无所谓无的。这正如地上的路，其实地上本没有路，走的人多了，也便成了路。"是的，世上本无路，坚持下去，就是你的路。我暗下决心，在接下来的三个月时间里，必须营造出一个新气象，规划出一个新的路线图。

我开始把自己的日程排得满满的，找同事了解项目历史，弄明白存在的问题，主动找司长和"四大金刚"处长以及秘书处的其他同事，听他们的建议。我调阅了大量亚太经社会年会报告和自然资源委员会报告；主动找主要国家常驻代表了解他们的想法；听取发展中国家对空间信息的需求，对遥感技术应用的了解；也了解发达国家的想法，包括法国、日本、美国、澳大利亚等国家对空间技术在资源清查、环境监测以及决策规划的应用发展的想法，特别是它们可能提供的帮助。我还找了欧盟、世界银行、亚洲开发银行等驻泰国的代表，了解与他们合作的可能性。当然，和秘书处的同事广泛商量是最少不了的，我希望他们积极参与和支持，帮我一起化解危机，把地区遥感项目办下去，让成员国有个交流、切磋和讨论合作的平台。我真不想做地区项目的"关门主任"，如果以此作为我的职业记录，实在太难堪了。

我在和时间赛跑，加班加点，逆风而行。在广泛听取了意见之后，经过反复、深度思考，我提出了想法，在我的助手乔杜里博士的帮助下（他的英文非常好），我完成了上任后的计划初议报告（Inception report）——关于重塑亚太地区遥感合作的路径图。乔杜里博士在我最困难阶段给予我真诚支持、鼎力配合，我至今都不会忘记他的贡献。

由于出资部门联合国开发计划署和执行部门亚太经社会两部门领导人的意见长期不同，加上项目前主任的离任，有相当一段时间，项目没能按计划进度推进，"执行率"很低，也就是说，钱没有按计划花出去。我决定重点抓"项目执行"，盘活存量，组织系列活动。由于长期没有项目主任，大家都觉得反正迟早关门，前景黯淡，士气涣散。我则身先士卒，亲自带头夜以继日，整个团队成员自然勤勉，呈现出了生龙活虎的局面。很快，秘书处看到了地区遥感项目有了新动能、新活力、新气氛，出现了新气象。

**到纽约总部述职**

我的关于重塑亚太地区遥感合作的设想很宏伟，但也很实际，我称它为"三部曲"。具体地说，我将分三步走，分别实现三个阶段的目标。第一步，要充分利用现有项目剩余的资金和时间，统一亚太地区成员国的意见，按项目的要求完成所有的计划，创建形象；同时利用这段时间提出一个新的合作项目建议，并促成共识。第二步，在第一步的基础上，争取说服联合国开发计划署和其他潜在的捐助者，为新的项目建议提供资助，给我们一个过渡期，用两到三年的时间推进亚太地区空间应用合作机制化的进程。第三步，争取在1993年或1994年正式建立亚太地区空间应用合作机制，为成员国开创一个可持续的地区合作平台。

那时候，我心中完全没底。只能说，我的灵感来源于欧盟创始人之一让·莫内的一句名言："我不乐观，我不悲观，我只是下决心。"为了实现这个目标，我苦心孤诣，未曾想前前后后竟投入了人生中最具活力的10年时光。

显然，这是一个具有不确定性和有争议的想法。它涉及不同的利益攸关方，特别是可能触动一些国家和联合国秘书处这两个层面的既得利益者的神经。在举步维艰、无任何捷径可行时，我想的最多的是莎士比亚的《哈姆雷特》中的一句名言："要么生，要么死。"对于我来说，地区遥感项目要么在我手中结束关门；要么我设法改变，赋予新生。其实，我所带领的这个小团队所有成员都比我还焦急，他们把希望寄托在我身上。他们比谁都希望我能提出新思路，带领他们走出困境，让项目起死回生，得以继续，并走上新征途。大家都希望保住工作，这使我真真切切地感受到了巨大的压力。

其实，地区项目合作的机制一直是联合国开发计划署关注的重点问题。它认为，联合国不可能用预算外经费无休止地支持同一个项目。开发计划署与亚太经社会在这个问题上一直存在着巨大的分歧。亚太经社会有点短视，它想的更多的是如何能够拿到预算外资金，增加它的预算，开展一些技术转移和能力建设活动。它曾帮助建立几个地区合作机制，如湄公河委员会、南海矿产资源探测委员会，甚至亚洲开发银行也是在亚太经社会的推动下成立的。最终一个个都尾大不掉，成为亚太经社会的竞争对手。何况，建立任何一种新的地区合作机制，对亚太经社会秘书处来说，都是一场艰辛的努力和一笔巨大的投入。

毫无疑问，最大的挑战是说服联合国开发计划署、亚太经社会以及成员国三方，协调一致的看法，并取得支持。作为出资部门，开发计划署只要同意稍许追加一点经费，并给项目延长一段时间，我们就赢得喘息之机，从而规划新路径。我说服联合国开发计划署的理由是，如果它不这样做，先前两期对该项目的五六百万美元的投资将打水漂。亚太经社会作为执行部门，则必须改变思路，具备战略眼光，敢于挑战自身，洞见空间信息技术是亚太地区社会经济发展的一个机遇。而成员国呢？现有的政府对口合作部门必须放下"私心"，打破部门间藩篱、割据，主动与社会经济的各部门合作，共同推动空间遥感技术的跨界渗透、综合应用。

为了做到这一点，我构思了一个具体的技术路线，即改变我的前任和成员国坚持以遥感技术为主的理念，确立地理信息系统与遥感技术整合应用的新方向，并以此为杠杆，争取撬动联合国开发计划署的"种子资金"。直觉告诉我，只要开发计划署肯带头，我就有可能寻求其他配套资金的支持。因为地理信息系统与遥感技术整合应用，既反映了当下空间信息技术发展的趋势，也是成员国开展多种数据融合的迫切需求，意味着新的发展机遇。此外，这个思路还能满足开发计划署关于技术合作援助中"不重复资助同一项目"的原则和"及时撤出老项目"的

## 第五章 谱写亚太合作三部曲

政策。

关键路径分析法告诉我：这三者互为利益攸关者，对于新项目的实现都非常重要，但最关键的还是开发计划署。我的任务是：首先必须说服开发计划署，只要它原则同意追加一笔经费，并同意再给我两年的时间，我甚至敢立军令状，为亚太地区的空间与遥感合作建立一个可持续的机制。

我反复思考，作了各种设想、假定，几经否定之否定，直到我觉得再也无法拿出更好的方案。我应该去总部一趟，了解联合国总部有关领导，特别是开发计划署对现有项目存在的问题的真实看法，向他们汇报我的想法和方案，争取得到他们对下一段工作的支持。我的想法得到亚太秘书处的支持，他们批准了我到纽约出差的请求。

1989年2月初，我以亚太经社会地区遥感项目主任的身份第一次到纽约联合国总部出差，与开发计划署和联合国技术合作部领导沟通。到了纽约，我马不停蹄，即刻赶去见了开发计划署、技术合作部以及外空司的有关领导，与他们进行了坦率、深入的探讨。我的想法得到了他们中好几个人的支持，也收到了一些有益的建议。可以说，那是一次至关重要的差事。在某种意义上，那是扭转乾坤的一次公关，它影响了我们后来在亚太秘书处推动空间合作"三部曲"计划的实现。

最主要的一场活动是与联合国开发计划署亚太局局长扎卡利亚的见面，堪称此行的重头戏。联合国亚太地区所有由开发计划署援助的项目的最后审批权都在他的手中，每年金额达数亿美元。他来自印度，据说是个精明能干，但官僚傲慢、难以对付的家伙，起码亚太秘书处好几个官员都是这么描述他的为人与风格。我和他从未谋面，以前在国家科委执行国家遥感中心项目时，倒是与另一个印度人——联合国科技促进发展临时基金主任拉卡卡打过交道，印象还算不错。说实在的，在见扎卡利亚之前，我心中完全无底，忐忑不安。听说他曾多次和联合国副秘书长、亚太经社会执行秘书基伯利亚先生相互开骂，每次几乎都吵得不欢而散。他又会如何对待我这个级别的项目官员呢？

当秘书把我引进扎卡利亚局长的办公室时，扎卡利亚一边瞄着面前那份文件（估计是秘书预先为他准备的关于我的背景介绍），一边站起来，和颜悦色地说了声"欢迎，欢迎到纽约"。我注意到，这个印度人个子并不高，没有我想象的那么彪悍。他的脸稍显瘦窄，留着一字胡。他倒是很客气地请我坐下，问我是否需要咖啡或茶，但马上补了一句："不过，对不起，我这儿没有中国茶。"凭着过去与洋人打交道的一点儿经验和直觉，我暗想他这句话的目的是拉近沟通的距离。我没有客气，要了一杯咖啡。在等待的分分秒秒里，我觉得他似乎并非传说中的那么粗暴、蛮横。我觉得他是愿意交谈的。我预感我们当天的会面氛围会宽松友好。扎卡利亚简单地问了我的背景，我觉得他是在对我进行评估。简单的交流之后，他很快就切入主题，侃侃而谈。他谈了开发计划署的新政策，亚太地区技术合作的重点，以及与亚太经社会的关系，等等，很直率，也很接地气。

其实，在去纽约出差之前，我是做了功课的。我从开发计划署曼谷办公室那儿了解到相关信息，对它在亚太地区的有些政策大纲，我能倒背如流。我很清楚，那时开发计划署自身也面临着重大的挑战：一方面，它的筹资遇到了一些麻烦，不少捐助国开始对它的绩效表示怀疑，对它加压减资，要求其提高援助经费使用效率和效果。开发计划署因而决定不对同一项目连续多次援助，以防这种特殊的技术合作资金变相成为受援部门的附加经费。这就是开发计划署从1983年起给亚太地区遥感计划项目连续两笔资助之后，再也不同意提供第三期资助的原因。另一方面，发展中国家也在对开发计划署施压，要求受援国直接执行，以减少项目的行政开支，特别是支付昂贵的国际专家费用，将节约下来的经费更多地投入到培养发展中国家自己的执行能力。这个趋势在一定程度上影响了亚太经社会秘书处的预算外经费的来源，也使开发计划署和亚太经社会两家的摩擦增多，矛盾加剧。

## 第五章 谱写亚太合作三部曲

对于地区遥感项目的未来，扎卡利亚着重谈了两点，毫无掩饰，有点语出惊人：一是亚太经社会秘书处是个官僚机构，执行的多个地区项目效率都很低，最近两年的交付率不到60%，"要了钱却没有能力花出去，直接影响了我们开发计划署的下一轮筹资"；二是亚太经社会秘书处缺乏战略思维，不想主动推动政府间合作机制化，担心有人最终抢他们饭碗。他说："开发计划署对遥感项目评价的结论是：建议地区遥感项目从亚太经社会秘书处脱离出来，独立执行，推动建立可持续的政府间合作机制。"他还说，对于地区遥感项目的第三期援助，他一点都不乐观。他明确让我要有这个思想准备。不过，他倒也补上一句："除非你们有创新思路，能拿出一个有新意的、能说服开发计划署管理层和成员国的新的地区合作项目建议方案。"

长篇大论后，他终于停了下来，端起咖啡，并示意我谈谈自己的想法。我必须在有限的时间里，用最洗练的语言，向他介绍我5个月来废寝忘食、深思熟虑、认真调研后提出的一个初步设想，即我此前提到的重塑亚太遥感项目、迈向机制化的"三部曲"。我毫不犹豫地告诉他，我打心里赞同他的想法：为了满足亚太地区可持续发展的需求，必须建立一个常设性机制来继续推动地区空间遥感合作。我说我这个想法来源于联合国"建立中国国家遥感中心"项目的成功经验。这个项目实施中积累的许多运作经验为我们提供了一个好典型、好模式。联合国科技促进发展临时基金用很少的钱帮助中国建立了一个国家级的遥感中心，这个中心成为协调中国几十个部门遥感力量的有效机制。这是亚太地区可以借鉴的。我信心满满地告诉他，我可以帮助实现亚太地区遥感合作机制化。为了达到这个目标，我们必须分步走，循序推进。我需要一笔经费，大概也就是150万美元，加上一定的时间，大概是3年。"给我一个支点，我可以撬动地球"，我引用阿基米德的话，说我有信心给开发计划署和亚太经社会以及成员国一个满意的答卷。

接着我告诉他，我已经做了比较全面的研究，同意不能只停留在遥感方面的合作。目前面临着诸多新技术、新机遇和新挑战，我们必须有新思路和新概念。我的具体想法是推动地理信息系统与遥感技术整合应用。简单说，就是要充分利用各种社会、经济以及遥感获得的环境和自然资源数据，对其进行集成、叠加，通过模型分析，为发展规划决策服务。我认为这将成为90年代政府决策规划的重要工具。我强调：新一轮合作的主要基础是前几年开发计划署资助的遥感项目，加上各国自身发展的遥感能力，将为地理信息系统提供源源不断的、动态更新的数据。我告诉他，这里不但有技术创新问题，而且还要求成员国层面机制体制的创新。这个合作设想，对于地区各国来说，将是一项继往开来的工作，承前启后的推动力。

最后我指出，这个项目不能离开亚太经社会，靠一两百万投入也根本无法独立。我说亚太经社会是地区遥感项目可以依托的最佳政府间合作平台。因为它每年有自然资源委员会和亚太经社会年会两个层面的平台，有相关部长和成员国政府部门领导参加，具有非常高的号召力和最大的地区影响力。要建立地区遥感合作长效机制，需要借助并利用好亚太经社会这个平台。我指出湄公河委员会、南海矿产资源探测委员会，以及亚洲开发银行等政府间组织都是由亚太秘书处催生、壮大，最后才形成常设性的独立机制。因此，最佳的方案是在亚太经社会成立一个常设性计划，列入联合国的正常预算——这应该是我们的共同梦想。

为这次见面，我做了充分的准备。我陈述清晰，自信满满。在这种时刻，我必须也只能充分表现我的自信，这一点至关重要。在我陈述时，我注意到扎卡利亚不时地在面前的本子上记下一两笔，而他的助手加西亚先生则总在认真记录。扎卡利亚不时点点头，偶尔也提问，基本上是关于地理信息系统和遥感的关系、成员国的需求热点等问题。他不懂地理信息系统技术，这点毫无疑问，也是可以理解的。但他对地区的现状和发展趋势，以及美国和西方国家在这个领域的发展水平等兴趣盎然。他多数时间在听我说，基本上没打断我。后来我听他的助手加西亚说,他很少如此耐心地听取别人意见。

我们的交谈结束时,扎卡利亚除了在表情上显露出些许赞赏外,对于是否愿意考虑支持我提出的新项目设想,却态度谨慎,并没有做任何的肯定和承诺。他唯一明确应允的是,下次去曼谷时继续讨论关于地区项目之事。直觉告诉我,这次沟通是卓有成效的。我的"三部曲"的建议似乎打动了他的心,加深了他对我思维缜密的印象,也奠定了进一步探讨的可能性。我觉得回去以后不是考虑如何在剩余的时间里"终结项目"、关门大吉,而是要认认真真地开始组织准备一份有特色的、有新意的技术合作建议文本,等他下次来曼谷时讨论。

## 启动部署"三部曲"

没有信心满满、雄心勃勃的领队,带不出活力四射、能打胜仗的队伍。不管怎么样,我作为一个领队,必须坚定信念。回程,飞机一路西行,穿越太平洋,我毫无睡意,抓紧时间准备出差报告。我大脑里翻过一帧又一帧与扎卡利亚交谈的图像,我感到他之所以能耐心听我说,可能是因为我有独立见解与明确的思路,而且我很清楚我到底要什么。我这次的成功在于充分的准备。我认为,比"重要的事情要说三遍"更重要的是,"重要的事情要做三遍",而且要亲自过问,必要时还要亲自动手——这几乎成了我以后干所有工作所遵循的铁律。我从来不在重要的事情上挤时间、耍懒或偷工减料。

我必须迈出第一步,启动我的"三部曲"的部署。我首先要把地区遥感项目的第二期的所有计划执行好,彻底改变开发计划署对亚太经社会项目执行拖沓的印象。同时,我们要利用这些时间开展与成员国的磋商,统一新的合作思路、主题与方向。这一点,并非举手之劳那么容易。原因很简单,从1983年地区遥感项目开始,各国政府就确定了该项目的国家联系单位和联系人。绝大部分国家是由国家遥感中心,或者负责遥感领域的地质或环境部门牵头,它们作为对口单位参加地区遥感项目的所有活动，包括选派人员参加技术培训，接受技术援助，获得遥感数据开展环境与自然资源制图和监测的示范研究，以及信息交流，等等。个别国家还从地区遥感项目得到一些活动经费，尽管金额并不大。无形中，这些部门成为国际合作项目的既得利益者，出现了某种程度的部门"垄断"，把与联合国的合作渠道归为自己部门所有，严重的还出现相互封锁和割据的现象。

1992年是地区遥感项目实现转折的关键时间节点。按原定计划，地区遥感项目将于1992年6月结束，是继续还是终止，一直无人能给出明确说法。按规定，我们必须提前3个月通知职员关于合同安排与去留。事实上，大家已经按捺不住了，人心惶惶。1992年2月10日，我的信息员首先得到一个新的工作机会，提出要在一个月内离开我们，加入别的团队。其他两位辅助人员也在寻找机会，他们也可能随时跳槽。这是完全可以理解的啊，他们再喜欢这个事业，再热爱这个团队，再相信我对他们的关心呵护，也需要有一份工作，养家糊口才是大道理啊。

1991年年底，亚太秘书处不得不按照成员国的优先建议，调配了一个P4职务给遥感领域。这是预算内岗位，实现了历史性的"零"的突破。对于这个职务，我的本意是给我的助手，即来自孟加拉国的乔杜里博士，他在地区遥感项目服务多年，熟门熟路，和我几乎是无缝配合。在这个关键时刻，项目需要他，我也需要他。但我的推荐被否决了，因为孟加拉国籍职员已大大超编，又碰上总部正在推进改革，一点儿都不肯通融。

我急于用人，结果在招聘上遇到了另一个麻烦，而且是真正的麻烦。当时，韩国在亚太经社会秘书处唯一的一名职员也是预算外编制，她是地区人口信息顾问，合同也是一年一签。在韩国政府的压力下，亚太经社会秘书处副执行秘书，就是那个来自日本的中川，于1992年2月14日下午来到我的办公室，这本不多见。平时大家一般感觉不到他的存在，也很少听到他谈业务方面的工作。这次却例外。他很上心，在我的办公室谈了三点：一是，日本政府非常支持我和地区遥感项目，他要我准备一份材料，说明这个项目的具体内容、时间框架和需要的经费支持强度等；二是，征求我本人关于亚太秘书处机构改革的意见，他说他认为地区遥感项目可以作为环境专门委员会下的一个科室或一个处，变成亚太的一个重点领域，而不只是一个临时项目；三是，他强烈推荐韩国的游博士为P4遥感官员，因为游非常能干，韩国对亚太贡献又很大，而目前在秘书处却一个编制都没占。他最后还说："我可以向你透露，我们准备临时调配一个P5级的顾问给地区遥感项目。这样，我们就不怕开发计划署断奶的威胁。"

副执行秘书谈了这么多，绕了这么大弯子，他醉翁之意不在酒，他是用典型的东亚人的文化思维方式来推介游博士。其实，我和游博士非常熟悉，她是个很优秀的职员，毕业于美国一所名校，是人口信息领域的博士。她工作勤奋，认真负责，怎么称赞她都不过分。之前，她本人也曾经找过我，表示希望得到这个职务，加入我的团队，改行干遥感。我已经很坦率地告诉她，我争取了3年只得到这么个编制，作为遥感领域的种子，需要立马发挥作用。我还对她说，以后我如果能争取到新的编制，将欢迎她加盟——她应该很明白我并没有优先考虑她的意愿。我把同样的想法告诉了副执行秘书，强调我要的是一个能独立工作、能立马发挥作用的遥感专家，其他学科领域的专家无法代替。

2月20日上午，行政司会务处的蒋亨达处长也来到了我的办公室。他来自台湾，非常爱国，还是当年"保钓运动"的发起人之一。他给过我不少工作上的建议。蒋不卖关子，直截了当地劝我：对于P4的招聘，一定要谨慎而行。他说韩国大使已给执行秘书写了信，推荐游博士任P4职务，行政司司长也代表执行秘书做了回复，给了积极的信号。他的结论是：执行秘书、副执行秘书以及资环司司长都明确表示对任用游博士没有意见，现在的关键就看我的态度了。"你啊，一不小心会成众矢之的，一定要注意！"

我压根儿没料到有关领导竟如此施政，把矛盾全部推向执行层。我该怎么办呢？我们努力了3年只争取到这么个职务，连我自己的最后去向还尚未明确，大家就来抢位置了。我是执行上面的意图，息事宁人，起用游博士，还是坚持选人原则，从工作需要出发？联合国在用人方面不是有一套严格的标准吗？不是要坚持胜任力吗？不是提倡公平、公正、公开，竞争上岗吗？我并不是说游博士缺少胜任力，但她的所长并不符合我所急需职务的专业要求，这在该职务的岗位职责上写得明明白白啊。我认为，即便不论那些原则、那些冠冕堂皇的话，就谈我面临的工作需要，我也必须坚持严格把关。我没有退路，只能"明知山有虎，偏向虎山行"。这是考验我的正直、专业与公平的时候，我必须有定力。我明确告诉管理层，我不能推荐游。既然我的助手乔杜里博士因孟加拉国籍职员超编不符合条件，那我就要求秘书处立即启动公开招聘程序。

在处理这个问题的过程中，不少人觉得我太"愣"了，是愣头愣脑的愣。秘书处最终还是接受了我的意见，尽管程序有点冗长。我们通过面试挑选了5个人，并按规定最终提供了一个有3名候选人的短名单上报，其中来自加拿大的克莱尔·卡斯林作为第一选择。卡斯林毕业于麦吉尔大学，遥感硕士，在非洲、亚洲参与执行过数个大型遥感制图项目，也在非洲经社会当过遥感与地理信息系统短期顾问。总部很快批准了亚太秘书处的报告，我们终于招聘了一名学遥感、从事遥感的专家，解了我燃眉之急。

人事问题一向是国际组织最困难的问题之一。决策者往往需要在原则性、专业需要、竞争力和政治压力之间权衡考虑，就看你要的是什么。实事求是地说，这件事把我自己推到了巨大的政治压力之下，我得罪了不少人，其中还有我的朋友。我在联合国第一次冲破了一个关系网，闯过了一个不容易过的人事关，了解了个中滋味。

后来我出任粮农组织亚太地区代表，在招聘行政处处长时，我碰到

## 第五章　谱写亚太合作三部曲

了类似的麻烦。这回我受的是来自日本外务省和农业部以及粮农组织总部的压力,机构内外好几个人和我直接打招呼,包括总部人事司的领导。但我最终还是决定不推荐那名日本籍官员,尽管他已有近30年的粮农工作经验,为人不错,谦恭和善,对我也很尊重。但他的综合素质和协调能力实在平平。而我需要一个充满活力、锐意进取、有勇气带领改革、能提高行政效率的年轻人,而他显然不具备这种素质。我知道我的否决将断送他在退休前3年的最后一次升迁机会,我也知道我将得罪好多人,包括亚洲那个捐款最多的国家。不难想象我当时的处境和纠结——如果放宽尺度,于是我举手之劳,他、他的家庭、他的国家,都会很开心,我自己可能也会减轻压力,觉得顺心。但我最后还是坚持立场,一票否决了他。

多年后,经历了来自各方的种种压力后,我才彻底明白了一个道理:为什么秘书处许多官员,对那些资质不足,自身不怎么优秀,缺乏相关学识、经验与才干,却依赖和利用政府的影响,给秘书处施加种种压力的申请者,有厌恶心理和抵触情绪;而对那些侥幸挤进国际组织,最终却无法胜任的人,除了鄙视,更多的是同情。因为他们最终会因德不配位,干得不顺,活得很累,不仅坑害了自己,也影响了国家声誉。

苍天不负有心人,在我的小团队集体的艰苦卓绝的奋斗下,地区遥感项目终于赢得了成员国的高度赞赏和支持,成为亚太经社会技术合作的一个品牌。我作为项目主任和地区协调官的工作业绩,也得到秘书处和成员国的高度认可与肯定。尽管如此,由于项目的后续经费没有落实,除了刚招聘进来的P4官员外,包括我自己在内的项目所有工作人员的合同也接近终结。

资环司司长石广长和技术合作司主管潘炳钧坚定地认为:一定不能让地区遥感项目在这个关键时刻停摆,为了稳住队伍,必须设法留住项目主任。他们和执行秘书商量,决定临时设立一个地区遥感技术顾问职务,为期一年,预算暂从"不可预测资金池"支出。说穿了,这是亚太执行秘书在他的权力范围内的一种运作，实属不得已而为之。换句话说，我还只是一个临时工。按这个职务的考核标准，我必须"应成员国的要求，完成每个月至少两次的出差任务，为成员国提供遥感应用方面的政策与技术咨询，每次出差后必须及时编写技术报告"。

记得当时成员国对这种咨询的需求非常迫切，秘书处在短短的几个月就收到了包括中国香港、马来西亚、新加坡、印度尼西亚、印度、伊朗、斐济等国家与地区的诸多请求。在地区遥感合作机制尚未明确之前，我不得不兼顾开发计划署资助的地区遥感项目的主任的工作，继续组织完成该项目的既定工作计划。那一段时间，我是真正意义上的身兼二职，一身事二主，两头兼顾。说实话，即使有三头六臂，也分身乏术，更何况我在北京大学的博士课程已进入第三学年的关键时刻，大量的作业经常拖延。同时，在王乃樑和承继成两位导师的指导下，我的博士论文选题已确定为"区域可持续发展研究"。我准备遵循1992年联合国环发大会上提出的可持续发展理念，结合自己长期进行遥感－地理信息系统的研究与管理经验，从理论、方法和技术上深入探讨，研究建立"理论—模型—试验（实践）"的框架与指标体系，以及如何在实际社会经济治理中实施。面对多任务的叠加，我开始感到力不从心，身心俱疲，经常失眠，每天晚上只能靠安眠药睡几个小时。而第二天在人前，我却是强撑着，总让人以为我精力充沛，始终活力四射。

与此同时，我的注意力还必须集中到亚太经社会第四十八届年会的准备。这是我"三部曲"中关键的第二步，是决定地区遥感合作未来的一个重要关节。我认为，亚太地区已打下了一定的基础。地区大部分国家都认为，遥感技术在亚太地区资源、环境和社会经济发展中，具有广泛的应用前景和日益重要的作用，这次年会必须重点突出，改变以往注重介绍地区遥感项目成就的策略。我决定集中有限的文件篇幅，阐述今后地区空间应用与遥感的方向、政策、合作机制和资金渠道等问题。事实证明，我的这个决定非常正确，后来在4月份召开的亚太经社会第四

第五章　谱写亚太合作三部曲

十八届年会上，成员国做出了对地区空间与遥感合作重点支持的重要决定。否则，亚太地区空间与遥感合作的历史还真的要改写。

## 再赴纽约游说

联合国开发计划署终究是我们要瞄准的主要资金来源。1992年2月22日，我再次飞往纽约，参加联合国外空委科技小组委员会会议，但更重要的目的是与开发计划署就亚太地区遥感项目的资助问题再次游说、沟通。在总部，我最有效地使用了时间，拜访了联合国外空司司长贾琛图里亚纳、外空应用专家阿比奥登、技术合作部资源处处长艾拉比博士、制图与遥感主任捷卡尔达博士、信息技术高级顾问周宏仁博士，以及联合国粮农组织遥感中心主任卡兰斯基博士等一批专家，与他们讨论了我对今后亚太地区遥感发展合作的总体思路，希望他们共同支持新的地区合作项目，邀请他们作为合作伙伴加盟地区合作网络。2月26日上午，我见了开发计划署主管亚太项目的泽马尔和斯古尔·威利两位官员。我们就地区合作问题做了坦率、充分和深入的讨论，涉及面很广，收获不小，包括如何确定以问题导向、确定应用优先的领域（明确主要产出），如何创新合作的体制机制，比如基于我们项目和中国开展南南合作的经验，探讨由一个国家引领某一重点领域，带领其他国家参与的想法。我们还讨论了内部的管理结构，如何规避联合国的官僚习俗，把主要活动下放到国家一级。我们还谈及今后的协调角色，从地区网络建立，到应用推广，最后落实到卓越中心的建立，形成可持续的机制，等等。这是一次实质性的会议，内容广泛，思维新颖，双方都觉得对话很轻松愉快，对彼此的想法有了深入的了解。尽管他们对我的专业思维明显表示尊重，对我提出的管理模式表示赞许，但他们还是回避了我提出的地区项目的资助经费问题，他们说将向地区局局长汇报、讨论后，再由局长亲自和我谈。

当天下午，我还约见了即将上任的联合国副秘书长兼亚太经社会执行秘书拉斐迪·阿罕默德。我比较系统地向他汇报了地区遥感项目的发展历程，侧重谈了目前存在的问题以及解决这些问题的想法与建议。我告诉他，空间遥感和地理信息系统对亚太地区社会经济发展是一个机遇，以及必须紧紧抓住这个机遇的基础和理由。我向他建议，亚太经社会秘书处应该有一个机制化的安排，至少要设立一个专门的处级单位来推动。我发现阿罕默德是一个非常平易近人的领导，与基伯利亚的风格截然不同。他倾听，不断点头，偶尔插话、提问，就像在和你聊家常。他让你丝毫没有局促感。但在他办公室里，令人头疼的是，他抽雪茄烟，吸气时吧嗒吧嗒地响，腾起一团烟雾，满屋子里弥漫着一股浓烈的怪味。临别，阿罕默德答应他到曼谷后会统一考虑亚太地区今后的优先目标，需要时会再找我了解情况。对于我来说，这场对话是我此行的额外奖赏。

2月28日，星期五，下午，我再次到开发计划署与地区局局长扎卡利亚讨论地区遥感项目的后续问题。他首先说，他知道两天前我与他的两位职员讨论得很有深度。他说，可以告诉我一个好消息，他已经批准了我们关于本期地区遥感项目在不增加经费的前提下，延长3个月即到1992年9月份的建议。谈到后续的项目经费支持，他斩钉截铁地说，开发计划署"绝对"不会继续支持地区遥感项目。但他也提到，他了解到一些国家对我们提出的关于地理信息系统与遥感综合应用的建议有一定兴趣。他说："不过，你要知道，亚太经社会没有能力执行这种高技术项目。如果有任何新的项目，前提是必须离开亚太经社会，另起炉灶，或干脆让地区中某一个有能力的国家执行。"我实在不明白他为何对亚太经社会成见如此之深。我再三为亚太经社会辩驳，坚持说亚太经社会秘书处已做出巨大的努力，在经费极其拮据的情况下，还专门设立了一个预算内的 P4 职务，同时调剂安排一个预算内的地区遥感技术顾问，P5 级，由我担任，我身兼二职，统筹兼顾。我特别强调，像这样技术含量很高的地区合作项目，在开发计划署投入有限的情况下，留在亚太经社会是最佳选择，这样才能充分利用它的政府间平台和伙伴网络，最大限度地争取其他额外资金支持。我说："根据我们的调研判断，现阶段成员国还没有能力像欧空局成员国一样分摊经费,任何独立门户的做法都是不可持续的。""亚太经社会是目前项目依托的不二选择。这一点,希望开发计划署能够考虑。"我很坚定地补充了一句。

但我的努力似乎无济于事。扎卡利亚坚持认为亚太经社会应该脱手了,让成员国自己决定。他说:"3月底,开发计划署将正式通知亚太地区成员国,请它们提交地区合作项目建议。你们就不需要准备项目文本了。"他最后还说:"你的助手乔杜里为什么还没走?我只批准你的合同延期,但并没有包括基伯利亚的亲戚啊!"看来他对亚太经社会执行秘书的成见实在太大了,因为这并非事实。我在纽约与开发计划署管理层的沟通中得到的反馈非常明确:第一,他们确定不会再为遥感提供第三期的资助。我们别无选择,必须回到我先前的设想:从需求端入手,研究新的发展方向,探讨新的技术路线,提出新的地区合作建议。一句话,不能重复遥感,要有新技术、新内涵、新模式。我估计,这是唯一可能获得新一轮资助的策略。第二,我们必须与时间赛跑,提前与成员国酝酿磋商,因为按开发计划署的地区技术合作项目的有关规定,地区大部分参与国的同意与支持是开发计划署批准项目的前提条件。在一个多元化的决策系统里,各国都有自己的需求和考量,协调、统一各方的立场将是一项非常有挑战性的工作,耗时是不言而喻的,公关策略和谈判技巧也很关键。

我作为项目主任,有责任拿出解决问题的方案。从纽约回到曼谷,我把大部分精力集中在如何走好下一步的棋上。

## 地区合作机制化

### 一切来自勇于创新

"辽阔的世界,宏伟的人生,长年累月,真诚勤奋,不断探索,不断创新。常常周而复始,从不停顿,忠于守旧,而又乐于迎新,心情舒畅,目标纯正。啊!这样又会前进一程!"年轻时候读的歌德《浮士德》中的这段诗,一直在我心中留着深刻的印象。

应该说,从受命项目主任职务之日起,我就一直思考如何才能将这个地区项目带向一个新的方向,建设一个更高、更有效的地区合作平台。为了实现地区合作机制化的目标,我一开始就注重对战略方向的研判。我认为,在卫星遥感具备产生海量数据的能力之后,主要矛盾将凸显在数据分析手段大大落后于数据采集,而数据应用又大大落后于数据处理和分析。联合国亚太经社会应该从这个切入点帮助成员国。

从技术上说,遥感和地理信息系统这两个工具,一个侧重数据采集,一个侧重数据融合挖掘,我认为应该从这两种技术的结合做文章,就像两个拳头一样,握得紧紧才能更有效地发力、更好发挥它们的综合效应。在这一方面,发展中国家和发达国家差距很大,这应该是我们选择、设计新阶段地区合作的立足点和出发点。我相信,这是90年代亚太地区成员国需要联合国在地区层面推动的一项新的合作领域。

亚太地区不仅有需求,而且有基础,但需要挖掘、整合、融合、创新。亚洲经历了20世纪70年代的遥感知识引进和80年代的遥感应用后技术日臻成熟,地区有近20个国家级遥感中心,初步形成了获取海量数据的基本能力。在全球范围内,空间遥感的发展也带动了80年代地理信息系统的兴起,以空间坐标为基础的遥感信息,得以和数字化的社会、经济、人口以及环境资源数据,在同一坐标系进行配准、复合分析,为政府的政策制定和发展规划服务提供了美好前景。欧洲和北美洲投入大量资金开展基础研究与技术开发,政府部门引入这些技术,在城市发展、基础设施建设、环境监测、海岸带开发、地表覆盖变化、农业和农作物动态监测等领域广泛应用。而在亚太地区,除澳大利亚等少数发达国家外,绝大部分发展中国家还没有真正享受到这种信息技术带来的恩惠。其中最主要的原因是这些国家的能力建设薄弱,尤其是相应的政策缺位,以及地理信息系统与遥感整合的复合型人才缺乏。我们迫切

第五章　谱写亚太合作三部曲

需要一个地区技术合作项目来帮助成员国，从政策的改革、技术能力的提升和人才资源的培养等若干个层面同时推进。

通过不断沟通、深入思考和研讨论证，我的思路逐渐明确，我把亚太地区成员国归纳为3类，存在3种不同需求。

第一类是大批发展中国家，如巴基斯坦、泰国、伊朗、蒙古、马来西亚和南太平洋岛国等国，生态环境复杂、脆弱，自然灾害频发，是空间信息的用户，有明确的需求，渴望得到技术培训，以及遥感资料和地理信息系统等技术。但它们自身能力缺乏，对联合国平台寄予厚望，最迫切要求联合国帮助发展能力建设。

第二类是有较强空间能力的国家，如中国、印度等发展中国家和澳大利亚等发达国家，在一定程度上也包括印度尼西亚。当时印度尼西亚正与荷兰接触，探讨研制赤道卫星（我的荷兰导师韩鹬士教授在极力游说、推动）。中国和印度这两个国家，都发射了自己的卫星，是地区空间大国，在一定程度上还相互不甘示弱，希望扩大自己的影响力。特别是中国，更希望打开空间市场。当时航天部的一些人还计划由中国牵头，成立一个亚洲空间局。

第三类是发达国家，包括美国、法国、日本等，还有俄罗斯，它们都有巨大的空间计划。美国早在1972年就成功发射了地球资源卫星，毫无疑问，是全世界领头羊，亚洲整个市场基本都属于美国。法国则十年磨一剑，于1986年发射了SPOT卫星，一开始就明确定位商业机制、市场运作，它渴望很快打开亚洲市场，与美国争夺数据市场份额。日本财大气粗，科技厅和宇宙开发事业团共同研发卫星。尽管日本本土只是弹丸之地，可是出于军事目的和保持技术前沿的地位，多少也希望得到国际认可和应用，以谢其纳税国民。

这三种类型，各有所需，各有算计，形成三足鼎立。我以为，若能基于它们各自的想法，寻找最大公约数，就可能找到一个合力。我的出发点如下：一是客观上绝大多数，甚至可以说所有国家，在资源管理、环境监测、农业生产、区域发展、城市规划以及灾害监测中，都有对信息技术的普遍需求，这是基本点；二是大国为了扩大市场，需要加快培育用户；三是包括中国在内的许多发展中国家有对技术转让的渴望，也有支持地区空间合作的意愿。我决定从这些共同但有区别的需求出发，分别做工作，重点游说每个类别的典型国家，争取它们带头支持。

这个过程虽然困难，花费时间，但更需要智慧。我必须与不同文化、不同风格的人打交道，在不知不觉中提高了沟通谈判、纵横捭阖的外交艺术与技巧。我坚信，利用联合国平台的权威和影响力，推动亚太空间合作机制化是一个有效的途径。在磋商过程中，我曾提出地区空间力量"整合"（integration），后来改为"协调"（coordination），最后退到"和谐"（harmonization）。这三种不同的说法说明了我最早的思路过于超前，缺乏操作的可能性，才被一些空间大国否定。我最初提出整合亚太地区空间合作机制，在征求澳大利亚、日本和印度等几个地区空间大国的意见时，没想到遭到其明确反对。它们明里没说，但担心我这个中国人借用联合国平台，"贩卖中国私货"，担心中国牵头把它们给"整合"了。它们说，发展空间技术和应用首先要根据各国自己的需求和能力决定。"说高了这是主权问题，说低了这是资源问题，你们亚太经社会有什么能力来整合我们呢？又靠什么资源来整合呢？"日本宇宙开发事业团的一位高管财大气粗，说话咄咄逼人。我很快意识到，我的想法不切实际，而且有点幼稚。其实，"整合"的概念，连我自己的国家都未必完全同意，看来这个想法是绝对闯不过关的。

我决定退而求其次，提出了"协调亚太地区空间合作"的概念，目的是通过协调几个空间大国在本地区召集的林林总总的活动，包括空间和遥感部门高层会议、地区与国家能力建设和人员培训活动等，既让它们的投入效益最大化，又减少其他发展中国家不必要的重复与负担。但这个"协调"的概念在磋商过程中同样被否定了，包括美国、法国、日本和印度等，它们都有自己的小算盘。特别是日本和中国，都坚持继续

## 第五章 谱写亚太合作三部曲

推进自己发起的多边机制,它们说联合国既无经费,又无技术能力,能够协调国家间的空间计划吗?说穿了,这一回它们担心自己的机制被"纳入"协调。有人告诉我,在日语的语境里,被协调就是接受领导。

两次试探的失败,反而让我冷静了下来。我们既不能半途而废,也不可盲目推进,凡事都得有度。而这个度到底是什么呢?不管用什么措辞,只要能有一个大家都能接受的平台,大家肯坐到一块儿,沟通交流,探讨契合点,朝着互利合作的方向循序渐进,就能达到亚太经社会的目的。这就是所谓的度。沿着这个思路,按中国和为贵的儒家智慧,我用"和谐"一词取代"协调",尽管有点像是在跟洋人玩中国文化的字词游戏。

在各种磋商会上,我们反复阐述了"和谐亚太地区空间应用计划"的新概念。在介绍秘书处的思路时,我强调说:在我们东方的文化中,"和谐"是人们自古以来就追求的理念。我们亚洲人一向崇尚"和为贵""和而不同"。"和谐"就是求同存异。我们秘书处不会也不可能去干涉各国的空间计划,相反,我们的目标是促进各国合作,特别是在发展中国家培养更多、更广泛的用户群体,倒逼推动、加强各国空间技术发展。我们的兴趣和重点在于帮助成员国扩大和增强应用知识和能力。由于成员国的需求差异巨大,没有任何国家,包括空间大国能包打天下。我还说:"和谐"是一种空间力量的"松耦合"。我们提出的"和谐",其实质是利用联合国中立的平台,为所有成员国,不分大小,不管贫富,无论是发展中的还是发达的,创建一个相对花钱少、受益面大的,能供大家平等交流、磋商、分享、沟通本地区共同关心的热点问题的,包容性的地区平台。我又说:联合国的特点是包容性,本地区现存的几个单一国家牵头的机制都缺乏这个特点。我还强调这个平台的应用导向性。我说:"你们有大计划,有高技术。我们有广大的成员国,有多重的问题需要解决。对你们来说,这就是市场。但这个市场目前还只是潜在的,需要有组织、有计划、有规模、有系统地去培育。这就是我们这个地区共同的热点议题,就是'和谐'机制目前阶段的主要任务。"我还指出:亚太地区空间遥感发展的最大问题是没有一个统一认可的远大目标,缺乏一个清晰的地区战略,所以只能到处求爷爷、告奶奶,乞讨些许经费,做一些小打小闹的项目,碎片化发展,甚至重复活动,缺乏可持续性。

我站在联合国的平台上发表的看法,自然有一定影响力、号召力。我们通过不断游说、各种正式和非正式的沟通、专家会议以及亚太地区国家遥感中心主任会议等平台,坚持磋商,各国开始认可采用"和谐"的提法,这是一大进步。我们终于向前迈出一步,集成各方智慧,凝练出一个推动地区空间应用合作的初步战略构思,为实施"三部曲"的路线图铺设了基础。

没想到,"和谐"的概念被接受了,但我们抛出地理信息系统与遥感综合应用的具体项目建议时,得到的却是另一种反对意见。这回主要是来自发展中国家的强烈反对——这是我完全没有预料到的。在1990年4月召开的亚太地区遥感项目国家遥感中心主任会议,以及项目三方评审会议上,我成了主要被攻讦的目标。有的,如泰国国家研究院、马来西亚国家遥感中心以及巴基斯坦上层大气和空间研究委员会等,反应还特别激烈。它们认为我将毁掉这个地区几年来建立起来的遥感合作网络,还说把"重点转向地理信息系统"是一个危险的决策。

与此同时,联合国开发计划署代表还不忘在会上反复强调,提醒成员国不要期望开发计划署对地区遥感项目提供第三期资助。他们坚持,各国代表要提前考虑"项目结题关门,或者自筹资金继续"。开发计划署的出发点是要求成员国实现机制化。会上,他们再三表示:迄今没有得到任何授权来讨论新的项目建议,哪怕是再有吸引力的新想法。

我很清楚,此刻成员国达成共识、一致表达强烈愿望至关重要。我们急需进行非正式磋商。在国际谈判场合,茶歇和午餐期间往往是会议代表们用来个别沟通和"游说"公关的最佳时间。我们秘书处顾不上

## 第五章 谱写亚太合作三部曲

吃饭，决定分别和几个国家代表做工作。在交谈中，我发现几个国家代表一致担心的核心问题是，地理信息系统不是遥感机构的职能。换句话说，他们担心的是失去地区遥感项目的联系与协调单位的地位。通过交流，我恍然大悟，我竟然犯了如此低级的错误，竟完全忽略了这个在发展中国家普遍存在的"部门分隔和部门利益优先"的体制性问题。是啊，我应该清楚，在大部分国家，发展地理信息系统的职能往往不是遥感技术部门管辖，而是由另一个政府部门——一般是国家测绘部门管辖。那些反应特别激烈的国家，如泰国、马来西亚、印度、印度尼西亚、伊朗、蒙古、巴基斯坦，甚至日本等都有这个问题。我所面临的挑战是，如何既说服这些既得利益者、遥感中心"大佬"接受我们的建议，去拥抱地理信息系统和遥感的整合，又能找到一个办法，有效地保持现有的国家联系部门不变，确保它们国际合作的通道连续性。这个问题涉及政府部门的职能分工，需要有充分的时间，让各成员国代表理解、思考并回去后磋商。

联合国会议的经验告诉我们，当会议辩论进入白热化，基本无望达成共识时，会议主席一般会及时做出决策，刹车暂停，避免代表们的分歧越来越大，意见完全分裂，出现不可调和的局面。我后悔没有在会前做好充分准备，没有事先与几个主要国家沟通，犯了自以为是的错误，看来"霸王硬上弓"，坚持在这次会议上强行通过我们的建议是绝对的下策。但我也很清楚，有一点必须与各成员国代表强调：如果我们无法接受新思路，不敢迈出改变的脚步，项目必将面临结束关门的命运。我说："开发计划署作为主要的出资部门已在会上做了明确说明，在会前多次磋商中也向我反复强调过，成员国应该认真对待，不能存侥幸心理。"

其实，我们都很清楚，大家要求继续有一个地区合作项目的目标是一致的。问题是如何提振这批"遥感元老"的勇气，让他们改变思路，接受变革，跨界新领域，打破部门割据。我不厌其烦地做工作，不断强调我们所面临的"要么生，要么死"的问题。我跟大家说：泰国先王在处理与邻国的领土争议时有一种哲学，他说让人剁掉一个指头，还保留9个指头，让人剁掉一只手，起码还剩下一只手——关键的关键是国家不被灭亡。我们现在面临这类似情况，我们的目标是保留地区平台，这只能通过争取一个新的合作项目实现。至于国家的对口部门和联系单位，我相信大家会有智慧解决。我接着说，我先向大家表个态，我们亚太经社会当然希望继续发挥现有遥感网络的优势，另起炉灶是一种资源浪费，不是选项。

我的话得到一些代表的颔首赞同。为了给大家思考消化的时间，我对会议主席穆罕默德先生耳语，提议成立一个小型的专家组，会后与成员国沟通，提出一两个可供选择的方案，在下一次会议上讨论决定。穆罕默德先生点头表示赞同，他在会议上提出了建立非正式磋商小组的决定。这个决定，既避免了冗长无果的辩论，又避免了准备不充分、考虑不全面而做出错误的决定。

在此后几个月里，我们几乎利用所有可以利用的场合，包括亚太经社会自然资源委员会年会、地区遥感项目的各种会议以及出差机会，与成员国和其他伙伴深入讨论和不断协商。经过专家组的努力沟通，地区遥感项目的大部分国家联系部门，都先后表示接受秘书处建议的新项目方向。因为大家逐步清楚了，如果依然坚持死守现有地区遥感项目的老路，拒绝接受遥感与地理信息系统整合，最终只能失去新一轮资金支持的机会。孰重孰轻，大家逐渐心中有数。

## 成员国的关键决定

衣带渐宽终不悔，为伊消得人憔悴。回顾当年，争取新项目和等待的过程的确漫长难熬。我们可以说是掰着指头一天一天熬过来的。一方面，我赞同开发计划署的政策，成员国应该加强自身的造血功能，按中国的智慧，"授人以鱼，不若授人以渔"，形成可持续的机制应是一切国际合作、援助的终极目标;另一方面,我也理解团队同事的心情,他们有权也需要提前知道自己的去向,尤其是他们背后的家庭,需要安排好下一步的生活。

我们在与时间赛跑,需要抓住一切机会。1991年4月,亚太经社会在韩国汉城(现为首尔)召开第四十七届会议。这次会议对地区遥感的未来举足轻重。我决定组织办公室主动展开密集的外联工作。我们认为,各国的国家遥感中心作为地区遥感项目的主要联系点理当有所作为,它们必须能够说服自己国家的代表团在汉城会议上表达对新技术的需求,统一立场,形成共识。作为秘书处,我们的责任是提供有效的技术支撑,具体说就是准备一份遥感与地理信息系统地区合作与协调的政策文件,供成员国在讨论自然资源相关议题中审议并做出建议。联合国做事讲究授权,这是各方后续行动的重要依据。

这个政策文件需要清楚描绘下一阶段地区合作的思想脉络。我把这个任务当作最高优先,组织大家反复讨论。我们分析了第三次全球信息革命浪潮对亚太地区的冲击和机遇,梳理了地区各国在发展规划与决策中的信息需求,以及遥感和地理信息系统发展的现状。我们认为,亚太地区在遥感卫星、地面接收站、地理数据库建设、空间基础设施以及能力建设方面,已经有了基础性投入,为进一步推动地区合作奠定了一定基础。但与西方国家相比,我们在基础研究、系统应用和信息整合能力等方面都很薄弱,特别是带动各行业的综合应用效益还很差。这个文件从地区和国家两个层面入手,强调地区合作的带动效益。可以说,这是我一直殚精竭虑思考的地区遥感项目深化、转轨,引领地区向更为广泛的空间应用领域合作过渡的"三部曲"中的关键一步。

一分耕耘,一分收获。我们与成员国的紧密互动和密切合作,促成了亚太经社会第四十七届会议在汉城通过了第47/4号决议,即遥感与地理信息系统地区合作与协调的决议。对于我们来说,这个决议意义重大,它表明了亚太经社会成员国决定继续推动和加强地区遥感、地理信息系统以及其他相关的空间技术应用的立场。这个决议反映了成员国的集体意愿。它是一块敲门砖，为撬开各捐助者的合作大门提供了有利的工具；它是一支令箭，集体向开发计划署传递了成员国的一致要求；它也是一份承诺书，表达了亚太经社会秘书处和成员国政府加强对地区合作的实质性支持的开始，是关键性的决定。

我们知道，在联合国做事需要趁热打铁。我们不能纸上谈兵，光说不练，让亚太经社会第47/4号决议，像其他许多联合国决议一样，变成一纸空文，束之高阁。年会之后，我们来不及休息，继续与成员国积极沟通，研究如何执行决议。1991年9月，印度的海德拉巴召开了地区遥感项目的政府间会议和开发计划署以及亚太经社会三方回顾会议，我们很好地利用了这个专门的政府间平台。会上，参会的主管政府部门代表再次强调，遥感与地理信息系统在环境和自然资源管理中的重要作用，讨论了开展地区合作与协调解决这个新领域发展中共性的政策、技术应用与能力建设等问题的必要性和可能收益。海德拉巴会议从专业角度做出了进一步决议，点名要求开发计划署在其1992—1996年的援助计划中，为地理信息系统与遥感整合继续提供一定的经费支持，同时也明确要求亚太经社会秘书处，为推动空间信息在可持续发展中的应用继续做出努力。在亚太地区遥感发展史上，这是继同年4月份在汉城通过的亚太经社会第47/4号决议之后，又一具有重要意义的高层次政策决定。可以说，成员国在一年中两次为一个新技术合作项目做出如此重大的决定，实属罕见。

有人说，联合国文山会海，犹如文件工厂。然而，正是这些文件，从法理上明确了联合国的最大老板——成员国政府的授权。顺便说，正是出于这个原因，关于每次重大的联合国会议的报告文件，其形成过程非常认真，有时用几个钟头，甚至一整天时间来讨价还价，几经妥协折中才对一个词、一句话、一段表述达成一致意见。因此，你有时发现联合国文件中有一两句不怎么地道的英语时，不必惊讶，那往往是代表们

## 第五章　谱写亚太合作三部曲

经过困难的讨价还价后留下的痕迹。例如，京都气候变化协议、巴黎协议和林林总总的贸易谈判协议等等，没有一个不是外交家们经过无数个彻夜不眠，呕心沥血，一个单词一个单词抠成的。对于没有直接参与相关会议过程的局外人来说，确实很难想象个中的敏感、背后的动因以及代表们争论的艰辛。这一切，我在 25 年的联合国生涯中有着切身体会。

一般人不一定知道，在联合国，针对特别重大的政治性的问题，成员国才会采用"决议"（resolution）的方式；在大部分情况下，成员国的主张、想法和建议是通过相关会议的报告总结反映的。细心的人会注意到，联合国亚太经社会在汉城通过的第 47/4 号决议，以及地区遥感项目政府间咨商会议在海德拉巴通过的决议，是承前启后、步步紧扣的。这两个决议一张一弛，一虚一实，让各种利益攸关者都很难推脱自身的义务与职责。

这两个决议的通过，就是"重要的话要说三遍"。在联合国这种官僚体系中，许多事不可能一蹴而就，也不可能一气呵成。要想办成一件事，就必须有一定的战略眼光，思维缜密，行动扎实，方法得当，坚持不懈。对于有志于参加国际组织工作的新人来说，永远记住一条铁律：即使是一片蓝天，有时也会飘过云。天上不会掉馅饼。轻轻松松获得你所要的，在联合国系统里少之又少。

我们继续努力着，可以说是步步为营，步步艰辛，但一路掷地有声。在走过了漫长的 365 日之后，我们看到了一线曙光。开发计划署和亚太经社会终于达成了基本共识：开发计划署原则同意我们提出的"地理信息系统和遥感整合"的新概念；亚太经社会认可空间信息技术应用的重要性和优先性，承诺安排一定资金共同推进这项工作。

我的努力似乎迎来了第一个成效。1992 年 4 月，亚太经社会在北京召开了第四十八届年会。对于地区遥感事业来说，这次会议可谓捷报频传。开发计划署地区局局长扎卡利亚在大会上宣布，开发计划署将支持亚太成员国开展一个新的地区合作项目，并决定把"地理信息系统和遥感综合应用推动可持续的自然资源和环境管理"的建议，纳入开发计划署第5个地区合作计划框架，从可持续的环境与自然资源管理领域提供150万美元的经费支持。开发计划署当然没有忘记提醒委员会它的资助条件，即要求亚太经社会和成员国承诺在本项目周期内实现地区合作的机制化。

其实，在我们多方坚持和不懈的推动下，亚太经社会已经确定把空间信息列为地区工作重点之一。亚太执行秘书做出了调整资源、加强对该领域的支持力度的决定。新上任的执行秘书、巴基斯坦籍的阿罕默德先生也向大会宣布，为了加强组织实施第47/4号决议的能力，秘书处决定调配人力资源：安排两个编制内的岗位，一位P5级官员出任地理信息系统与遥感顾问，负责领导遥感事务，一位P4级的遥感技术专家，协助开展工作；同时还配备了两名编制内的辅助人员。这一决定，用亚太执行秘书基伯利亚当年的话说，是"扭断了胳膊"才做到的。预算内编制就像一块金蛋糕，你切走了一块，别人自然就得少分一块，这是零和游戏。在竞争非常激烈的联合国内部，这种决定往往有很大难度，大多是政治博弈。

亚太秘书处的空间技术骨干力量终于跨入了预算内序列，为下一步的机制化打下了一定的基础。这个进展实在来之不易。90年代初，联合国的经费连年削减。成员国强烈要求联合国改革、秘书处节约资费，联合国四面楚歌。各部门，包括亚太经社会秘书处都在勒紧裤腰带，共渡难关。秘书处几乎每个单位都被要求裁员。就是在这种大环境下，亚太秘书处管理层竟下此决心，一下子为遥感和地理信息系统领域安排了两个编制内职务，这是何等的远见，何等的气魄。遥感这个预算外的临时性项目，实现了预算内编制的新突破。

秘书处在改革中迈出的这一小步，对于亚太地区的空间发展与应用事业来说，可是推进了一大步。令我安慰的是，在多方面的共同努力下，我的主张和锲而不舍的努力得到了回报。我们和成员国齐心协力，不仅用钢铁意志挽救了地区遥感项目在 1992 年 6 月关灯熄火的命运，还赢得了 3 年时间，进入过渡阶段，迈向实现变革的新征程。

从某种意义上说，我已经实现了我设计的亚太"三部曲"的第二步。这一步生死攸关，它为我们赢得了一个喘息之机，为实现亚太空间合作梦想的第三步提供了一个过渡桥梁，让我们有机会去探索，去规划更具挑战、更加刺激的第三步。

## 人们只相信结果

我由衷感谢亚太经社会和开发计划署做出的这个重大决定。特别是亚太经社会，在资源匮缺、竞争非常激烈的时期，做出这个决定是异常艰难的，稍有不慎还会招来一些成员国的抨击，更不用说内部有关部门的强烈不满。作为改革和优先调整的受益领域，我们也惹来了不少嫉妒。联合国机构内的相互设陷和扯皮是不可避免的。但公平而论，我们能走到这一步，靠的是这个团队艰苦努力的工作，靠的是实实在在的成果和掷地有声的影响力。地区遥感项目完全依靠预算外资金，为成员国做了显著的贡献。

我上任之后，一方面在我前任工作的基础上，巩固提升；另一方面，大胆扩展应用领域，跨界地理信息系统、卫星定位系统、气象卫星以及通信卫星应用等领域，同时启动卫星数据通过网络共享的实验研究。我们还特别注重开拓新的合作伙伴，在不到 3 年时间，争取到亚洲开发银行、法国和日本等 400 多万美元的资助；同时拓展了空间领域的南南合作模式，探索出发展中国家支持的示范项目和科技合作的模式。这些都让开发计划署、亚太经社会和成员国政府刮目相看，并决定继续支持。

结果最容易使人信服。根据不完全统计，从 1988 年 8 月我接任地区遥感项目，到 1998 年 3 月我调离亚太经社会的将近 10 年时间，我们总共组织了国际或地区的学术会议和技术讨论班 54 个，使亚太地区

2 400多人受益；安排了150多名来自发展中国家的专家参加中、长期遥感与地理信息系统技术的奖学金培训；出版了技术报告和文集50本；建立了亚太地区空间合作三级网络；促成了空间应用政府间协商委员会，国家遥感中心主任会议，以及亚太地区遥感与地理信息系统、气象卫星应用和通信卫星应用3个专家工作组机制。

同时，我们建立了全球首个遥感人才库，收集了亚太地区近40个国家2 000多名遥感和地理信息系统专家的资料。我们还建立了空间教育协作网，确定了印度德拉顿林业大学、印度尼西亚卡查玛达大学，以及中国武汉测绘科技大学和北京大学，作为亚太地区空间信息应用培训点。25年来，亚太经社会轮换了几任领导人，我当年主导创建的这个地区三级网络机制仍然继续运行，不断与时俱进，发挥着良好的作用。客观地说，这在联合国系统中是仅存不多的硕果，是开发计划署和亚太经社会的共同骄傲，是创建可持续的多边合作机制的一个成功典范。

多年来，每年在联合国开发计划署、亚太经社会和成员国组织的三方项目评估中，遥感项目都被认定为"最高效""最有影响力"的地区项目。因为我们每年都比项目规定的任务额多完成将近一倍的活动：平均每年为成员国组织10个以上的技术讨论会、培训班和政策咨询会议，出版10—12个技术报告，安排多个示范项目。在亚太秘书处，许多有10个以上专业人员建制的单位一年也就举办五六个活动。说实话，这么大的工作量绝对不是我们项目组几个专家所能应对的。我们的效率来自与各国国家遥感中心的紧密合作，而秘密武器是成员国专家资源的支持，基础则是南南合作。

最让我自豪和满意的是，在经费极其困难、专业人员严重不足的情况下，我大胆启动的发展中国家科技合作机制（Technical Cooperation among Developing Countries，TCDC），帮我们解决了很大问题。

应该说，TCDC模式是我在亚太经社会的一项管理创新。在当时十分严格刻板的联合国行政制度下，不得不说那是一种对现存制度的大胆

## 第五章　谱写亚太合作三部曲

"挑战"。联合国专家费用的预算较高,当时,一名 P3 级别的专业人员的每年预算起码需要 12 万美元。而我的项目文件中的预算限定三个专业人员,除我这个项目主任外,其余两个 P 级官员,有一个定点斐济,专门负责南太平洋 10 余个岛国的业务,我遥控指挥。我不可能终结南太平洋的活动,把他挪到亚洲地区,因为这对岛国不公平。我思考了很多方案,似乎都不可行,唯一可行的是仿效国内做法,从政府部门"借调"工作人员,自带粮票工作。我的初步计划是每年从成员国"借调"两名中级专家,要求政府部门保持他们一切原有待遇不变,我们从项目经费中为其提供在曼谷的生活补助费。我记得刚开始定每人每月 800 美元,后来增加到 1 000 美元,最后几年为 1 200 美元。我认为这是三赢举措,并有效地说服了有关国家:一是帮助亚太解决专业人员短缺的困难;二是为派出国家与亚太架设直接沟通的桥梁,及时更好地了解亚太经社会的动态和战略方向;三是人才储备,为相关国家人员未来争取到国际组织任职提供必要的经验,提高他们的竞争力。我的这个想法得到了中国、印度、巴基斯坦、孟加拉国和菲律宾等国家遥感中心负责人的认可,也很快得到他们的明确支持。作为初试,印度和巴基斯坦同意各派一名专家,并同意至少服务一年。

　　问题没有我想象的那么简单。亚太经社会的技术合作司和人事部门一直认为这根本行不通。按联合国的人事规定,对于 9 个月以上的合同,必须执行聘用正式专家的有关规定。对于我来说,最大的问题是经费不足,也就是说,若按联合国的规定,我给每个人提供的一年生活补助还不够支付一个专家两个月的酬金。为此我写了好几个报告,千方百计阐述自己的"创新"理念,强调这是发展中国家技术合作的一种模式,是一种南南合作形式。我还援引了联合国开发计划署项目文本中要求地区合作项目参与成员国提供实物贡献的规定。亚太经社会秘书处行政部门在这个问题上一向非常保守。在不可能打破现行的规章制度的情况下,我决定冒着风险,越过亚太秘书处把我的这个想法向开发计划署亚太局做了说明。没想到，这个出资部门很兴奋，马上给予明确支持。经过反复磋商，亚太秘书处最后无奈之下，接受了我"不合常规的"建议，变通批准我的 TCDC 专家的要求。此后，这个模式一直得以沿用，先后有中国、菲律宾、印度、巴基斯坦、孟加拉国等国选送了 10 多名专家支持亚太空间技术应用处工作，日本还送来了完全自费的专家。我高兴看到，我们得到成员国专家支持的同时，也为它们培养了一批国际型的人才，其中有些人回国后还得到提拔、重用，成为负责国际科技合作的官员。

我的另一个创新举措是利用南南合作机制部署示范项目。针对亚太地区的实际需求和热点问题，我们利用各种渠道的预算外经费，组织示范项目，推广遥感应用，从原先单纯的人员培训为主，向应用示范转化，推动发展中国家之间的技术合作转移。我提出了优先项目选择和布局的 5 项原则，包括：

问题导向——基于亚太地区资源管理、环境监测和发展规划中的实际问题；

需求驱动——研究成果能直接满足可持续发展研究和规划方面的信息需求；

可复制性——选择有区域共性或具有区域分异的特性，旨在推广；

探索前景——选题有助于地理信息系统和遥感综合应用的科学研究的方法论的发展；

南南合作——每个项目有两个或两个以上国家感兴趣，并愿意参与做出贡献。

根据这 5 项原则，我们设计了 16 个具体的示范项目，覆盖了热带森林资源变化监测与制图、草场资源动态监测、土地利用规划、湿地资源制图、洪水灾情评估、海岸带动态变化以及农作物产量预报 7 个领域，先后组织了近 20 个国家的部门参与示范项目，其中，中国直接参加的项目有 11 个。

## 第五章　谱写亚太合作三部曲

毋庸讳言，在我的联合国生涯中，我从未忘却自己的中国人身份。在执行联合国赋予的职责之时，我总是不忘考虑如何尽可能为国家做点事。大家知道，作为联合国的一名官员，我们宣过誓、签过字，只为联合国服务，不接受任何国家或集团的指示。说实话，中国政府从未指示和要求我必须做什么。但是出于一种割不断的家国情怀，以及一种事业心与责任感，一有机缘，我从不会轻易放过。但有所需，我都会主动想办法，创造机会，为国内的同行办点事。我们的国家那时的确太需要国际的帮助，也太需要更多的人对外面的世界有更多的了解。

我所能做的就是：为中国遥感科技人员创造一些条件，为他们提供一些出国参观考察和学术交流的机会，帮助中国专家扩大全球视野；利用联合国这个大舞台，发挥作用，扩大中国的影响；通过示范项目推动科学家之间的交流与合作，增进他们与各国科学家的友谊，从而加深外国友人对中国的印象。

我先后安排了10个项目，包括中科院遥感所与孟加拉国开展的水资源遥感监测示范项目、与缅甸开展的遥感农业土地利用项目，北京大学与马来西亚国家遥感中心的关于土壤侵蚀监测分析，华东师范大学与斯里兰卡和马尔代夫的海岸带制图，以及中国与蒙古、泰国等示范项目。这些项目的执行，带动了一批中国的专家出国开展合作、讲课以及进行地面实况调查等。可喜的是，有些课题，如在马来西亚和伊朗的项目有效地促成了中国和对方在政府间的科技合作，提升了双方合作的规模和水平，也给亚太经社会带来了光彩，这是参与国、联合国多赢的结果。

但我做这些并非一帆风顺的，一些杂音时隐时现。我甚至受到过成员国的公开质疑和诘难。记得在一次政府间协商会议上，一些国家代表就提出了疑问，要求秘书处说明这些示范项目选择的标准和原则。有一次，和中国关系一向良好的泰国代表，也是与我很要好的一个朋友，竟然在会上公开质疑："为什么在16个项目中，中国就参与了10个？"

这个问题尖锐、无法回避。我的脑子里马上闪过一个念头，成员国有此质疑，恰好为我提供一个公开讲解的机会，一劳永逸，性价比绝佳。于是我利用会议平台，首先介绍了我在前面提到的地区示范项目选题的五大原则，这是我亲自拟定的，我成竹在胸。继而，我郑重指出，"大家知道，我是最积极提倡并推动南南合作机制的，而且想把它发展成我们地区空间遥感合作的一个可持续的模式"。我接着说，中国政府积极参与，为合作方项目人员提供了在中国接受手把手培训的机会，提供中方项目人员的工资，以及他们出国开展实地调研的时间贡献，还有各种遥感设施的免费使用，等等，这些是不小的实物贡献（in-kind contribution）。中方还为一些项目提供遥感数据和其他配套经费，粗略算，中国参与部门为每个项目的投入不下35万美元（这个金额听起来有点大，因为我的确变聪明了，我把中国方面的一切实物投入，如人员工资、野外考察、仪器设备、办公费用等，统统按联合国的采购价标准估算，自然金额很大）。我们地区项目仅仅给每个项目提供15万美元左右的经费，到底谁在为地区项目做出实质性的贡献，是不言而喻的。

其实，能在"突袭"情况下保持头脑清醒，做基于数据的点评，实现以理服人，主要因为这些项目都是我一手设计的，这些问题也都是我平常早已深思熟虑的。我还借此机会号召：我们还计划在现有成功的基础上，总结经验，开展更多的南南合作项目。我希望有更多的成员国参与。我说："根据5项原则，任何国家只要正式通知秘书处它已经在预算中列入了相应经费，我们就可以考虑安排匹配资金，支持马上开题。"我知道，这个地区没有几个成员国能够真正拿出30多万美元，参与一个项目，包括我们中国的参与单位。实际上，中国的经验是把亚太经社会的示范项目纳入已有的科研课题，或打包的合作计划。而我们亚太项目提供的资金，则是对他们现有科研项目经费的一种额外补充。这是相互加强、一石多鸟的策略，得到的是双赢。应该说，在科研项目经费高度紧张，美元硬通货极其有限的20世纪八九十年代，国内连一次由联合国提供资助出国参加国际会议的机会，都得考虑部门间平衡的情形下，联合国亚太经社会能够支持国内开展这些示范项目，的确是难得的机会。国内各部门都很看重，非常欢迎这种南南合作模式。通过这次会议的及时澄清，我后来再也没有听到任何杂音和受到诘难了。

## 部长会议载史册

### 我还有一个梦想

小团队有大情怀。亚太经社会第四十七届会议之后，我们按计划迈出第三步，着手准备亚太空间合作"三部曲"的交响乐。一天，我告诉大家，我还有一个梦想：举办一次亚太地区空间应用部长会议。我的小团队顿时激动万分！我兴致勃勃地对他们说，部长会议的目的是促成一个地区空间应用方案，在亚太秘书处建立一个预算内的空间技术应用处。换句话说，就是实现真正意义上的亚太地区空间合作机制化，推动建立一个可持续的地区合作平台。

在我的团队里，没有一个人认为我是痴人说梦。他们都知道，我是个"言必行，行必果"的人；一个有点固执，想做的事很难被更改，不撞南墙不回头，不达目标不放弃的人。他们相信我能带领团队，过关斩将，把事办成。尽管他们都清楚部长会议非同寻常，问题复杂，任务繁重，压力大，但大家都摩拳擦掌，纷纷拍胸脯表示："你领队，我们干，共同加油，肯定成功！"这就是我们小团队当时喊出的口号。

不过，当这个消息传出去时，秘书处有不少人为我们担心，一个只有两三名专业人员、三名辅助人员的项目办公室，竟想推动举办亚太地区首次空间应用部长会议，这真是小马拉大车，恐怕想得太天真了。更有一些人幸灾乐祸地说"他们是脑袋进水，蚍蜉撼树，不自量力"。雄关漫道，荆棘遍布。

他们的怀疑不无道理。在联合国组织，办一场技术性的会议，包括培训班、讨论会和专家会议等，是经常性事务，一般只在年度工作计划中安排挂号即可，关键是必须有经费支持。但部长级会议这样的高级别活动则有本质区别，因为其政治性很强，涉及国家政策问题，这类会议做出的决定往往具有法律效应。所以说，要举办部长会议，即使有钱也不行！首先必须有足够大的、影响政策层面的问题，或者说要有能够引起政治家高度兴趣和重视的重要议题。其次，还得有授权，即最高治理机制的批准。对于我们，就是必须得到亚太经社会的批准。此外，在操作层面，亚太经社会还有具体规定，即临时增设的部长级会议一年不能超过两个，会期一般不超过一周。

这是又一次"闯关"，我们得走出一条别人没有走过的路。对于举办空间应用部长会议的必要性和重要性，我和同事们都了解，坚信有能力说服大家。事实上，我们在争取开发计划署继续支持地区地理信息系统和遥感项目的过程中，已多次与成员国政府有关部门调研和磋商过。我对本地区的挑战与机遇已做过深度分析，对各国的需求也能够如数家珍。可以说，我的设想虽然大胆，但有科学依据。它既是基于对亚太地区发展需求的准确判断，也是对本地区空间技术应用发展现状的切实把握，更是对引领地区合作方向的战略透视。我的脑袋没有进水，也没有发热，我对形势的判断冷静得很。

我们面临着一个难得的历史机遇。20世纪80年代，信息革命的浪潮正冲击着全球，技术发展的滚滚洪流也席卷亚太，许多国家都在思考如何抓住这个机遇，乘势而上。它们纷纷制定国家科技发展战略，积极投入高新技术的研究与开发，不少国家也迅速成为空间技术及其应用的"追星族"。客观上，美欧和苏联在空间领域的巨大投资和竞争，推动了民用卫星遥感技术、卫星通信技术、卫星气象技术以及卫星定位技术的迅速发展，为空间技术的广泛应用创造了一定条件。同时，在外空委推动下，亚太地区许多国家都在积极建设卫星遥感、卫星气象以及卫星通信等应用基础设施和基本能力。中国、印度、日本、韩国、马来西亚、

## 第五章 谱写亚太合作三部曲

印度尼西亚、巴基斯坦、孟加拉国、伊朗以及澳大利亚等20多个国家，都建立了国家级的遥感中心。空间力量相对先进的几个国家，还都制订了从技术到应用的"端对端"的空间发展计划，有力地推动了空间科学研究和技术进步，同时推动了空间技术业务应用的迅速铺开。亚太地区空间技术在资源调查，环境监测，台风、洪涝和地质灾害的监测与评估，以及农业估产等方面的综合应用也取得了明显的效果。一些人口大国，如中国和印度还开展了空间技术在农村扶贫、海洋捕捞、健康以及普惠教育等方面的应用。

逐鹿中原，谁主沉浮？有人问：亚太地区谁将引领空间领域的发展方向？如何在空间领域保持一席之地？怎样才能有效扩大空间领域的话语权？这些都是地区大国非常关心而且极其敏感的政治问题。此外，大家觊觎的当然还有那潜在的空间技术市场和应用领域的巨大的经济利益。在这场暗流涌动的竞争中，几个主要国家表现得淋漓尽致。

日本凭借雄厚的经济实力，国家空间发展局——宇宙开发事业团基本不计成本。它同时推进研发多种遥感卫星，包括技术先进的对地雷达观测卫星（ADEOS卫星）。为了争取亚太成员国的支持，日本以纪念国际空间年（ISY）的名义，于1992年11月在东京召开了亚太国际空间年大会。会上它宣布，为了推动国际空间年的后续活动，决定牵头成立亚太地区空间局论坛（APRSAF），每年举行一次会议。明里说，日本借助这个机制希望达到三个目的：一是汇集本地区国家空间部门和国际组织的代表，沟通寻求推动空间技术在社会经济和环境管理中的应用合作；二是交流国家空间计划和空间资源的想法、看法和有关信息；三是探讨空间技术发展部门和用户之间的合作。日本政府财大气粗，除在东京的昂贵的会议费用外，还承担发展中国家所有代表的国际旅费和与联合国标准基本相同的参会人员的出差补助。毋庸置疑，日本想执牛耳，主导亚太地区空间技术和应用的趋势，其雄心呼之欲出。

几乎是在同一时段，中国航天部门联手巴基斯坦上层大气和空间研究委员会以及泰国通信部等,在北京举办了亚太空间技术与应用多边合作讨论会,并以此为基础成立了亚太空间技术与应用多边合作机制(AP-MCSTA)。其目的是:推动空间资源探索与和平利用;协调地区空间技术与应用政策;实现空间技术共同发展和联合应用,推动空间科技进步和成员国的经济发展。该平台在推动项目层面合作的同时,致力于推进地区空间合作机制化,逐步建立地区空间组织,最终为整个亚太地区空间技术发展和国民经济发展服务。该平台每年举办一次会议。在80年代末,经济条件还不宽裕的情况下,中国政府决定批准拨款数百万美元支持航天部开展相关调研,并成立了多边机制联络办公室,提名自己为地区协调员。不难看出,中国明显希望参与地区治理,渴望提高在空间大国俱乐部中的话语权。

除中日两国空间部门之间存在着明显竞争外,亚太地区还先后出现了好几个相互交叉或重叠的"小众"空间俱乐部。其中比较有影响力的机制有:日本东京大学村井俊治教授长期担任秘书长,一手把持的亚洲遥感协会;东盟科技委员会建立的东盟遥感专家组;亚太经社会一手帮助于1979年建立的政府间机构——亚太电讯联盟、亚太卫星通信理事会以及南太平洋应用地学委员会等。许多中小国家,由于经济体量小,资金短缺,一方面很难自掏腰包,参与林林总总的活动;另一方面又担心被遗忘冷落,失去机会。它们左右为难,颇为尴尬。

空间教育领域,同样出现了百花争艳的局面。长期以来,在亚洲地区享有盛誉的亚洲理工学院和荷兰国际航天测量与地学学院,一直为亚太地区培养高端遥感人才。1992年,在泰国、印度、伊朗、巴基斯坦、孟加拉国、韩国、印度尼西亚、中国和日本等十几个国家的竞争中,印度胜出,在外空委支持下,在其东北部的"林业教育圣地"德拉顿,建立了联合国空间应用教育中心,该中心向亚太地区提供为期一年以上的各种专业培训。此外,亚太经社会也建立了遥感教育网络,确定了支持中国武汉测绘科技大学、印度尼西亚卡查玛达大学,以南南合作为主,作为亚太地区遥感培训基地。这些教育网点都积极争取承担地区各种培训机会。亚太地区基本上具备较为良好的人才培训综合能力，但也处在既合作又竞争的局面。

从空间基础设施建设，到应用计划和人才教育，再到体制机制建立，五花八门，既有合作，也有重复投入建设，无形中形成竞争、浪费。个中的奥秘绝不单纯在技术层面，更多的却是与政治影响和政策协调有关的问题。作为中立机构，我们面临的挑战是如何促进合作，推动地区交错重复的多种多边合作机制的"和谐"，寻求地区各成员国利益的最大公约数，探讨一种可能，使成员国的资源，包括人力与资金资源的投入产出最大化，为发展中国家多做贡献。

摆在我们面前的议题众多，政治上敏感、政策上复杂、技术上先进、机制上落后等深层次、多领域的问题，需要有人去研究、思考和提出解决方案，而且刻不容缓。但是，这些问题已远远超出我所负责的地区遥感项目本身的职能范围。根据联合国议事规则，想要扩大服务范围，必须得到成员国政府的授权。为此，我们必须寻找机会，把这些问题提到政府决策者的议事日程上。但令人遗憾的是，亚太经社会现有的治理机制，如经社委员会（commission）和各种专门委员会（committee），它们通常关心和讨论的大多是传统领域的议题，包括社会经济发展政策问题，人口、交通、统计以及矿产、能源、水资源和环境等问题。我参加过几次管理层会议，每次会议在确定议程时，那些司长、处长都会为了哪个议题该上，哪个议题不该上而吵得面红耳赤。同样，成员国政府对主要会议议题的选择与确定也往往是在激烈辩论之后，相互间不得不做点妥协、折中。

而联合国议程的确定，往往是政治和政策问题的风向标。从秘书处角度出发，无疑也会影响每个人工作领域的优先确定，并最终冲击经费的分配。这就是秘书处内部各部门在每届年会的议程设计中都会据理力争，千方百计地让自己的领域挤进大会议题的奥秘所在。在联合国秘书处内部有一种说法：年会上议程的设计是一场没有硝烟的战斗。谁能影响议程的设计，谁就掌握了会议的主动权，也就自然有了合作领域的优先权。成员国又何曾不是这样。

除了现存的常设治理机制外，联合国有时也召开一些特别的高层会议。部长会议就是专门用来讨论解决一些热点问题的，如关于妇女问题、环境问题的部长级会议。在亚太经社会，召开部长级会议是一个重大的政治决策。要推动空间应用部长会议，我们面临着"三无"困境：一无平台，二无授权，三无经费。我们唯一有的只是地区遥感项目几个工作人员推动合作共赢的信念、信心、决心和激情。可以说，我们真有点不知天高地厚，但却相信事在人为。作为一个领队，我一向相信美国汽车巨头李·雅科卡说的"决不要安于现状，任何人都可以创造自己的命运"。

## 高山也会低头

知行合一是成功之母。理想归理想，没有行动，再好的理想也只能是空想。行动，则必须步步落实，抓铁有痕，落地有声。首先，我们需要在亚太经社会秘书处寻求同盟，统一思想、统一认识、取得支持。第一件要做的事则是取得资环司领导和四个处长的支持，但这很困难。原因很简单，那时，遥感只是一个"寄人篱下的项目"，没有被列入亚太经社会的正式计划。接替张海伦教授出任资环司司长的石广长是关键人物。他到联合国任职前是中国国家核安全局副局长，之前在国家科委担任国际科技合作局副局长。他有丰富的科技管理经验，儒雅稳重，热爱国家，热爱事业。我们曾在一起共事过，于公于私，他都会是我的坚定支持者和坚强后盾。我和他私下多次讨论了关于举办部长会议，推动地区合作的想法，谈到了举办部长会议可提升中国在空间领域的地位和影响力，对其他发展中国家的好处，以及对联合国本身的意义，同时也分析了所面临问题和困难。那时石司长刚上任不久，他虽然对联合国工作

## 第五章 谱写亚太合作三部曲

还不太熟悉，但凭他的政治敏感和对我的充分信任，他无条件支持我。

说服"四大金刚"是破解难题的关键。我知道不会唾手可得。我在资环司司长办公会议上提出举办亚太地区首次空间应用部长会议构想时，马上受到讥讽，紧接着就是强烈的反对。别看这四个人平时相互不服气，有时甚至钩心斗角，相互设陷扯皮，可在这个问题上，却显得异常团结，好像预先商量好了一样。他们异口同声，表示反对，一个接一个地提问，不，是诘问，甚至刁难。他们认为，"遥感只是一个临时项目，没有重要到要开部长会议，凭什么呢？""我们水资源、矿产资源、能源等领域都从未举办过专门的部长会议，空间技术和遥感有那么重要吗？""就靠你们项目那两个人，行吗？是开玩笑吗？""你们能有几个国家支持？""开部长会议需要一笔不小的经费，谁给你们出钱呢？"。

显而易见，他们最担心的是遥感喧宾夺主，影响资环司的主流计划，影响他们未来的经费。客观地说，他们对经费的担心不无道理，联合国经费就是那么一块蛋糕，你切走一块，别人就得少分一块。一些老职员，舒舒服服工作了几十年，干同样的活，无形中形成守旧思维，不敢触碰新技术，更不愿挑战自己，走革故鼎新之路。还有一些人，一旦熬到了永久性合同，拿到了铁饭碗，就贪图安逸，不思进取。这种现象十分普遍，成为联合国的一种顽疾。

此外，他们的极力反对还出于某种莫名的嫉妒心态。西方人的自我优越感太强了，压根儿就看不起亚洲人。部长会议这么重大的事情，竟然是由一个不久前还是非正式合同工的项目官员发起的，更让他们不服气。他们一向认为，作为一个项目官员，就没有资格参与有关政策辩论和地区治理的事务。前面已经提到，我前任的辞职多少与秘书处对他的排挤有关。1988年8月19日，我到曼谷的第二天，到秘书处报到时，矿产资源处处长彼得·巴克就对我发难，要我直接向他而不是司长报告工作。也许，这些西方的老职员还想像他们的祖先一样从殖民时代开始，就习惯于当主人、做亚洲人的老板。而我呢，偏偏不听话，要求按规办事。第一次接

213

触，可能就让他们感到我不是他们想象中的逆来顺受之辈。我的棱角触动了他们的神经，他们自己设障，加上其固有偏见，看到一个由中国人主管的事业正在不断做大，甚至可能要起飞，多少感到不舒服。

不得不说，此后经历也证明，欧美职员总有股不知从何而来的傲慢。他们崇拜强者，往往只对强者同情、敬畏和礼让。在他们面前，一味地保持谦谦君子，唯唯诺诺，不敢说"不"，会被误认为是无能之辈（他们经常用"good for nothing"形容一些中国籍职员），注定会受屈辱、轻视。

记住一个信念，只要敢迈出脚步，高山也会低头；心中有目标并行动，世界也会给你让路。部长会议是我铁了心也要办成的。我的自信来源于深入的调查和研究，来源于把地区的事当成自己的事来做的决心。更重要的是，我相信成员国的利益所在和支持力度，尤其是我背后的强大后盾——中国政府的支持。

在那次办公会上，我可以说是舌战群儒，在沉着回应一个接一个问题的同时，也毫不客气地驳反了他们明显挑衅的质问。我告诉他们："作为空间技术的主要用户，你们所管理的领域，将是部长会议的真正受益者，这一点，你们理应认识到；同时请不要担心，这个会议不会动用你们一分一厘的预算内经费。"在他们再三催问下，我告诉他们，经费问题基本解决，有多个国家都已表示原则上愿意支持举办部长会议。他们应该想到，我是不打无准备之战的。当时，日本、韩国、印度和中国等都有兴趣探讨举办部长会议。最后，石广长司长拍板，他明确支持我们去探讨举办部长会议的可能性。

下一步的关键则是寻求亚太经社会的正式批准。在某种意义上，授权、议题和经费这3个要素的关系有点像是"鸡与蛋"的，互为先决条件。亚太经社会批准一个临时会议一般通过委员会的决议，而在决议草案提出之前，都要原则上明确执行决议的经费来源。我们面临的尴尬是，在委员会尚未做出明确决定之前，相关政府的主管部门又很难把经

## 第五章 谱写亚太合作三部曲

费要求列入它们的政府预算。因为它们也担心一旦决定无法落实，只会给它们部门造成被动，毕竟这是涉及外交与内政的双重事务。我们必须双管齐下，推进双边、多边磋商，在尽早明确部长会议的主办国的同时，动员更多国家对空间部长会议给予政策支持。

有几个国家原则表示有兴趣主办这次高层空间部长会议，除政治考量外，它毕竟还涉及数十万美元的经费预算，在20世纪90年代初，这对于任何一个发展中国家都是一笔不小的资金。我们很快发现：尽管印度和印度尼西亚很有兴趣，但它们的政府决策程序复杂、耗时、低效，我们无法长期等待；而韩国和日本都很积极，特别是日本，它正在紧锣密鼓推进亚太地区空间局论坛，组织地区空间应用部长会议，对于确定日本在亚太地区空间领域的领导地位，从而带动日本的地区战略，是一个绝佳的契机。毫无疑问，作为这个会议的主要推动者，我必须比别人头脑更清醒，更懂得权衡全局利益，包括亚太大多数发展中成员国，特别是中国的利益。我想：中国作为一个发展中国家，所面临的发展问题和解决问题的方案，对发展中国家更有借鉴意义；中国也更能代表发展中国家的利益诉求。我打心里更支持中国举办这个会议。作为中国人，我理应为国家做点儿事。

经过1989年那场政治风波之后，西方不少国家在相当一段时间内与中国保持距离。中国需要恢复正常的经贸和外交关系。我坚持认为，举办一次空间部长会议，不单能推动中国的空间发展，还能在一定程度上帮助亚太地区更多地了解中国的进步、理解中国的治理思路，帮助中国扩大朋友圈。此外，也能利用亚太经社会的平台，为中国当时在积极推动的亚洲空间局计划，提供一个全面、客观的评估基础。为此，我和石广长司长联名向国家科委宋健主任写了一个报告，分析了地区各国的空间发展现状和各国对地区出现的多种空间合作机制的担忧，也分析了几个主要国家对中国牵头推动成立亚洲空间局的可能立场。我们认为，空间领域有关部门应该继续坚持邓小平提出的"韬光养晦"的方针，目前热衷于牵头推进亚洲空间局还为时过早。我们在报告中尖锐地指出，由中国一个部门牵头，巴基斯坦、泰国和孟加拉国等国参与成立的亚洲空间局，有可能成为"三条驴腿的合作社"，没有生命力，也不可能持续。我们担心的是，空间领域本来就比较敏感，这样做既浪费国家钱财，又会引起一些国家不必要的疑虑，从而影响我国其他领域的战略部署。我们在报告中提出了应该充分利用联合国亚太经社会这个中立平台，举办一次高层次的部长会议，结交更多的朋友，并以此为契机，逐步推进中国在亚太地区空间合作的战略考量。

国家科委基础研究与新技术局携手国际合作局，给予关键性支持，特别是主管空间应用的郑立中等人做了大量、艰难的国内协调工作，最终获得国家科委和有关部门领导的同意，支持在北京举办首次联合国空间应用部长级会议，国务院批准，并为此次大会拨出 25 万美元经费。在美元硬通货还很稀缺的 90 年代初，我们不得不叹服国家科委和有关领导的魄力和大手笔。我们都期盼着会议如愿成功举办。这将是亚太地区首次为空间应用而专门召开的部长级会议。联合国除召开了两次外层空间和平探索与利用的会议外，还没有此类会议的先例，它的意义和影响力可想而知。经过紧锣密鼓的斡旋，1992 年 4 月，在北京召开的联合国亚太经社会第四十八届会议上，成员国一致同意在会议报告中写入"召开成员国部长级会议讨论空间应用促进发展等问题"的建议。

中国政府向来言出必行。有了中国政府的原则支持，我们才敢真正考虑推进相关工作。我们的下一个目标是通过一个决议，获得亚太经社会的正式授权。秘书处开始主动与主要成员国接触，在中国、巴基斯坦、泰国以及孟加拉国等常驻代表的要求下，我们帮助他们起草了一份决议草案，作为这几个国家共同发起的磋商稿。在中国常驻亚太经社会代表杨冠群及其团队的强有力的外交斡旋下，1993 年 4 月，亚太经社会在曼谷召开的第四十九届大会上一致通过了题为《空间应用推动发展的地区方案》的第 49/5 号决议。该决议表达了亚太成员国和准成员国确保本地区空间应用协调发展，以及通过建立一个地区空间应用方案来推动可持续合作的强烈愿望，并决定于 1994 年 9 月在中国首都北京举办亚太地区首次空间应用部长会议。决议特别感谢中国政府支持主办部长会议，同时召开一个空间应用促进发展研讨会以及空间技术和应用展览会。部长级会议将对空间技术应用、社会可持续发展以及在该领域内的国际合作事项进行商讨。决议认为，这次会议的召开，不但对亚太地区空间应用领域发展具有重大影响，而且对本地区如何平稳地过渡到 21 世纪，对本地区 21 世纪的环境与发展亦具有重要的意义。

我们处在世纪之交，信息驱动发展，不能抱残守缺。许多国家已着手为迈向 21 世纪做准备，"21 世纪议程"便是其中之一。日出东方，蓬勃向上，中国率先发表了《中国 21 世纪议程》，包括规划了信息化的蓝图。为了在北京召开部长级会议，我们加紧和成员国互动，而且进展顺利。亚太经社会分别于 1991 年在汉城的第四十七届年会上通过了支持地区遥感合作的决议，于 1993 年在曼谷的第四十九届年会上通过了召开空间应用部长会议的决议。这在亚太经社会历史上绝无仅有，它们凝聚了我们整个团队的无数心血，彰显了秘书处与成员国之间密切的伙伴关系。其间，我们付出的艰辛劳动、展示的沟通能力、表现的斡旋智慧，以及各种基础文件和技术准备的种种努力，可以说是无与伦比的。

第 49/5 号决议，奠定了举办部长级会议的法律依据。之后，我们可以根据这个授权开展真正意义上的部长会议的筹备工作。这包括部长会议具体议程的确定、背景文件和政策文件的起草，以及大会预期成果文件的磋商等一系列工作。

## 精心筹备部长会议

为了部长会议在北京的顺利进行，我们不敢掉以轻心，决定在曼谷召开一次空间应用部长会议高官预备会议。无疑，这个任务艰巨，过程烦琐，涉及的问题复杂敏感，人员少，而且可支配的经费十分有限，何况我们也的确缺乏组织高层政策会议的经验。我们决定根据实际可能制订工作计划，从简办事，按日安排工作，动员每个人的积极性，一步一个脚印、扎扎实实地推进。

5月底，根据计划细节安排，我马上着手搭建临时班子，组织开展两大方面的工作：其一，在现有的工作基础上，对亚太地区几个主要的合作机制进行深入研究，分析各自的宗旨、机制和诉求。核心命题是在亚太地区建立类似于欧洲空间局的机构的时机是否成熟。其二，起草高官会议的背景文件和议题文件。这些文件将最终形成部长会议的基础文件，其质量将影响部长会议的辩论，最终影响部长会议的成果，重要性不言而喻。

无疑，需要几个有远见、有国际大格局、有大胸怀以及政策水平高的专家和我们一起，担负起这个具有开创性的文件起草工作。我在十几位候选人中遴选了3位专家，他们是巴基斯坦上层大气和空间研究委员会主席萨林·穆罕默德博士，印度国家遥感局局长蒂克·夏杜鲁教授，以及加拿大国家遥感中心波比·莱尔逊博士。我对这3个人都非常熟悉，我们在多种场合一起共事过，包括在联合国外空委科技小组委员会的会议上。他们的共同特点是，具有深厚的空间技术和遥感知识，有丰富的政策水平和管理经验，并且对亚太地区的空间发展现状和趋势有独到的看法。他们的主要任务是对现存的亚太地区空间的多种合作机制进行深入分析，并在一个月的时间内提出研究报告，论证建立亚太地区空间技术与应用合作的可行机制和合作模式建议。

8月初，我亲自带队，以亚太经社会空间合作高级咨询团的名义，用18天的时间马不停蹄地访问了伊朗、印度尼西亚、马来西亚、泰国、日本、澳大利亚和印度等几个主要国家。我们与这些国家的科技、空间和遥感技术部门的领导，就部长会议的主要议程、亚洲地区空间发展的机遇与挑战、参与地区合作的兴趣和可能的模式以及贡献等，进行了广泛的探讨和磋商。考虑我们与国家科委一直保持着密切的沟通，也出于

## 第五章 谱写亚太合作三部曲

时间和经费的限制,我们没有安排代表团访问中国和其他重要国家。

在访问期间,代表团得到各国政府的高度重视。印度尼西亚、马来西亚、泰国的科技部部长,日本科技厅、宇宙开发事业团及澳大利亚和印度的空间组织的主要领导都亲自出面,与代表团进行了深入的会谈。在伊朗,除了其科技部的领导与我们会面外,伊朗总统阿里·阿克巴尔·哈什米·拉夫桑贾尼还在总统府专门接见了我们。拉夫桑贾尼总统对我们到访的目的了解得很清楚。在他的宽敞的会客室里,我被安排在主宾座席,即总统的右首,中间隔着一个圆桌,圆桌上面摆着一束鲜花。他很客气地欢迎我们之后,立即用很坚定的语气说:"我们很欢迎联合国亚太经社会举办首次空间应用部长会议,这是好事。我们完全支持在中国召开此次大会。对于发展中国家来说,空间技术和信息技术至关重要。有些国家一直想垄断空间技术,争霸外空领域,我们坚决反对。我认为,忽视发展中国家对信息技术与空间应用的需求,等同于无视发展中国家的发展权利与利益。"我至今还清楚记得他当时所说的英文,"Neglecting the need of developing countries in information technology and space applications is tantamount to ignoring the right of development and interest of the developing world"。我那时还不明白"tantamount"这个单词的意义。拉夫桑贾尼总统还带着明显不满的语气说:"联合国不要老是空谈,希望何先生你们要在北京会议上做出一些有实质意义的决定,真正使发展中国家受益。"我明白,伊朗曾争取与联合国外空司合作在德黑兰建立亚太空间应用培训中心,其努力受挫,联合国外空司决定把该中心建在印度西北部的德拉顿。总统对此耿耿于怀。不过,他对北京部长会议的期望无形中给我们秘书处加了码。他的话在一定意义上代表了发展中国家的要求与期望。我们把这个压力视作举办一次成功会议的动力。

事实说明,这次调研非常必要也十分有用。我们进一步了解到成员国的真实需求和期待,秘书处准备部长会议文件也有了更明确的方向。

我们清楚地看到，有关国家对在北京举办部长会议的决定是欢迎与支持的，它们对亚太经社会的中立平台给予厚望，并期望会议能够取得实质性的成果。同时，我们也得到非常明确的信号：成立亚洲空间局为时过早，主要成员国还没有做好思想准备和物质准备。这次调研也直接验证了我的判断，地区的一些国家，特别是日本、澳大利亚和印度等，明显有一个共同的顾虑，就是不希望看到中国在空间技术这个本来就敏感的领域，牵头成立空间局，说穿了还是"中国威胁论"影响了它们的思维。我们也发现，各国都在担心合作经费问题，最有兴趣的几个友好国家，如巴基斯坦和孟加拉国等，它们支持中国牵头成立亚洲空间局，但指望的是中国出钱出力，它们能得到更多的技术和培训机会。很明显，这是当时的中国国力无法承受的。俗话说，演一场大戏，既需要主角，也需要配角，还得有"吃瓜群众"。中国想在此刻推进建立亚洲空间局，的确有些冒进。我们作为中国籍的职员，虽然手握主管空间计划并负责准备部长会议的"权力"，但如果完全按中国有关部门的意图，推进建立亚洲空间局的计划，坚持硬着头皮往前推，一定会欲速不达，事与愿违，让大多数伙伴感到不舒服、不适应，反而会给中国带来负面影响。

我和石广长司长商量，一致认为要认真考虑地区主要国家的态度，采取从长计议的战略。我们建议要充分利用亚太经社会的中立平台，在北京的部长会议上推进亚太地区多种空间合作机制和谐发展的思路，先建立一个大家都能接受的协调一致的"和谐机制"；通过这个机制逐步整合力量，循序渐进，水到渠成，到条件真正成熟时，再实现推动建立亚洲空间局，但那肯定也需要较长的时间。这样做，一方面可以减轻参与国参加多种机制的经济负担；另一方面，有利于寻求地区协作的最低标准门槛，以便最大限度地扩大地区成员国，特别是发展中国家的参与度和参与效益。这个思路后来成为指导北京部长会议一系列准备工作的重要原则。

联合国在亚太地区召开专门聚焦空间高技术发展和应用的部长级会

## 第五章 谱写亚太合作三部曲

议,是有史以来的第一次,我们没有任何先例和可借用的经验。作为组织者,没有预先估计到各种可能的问题和困难是政治上不成熟的表现。无论有多大的压力,有什么样的舆论,我们都无法回头,一个方向走到底,漂亮的成绩才是最好的回答。

经过一次又一次的缜密思考,通过各种正式和非正式的磋商,我们确定了部长会议的主要议程建议,即制定亚太地区空间应用推动可持续发展的地区战略和通过一个"行动纲领",以此作为指导亚太地区空间应用合作以及探讨未来地区合作机制的框架。我提议并得到各方支持,部长会议通过一个"北京宣言",表达亚太经社会全体成员国一致支持"地区战略"和执行"行动纲领"的政治决心。

照此方案,我们选择了3个专家顾问协助我们起草部长会议具体文件。他们是巴基斯坦上层大气和空间研究委员会主席萨林·穆罕默德博士,印度空间研究组织遥感应用部主任、研究员维·贾亚拉曼,菲律宾资环部的维德·桑托斯博士。我定了一个原则:这个会议要开创使用本地区发展中国家专家的新风,纠正过去联合国秘书处基本上清一色聘用发达国家短期顾问的倾向。有两个原因:一是他们最清楚本地区的情况以及发展中国家的真正需求;二是从长远看,联合国需要帮助培养发展中国家的专家,提高他们参与地区事务治理的能力。我们很快得到这3个国家的积极支持,3位专家于12月中同时到位。我的计划是用两个月的时间,也就是在1993年2月底之前完成部长会议的主要文件初稿,以便在5月召开的部长会议高官预备会上讨论。

大家都全力以赴。我那时也像是打了鸡血,一直处在高度亢奋状态,几乎天天从早上七点忙到晚上八九点才回家。曼谷的交通拥堵举世闻名,好几次我从亚太经社会办公楼开车回家,都在等红灯时睡着了。有一次被后面的喇叭声吵醒,我一看,前面二三十米的路面上一部车都没有了,原来绿灯已放行了好一阵子。12月中,为了赶在那3位专家报到之前做好准备,我一天一夜没有合眼,连续工作,亲自起草并敲定了亚太地区空间技术应用合作战略以及行动纲领的详细提纲，作为专家组讨论的"零"版本。

3位专家报到的第一天，我就召集办公室所有工作人员开会，宣布了我给每位专家分派的具体任务。我向他们阐述了举办空间应用部长会议的背景、意义和我的总体思路，以及我对3个文件的具体设想和要求。我谈了一个多钟头之后，我们用了差不多一整天时间进行了深入的头脑风暴。大家情绪高涨，讨论非常热烈。我的提纲起了很好的引导作用，大家的发言十分聚焦，避免了许多头脑风暴无的放矢的缺点，大大提高了会议效果。会议结束之前，大家都同意按我的分工建议开展工作：穆罕默德、贾亚拉曼和桑托斯分别负责"战略框架"、"行动纲领"以及"亚太地区空间应用汇编"的初稿。我除负责全面协调外，主要帮助穆罕默德起草"战略框架"文件，因为这个文件将是部长会议的核心文件，我必须亲自抓。乔杜里博士对项目熟悉，他和贾亚拉曼博士负责"行动纲领"的编写。而较年轻的桑托斯博士英文好，性格细腻，负责"汇编"的文献收集和撰写。我们决定每三天集体讨论进展，交流想法，协调内容，整合思路。这是一次协同作战，是我联合国生涯中记忆最深刻的一场成功的团队合作。工作紧张有序，大家虽苦尤乐。这成为我后来领导组织重大活动的一个模式。

这是一个多元文化背景专家临时组成的团队，磨合必不可少。大家接受过的教育不同，年龄各异，经历也大相径庭，"三观"自然各不相同。但为一个共同目标，我们走到一起，是为亚太地区首次空间应用部长会议准备一套高质量的文件。这个目标为我们提供了黏合剂。最资深的是来自巴基斯坦的穆罕默德，他很早就是一位享受部长级待遇的技术官员了，而且是一位很有国际影响力的专家。因此他显得格外"高冷"，据说在他的单位说一不二。我是1984年11月在西柏林参加联合国技术合作部举办的空间科技应用讨论会时与他认识的，以后又有几次机会在一起参加联合国的活动。他阅历广，思辨能力强，博览群书，很有智

## 第五章　谱写亚太合作三部曲

慧，表达水平很强，在国际会议上经常被选为主席，犹如一位"职业的会议主席"。我很羡慕他的学识，也佩服他在会上为发展中国家"发声"和驾驭会场辩论的能力。这就是我请他当顾问的缘故。他不会使用计算机，但他是我们当中唯一一个有能力通过口授写文件的人。我专门为他配备了一个英文很好的秘书，他们面对面而坐，一个滔滔不绝，一个低头飞速敲打键盘。

但我很快意识到文件准备工作进展并非我想象的那么顺利。"亚太地区空间应用汇编"是一种资料性整理工作。20多年前互联网不发达，搜集资料没有今天这样便捷。我们提前向成员国发提纲，要成员国提供"国家报告"作为参考；需要补充的部分，还可以随时向成员国沟通索取，政府也比较配合。我们的策略是，明确告诉国家联系人，秘书处给每个国家都预留了一定篇幅，到时间没有收到提交材料时，我们会把预留的篇幅送给其他国家。这个办法好像挺管用的，因为谁都不愿意把宣传国家成就的机会白白送给别人。经过集体讨论，把"汇编"的框架定下来之后，负责这项工作的桑托斯博士，执行起来基本没有问题，我也没有太多过问。当然，我心里很清楚，"汇编"的目的是给国家代表提供背景材料，联合国把此类文件称为资讯文件。它不上正式议程讨论，政治上没有那么敏感。这是我敢于放手的主要原因。

而其他两个文件，即"战略框架"和"行动纲领"，都要上大会议程，需要国家代表团讨论通过。这类文件一般被称为议题文件。议题文件一般涉及政策性问题，有立场，有观点，有政策建议，还有后续行动要求，有时还直接或间接地与人员和资金的分配有联系。秘书处在准备这类文件时往往不仅需要有思想，有战略眼光，还得思虑缜密，切合实际，突出重点，有所为，有所不为。最忌讳的是大而化之，泛泛而论，面面俱到，空洞无物。

从某种意义上说，这就是未来地区空间发展应用合作的顶层设计，所以文件起草难度相对较大。具体说，这两个文件需要很好反映我们的立场和主张，勾勒出未来十年亚太地区空间应用发展的前景和优先合作领域，包含联合国和成员国应该采取的政策以及推动地区合作的机制。这个问题从前无人系统思考过，它需要战略眼光和综观判断，也需要有创意。我自然格外重视，决定亲力亲为，环环监督。

贾亚拉曼和乔杜里两人负责的"行动纲领"，一直严格按照我预先准备的、经过大家头脑风暴之后充实提高的框架提纲起草。他们保持和我随时讨论，并根据我的意见和建议不断修改提高。有些部分还被我完全否定，推翻重来，但他们毫无怨言。应该说，这个文件的进展没有太大问题。

穆罕默德负责的"战略框架"就没那么顺利，插曲不断。刚开始，他凭着老经验，一泻千里，天马行空，面面俱到，不到两天就口授了近30页。当我看到他提交的第一部分初稿时，我的大脑轰隆一下炸开了。我感到太意外了，他完全没有按大家讨论通过的框架，完全跑题了！严格地说，这根本不是我需要的！我必须当机立断，纠正偏航。但考虑到他的资历，以及他平时的傲气，我必须因人而异，采取与另一组专家不同的处理办法，使他信服。我先不动声色，自个儿认真地做准备：我仔细阅读了他的初稿，用心写下我的系统意见，以及准备要求他重写的理由和具体建议。

其实，我先前设计的战略框架流程图和提纲，是按问题导向、基于成果的思路。从问题分析和需求甄别，到现状评估与差距研判，再到优先领域的确定，以及实施政策举措和预期成果建议，等等，我基本上是按战略规划的经典教材中的原则准备的，包括采用了 SWOT 分析法。说实话，单单政策建议我就收集了好几页，有虚有实，有原则也有具体内容，好些部分只要他愿意，稍做语言加工就可以纳入他的初稿。我知道，和一个无论是学识，还是经历经验，都很强的前辈打交道，绝对不是单纯的沟通能力与艺术的问题。你首先要懂得敬畏，主动放下身段，用心交流；其次，从战术上，认真准备，不能信口开河，泛泛而论，以

## 第五章　谱写亚太合作三部曲

为凭借你的地位就可以影响他人。要知道，对于这种人，他见得多了，既不会因你处于领导地位而服从你，也绝对不会被你"以其昏昏，使人昭昭"的思想左右。总之，要说服他，就要做好充分的、令人信服的准备。

我做了很认真的准备。尽管如此，我和穆罕默德磋商、提出我的看法时，他的脸色马上显出不悦。但他注意到我认真看了他写的东西，而且做了功课，写了好几页的意见和看法时，他才开始认真起来，认可我提的问题与建议带有建设性，也只好表示同意按我的意见修改。几天后，他提交的第二稿，虽然比第一次的大有提高，但离我的要求还有较大差距，再次被我打回了。就这样，我反复提意见，他反复修改，不断提供新版本。再到后来，我索性直接在他的原稿上修改，几乎每页都成了花脸，不少地方我还改得面目全非。我毫不吝惜地砍掉了他写的许多东西，有的地方还亲自重写取代。

我知道这与他的能力和水平无关，只是他的思想方法可能与我不同。因为他习惯于从国家角度出发，我则必须立足联合国的视角；他偏向于技术层面，我则更多考虑政策维度；他强调了发展中国家的问题与需求，我则主张不能忘记联合国平台的中立性，在强调发展中国家利益的同时，也应该适当关注发达国家的兴趣，以便形成共赢局面。我们俩之间有年龄和经历的差异，我与他认识多年，非常尊重他。这么做多少会伤他的自尊心，但我的确是不得已的，"工作就是工作"。

当我改到他的第五稿时，他到底憋不住了，突然冒火。他把圆珠笔往茶几上一甩，从我办公室的沙发椅上站起来，面色涨得通红，他提高声音说："在我那儿还没有任何一个人敢改我的东西。你让我走吧！"我知道他是个视事业和专业为命的人，此时此刻，除了事业心以外，没有任何理由能让他平复下来。"萨林，您可以不为个人着想，但您愿意让部长会议半途而废吗？"我接着说，"我这样做的确让您受委屈了。在巴基斯坦，您是老板；但在这儿，我们得一起伺候我们各式各样成员国的大老板，不是吗？"事实上，我也可以这么说："这儿我是老板，由我决定。"但我一向不喜欢用职务压服下属，让人心服口服才是管理者的软实力、真实力。

他是一个非常有智慧、有高度专业心和敬业之人，尽管有些固执。讲究方法很重要，为了尊重他的自尊心，我从不在会上让大家讨论点评他写的东西。其实，在他心里，他也很尊重我。这一点，我可以感觉到。慢慢地，他不再坚持自己的许多想法，特别是不再坚持"利用部长会议推进亚太空间局的设想"。他开始完全同意我的主张——部长会议必须"聚焦应用，问题导向，成果导向"；必须选择重点；必须坚持有所为，有所不为的原则。你一定难以想象，当时我要把他写的两万多字的长文压缩三分之二，以满足联合国文件篇幅的规定，并按预定思路重整布局，难度该有多大。

这就是一个联合国管理者的职责所在。我坚持和大家一道，不断讨论，不停修改、打磨这两个核心文件，一直到了第七稿才基本脱稿，准备上报亚太管理层审批。下一步是准备召开部长会议的高官预备会。

**高官预备会的插曲**

1993年6月底，亚太地区首次空间应用部长会议高官预备会如期在曼谷召开。会议目的很明确，请各国主管空间技术应用部门高官，对秘书处准备的文件进行预审并提出进一步修改的意见。因为事关今后十年亚太地区的发展方向与合作以及成员国的承诺，各国政府非常重视，近40个国家从首都派出由科技部或资环部或空间组织官员组成的代表团，加上其常驻曼谷的代表，总共约150人出席了会议。会议代表注意到秘书处的文件准备工作做得扎实，特别是在提出"雄心勃勃"的未来合作蓝图时，考量到几个主要空间大国间的利益平衡，关注了一批中等收入国家对空间技术发展和技术转移的兴趣，以及小国对空间应用的渴求。会议针对3个文件分别提出了一些建设性的修改建议。会议还对我

## 第五章 谱写亚太合作三部曲

们设计的部长会议议程给予了认可与支持。预备会的成功和代表们的肯定，对我们这个包括3名顾问专家在内的小小的团队来说，是一个硕大的精神馈赠。大凡参加过一些国际会议组织工作的人都知道，秘书处的工作人员是生物群中最容易满足的动物之一，代表们的一句赞赏，往往就会让我们感激涕零，像农民大叔一样因一场丰收而喜出望外、手舞足蹈。顺便说，从准备工作到部长会议的胜利召开，那几位专家，特别是萨林·穆罕默德与我个人的交情更笃，我们成为终生朋友。

大家都认可，这个预备会是成功的，但也有一个教训令人终生难忘。

我认识泰国诗琳通公主。她是位有名的好学、博学的公主，为人十分谦和，深受泰国人民喜爱。她学习中文，善写毛笔字，访华20多次，是中国政府和人民的好朋友。她分别在我妻子工作的亚洲理工学院和我留学过的荷兰国际航天测量与地学学院学习过遥感。从这个意义上说，她不仅是我的老校友，也可说是我学术领域的老朋友了。由于这层关系，我直接邀请诗琳通公主殿下作为部长会议高官预备会的特别嘉宾。由于没有通过泰国外交部，也没有预先向亚太经社会执行秘书办公室报告，我犯了自作主张的错误，闯了一次不小的"祸"。

开会前一天，泰国王室和外交部来了一大帮人，对会场安排开展安全检查。他们对我们按联合国会议的常规做法布置主席台很不满意，责成我们整改，而且必须按照泰国王室范式礼仪部署会场。最让我们头疼的是，主席台上只能摆一张王室带来的特制座椅，其余的人，就连作为会议主办单位的亚太经社会秘书处最高领导人基伯利亚，都不能与公主在主席台上并排而坐。他只能坐在台下的代表席上，而且他主持开幕式讲话使用的话筒也只能放在台下的边角。我根本没有王室接待礼仪知识和必要的思想准备，无疑给自己挖了一个大坑。我们都清楚，亚太经社会执行秘书基伯利亚是一个出了名的"等级控"，他平时上下班时，联合国大楼的保安人员都会早早地把一个电梯锁住，专门等候他大驾光临。泰国外交部这样的安排不是在给我出难题吗？我和外交部以及王室内府的工作人员再三说明"这是联合国的会议"，理应按联合国的习惯安排。但我得到的答复始终是一句话，"这是在泰国，必须按泰国的规矩办"。无奈之下，我只好硬着头皮向执行秘书办公室报告。我知道我欠谨慎，没有提前请示，但我满怀希望执行秘书不会太在意，无论如何能按原计划出席并主持会议。第二天，执行秘书到底还是没有出场，听说因临时有紧急事务出差了。不过，他做了安排，由副执行秘书代表执行秘书主持会议。副执行秘书只好按泰国外交部的礼仪规定，老老实实地在主席台下就座，用主席台下角落处的一个麦克风发表了开幕词。

那几天我忐忑不安，时刻准备着接受执行秘书基伯利亚的召见和训斥。因为好些人都认为兹事体大，按基伯利亚的性格，他绝对不会善罢甘休，轻易放过我。但出乎大家的意料，执行秘书并没有召见我，也没有明确表示不满。许多人说，这不合基伯利亚的风格，有人说我运气好，"属于那极少数被恩宽的幸运者"。执行秘书的特别助理拉赫曼对我很客气地说："老大的确生气了，他希望你今后遇到类似的事一定要事先请示。"这的确是一次失误，一个让谁都难堪的事实。

若干年后，我成为粮农组织的地区代表，回到曼谷工作后，不时遇到类似情况。由于远离罗马，大部分事情是由总部总干事办公厅的专员传达或发号施令，他们每每都要强调说"这是总干事的意见"。我见过好多例子，有些意见明明荒谬得很，一旦执行下去，劳民伤财；但不执行下去，那些专员会追着你，反复强调"总干事很急"。还不能太得罪他们，因为"阎王好见，小鬼难缠"。例如，2003年年底，我接到了总干事办公厅的指示，要求在2004年春举办的地区农业部长大会上形成全地区和三个分地区的四个决议。这明显是荒谬的。我决定越级直接请示总干事，他证实了这根本就不是他的"原意"。他说："我已注意到总部有些人经常用我的名义向你们提要求。你们可以不听。"我说："我们真希望拒绝执行这些假'圣旨'，但又如何甄别真假呢？"是啊，更治陋习看来并非中国古代官场的专利，联合国系统也比比皆是。古今中外，吏治不端、拉大旗作虎皮，小则混淆视听，大则祸国殃民，管理者不得不防。领导干部要注意管好身边之人，把其当作一项铁律，不管是哪种政治体制，也不论是国家机关还是国际组织，概莫能外。

尽管高官预备会遇到意外的"外交礼仪"，会议成功毫无异议。会外的花絮同样令人鼓舞。联合国大楼里传来不少赞许之声，不，简直是感激的声浪。好些人为我担忧之时，更多人，我认识的和不认识的，都感谢我做了一件大好事。因为我是亚太经社会第一个把备受泰国朝野上下爱戴的女王储——诗琳通公主请到联合国大厦的人。那天一大早，亚太经社会大楼内各个国际组织里几乎所有泰国籍职员，特别是女职员，就跟过年一般喜庆，他们穿上节日盛装，早早自发排队，从会议中心的门口一直到二楼会议厅门口，夹道欢迎公主。对于许多人来说，平常只在电视上有机会看到公主，而此时此刻，他们与心中喜爱、尊敬的公主只有咫尺之隔，几乎是零距离接触，看得真真切切。他们个个脸上挂满笑容，乐开了花。当公主走近时，他们每个人都行了一个优雅的屈膝礼，接连的动作此起彼伏，就像麦浪一样，随着诗琳通公主的步伐蜿蜒向前推进。我陪同诗琳通公主，看到大家如此开心，心里有说不出的高兴。在泰国人的心目中，公主能到会议中心，简直就像是给联合国大楼送来了一股春风般的暖流。在一定意义上，在这个特定的国度、特殊的文化里，公主的出现，的确使整个会场蓬荜生辉。泰国电视台对此次王室活动做了深度报道，这为我们会议的成功和影响力的提升添上浓墨重彩的一笔。

## 首次空间部长会议

在成功召开了部长会议高官预备会之后，我们旋即转入筹备和组织部长会议的具体事宜，包括签署东道国协议的落实，对大会文件进一步微调，安排将英文版文件翻译成中、俄、法三种联合国官方语言的（阿拉伯文和西班牙文不是亚太地区的官方语言），起草部长会议的邀请信和各种平行活动（边会）的邀请信，等等。关于大会的其他行政问题和会务工作，则统统交给了亚太秘书处会议服务处。

亚太地区首次空间应用部长级会议是1989年之后北京召开的第一个高技术领域的部长级会议，层次高，影响大，专业性强，意义深远。中国政府高度重视。经党中央和国务院批准，国家科委牵头，与外交部、航天部、中科院以及其他十几个应用部门通力协作，成立了以国务委员宋健为主席的跨部际的筹备委员会，与亚太经社会紧密合作。中国政府的这些举措无疑是会议成功的重要保障。

1994年9月19日至24日，在亚太经社会与中国政府的紧密合作下，亚太地区首届空间应用部长会议在中国首都北京国贸大酒店胜利召开了。美国、英国、法国、荷兰、澳大利亚、俄罗斯、日本、韩国、马来西亚、印度、印度尼西亚、巴基斯坦、伊朗、斐济等近40个国家的部长以及大约200名代表团成员参加了会议。此外，联合国外空司、粮农组织、教科文组织、世界银行、环境署、开发计划署、世界气象组织、国际电联、欧盟和欧空局等约30个联合国机构和国际空间学术界也都派代表参加了会议。这次会议无论是从参会的国家和国际组织的数量，还是从参会代表的人数和级别来说，都是史无前例的，不愧是亚太经社会的一次空前盛会。这表明，国际社会、成员国政府和民间对空间技术发展与应用的极大兴趣和对在北京举办高规格会议的高度重视。

部长会议分两个阶段。第一阶段从9月19日至21日，用3天时间召开高官会议，为后续的部长会议做准备。高官会议讨论实质性问题。其主要议题是交流各国空间应用现状与进展，辩论本地区主要问题和发展趋势，审议会议的两个核心文件，即《亚太地区空间应用发展战略框架》和《亚太地区空间应用促进发展行动纲领》，以及准备亚太地区空间应用部长会议的成果文件——《北京宣言》。一般来说，高官会议要把所有重要和敏感的问题，特别是那些有争议的问题基本解决，要审查

## 第五章 谱写亚太合作三部曲

并"基本通过"部长会议的成果文件，避免在部长会议期间出现僵局，陷入无休止的具体争议。"世界上怕就怕认真二字"，我们秘书处一段时间内坚持认真办事，不管大事小事，凡是成员国关心的问题，我们都反复核对查验，特别是经过高官预备会后，对各种文件再次做了细致审定并微调。正因为如此，成员国代表在北京会议上顺利通过了相关文件和高官会议的报告，为下一阶段的部长会议铺平了道路。

北京会议的第二阶段才是正式的部长级会议，于1994年9月22日至24日在北京召开。大会一致选举中国国务委员、国家科委主任宋健博士为大会主席。这既是对主办国的尊重，更是对宋健博士的学识、能力以及在国际科技界影响力的高度认可。联合国副秘书长兼亚太经社会执行秘书拉斐迪·阿罕默德与来自亚太地区近40位部长和副部长、国际组织的代表，以及300多名政府高官、科学家、技术专家和企业家参加了部长级会议。

在为期两天的部长会议上，各国代表团团长和国际组织的负责人，向大会介绍了他们国家和组织空间技术应用的政策和优先计划，针对亚太经社会秘书处提出的地区空间发展战略及行动计划召开了政策层面的一般性辩论。部长们高瞻远瞩，预见空间技术在推动亚太地区经济社会发展、提高人们生活水平以及环境资源监测和可持续发展中的巨大潜力，充分肯定了推动地区合作的必要性。部长会议批准了此前3天高官会议的工作报告，一致通过了《亚太地区空间应用发展战略框架》和《亚太地区空间应用促进发展行动纲领》两个重要的合作文件。部长们顺利通过了《北京会议部长宣言》，批准建立亚太地区空间应用方案（Regional Space Applications Programme for Sustainable Development，简称RESAP）。宣言要求成员国积极配合联合国秘书处以及有关国际组织，按照《发展战略框架》提供的政策指南，大力支持秘书处抓紧组织实施《行动纲领》，积极落实地区空间应用方案，推动本地区各种机制的和谐发展。这些决定统统被写入了联合国文件，为建立亚太地区政府间空间应用合作网络，及在亚太经社会秘书处创建"空间技术应用处"提供了重要的法律依据。

9月24日下午5点30分，当大会主席宋健博士手举木槌，一槌定音宣布大会顺利结束时，全场爆发出经久不息的热烈掌声。可以看出，全体与会部长和国际组织代表，还有东道国的参会官员，都对会议的成功和所取得的丰硕成果表示由衷的满意。在满场欢声笑语、大家互致祝贺中，大概是由于连日加班，甚至熬夜通宵写报告，我们秘书处的工作人员大都精疲力竭，无力尽欢了。

我也似乎突然垮了下来，非常平静地坐在一个角落，目送代表们离场。过去一年多的经历，所有喜悦的或苦痛的场景和这最后欢庆的场面以及相互赞赏的场景交织着，如同放电影般一幕一幕在眼前闪过，我的眼睛不由得模糊了。

在部长会议期间，我们还组织了几个平行活动，包括科技成果展览会和空间应用科技发展讨论会，邀请世界各地的科学家、工程技术专家以及相关企业家参会。设计这两个活动的目的是在开展学术交流的同时，为主管空间应用的政府官员、决策者和规划制定者提供一个面对面的互动机会。首都北京举办如此规模的空间应用展览会还是第一次，中国、美国、法国、英国、日本、澳大利亚等20多个国家和相关的高技术公司都参加了展览。根据事先计划，亚太经社会首次批准采用商业化模式在政府间会议上举办技术展览，为代表提供直接感受空间高技术成果冲击的平台。许多发展中国家的部长等高官，还是第一次亲眼看到遥感卫星模型和遥感影像处理设备，直接体验到遥感数据在自然资源、环境监测、地质采矿、农业调查、土地利用制图以及灾害监测等各领域应用的成果。的确，通过中国政府和亚太秘书处的精心策划，这些平行活动非常成功，为后来亚太经社会举办高层政府间会议，特别是部长级会议提供了一个范本。

联合国亚太经社会地区遥感计划的顺利执行，亚太地区空间应用部长会议得以召开,得益于无数人的襄助,特别是来自国家、地区和国际层面无数的官员、科学家和技术专家的不懈努力和鼎力相助。我自己更直接受益于他们中许多贵人的无私帮助和高人的建言献策。我总觉得,亚太地区遥感事业的发展,"欠"了老一代的情,"欠"了所有在亚太遥感发展进程中做过开拓性贡献的专家的债。他们中的许多人年事已高,退居二线,不再担任政府要职,部长会议是他们再相聚的一个绝佳机会。我特意安排了这场高级别讨论会,筹集了必要经费,把10多名对亚太地区早期遥感事业做出过开拓性贡献的老领导、老专家邀请到北京参会。他们包括:当时在美国圣塔巴巴拉大学任教的中科院遥感所前所长杨世仁教授、泰国科学院前院长春波先生、印度尼西亚空间组织前主席苏纳约将军、斯里兰卡国家测绘局前局长拉拉耶卡拉,以及马来西亚、菲律宾、孟加拉国等国家主管遥感和空间技术应用的前一代领导人。这些老专家作为联合国特邀专家,参加地区遥感发展政策讨论,贡献自己的智慧和余热;同时有机会亲历首次部长会议,见证自己曾致力推动的遥感事业的提升发展,他们显得异常激动与高兴。白首相聚,共议大事,不少老人为此动容,临别时依依难舍,甚至掉下了激动的泪水。几年后,他们中的一些人相继辞世。参加北京部长会议的平行学术活动,竟成为他们中大多数人参与的最后一次国际活动,也是他们的最后一次欢乐聚会。

我们有时往往会不自觉地忽视一个事实:多少成功人士,都是在无数前人的洞见与扶持下成长向前的。我自己这一生何尝不是如此。我常想,一个人无论能力如何,机遇如何,地位如何,一定要常怀感恩之心,不忘初心,敬畏他人,敬畏历史。若此,乃共天地长空。

## 历史将记住中国

北京部长会议是亚太地区空间应用合作的历史转折点。联合国总部很快批准了在联合国亚太经社会设立"空间技术应用处"和建立"亚太地区空间应用方案",这是一个又一个的里程碑。一个临时性的亚太地区遥感项目,华丽变身,成为联合国常设性的亚太地区空间应用机制,成员国从此有了一个空间应用领域的可持续的合作平台。这是利益攸关方长期共同努力的成果,凝结了无数专家学者的心愿,客观反映了成员国特别是发展中国家的迫切需要,也寄托着中国空间应用部门和科学家参与地区空间竞争合作的期望。

应该说,中国政府通过主办亚太地区首次空间应用部长会议,为地区各国和国际组织了解中国在空间技术和应用方面的政策,提供了一个独特的机会。各国代表通过参观访问,对中国空间应用领域长足的进步和成就印象深刻。这大大地扩大了中国的影响力。与此同时,部长会议也为中国空间技术发展添加了助燃剂,进一步引起了国家决策部门对空间应用的重视。中国国家遥感中心更是借势拓展国际合作,积极转向聚焦空间合作"上层建筑领域"的政策问题,为后来主动参与组织协调全球对地观测系统(GEOS)等全球性的政府间合作奠定了基础。

北京部长会议极大地推动了地区各国在空间与遥感这个敏感的高技术领域的战略合作。在那个"韬光养晦"的时期,中国作为地区合作的积极倡导者、支持者,注重创建"多赢"机制。这一博大胸怀,深受国际社会赞赏。5年之后,印度政府步中国之"后尘",于1999年在新德里主办了亚太地区第二次空间应用部长级会议。会议对"北京宣言"的执行做了积极评估,并沿北京会议制定的战略方向,提出了进一步发展的行动计划,继续推动着亚太地区可持续的空间应用合作。

世界需要中国,中国也需要世界。空间应用领域也是这样。亚太地区空间应用发展,离不开互利合作,离不开中国的支持。可以骄傲地说,亚太地区空间与遥感技术的快速发展及其在粮食安全、农业、林业、渔业、灾害监测、环境变化、资源调查、气候变化研究和可持续发展等方面的综合应用,都留下了中国参与的足迹和影响。中国政府通过中国国家遥感中心对亚太地区空间发展合作的坚定支持,起了特殊的作用。中国 3 名遥感专家连续 25 年先后出任联合国亚太经社会空间技术应用处的负责人，有力地推动了地区各成员国合作，在政策制定、信息交流、人员培训、能力建设，及示范项目和南南合作等方面，做出了历史性的贡献，也被永久地载入联合国的史册。

北京空间应用部长会议的成功，在一定程度上还取决于扎实的后续行动。从联合国秘书处角度，我的责任是带领团队，落实部长会议批准的亚太地区空间应用方案，创造性地开展工作。我决定立即着手建立亚太地区空间应用方案的"三级合作运行机制"。这是一项系统工程，包括改造地区遥感项目政府间协商委员会，把它提升为空间应用方案政府间协商委员会，从而提供政策建议和发展方向指导；建立国家主任会议机制，负责空间应用方案的执行和组织实施；设立遥感与地理信息系统、气象卫星应用、通信卫星应用和卫星定位应用四个专家工作组，开展相关领域技术层面的研究和具体合作事务。

可以骄傲地说，创立这种三级合作机制是一次大胆的尝试与创新。它得到了联合国总部、开发计划署和粮农组织等合作伙伴的赞赏和大力支持。迄今，这个机制已经运行了 25 年。在联合国成千上万的项目中，像这样历经 25 年没有被废除取代，仍然备受欢迎、长盛不衰的地区合作机制确实屈指可数。

事情是想出来的，结果是干出来的。好的思路，辅之以有效的政策和扎实的行动，往往是成功的关键。1994 年 9 月部长会议之后，空间应用被纳入地区合作优先，我们开始系统地制订长期计划，开展资金筹募，大刀阔斧推进。新建立的空间技术应用处如旭日东升，朝气蓬勃。大家齐心协力、共同奋斗，针对不同的专业领域以及潜在的合作伙伴，一鼓作气准备了 10 多个项目文件。我作为它们的推销员，积极与有关伙伴紧密沟通，努力推销。功夫不负有心人，我们这个小小的团队竟先后从日本、澳大利亚、法国、欧空局、亚洲开发银行以及开发计划署和粮农组织等国际组织筹集了 500 多万美元的合作经费，同时还得到中国、印度、印度尼西亚、马来西亚等多个发展中国家在南南合作方面的支持。在短短的时间内，亚太空间技术应用处几乎成为亚太经社会秘书处的"首富"，引来不少部门的艳羡。

好风凭借力，送我上青云。空间部长会议送来了一股强劲的东风，我们乘风破浪，顺势而为，开展了一系列的技术合作与转移活动，安排了大量的应用示范项目，组织开展人才培训和国家能力建设，得到成员国的认可和有力支持。地区空间应用方案很快成为地区空间合作的一面旗帜。

数据记录历史，为后人研究提供主要依据。从1988年我开始担任亚太地区遥感项目主任到1993年，亚太经社会组织了大大小小的58个有关遥感和地理信息系统的政策咨询会议、学术交流活动和技术培训班，来自地区各成员国的1 400多名专家、学者从这些活动中获益。我们推动了12个示范项目，近20个国家参与了合作项目的执行。同时，我们编辑出版了技术手册、专题报告和会议论文集共64本，包括我的导师北京大学承继成教授编著的《遥感图像光学处理手册》，彰显了中国科学家的影响力。在越南、老挝、缅甸、柬埔寨，以及南太平洋的许多国家，我们出版的遥感技术文献当时是它们唯一的英文参考资料。

自1994年9月北京部长会议到1998年4月我调离亚太秘书处的三年半时间里，成立后的亚太空间技术应用处每年平均组织了30多场学术活动，涉及遥感与地理信息系统、气象卫星应用、通信卫星技术以及卫星定位系统四个领域的政策发展、科技进步以及应用推广，数千人从中受益。100多名来自发展中国家的技术人员在中国、印度、印度尼西亚的培训中心，接受了土地利用变化、灾害监测、遥感制图和地理信息系统分析应用等领域的中期培训，或参加长期奖学金课程。他们中的一些人后来成为国家有关部门的业务骨干。近20个国家通过结对子的模式，参加了十几个示范项目。这有力推动了发展中国家技术与知识共享，增强了能力建设。

实践证明，我们支持组织的以南南合作为基础的示范项目，对技术推广应用起了很大的作用，受到发展中国家的高度欢迎。

在地区空间技术应用发展进程中，中国各有关部门广泛参与了各种活动，始终扮演着积极的参与者，有力的推动者，在做出力所能及贡献的同时，也是实质的受益者。中国发出了声音，提出了方案，受到了重视，也赢得了地区各国的赞赏与尊重。我每每想起这些日子，为自己在参与引领地区空间遥感合作中做出了些许贡献，尽了绵薄之力，心里就会涌起一股暖流，感到安慰和自豪。

## 出任首任空间技术应用处处长

北京部长会议通过的"北京宣言"是一支"尚方宝剑"。亚太经社会关于建立"空间技术应用处"的报告很快得到了联合国总部的批准，包括设立 P5 和 P4 两个新岗位。至此，亚太地区空间应用领域有了一个可持续的机制，合作跨上了一个新的平台，我们的梦想得以初步实现。

就在这时，秘书处内部马上有人觊觎这些位置。原来极力反对举办空间应用部长会议的矿产资源处处长巴克博士放风，他愿意平行调动，出任空间技术应用处首任处长。秘书处领导真弄不明白他的真实意图。同时，联合国总部的改革正如火如荼，技术合作部提议下放制图处处长、德国籍的捷卡尔达博士来亚太经社会担任新建的空间技术应用处处长。他是联合国的高级官员（P5），已经在技术合作部工作了 10 多年，主管制图与遥感工作。

联合国总部技术合作部关于下放制图与遥感高级高官的提议，委实给亚太秘书处施加了一个巨大压力。但新执行秘书阿罕默德并不买账，与总部展开了拉锯式的对话。他上任几个月来，亲自观察了我们全力以赴、忘我工作的情景。在北京部长会议期间，他更是近距离地考察了我们的组织能力。成员国代表对亚太秘书处工作的高度肯定，进一步加深了他对我和我的团队的印象。他坚决反对总部调人来亚太秘书处当处长，他特别交代人事部门，他要亲自和总部磋商对该职务的安排。他亲自和总部电话沟通，告诉总部人事部门，如果白送一个 P5 级官员到亚太秘书处加强亚太的能力，他举双手欢迎，因为这正符合北京部长会议的要求；但处长这个职务人选必须由他亲自决定，因为他"已在亚太秘书处内部发现了一个完全符合条件的人选，是经过多年检验的、能力很强、完全胜任这个职务的人选"。他的助理后来告诉我，阿罕默德还为此事亲自手书了一封信送到总部。阿罕默德的坚持终于迫使总部让步。当然，技术合作部最终也不同意白送亚太秘书处一个 P5 级官员，毕竟在改革中 P5 级官员是稀缺资源，何况捷卡尔达博士本人从未接受过下放安排，担任同一级别的职务。

联合国总部决定，公平起见，亚太秘书处空间技术应用处处长这个职务，必须按规定程序公开招聘。联合国的招聘过程冗长，等走完所有程序，正式公示序号为"94-X-ESC-151-BA"的招聘广告时已经是 1994 年年底了。我于 12 月 22 日递交了申请表。亚太秘书处花费了大量的人力和时间，对几十个申请人进行了筛选、面试，最后确定了一个有 5 个候选人的短名单。毫无疑问，我被列为第一候选人。

1995 年 11 月 6 日，我接到人事部门的一个备忘录，通知我：联合国总部主管行政的副秘书长代表联合国秘书长于 1995 年 9 月 26 日批准了联合国任命与晋升委员会的建议，任命我为联合国亚太空间技术应用处首任处长，任命有效期追溯到 1995 年 10 月 1 日。从 1988 年 8 月到 1995 年 10 月，我在亚太经社会整整打了 7 年零 3 个月的 P5 级"临时工"，先后经历了 3 任副秘书长兼执行秘书。说句心里话，为了留住我，帮助秘书处守住空间应用这个阵地，这 3 位执行秘书都煞费苦心，来来回回为我设置了好几个临时职务，前前后后给了我好几个不同头衔。我有两次还准备打包，打道回府，但好事多磨，我最终得到了一个预算内的职务，完成了从"临时工"到正式编制的转变。

从 1988 年 8 月起，我步入联合国，在亚太经社会工作了近 10 年，经历过种种挑战，大多时间是逆风、逆势前行。我满怀激情，不知疲倦地做事，不图回报地投入，总是力争做到圆满、极致。渐渐地，我养成了习惯，视挑战为人生乐趣，认定做人就得有担当，担当就意味着付出；遇到再大的问题和困难，倾尽全力，不回避，不放弃，坚信再复杂的问题也都可以分而治之，再大的难事也都可以一桩一桩办成，犹如数学上的微分法。

那些年，我经历不少事，结识了许多朋友。我深深感恩那些特殊的经历，不知不觉中助我开阔了视野；我感恩那些鼓励过我和支持过我的朋友，为在困惑中的我加注了无限正能量；同时感恩那些曾经给我为难和非议的人，因为这些，使我学会理解与宽容，人生才有了完整的光谱，成为综合动力，鞭策我前行。

在联合国工作是人生不可多得的机遇，它为我提供了巨大的空间，让我得以发挥想象力、主动性和创造力。人生只有经历各种磨炼，才能日臻成熟。只有那些敢于面对挑战，大胆梦想，在放眼远方的同时，脚踏实地，抓铁有痕，扎扎实实前行的人，终有一天会梦想成真，达到希望的彼岸。亚太经社会的这段经历是我后来在联合国生涯中不断挑战自己的第一课。它也是我一生中最为愉快的记忆之一。因为在这里，我带领着一个小小的国际团队，唱响了亚太地区空间合作的"三部曲"，为推动成员国在空间应用领域的合作画出了一道颇为靓丽的图景，也留下了一串深深的履痕。

# 第六章
## 加盟联合国粮农组织

你今天受的苦,吃的亏,担的责,扛的罪,忍的痛,到最后会变成光,照亮你的路。

——拉宾德拉纳特·泰戈尔

# 西行罗马多崎路

## 告别天使之城

1998年4月28日晚上11点55分，泰国国际航空公司的从曼谷飞往意大利首都罗马的TG 940准点起飞。经过一段时间滑行，飞机加速到285千米左右的时速时，机头拉起，急速爬升，升入天使之城的夜空。坐在公务舱内，我倚着舷窗，眼望窗外的曼谷夜景，花花绿绿的霓虹灯，帕凤裕庭大道上拥堵的汽车的尾灯，连成一片，犹如舞动的红色长龙向北奔驰……看着眼前这一切，我浮想联翩。10年前，我在多少人羡慕的目光中，在这座美丽城市开始了我的联合国之旅，10年过去了，曼谷几乎成为我的第二故乡。但我说走就走，要飞向欧洲，到人们梦寐以求的地中海边浪漫之都——意大利首都罗马，去接受联合国粮农组织的新任命。这注定是一次新的挑战。

曼谷的灯火逐渐看不见了，在万米高空，飞机渐行渐远。联合国粮农组织急着要我上任，我开始惦念继续留在曼谷的妻子、孩子。孩子离高中毕业还有两个月，佩红不得不留下来照顾他们，待7月份他们上大学后，再来罗马和我团聚。我临行前，虽然儿子说会照顾他老妈，并且拍着胸脯让我放心，但高中毕业毕竟是孩子们最关键的大事之一，上大学是人生的重大关卡，何况他们还要办理各种出国手续，安排搬家，等等。看来一切重担又一次落在我妻子身上了。这是我第3次留下妻子，只身去异国他乡。第一次是 1979 年 9 月，和佩红刚结婚 3 个月我就出国留学，一去两年半；第二次是 1988 年 8 月，我只身来到曼谷，加入联合国亚太经社会，妻子继续留在中科院遥感所，因为她的课题任务暂时放不下，好几个月后她才办了手续来曼谷跟我团聚；这次我又要抛下他们，一个人到罗马打前站。想到这些，我的内心除了内疚还是内疚。是啊，有得有失，这也许是我风光之下所付出的家庭代价吧。

眼看着飞机就要离开泰国的上空，我突然觉得惆怅，与这里有关的一切记忆突然急速地翻滚起来，挥之不去。在本来就幽暗的机舱，我的眼睛湿润了，视线一片模糊。

泰国的确有许多与众不同的地方。这里自然环境优美，天蓝、山青、水绿、花艳，处处散发着宜人的清香，走进山间田野，你就禁不住想大口大口地呼吸这里的新鲜空气；这里瓜果四季飘香，榴梿、山竹、杧果、菠萝，时时散发着热带地区独有的诱人香味，漫步农舍果园，你总会贪婪地想大把大把地采摘；这里美食百吃不厌，从街边到星级宾馆，有咖喱螃蟹、冬阴虾汤、泰国炒粉，闻到香味，你顿时就会觉得食欲倍增，胃口大开，就像蜜蜂一样，扑香而去。

除丰富的自然资源和美丽的自然风光，泰国之所以最受全球游客的青睐，还在于那里的人。绝大部分泰国人笃信佛教，无比虔诚。泰国的老百姓信命，他们相信善有善报，只要心存善念，行善积德，下一辈子一定会比此生好。正因为这样，泰国的服务业一直备受好评，尤其欧美人赞不绝口。在西方人心中，泰国是"3S"（sand, sun and service）的胜地——白色的沙滩、充足的阳光和周到的服务。这里的物价便宜，人力也便宜，雇一个全日制家政人员，一个月也不过 300 美元。最主要的是她们一般都非常友善，服务态度极好。我家的庄阿姨，跟随我们五六年了，她的丈夫是一个出租车司机，他们两口子对我们一家人特别好。东西方文化根本不同，到了罗马可就不指望有如此周到的服务了。听说，那边的人工很贵，即使是联合国的薪给，大多数人也还是雇不起家

## 第六章　加盟联合国粮农组织

政人员。泰国的一切又一切，也许就只能在梦中寻她千百度了。

朦朦胧胧之间，我的思绪飞到了下一站——意大利首都罗马。人们说，条条道路通罗马，但我通往罗马的路并不平坦。无论从地理、历史、文化、艺术和生活哪一方面看，罗马都是一个好去处、一个同样令人充满遐想的浪漫之都。正因为这个缘故，意大利罗马是国际组织官员争先恐后想去的去处。的确，不少人羡慕我的调动，个别人可能也嫉妒我的运气。罗马是联合国粮农组织的总部，我将出任可持续发展部自然资源与环境处的处长，D1级别，与亚太经社会司长的级别相同、待遇一样。我在联合国担任P5级岗位将近10年，签了五六次临时合同，这次是我第一次升迁。但天下没有免费的午餐，毫无疑问，我离开熟悉的岗位，跨界去一个全新的环境，是一个不小的转折与挑战。老实说，我还没来得及充分准备应对新的挑战。但没有想到的是，这一脚跨进粮农组织，我竟然一干将近15年，直到退休。那时我连做梦都不会想到，幸运女神会反复降临我的身旁，我竟然经历了4个岗位，得到4次重用提拔，从处长（D1）升为司长（D2）、助理总干事（ASG），再到副总干事（USG），成为联合国粮农组织成立60多年来中国第一个在该组织担任该级别职务的官员，也是发展中国家第一个出任该组织副总干事的官员。

年轻时我的确有许多梦，那些梦想后来因时而异，应景而迁了。上中学时，我曾梦想当一名科学家，研究天文地理；"文革"后被送回乡务农，当过赤脚牙医，目睹父亲高血压偏瘫，感受到农村缺医少药，曾梦想有一天大学重开，一定去学医，当一名医生，好为家人以及农村的千千万万农民看病；再后来，没想到自己被安排到福州大学，学习物理无线电，毕业时，曾希望留校当一名教师，传道授业解惑，却被分配到中国科学院从事空间遥感研究。一路走来，梦想不少，我却唯独没想过要到国外留学、到国际组织工作，更没有想到要去联合国任职，而且一干就是20多年，成为我毕生的事业，也成为我生命的一个重要组成部分。这一路走来，我的梦想时过境迁，不断变化，但唯一不变的是那颗生命不息、奋斗不止的心。

在联合国亚太经社会任职时，我的工作涉及高技术领域，我负责推动空间技术应用，包括卫星遥感、气象卫星、通信卫星和卫星定位系统应用，听起来非常"高大上"；到联合国粮农组织之后，我虽然也是负责遥感和地理信息系统工作，但主要是为农业和全球粮食安全服务。当时在加拿大的侄子何文清很幽默地对家人说："我们的六叔不搞空间高技术了，他从天上回到地面，重新和泥土打交道了。"不错，从学习物理、研究遥感，到参与全球农业和粮食安全治理，这个跨界似乎太大了。我没有想到，没过多久，我觉得粮农组织对我来说更"接地气"。我很快找到了适宜的土壤，并没有感到有多大落差和过渡困难。或许我这个来自农村的农民的儿子，注定有一天要返璞归真，回归农口，因为土地才是我的母亲。听从母亲的召唤，回归土地，滚一身泥巴，与农业和农村打交道，用我的知识回报大地的养育之恩，才是我宿命，是余生正道。

在飞机上，迷迷糊糊、似睡非睡地，我不知不觉想起了自己跨入联合国粮农组织大门的这段经历：不容易、不顺利，似乎考验，又近乎折磨。

事情还得从远一点说起。1997年年中，亚太经社会资环司石广长司长将于1998年退休，秘书处的不少官员都希望得到这个职务。秘书处不少人认为我适合担任资环司司长一职。我在P5的位置干了8年，积累了较好的国际团队管理经验，口碑不错。特别是在业务上，我在亚太搞得有声有色，一步一个脚印，体现了专业精神，有着很好的业绩和实际影响力。有些人甚至不吝溢美之词，说我很具开创精神，"把亚太空间和遥感领域搞得风生水起"，让一个濒临关闭的临时性项目实现了转型，创建了联合国地区委员会唯一的一个专门从事空间技术应用的机制，表现了出色的领导才能和执行能力。我在亚太经社会秘书处还享有

## 第六章　加盟联合国粮农组织

"善于筹资"的美名，因为我先后成功地从联合国开发计划署、亚洲开发银行，法国、日本、澳大利亚等成员国筹集了近 800 万美元的项目资金，成了那时亚太经社会的"首富"。

况且，我的背后有一个蒸蒸日上的国家。那些年，中国在联合国职员人数少、职务低的现状众所周知。虽然中国是在"韬光养晦"的年代，但大国影响力在悄然增强，中国出手争取一些重要岗位是符合逻辑、理所当然的。因此有人相信，中国一定会极力保住资环司司长的位置；根据他们的逻辑，中国也一定会推荐我参与竞争，而且会"势在必得"。

客观全面地评估，我也觉得自己已经具备担任"司长"的综合素质和条件，可以直面更大的挑战。我从小学到大学，一直担任学生干部，潜移默化地培养了团队意识和协调能力；在国内参加工作之后，特别是在国家科委基础研究与新技术局和国家遥感中心，经历从处员到副处长、处长以及副局长管理岗位的锻炼，积累了较好的政策水平和组织领导能力；我在亚太经社会将近 10 年的磨炼和创造的业绩，也已有公论。

我决定毛遂自荐，大胆一试。1997 年 8 月中，我利用回北京出差的机会，通过国家科委人事司陆司长，向部领导提出了有意竞争亚太经社会资环司司长职务的想法，我希望得到政府的支持。

1997 年 10 月，国家科委主管外事的惠副主任出访南亚，在曼谷转机时，专门约我到他下榻的旅馆共进早餐。惠副主任开门见山对我说，考虑到国内干部安排的需要，领导决定推荐国内的一名司级干部参与竞聘。他说："你已经是联合国的 P5 级官员了，级别不低。由于你有一定优势，你申请肯定会影响国内的部署，所以你就不要申请了，把机会留给国内的同志。"他接着说："不过，如果你将来在联合国的其他部门有机会，不管是 D1、D2，还是其他更高的职务，我们都支持你参与竞聘。"我理解国内的想法，既然有了 P5 职务，鱼和熊掌不能兼得，应该想开点儿。遗憾的是，那时联合国在工会的压力下，出台了一项明确的政策，规定内部职员优先考虑。几经周折，联合国终究没有任命中国政府推荐的国内官员出任资环司司长。

国家的利益高于一切，作为一名党员干部，服从祖国的命令就是天职。我对自己说：亚太是个小部门，这里僧多粥少，大家都盯着碗里，争之何益。况且我比上不足，比下有余，还是把我空间技术应用处的事干好吧。我想明白了，也就放下了；放下了，自然就有毛泽东那种"风物长宜放眼量"的意境和胸怀。我照样勤奋履职，没有丝毫懈怠，因为我的字典里没有"不负责任"一词。

**无心插柳柳成荫**

1997年11月中，没有想到一个机缘悄然来到我的身边。我代表亚太经社会到法国图卢兹参加第十一届全球对地观测系统委员会会议。16日那天下午茶歇时，代表粮农组织参会的一位司长和我聊天，他漫不经心地问我："你对粮农组织遥感中心主任的职务有兴趣吗？"他说："那是D1级别。粮农组织目前正在物色（他用'head hunting'一词）合适人选，我看你的条件不错，你应该去试试。"其实，在联合国工作过的人都知道，这种茶余饭后的闲聊，有一搭没一搭的，谁都想充好人传递一些利好消息。但一般说来，此类信息充耳，谁也不会太在意。我也一样，压根儿就没把它当一回事，就像其他没过脑子的信息，很快就被我过滤遗忘了。

12月初，我到东京参加日本政府组织的亚太地区空间局论坛。这是日本政府为推动1992年国际空间年后续行动而组织的活动，每年举办一次地区性会议。在亚太地区空间应用部长会议之前，日本宇宙事业开发团就一直与推动亚太空间局计划的中国航天部逐鹿中原，要争个伯仲。12月5日那天晚上，我在旅馆接到了来自罗马的一个长途。这是粮农组织助理总干事兼可持续发展部部长亨利·卡萨拉迪办公室打来的电

## 第六章 加盟联合国粮农组织

话。他们通过亚太秘书处找到我妻子的联系电话,并要走了我的旅馆地址。秘书接通电话后,卡萨拉迪简单地自我介绍了一下后,开门见山地说,他们正在寻找一位既懂遥感技术专业,又有很强管理能力和国际经验的专家,出任自然资源与环境处处长。他补充说,这个处的前身是粮农组织的遥感中心。他最后说:"不瞒你说,有人向我们推荐了你,我们也咨询过前三任的中心主任,他们一致认为你是有资质、有潜力的人选之一。如果你有兴趣,请于罗马时间下周一下班前给我们发一份个人简历。"我当时觉得这人有点怪怪的,助理总干事,官拜联合国助理秘书长级别,头衔不小,但怎么会是如此风风火火的呢。直到后来和他直接共事后,我才了解到,这就是他的办事风格与招牌式的脾气,雷厉风行,单刀直入,没有废话。他担任可持续发展部部长 3 年之后,调到技术合作部担任部长,分管粮农组织的技术合作和野外项目,掌握着每年近 1 亿美元的技术合作(TCP)资源和数亿美元的信托资金,曾一度被认为是粮农组织 3 个最有权力、最有影响力的高官之一。

对于粮农组织的遥感中心,我以前已有所闻。它是联合国所有专门机构中最具实力的一个从事遥感技术应用的团队。在八九十年代,发展中国家都把粮农组织的遥感中心看作遥感领域的"麦加",人们都以有机会到那个中心参加一次技术培训或一次参观访问为荣,并且往往成为好几天甚至一整年的话题。80 年代初,中国农业大学遥感中心和沈阳林学院林业遥感项目,都是在粮农组织遥感中心的技术支持下建立的。就连我曾工作过的国家遥感中心项目也得到粮农组织遥感中心的技术支持。我所管辖的亚太地区遥感项目也和它有过不少合作。就是这些原因,我和它的三任主任——澳大利亚的约翰·哈瓦德博士、加拿大的丹尼·卡兰斯基博士以及法国的皮耶·夏赫顿博士都有过接触,其中和加拿大的丹尼最为熟悉,一直保持友好联系。

不过,在 1996 年改革之后,粮农组织成立了可持续发展部,集结了一些跨学科的领域。这个颇具盛名的遥感中心也没能够幸免,它被可持续发展部"吞并"，改组成了"自然资源与环境处"，扩大了职能，增加了编制，成为当时粮农组织最大的一个处级单位，处长是D1级编制。国内有关领导出于人事安排的需要，特意和我打过招呼，要我不要申请亚太的职务，而粮农组织却主动找上我，邀我加盟。难道这真是西方谚语中所言的"上帝关上了一扇窗，又打开了一道门"？

粮农组织既然对我有一定的兴趣，我为什么不申请呢？这的确"是一个机会"。但平心而论，最吸引我的是那里的业务工作。它是一个全球性的平台，可推动遥感应用，促进中国和世界各国交流与合作，视野更宽，格局更大。再说，这个职务在全球整个遥感业界也具影响力。因此，可以想象竞争一定非常激烈。不过，说实话，我那时从心境上说也很想离开亚太经社会。我决定试试，成败并不重要，起码我争取过，落选了也是一种人生经历，还可能有点儿刺激。

就凭"刺激"二字，我连夜准备了一份"简历"，"简历"很粗糙，是手写的，看上去还有点儿潦草。我通过旅馆的传真把它发给了粮农组织可持续发展部部长卡萨拉迪的办公室。3天后，我回到曼谷时，收到卡萨拉迪助理的一份邮件，含的一个附件，是粮农组织的正式申请表。她要求我"认真填写"后立即寄到罗马总部。我照办了。但这回可不像上次那样粗糙，我对表中的每一栏都仔细理解、如实填写、确保准确。因为那里记录的是个人的真实历程，是要存进申请人在联合国的新机构的人事档案的。

尽管是他们主动找的我，但我对自己进入最终的短名单并没有把握。一般说来，高级别官员的招聘有太多政治因素和不确定性。我想到自己完全可能属于那些"陪考生"。

没想到事情进展神速。没过多久我就收到了可持续发展部的通知，要我准备参加面试。能成为它在全球物色的候选人之一，我感到兴奋。后来我才知道，一些国际组织有时也学习西方企业的做法，为了得到满意的人选，它们的人事部门往往通过"猎头公司"寻找合适的对象。这

## 第六章 加盟联合国粮农组织

是需要花高价钱的咨询服务———一般是年薪的一倍以上。粮农的人事在电话中告诉我,为了节省经费,不需要我到罗马,而安排我电话面试。

1997年12月19日,星期五下午,我请了假,提前回家,在家里接听从罗马打来的国际长途。从电话里知道,罗马方面的面试官有5人,助理总干事卡萨拉迪为主席,其他4名考官分别是:研究发展司司长路易丝·弗莱斯科博士,林业部林业生产司司长奇尔曼博士,以及行政管理处处长雅克·贾萨和主管人事官伊丽莎白女士。

电话面试进行了将近一个钟头,涉及三个层面的七八个问题,包括:你对粮农组织的了解和申请的动机;为什么你认为你的专业背景和主要工作经验符合这个职务的要求;如果你被选上,你打算如何开展工作;你组织、带领团队的最成功案例是什么;等等。其中印象最深刻的问题是让我用SWOT方法简要分析一下亚太地区遥感发展情况。这个问题是路易丝·弗莱斯科博士提出的。后来我知道她曾是荷兰瓦赫宁根大学的教授,不久前刚到粮农组织担任研究发展司司长。看来她对我在亚太的工作有所了解,并有一定的遥感技术知识。她的问题有点刁钻,也许是她别出心裁,也可能是显耀她的学问。当然,他们都想了解考核我知识面和综合专业能力。

对于他们所提出的每个问题,我都尽量结合自己在研究部门、政府管理部门以及亚太经社会3个不同性质单位的经历阐述。我以如何创建亚太空间应用合作机制的开拓性工作为例,围绕联合国环境与发展大会的可持续发展的议程,以及亚太地区农业和可持续发展的重点,谈了开展工作的设想。我尽量以自己擅长的领域和亲身经历的案例说明、回答问题,争取了面试的主动性。这一点对于参加面试的人来说,是个技巧,掌握它很有用。后来从联合国退休回国后,常被邀请给出国人员培训班讲课,我就特别强调这个面试技巧。电话面试是隔空对话,根本看不见相互的表情,也无从知道对方对你答案的反应,这是电话面试的缺陷。但有意思的是,在这个电话面试的过程中,我似乎感到他们对我对大多数问题的回答点头，表示满意，也许这只是我出于某种自信，对自己面试的感觉良好罢了。

电话面试结束前，主考官卡萨拉迪问我还有什么特别情况需要补充说明，或有不明白的问题需要提出。我问他们，假如我被选上，我最晚必须到位的时间。我之所以问这个问题，是因为亚太经社会的年会在4月初召开，会上将有空间技术应用处的议题，讨论召开第二次空间应用部长会议的有关事宜。作为处长，我必须在场。我也希望能为亚太秘书处再争取一次部长会议的机会，好在现有成果的基础上，规划今后5年地区空间与遥感发展的新蓝图。何况1994年北京第一次空间应用部长会议之后，世界、地区和亚太各国的需求和科技进步都发生了重大的变化。卡萨拉迪说："我们马不停蹄，就是为了尽快确定人选，当然希望越早越好，最晚明年2月底。"我知道，现在还不是讨论这个问题的时候，成功与否还是个未知数，还会受许多因素左右，由"命运"决定。在很大程度上，主宰这个"命运"的将是这5名考官的意见，以及粮农组织总干事的最终决定。我能做的就是等待自己的"命运"。

12月31日，我接到了一个通知，要我重新接受一次面试，但他们没有给我任何解释。根据我对联合国系统招聘程序的了解，这个做法不太常见。我无从知道具体缘由，也无从打听什么。但我的第六感觉告诉我，这可能是好事而不是坏事。数年后的一次闲聊中，我才明白：当时粮农组织总干事雅克·迪乌夫先生对卡萨拉迪组织的第一次面试的安排不太满意，尤其是他们中竟没有一个人和我见过面。他把可持续发展部的面试推荐报告退回，指示要对所有的4名面试过的人重新面试。于是就有了后来的那第二次面试的故事。

第二次面试是粮农组织总部总干事办公厅直接组织的，在1998年1月15日下午进行。这次他们借助视频，说"这是总干事要求的"。这次面试规格提高了，由副总干事戴维·哈查理克博士作为面试委员会主席，其他成员有：总干事办公厅主任亨利·萨宾利、可持续发展部助理

## 第六章 加盟联合国粮农组织

总干事亨利·卡萨拉迪,以及林业部助理总干事洪斯尼。这么高级别的考官阵势还真少有,我不知道总干事是出于何种考虑。后来我担任副总干事时有新规定,所有 D1 级别以上的职务面试都得由副总干事主持。难道真像有人所说,总干事对把自然资源与环境处这个跨学科的、多少有点儿庞大的专业部门交给一名中国籍职员有点不放心。我不得而知。以后我在粮农组织的 10 多年里,也没有人证实当年的那个猜测,因为如果真是那样,那毕竟有"政治歧视"之嫌。

对于这个面试安排,尽管我抱着"起码还有半瓶水",而不是"只剩半瓶水"的正面看法,但心里还是忐忑不安,不知总干事是否在故意"找碴儿"否定卡萨拉迪的建议。不管怎么样,我必须非常认真应对,决不能掉以轻心。当时的通信条件还很落后,亚太经社会秘书处没有视频设备,粮农组织亚太地区办公室更没有这种洋玩意儿。但粮农组织总部的信息却很灵通,他们通知我,泰国电信局有视频设备,而且他们已经联系好了,我按规定时间到那里去用就行了。其实,我倒也不担心与考官见面。那时,我尽管已人到中年,但一丝白头发也没有,光从外貌判断,第一面印象不见得很差。我妻子还幽了我一默,说:"见就见吧,考官中要是有女士的话,说不定还会给你加分呢。"遗憾的是,第一次面试我的唯一的一位女士,即路易丝·弗莱斯科司长,这次不再是面试委员会成员了。也就是说,第二次面试我的 4 名考官全是助理总干事级别以上的官员,而且清一色全是男士——按联合国的标准,这有些性别失衡之嫌啊!

1998 年 1 月 15 日下午,我坐出租车提前来到了泰国电信局。视频接通后我一看,好家伙,那 4 位洋人一色笔挺的深色西装,看上去很庄重。我虽然不懂名牌,但看那架势估摸是意大利的名品。而我穿的是一套旧的灰色西装,是几年前在曼谷国宾酒店附近一个印度人开的服装店做的。记得一次做了两套,才花了 2 000 铢,还赠送两件衬衣和两条领带。不知道为什么,那远隔万里的气场使我突然有点紧张。副总干事先简单地介绍了一下面试委员会的成员和面试的安排。他看上去很谦和，使我很快平静了下来。他说："总干事要求我们和你再进行一次面试，大概 50 分钟。"他还说："我们每人都有几个问题，请你做简要回答，主要的目的是要你跟我们分享你在相关领域的专业知识、实际经验和你对这份工作的打算。"他紧接着先提了第一个问题，要我简要说明一下我为什么对这个工作感兴趣。接下来 3 个人分别提问，我分别作答。问题涉及面较广，从政策研究到技术内容，有关遥感在土地资源和森林调查、林火和其他灾害监测应用，亚太地区农业和粮食安全现状，亚洲金融风暴对粮农工作的影响，可持续发展和应对气候变化关系，以及我对联合国 3 个公约与农业关系的了解。最后一个问题是考察我对多元文化的理解和管理风格。

  由于经历了先前一次的面试，加上可以在视频中看到对方的表情和肢体语言，我很快克服了自己"慢启动"的特质和初始的局促，进入了比较正常的发挥。他们对我的答复也似乎感到满意，我能看到他们不时微微点头。我在回答问题时很注意掌握时间，这点很重要。快结束时，副总干事说："你的英文还不错啊，是在哪儿学的？"没等我回答，可持续发展部的卡萨拉迪先生则用法文发问，大意是我的法文如何。我用很生硬的法文回答："我不太会说法文，但可以借助字典看一些法文版的专业文献。"其实那时我也就会这一两句最简单的法语，我真担心他们一旦继续问下去，我肯定"砸锅"。副总干事好像蛮善解人意，为了消除我的窘迫，或许他认为我作为中国人，已符合会两门联合国官方语言的要求，赶紧说："这没有关系，我在粮农组织工作了这么多年，也还不会说法语呢。况且，我们之中还没有一个人懂中文啊。"

  副总干事在宣布面试结束之前说："我们将各自向总干事报告我们对所有被面试人的评估，总干事将会根据我们提供的面试评估报告做出他自己的最后的决定，人事部门会在最早的时间将有关决定通知所有的被面试人。"这一点，我觉得副总干事是在规范性背书。我看了一下表，

## 第六章 加盟联合国粮农组织

这次面试用了将近 55 分钟，基本上在要求的时间内。

我不会忘记我进入粮农组织的过程。有一段时间，粮农组织在人员招聘方面是出了名的低效。这个说法并不过分。然而，法国人亨利·卡萨拉迪领导下的粮农组织可持续发展部，却好像立志要创造粮农组织招聘效率的纪录。事实上，它也的确创造了几项纪录。直到 21 世纪前 10 年，粮农组织的招聘流程平均时间是 18 个月。而我却很例外，1998 年 2 月 24 日，我就收到了一份传真信和粮农组织总部可持续发展部人事部门代表总干事签署的 PE13/1 号聘书，聘请我担任可持续发展部自然资源与环境处处长（D1 级，任期 3 年）。信上说，粮农组织希望我尽快上任，必须在 1998 年 4 月 15 日之前报到。这个招聘从申请报名、筛选、两轮面试，再到总干事最后批准决定，前前后后只用了 4 个月，足以证明卡萨拉迪雷厉风行的风格。后来我知道，他在粮农组织的确是一个有名的工作狂，还总是逼人拼命工作，素有"催命鬼"（slave driver）的别称。我们俩的工作风格都是"急性子"，我在他麾下工作了多年，与他惺惺相惜，配合得相当愉快。他欣赏我办事既高效又稳健，为人低调可靠，所以凡事十分放手；我也喜欢他注重大事、敢于放手和当机立断的作风。我觉得我们两人这种上下级的风格搭配容易，而且还真出活，效率高。

两天后，即 1998 年 2 月 26 日，我给粮农组织发出了"同意接受聘用条件"的确认函。从法律上说，这一来一往就确定了合同的有效性。接下来要做的是，我得马上书面通知亚太秘书处，并商量辞去我在亚太经社会空间技术应用处处长的有关事宜。根据联合国人事规定，任何职员由于任何原因离职或机构间人员对调，一般情况下需要至少提前两个月提出要求。罗马方面希望我尽早报到，最好能在 3 月底前履职，最迟不能晚于 4 月中旬。3 月底是不可行的，我自己也无法开口。因为当时我们正在酝酿于 1999 年年底在印度召开第二次亚太地区空间应用部长会议的事。我们需要在 4 月中旬召开的亚太经社会第五十四届年会上提

255

出文件，阐述第二次部长会议的背景、理由、主要议题和预期目标，以及相关事项的安排，争取委员会的授权。那时，对于是不是需要召开第二次部长会议，秘书处和成员国都还有点争议。在这个关键的节点，我被认为"是最能把问题说清楚的人"。我是创处之长，我有责任带领我的团队继续做好文件准备工作，并在年会上解答成员国提问，保证决议的通过，绝对不能在这时候拍拍屁股，说走就走。我和粮农组织商量，希望将赴任日期推迟到五月中旬。

那时，我对于自己即将离开亚太，心里充满恋恋不舍之情。可不是嘛，亚太地区空间应用部长会议和空间应用方案毕竟是我一手创建的，这里流淌着我将近 10 年的心血。我将去寻求新的挑战，我想我唯一能做的是给我的继任者留下一个更加完美的、富有活力的平台和机制，并且帮助他们借势正在酝酿的第三次联合国探索及和平利用外层空间大会，把亚太地区空间应用方案带入新千年。

## 又是一次一波三折

在亚太的时间所剩无几，我不得不加班加点工作。此时，悄然地，在罗马的粮农组织总部，一件对我个人来说非常不利，所有涉事方都觉得难堪的事正在发生。粮农组织管理层万万没有料到，这个本应让中国政府感到高兴的任命，却出现了外交麻烦。中国常驻罗马联合国三机构的代表处为此与联合国粮农组织，展开了紧锣密鼓的交涉。他们接到中国国内主管部门的指示：何昌垂不是中国农业部干部，粮农组织对他的任命未经农业部同意，这个任命不能接受。他们要求粮农组织马上撤回这个任命。

这事很具戏剧性。我一直被蒙在鼓里，全然无知；粮农组织也感到大惑不解。和一些国人争取联合国高级职务的做法不同，我凭自己的实力以及在业界的广泛认可，通过粮农组织两次认真严格的面试，得到了一个高级别的岗位职务。我以为我为国家争得一个高管名额是件好事，

## 第六章 加盟联合国粮农组织

压根儿就没觉得自己做错任何事！再说，当我接到粮农组织的正式通知，也就是说我接到聘书的第一时间，即 1998 年 2 月 24 日，我就主动向中国常驻曼谷的亚太代表处报告了这个情况。外交部的吕永寿代表当时也很高兴，他在电话中对我说："中国人能够被粮农组织聘用，担任重要职务，这是一件好事。我们为你感到高兴并祝贺你的成功。"

我接着办我该办的事：给粮农组织回信确认接受聘用条件；按规定给亚太经社会写例行的辞职报告；同时也给中国驻亚太代表处和国家科委——我的人事主管部门，写了书面的情况报告。我想他们会支持的，因为国家科委领导曾经鼓励我争取"国际组织的更高职务"。

一般来说，作为一个大国、一个被国际组织尊重的国家，它提出的合理的要求，一定会受到秘书处的重视。时任总干事迪乌夫是个老到的政治家，他一向很倚重中国，也很在意中国政府的态度。他在任期间一直和中国保持友好的关系，包括他个人与中国领导人的关系。对于这次的任命，粮农组织坚持认为，他们是严格按程序执行的，是经过前后两轮认真的面试，好不容易才物色到一位他们认为专业合适、管理能力强，并经过国际组织工作考验的人选。粮农组织的法律部门比谁都清楚，我已经签了接受任命的回执，这已然形成契约，从某种意义上说，生米已煮成熟饭，要撤回业已生效的契约，意味着要付出违约的法律代价。更何况，因某成员国政府干预而改变粮农组织的人事任命，意味着粮农组织同意把成员国通过的章程这个神圣的法律文本赋予总干事的行政和人事权，让渡给成员国政府，这将失去"人事独立性的原则"。兹事体大，非同小可，粮农组织无法按照中方的要求，无理由草率地收回成命。

于是，粮农组织出奇坚定地表示不可能有任何改变。他们再三强调，任命秘书处职员是成员国赋予粮农组织总干事的权责。"中国政府可以推荐它认为合适的人到粮农组织工作，但决定聘用谁更适合担任什么职务则是粮农组织的权限。"他们还坚持："粮农组织只能完全基于对申请人或政府推荐的人的能力和专业背景的严格考核、面试和审查，而做出自己的决定。这个问题没有商量余地。"

由于中国农业部高层领导的智慧和开放心态，以及粮农组织的坚持，这个插曲终于落幕收场。不久，我得到了意大利政府的签证，粮农组织总部也向我发了旅行授权，通知我在 4 月 28 日之前必须启程来罗马总部报到。

由于这段曲折，我没能按原定要求于 4 月 16 日去罗马。这倒为我提供了一个机会，我多了几天时间服务亚太经社会年会，帮助完成了 1999 年在印度召开亚太地区第二次空间应用部长会议的决议。我圆满地完成了在亚太经社会近 10 年的使命，带领他们绘制了地区空间发展合作路线图，而且还为他们推荐了一个接棒人——来自国家科委的优秀专家武国祥。我现在终于可以放心离开，去接受新的挑战，开创新的未来了。

## 友善大度是一种修养

多年之后，我在粮农组织用努力、实力和绩效证明了自己，赢得了上上下下的认可，先后经历了几个不同的岗位，三进两出罗马总部，得到了四次升职机会，成为粮农组织副总干事，进入了粮农组织的最高管理层，为中国赢得了在粮农组织的有史以来最高的职务，从某种意义上说，帮助中国扩大了在粮农组织领导层的话语权和影响力。应该说，我没有给那些理解、支持和帮助过我的人丢脸，也没有辜负主管部门农业部的期望，对得起国家与人民。我在粮农组织的每一个岗位都一如既往，一步一个脚印，从来都把自己看作是农业战线的一员，充分利用这个平台，全心全意为农业和粮食安全服务，努力为成员国、为农民多做点事，为中国如何与粮农组织和其他国际组织加强合作建言献策。我努力地帮助中国人争取了好几个国际职务，有机会也帮助他们不断提升，告诉他们如何做一名优秀的国际职员、有影响力的中国籍职员。我觉得

## 第六章　加盟联合国粮农组织

作为一名普通的公共外交人士，能够抓住各种机会，积极主动宣传中国文化和中国的成就，促进国际友人对中国的了解，也算是一种报国方式吧。

几年后，我的努力和作为使主管部门上上下下改变了原有的对"非农部门"人员的成见，用当时的常驻代表李正东的话说，"中国政府对何昌垂是认可的"。我虽然不是农业部出身，却为农业部做了不少好事。在我被任命为粮农组织的副总干事时，牛副部长在第一时间给我写了一封热情洋溢的贺信，高度肯定了我的贡献，并鼓励我为中国乃至世界的粮食安全继续做出成就。这是一种开放的胸怀，让我感动不已！

21世纪必将是风云激荡的世纪。在国际秩序大发展、大调整、大变革，中国走向全球治理舞台中心的过程中，中国太需要更多这样有五湖四海格局的管理人才。一个改革开放、有豁达胸怀的国度，必将是汇聚天下英才的福地；一个识才爱才的主管外事的领导，足以鼓舞中国职员充分发挥着作用，更好地为国家贡献他们的正能量。

其实，在中国融入世界，逐步走向国际舞台中心，参与全球治理的时代，无论是对于一个部门，还是整个国家来说，都需要大批有新视野、大格局的国际化人才。中国比任何时候都更需要一大批有海纳百川的博大胸怀，有家国情怀，既了解国情，又具有国际眼界的人，到国际舞台去争取中国的话语权，帮助中国推动国际化，最后实现"化国际"。

我在国家科委时的同事武国祥，是一名优秀的遥感专家，他成功应聘了联合国亚太经社会的处长（P5）职务。我是他的前任，这个处是我带领创建的。就任前，他利用到维也纳开会的机会，特意拐到罗马，在我家住了3天。我系统地向他介绍了亚太的情况，从战略政策、计划制订、立法会议，到项目管理执行、经费使用、筹资募捐，再到组织培训班、讨论会以及技术出版等各项工作。我也向他介绍了秘书处各个司的主要职能以及主要职员的特点、政治立场和对华态度，特别是空间技术应用处的详细工作内容，交代了处里每个人的性格脾气。我特别嘱咐他，一定要和下属，特别是秘书搞好关系，多和他们交朋友，还要尽量帮助底层职员办点实事，解决各种问题。我的话他用录音机录了满满的几盘磁带。后来听他的妻子说："老武刚到亚太时，秘书处很少有人主动帮他。一碰到问题，他只好打开录音机，许多问题的答案都在那里头，问题和建议应有尽有。"

中国的一些高管新上任时，我会主动与他们分享"秘籍"，建议他们参加总干事的高管办公会时，应该如何预先做好准备，"针对议程，选与自己有关的议题认真准备，精准分析，提出见解，最好给出解决问题的方案。发言不宜冗长，但说了就要让人记住。切莫每一个议题都想谈，切莫漫无边际、长篇大论地谈"。我告诫他们："你谈不过那些母语是英语的人，谈不过南亚官员。"后来有个同事给我反馈，他照我的办法做了，效果很好。也有一些例子，个别同事在升迁提拔遇到困难，或在工作中受到歧视，或因工作纠纷而得到不公平对待，我会为此感到不平，努力帮他们排忧解难，必要时还出面据理力争。

每当我看到在自己的帮助下，一些新人，特别是年轻人，能够有机会进入国际组织，并且看到他们站得住，留得下，干得好，有的还升得上，为国家增光，我心中总有说不出的喜悦。由于历史原因，中国人在国际组织的职员实在是太少了，而且位置也偏低，这与我们的大国地位完全不相称。我经常为此着急，一有机会就呼吁高层重视，建议制定相应政策，加强培养国际组织人才，推动更多的青年人到国际组织工作。

从进入联合国第一年起，我就努力主动把自己学到、看到和想到的一些政策问题，建言给国内有关单位。20多年来，特别是从2000年起，我几乎每年都给国内递交一个比较系统的报告，分析自己对当前全球热点问题的看法，提出如何加强合作的建议，尤其在国际组织人才的培养和输送方面分享了不少想法。在联合国组织中，凡能通过自己的影响施以些微的推力，我都没有保留过。我想，哪怕是帮助中国争取一个实习生的机会也是值得的。当我看着越来越多的中国同胞在联合国和其他国

## 第六章　加盟联合国粮农组织

际组织任职，发挥着作用，看着年轻人成长，挑起重担，走上重要岗位，我心里总有说不出的高兴，油然而生一种"予人玫瑰，手中留香"的感受。一个人能有"真正的光明，只存乎于心"的感受，也算是一种成熟、一种幸福。中国这么大，人这么多，如果每个人都能在各自的岗位上为国家做一件好事，加起来就是不得了的数量；量变必然引起质变，那影响就大了。

人嘛，最好的修养是学会友善、大度、往前看。人的心只有拳头那么大，一辈子要经历多少风风雨雨、曲曲折折，甚至跌宕起伏，如果老活在过去，记恨在心，无法释怀，就会给心头添堵，就是给自己增添包袱，背着它行走在路上，只会越来越沉重，最后成为对自己的惩罚。一个常怀大爱之心之人，一定能不忘人恩，不念人过，不思人非，不计人怨。

当然，对于那些当政者，对于那些掌握着决策权的人，特别是当有权在握时，一定要记住"权为民所用"的原则；对于为部门守职的人来说，一定要有大胸怀、大格局。我们这个强有力的领导体系，却各自为政，部门利益根深蒂固，处处各自为政，有时甚至更严重，明显暴露的是部门割据的弊端。我见过一些涉外部门，他们往往把国家的利益当作本部门的"蛋糕"，总有"卧榻之侧，岂容他人鼾睡"的警觉心理。一事当前，不是从国家的整体利益出发，而是想近水楼台，千方百计把国家的利益部门化，甚至把部门的利益私有化。这个问题不克服，就很难在深入改革开放中，统筹谋划一盘棋，走向世界舞台的中心，有效参与全球治理。

中国要在国际舞台发挥大国的作用，需要大量懂国家大政方针的国际化人才，需要有大格局、大胸怀、国际大视野的一大批精英，一代又一代的传承。人才多则民族兴，思想强则国家强。领导层心胸开阔，善于吸引大量有真才实学的人，不问"门第"，把他们作为自己部门的储备，甚至是国家的储备；不问出身，不拘一格，大胆扶持，悉心培养，才能使其更好地为国家占领国际舞台中心，发出中国声音，提供中国方案服务。这才是一个大国子民应有的作为、胸襟和气度。这是一种修为、一种文化，它有时可以帮助化解部门割据，解决人才危机，创造奇迹，实现今朝国际化、明日"化国际"的强国梦。

**冷静面对新挑战**

1998 年 4 月 28 日，早上 6 时，泰航班机准点到达罗马菲乌米奇诺机场。由于有粮农组织的通函，我很顺利地办完出关手续。初来乍到，人地生疏，幸好有中文科王焕方把我接到他家临时安置下来。焕方是我通过亚太经社会秘书处中文科的一个朋友介绍认识的，他是我在粮农组织总部认识的第一个中国人，后来成为我最好的朋友之一。

当日上午 9 时许，我放下行李就去总部报到。我第一次跨进粮农组织总部的 A 楼大厅时，顿时有点激动。出于遥感专业训练养成的习惯，我到了任何一个新的场所都会快速扫描一下周围环境。第一个映入我眼帘的是大厅左面的中国厅，这是一个中国传统装饰的稍显老旧的会客厅。中国厅的门是圆形的，带有吉祥图案的门框，门前摆着两只琉璃狮子，象征着东方醒狮的威武。千百年来，狮子这个外来户却在中国扎根，在国人心目中它充满灵性，既是权力和富贵的象征，又是辟邪纳吉的瑞兽。在遥远的西方，古老的罗马，在多少有点神秘的联合国专门机构的总部入门大厅，第一眼看到的就是中华民族所崇尚的元素，我感觉特别亲切。看到那两尊狮子的精气神，我顿时一点儿也不孤单了。

后来的日子里我才真正了解到，中国厅在粮农组织总部具有特殊的地位，它是总干事接受各国新任全权代表（大使）证书的场所，也是会见国家元首和政府首脑的专用厅。2010 年至 2011 年期间，我曾几度代表总干事在中国厅会见南美洲、非洲和东欧一些国家的领导人。当我以主人的身份坐在会客厅，座椅背面的墙上就是一幅硕大的中国地图，我总会感到莫大的自豪和内心的沉稳。从这里，我似乎找到了在联合国粮

## 第六章　加盟联合国粮农组织

农组织担任高管的自信，以及解决问题、提供方案的力量源泉。

在中国厅的对面，也就是大厅进门右侧的大墙上，是一排嵌在水泥墙上的大理石板，石板上面有用中、英、法、西班牙和阿拉伯文5种粮农组织官方文字（2013年后又增加了俄文）刻写的粮农组织章程的序言。我在中文版前停下脚步，仔细读着序言，刻意把它准确地背诵下来。上面写道：

> 接受本章程的国家为了下述宗旨：
> 提高它们各自管辖下的人民的营养水平和生活标准；
> 改进一切粮食产品的生产和分配效率；
> 改善农村人口的状况；
> 从而促进世界经济的发展并保证人类免于饥饿；
> 决心加强它们分别的和集体的行动以提高共同福利，为此建立联合国粮食及农业组织。各成员将通过本组织彼此报告上述行动范围内所采取的措施和取得的进展。

我知道从今日起，这块大理石上所刻的内容，将是指引我在这个组织工作服务的最高准则和目标。毫无疑问，既然没有任何事可以随随便便成功，这个目标的实现还有待这个组织里的所有人包括我的勤奋付出和不懈的努力。我很庆幸自己成为这个团体的一分子。

其实，我对联合国粮农组织并不完全陌生。80年代我在国家科委工作时，粮农组织是协助联合国技术合作部执行中国国家遥感中心项目的单位之一，我对粮农组织有一些大致表象的了解。在准备面试时，我还认认真真地看了一下粮农组织的历史，对它有更多的了解，尽管还只是书本上的认知。

联合国粮农组织和许多政府间的国际组织一样，也是二战的产物，是二战后全球治理秩序的一个组成部分。1943年，经美国总统罗斯福提议，1945年10月16日，包括中国在内的40多个国家的代表，在加拿大魁北克城的冯特那城堡签署了联合国粮农组织的章程，标志着二战后第一个联合国专门机构的正式成立，它甚至比联合国的成立还早8天。这是一批卓有远见的人多年不懈努力的结果，他们坚定地认为，在饱经两次世界大战摧残之后，农业是人类发展的基石，全球性的饥饿与营养不良问题的解决必须依靠国际社会的共同努力，为了实现这个伟大的目标，应该成立一个"超国家"的国际机构来协调农业政策以及实施全球干预。他们希望这个机构可以代表全世界亿万饥寒交迫的男女老少，发出声音，并让自己的声音得到社会各界应有的重视。这个伟大的目标不断吸引着世界各地的有志人士、爱心青年加入联合国粮农组织，并为之奋斗终生，有的还献出了自己宝贵的生命。

联合国粮农组织刚成立时，总部设在美国首都华盛顿。1951年2月，它从华盛顿迁出，安置于意大利首都罗马原意大利东非殖民部的大楼，直至今天。据说，联合国粮农组织总部得以在意大利首都罗马安家，应归功于意大利政治家的远见和引领国际经济关系的决心。用意大利外交部前部长佛朗哥·弗拉蒂尼的话：意大利人一向对农业和粮食安全问题敏感。事实上，早在1905年1月，在美籍波兰人、成功商人和慈善家戴维·卢宾的不懈游说下，意大利国王维托里奥·埃马努埃莱三世写信向意大利总理建议成立国际农业研究院。国王在信中说，"成立研究院将可以了解掌握世界各国的农业状况，定期发布农作物的数量和质量"，"这样的研究院将为各国农民创造一种团结合作的平台，从而成为世界和平的一种强有力的催化剂"。短短4个月后，国际农业研究院在罗马宣告成立，有40个国家加盟，成为实质意义上的世界第一个致力于解决全球农业问题的政府间国际组织。由于有了这个基础，意大利才能成功申请成为联合国粮农组织新的东道国，并长期给予不懈的支持。

20世纪中叶，联合国粮农组织初创时只有580名员工，目前单单罗

## 第六章　加盟联合国粮农组织

马总部就有近 2 000 名来自世界各地的专业人员，覆盖大农业领域，包括农业、林业、渔业、畜牧业等。其中涉及的学科五花八门，包括：社会、法律、农业经济、农学、营养学、农作物生产、植物生产与保护、畜牧兽医、水产养殖、海洋捕捞、林业生产、生物多样性、自然资源、气候学、气象学、生态环境，以及遥感信息系统等现代科学技术，真不愧是一个世界级的交叉学科组织。在这个机构工作，要求你首先必须是某一个专业领域的专家，并熟悉多个领域的情况，这的确有一定的挑战。这里就像是一个综合性的大学校，凡愿学习者，左右皆师，机会良多。

1998 年我加入粮农组织时，它已过了"知天命"之年。半个多世纪以来，这个机构经历了 7 个总干事。前 6 个总干事分别来自苏格兰（1945—1948）、美国（连续两位，1949—1953 及 1954—1956）、印度（1956—1967）、荷兰（1967—1975）以及黎巴嫩（1976—1993）。黎巴嫩的萨乌马博士连续 3 任执政 18 年，占了粮农组织三分之一的历史。第 7 个总干事，也就是我入门时的老板雅克·迪乌夫博士，来自西非的塞内加尔，于 1994 年上任。之前，他曾担任过塞内加尔国家银行行长以及驻联合国大使等职，是一个政治上老到、精明强势的人。这是后话。

历任总干事都由意大利著名画家画了一幅个人肖像油画，油画被整齐地挂在 A 楼三层代表休息厅。他们虽离开了组织，有些甚至业已作古，但他们中有些人留下的精神遗产多少还在发挥影响，甚至连他们本人好像也还在那灯光有点暗淡的墙上，时刻注视着大厅里代表们林林总总的活动。特别是遇到重大政治问题时，各方代表窃窃私语，左右游说，纵横捭阖，偶尔还发现他们在谋划着什么。

我努力构思着这个组织的其他图像时，秘书下来了。她是英国人，一看就是训练有素的职业秘书。她很有礼貌地主动伸出手和我握手，同时说了声欢迎。她介绍自己是克里斯汀娜，是助理总干事卡萨拉迪的秘书。克里斯汀娜一边带路，一边对我说，这里总共有A、B、C、D和E5栋大楼，连在一起，简直像座迷宫，初次到访的人，没有人引领肯定是要迷路的。她带我到了一个电梯门口，我发现电梯不仅狭小，而且陈旧，像古董，简直没法和亚太经社会的大楼相比。到了五楼，我们又拐来拐去，绕了几个弯后才来到助理总干事的办公室。克里斯汀娜让我在她的办公室稍等片刻后，就把我引进卡萨拉迪的房间。我一进门，看到他和研究发展司的司长，也是我此后的直接领导路易丝·弗莱斯科博士，同时在等我。

我和卡萨拉迪先生有过3次交集：第一次是1998年12月的电话沟通，就几句话；第二次是电话面试；第三次是视频面试。这都只是"遥感"方式，或远距离电磁波接触。至于弗莱斯科女士，我只在第一次电话面试时听过她的声音。她站起来和我打招呼时，几乎比我高出半个头，身材苗条，也很年轻漂亮。卡萨拉迪简短介绍了他自己和弗莱斯科司长。我们相互寒暄几句后，就直奔主题。卡萨拉迪向我简要地谈了可持续发展部的背景、职能和建制，以及当前的工作重点。他强调，他所领导的可持续发展部是应1992年里约联合国环境与发展大会后续工作的需要而创建的。这是一个全新的部门，他自己也刚上任不久。这个部门专门负责协调推进可持续农业发展。与经济、农业、林业、渔业等粮农组织的传统行业部门不同，可持续发展部任务错综复杂、交叉学科性强。"我们比谁都困难，你会马上体会到的。"他用这句话结束了他的简要介绍。我边听边思考，我的大部分工作都与可持续发展有关，何况我在北京大学的博士论文就涉及区域可持续发展。我能想象这个部门的业务范畴，以及它与其他部门交叉、协调的巨大挑战。

紧接着，弗莱斯科司长介绍了研究发展司的情况。研究发展司是可持续发展部的4个司之一。其他3个司分别是农村发展司、性别和妇女司以及全球农业研究网络秘书处协调办公室——粮农组织和世界银行的联合办公机构。弗莱斯科博士强调说："无论是从职能，还是从资源分

## 第六章 加盟联合国粮农组织

配角度说,自然资源与环境处是她所领导的3个处中最大的一个处,是重中之重,也是可持续发展部的重点。"她的背景是荷兰瓦赫宁根大学的农学教授,有很强的语言表达和沟通能力,说起话来头头是道,滔滔不绝。她谈了资环处设立的背景,与联合国21世纪议程的关系,该处的主要任务,以及人员结构。她说,从职能上看,这是一个多学科领域的综合体,有遥感和地理信息系统,我是这方面的专家,还有农业气候学、农业气象学、可再生能源以及有机农业。除此之外,更具挑战的是该处还代表粮农组织作为联合国3个环境公约组织的联络点,负责协调粮农组织参与全球气候变化框架公约、保护生物多样化公约以及防治荒漠化公约的所有活动。她接着说,不过,我有一批很能干的职员,他们都是我的业务助手。"但是,我也得提醒你,他们中的确有几个人也是粮农组织出名的刺儿头,很难驾驭。"她接着重点介绍了几个P5级高管的简要情况。我一边听,一边做笔记——这已成我到新单位后的习惯。

卡萨拉迪先生说:"昌垂,你是我们用九牛二虎之力找来的,而且开局并不顺(我想他指的是招聘过程的插曲)。你知道我们对你期望很高,我们将放手让你主管粮农组织最大的处级团队。这个处堪与其他部门的一个司相比,你的挑战可不小。"他最后补充说:"但我们相信你不会辜负大家的期望,相信你会用自己的能力让所有人信服。带好这个团队是你的责任。"

国际组织是个大舞台。有这样的领导给我搭好了台,安排了角色,如何唱戏,能不能唱好就得看我自己的造化了。中国有一句俗话:"师傅引进门,修行在个人。"此时此刻,我已初步感受到一种压力,脑子里很快闪过一个问题:"我进来了,但如何才能很快了解情况,打开局面,干得好,站得住。"

通往罗马的路是曲折的,进入总部后的道路并不见得会很平坦。无论如何,我必须做到:进得去,站得住,而且要干得好。人的一生有多大苦难,就会有多大的磨炼;有多少曲折,就会有多少的机会,而且只有来之不易的机会才会倍加珍惜。

　　我一边走出助理总干事的办公室，一边琢磨这个担子的确不轻松啊！我刚接手的技术单位倒像是中国菜中的大拼盘，工作领域那么宽，覆盖面那么广，人员多而且知识结构复杂。我不可能成为所有领域的专家，不可能什么都懂，这点毫无疑问。不难想象，这比我在亚太经社会的挑战要严峻得多。首先，我面对的将不再是地区性的问题，不再是地区层面40多个成员国的不同需求，而是全球性的问题和180多个国家的广大需求。其次，这里有来自全世界100多个国家的常驻使团，以及来自近百个国家的国际职员。我所面对的不再是以亚洲人和亚洲文化为主的环境。我将服务的对象有各种肤色、各种文化，包括白种人、黑种人、黄种人以及各种混血族裔。他们来自亚洲、非洲、拉丁美洲、欧洲和大洋洲，是真正的来自五湖四海。不同种族、不同文化、不同宗教、不同政治背景和不同生活习惯，这才是真正的多元文化环境，要适应它本身就是一个挑战。

　　我意识到，70年代末我两年多的荷兰留学生活，基本上可以说，只是换了个地方，全身心投入到专业学习，宿舍—学校—宿舍，三点一线，基本上还是"两耳不闻窗外事，一心只读圣贤书"，我很少接触社会。而在亚太经社会将近10年的工作，我小有成就，虽然和不少外国人打交道，但我的接触面显然还是较窄，业务面也相对没有那么宽。人贵有自知之明，我感到自己的国际经验明显不足，面临的学习曲线将会更陡。我也很清楚，没有人可以帮我，最重要的是得守住自信，千万不能泄气，需要努力而且虚心学习。我下定决心，"既来之，则安之"，要尽快适应环境，把过去归零，就像初到亚太经社会一样，重新燃起激情，正视各种困难，坚守与发扬中国人"勤奋、坚持"的精神，才是正道。

　　我既然选择了挑战自己的道路，就只能用崭新的姿态和加倍的努力，在新的机构开始新的生活、新的工作模式。我当然清楚，选择这样的生活和工作模式，最大的牺牲还是我的家庭，特别是我的妻子。自1979年结婚3个月后我就离开她，出国深造，到1982年学成归国，几年后她也出国学习，我们一直聚少离多。我即使在北京，往往由于工作安排，甚至连周末都经常被占用，很少有时间陪妻儿出去走走。所幸的是，妻子和孩子一贯了解支持我，而且也完全适应了我的"工作习惯"与"节奏"。

我记得我曾对他们说过，"现在工作太多了，但我如果哪天不当P5官员了，一定会有多一些的时间陪伴你们"。但我升到D1，担任粮农组织资环处处长（有些机构称副司长）后，没过几天就发现我过去的想法是多么幼稚。我只能很内疚地对妻子说："我以前想错了，其实当D1绝对不比当P5轻松！"事实何曾不是如此呢？你的职务越高，带的兵就越多，所担当的责任也就越大。这跟国内政府机构并无差异。

## 中国智慧的魅力

经常有人要我总结一下在联合国专门机构担任领导的秘籍。我没有秘籍，要说有，那就是"二十四字"葵花宝典：问题驱动，明确目标，把握时机，面向用户，提供方案，成果导向——联合国的工作手册上并没有明确这二十四字经，一般也没有人教你应该这么做。你常听到的是哲理性的答案：每一个人都有自己不同的管理模式。我认为，中国人的管理模式靠的是中国源远流长文化的智慧结晶。

我带着学习的热情，不耻下问的态度，海纳百川的精神，下决心在罗马大干一番。我知道，除了信心、决心和意志外，我最需要的是高瞻远瞩的眼光和脚踏实地的行动相结合。

每个人进入新环境都会有一段"蜜月期"，要很好地掌握利用它。这个"蜜月期"往往很短，"窗口"很窄。过去的经历告诉我，"蜜月期"是"新人"全面学习的最佳阶段，效率最高。凡是肯放下身段、虚心请教的人，一般比较容易听到真话，取得真经，悟到真谛，达到事半功倍之效。我还注意到，在"蜜月期"，你的同事，特别是下属也很愿意和你接近沟通，汇报他们的工作情况，分享他们的成就与经验，讨论对未来的畅想。当然他们也往往会借机倾诉他们的困难，目的是取得你的理解、帮助和支持。初来乍到，最好秉承"难得糊涂"的智慧，甚至不妨表现出完全的无知，多问、多听、多记、多想，切忌不懂装懂，自以为是。因为在"蜜月期"中的你，即使是真的无知，人们一般也不会因你不懂而瞧不起你；相反，他们更愿意相信你的能力和诚意，尊重你的谦虚。

我到总部的第一天上午，见了助理总干事之后，即由司长弗莱斯科亲自带着，到资环处的几个办公室走了一圈，顺便向我介绍了几位同事，随后来到了 D 楼的 860 室。这将是我的办公室，空间不大，比我在亚太当 P5 时的房间还略小些，约十四五平方米。不过，隔壁还有一间，供我的两个秘书合用。这两个办公室之间有一道门，便于联系。秘书蕾丝莉小姐马上给我的一叠文件，是新职员要填的各种表格。随后，她带我去银行开户。所有这一切极其烦琐，但是没有任何新职员能够回避，因为这涉及个人的隐私，如工资安排、医疗保险、紧急情况的联络方式、抚养人情况以及个人财产分配等，都很重要，你得亲自填写后签字，是无人可以代办的个人事务。

那天下午，忙完必要的行政手续后，我让蕾丝莉小姐带我到其他职员的办公室，逐一看一下我上午没有见过的同事。尽管我在联合国已经被熏陶了 10 年，但要在一天内记住几十个外国职员的名字根本不可能。我知道，在西方文化中，记住别人的名字有一定好处，它可以帮助快速拉近人与人的距离。由于汉字文化与拉丁文化的不同，我们中国人不擅长记洋名字，这也是我的短板。在泰国，我就做得很差。泰国人的名字一般都很长，有的甚至有十几个字母（如曼谷，就有三十几个字母），我只好记他们的昵称。但要知道，并不是所有人都欢迎昵称和小名的。我意识到这个短板非改不可，下决心到罗马之后，一定要花力气尽量记

## 第六章　加盟联合国粮农组织

住自己部门所有职员的名字,包括那些辅助人员的名字。别看辅助人员级别低,但在机构里是一个非常重要的群体。他们中有的已经工作了十几二十年,有的甚至在这里贡献了将近一辈子。他们经验丰富,人脉广泛,对行政的程序了如指掌,和各部门的联系渠道畅通无阻。他们中有的还往往神通广大,是部门间联系的重要纽带和桥梁。这就是为什么联合国机构都有这样的说法:"要想办好事,得先找秘书。"

我的两个秘书都受过良好的教育,而且在粮农组织工作时间较长,显得特别专业。在我到来之前,她们就主动把大部分编内职员基本情况的材料收集好了,将其放在一个保密资料袋里交给我。为了全面掌握情况,尽快进入角色,我需要有关每个人工作的更详细的书面材料。4月28日下午快下班时,我请秘书以我的名义向全处所有职员,从秘书到专业官员,包括短期顾问,发了我上任第一天的第一份邮件,向大家问好,但主要是要求他们提交一份书面报告,说明各自在上个年度的主要工作内容和成果,本年度的主要任务,以及对今后工作重点的考虑和对资环处工作的改进建议。我要求他们在3天内提交。我在通知中加上一句:我计划和所有职员一一沟通,亲自听取他们的建议。

这是"新官上任"的自然动作,是再正常不过的"例行"公事。没想到,此举却引起不小的反响。我的第一个要求得到大家的积极响应,秘书说:"以前的领导并没有这么做。"他们对我准备听他们的想法感到极其兴奋。大家有点争先恐后,都希望能尽早排上日程,向我汇报、面陈建言。其实,我比他们更期待、更重视,也更珍惜这第一次的沟通机会。于我而言,这实际上是一场调研、一次极好的学习机会。我得做好准备,主要是针对不同的人提不同的问题,从他们身上挖掘资源,使这次沟通不会成为走过场、落入形式主义的俗套。我得抓住机会,争取获得最有用的信息和最好的效益。那两天,我认真地看了所有人应聘时所规定的工作职责,也阅读了资环处1998—1999双年度的工作计划。我发现,只有不到五分之二的职员有"工作职责"。有的专业人员的工作职责还是十几年前,甚至二十多年前招聘时用的,他们的工作变动了多次,工作职责早已过时,却没有人更新档案。有些工作年限长的职员,根本就找不到他们的工作职责。这里疏于人事管理的弊端可见一斑。后来我和一些朋友交流时发现,90年代联合国整个系统人事管理或多或少都有这个问题——这基本上是那个时代国际组织的一个通病。

粮农组织可持续发展部是1992年里约联合国环境与发展大会催生的机构。大会之后,可持续发展成为非常时髦和热门的议题。为了实施21世纪议程,联合国各个组织都强调可持续发展的跨学科性,纷纷设立多学科机制,蔚然成风。为统筹资源,统一协调粮农组织技术力量,重点推动可持续发展,新当选的总干事迪乌夫博士1994年上任不久后的第一个改革动作就是成立"可持续发展部",下设3个司:研究发展司、农村发展司以及性别和妇女司。此外,整个粮农组织还建立了十几个跨部际工作组,每个工作组都要求相关部门参加。有的因为单位小,人员少,不得不一个人同时兼三四个部际工作组的成员。专业人员成为"专业会员",浪费极大,"简直是疯狂之举"。有人开始严厉批评这种举措。工作组一般由司长担任主席,在相关处设置秘书处,并指定一名秘书负责工作组的日常运行、技术磋商和项目协调。

我所负责的资环处更典型,是一个多学科和交叉学科的特殊组合体,业务综合,工作面宽,几乎涉及粮农组织所有的主要领域。从技术上说,我们有独立的遥感图像处理和地理信息系统,建立了自己的数据库,还有自己的气象卫星接收站。我们主要接收欧洲气象卫星数据,分析并提供全球农业气象资料,供粮农组织内各部门使用。我们接收和加工的非洲地区的气象卫星云图、降雨量、土壤湿度、农作物植被指数等是许多国家的主要数据源。不难想象,我们处是一个服务性很强的单位。我很快意识到,如果没有用户部门的配合和支持,我们孤军作战,自娱自乐,将谈不上出成果,出成效。

"数据和服务可以是我们的两张名片",我在琢磨着如何创立品牌这个问题。

客观地说,我们处所担负的"秘书处协调工作"更麻烦,更吃力不讨好。粮农组织7个跨部际工作组的秘书处都设在我们处,包括气候变化框架、保护生物多样化、防治荒漠化3个公约,有机农业工作组,联合国跨机构粮食不安全与脆弱性制图(FIVIMS)工作组,能源工作组以及联合国机构间的全球对地观测系统秘书处。往好的说,我们的职能综合,职责重要;但往坏的说,我们处就像一桶万金油,到处涂抹,技术力量被分割得支离破碎。由于我们处负责这7个工作组的秘书服务,我这个处长也被戏称为"秘书的秘书",客气一点的,叫我"秘书班长"。我们的专家除了自己的业务工作外,到处服务,四处救火,许多精力不得不投入到部门协调工作上,没完没了地起草背景材料,组织开会和起草纪要,跟踪后续行动及进展报告。大家疲于奔命,对此颇有意见。

在国家科委和亚太经社会秘书处的十几年管理经历告诉我,无论是政府机构,还是国际组织,涉及各部门职能和利益的协调皆非易举。因为一旦涉及部门的切身利益,人们往往是"屁股指挥脑袋"。从经济学角度说,协调过程是有交易成本的。资环处由于承担着过多的协调和综合性质的工作,需要与其他单位保持良好沟通,自然要求多付出,活得更辛苦些。但大家都知道,这些工作虽然麻烦,有时甚至"费力不讨好",却是资环处的法定使命(mandate),是我们的"立身之本"。

我很快注意到,各部门对我们处都有抱怨。各部门对我们3个公约秘书组的服务态度、服务质量和工作效率意见最大,甚至言辞激烈。看来,如何改进大家的服务精神,提高秘书处的服务质量,同时确保效率,成为考验我这个新处长领导能力和领导水平的重要指标。

想要重塑这个团队,必须从明确定位和建立共同的理念入手。我必须让全体成员共同认可:建立和保持与各个部门良好的伙伴关系不是选项,而是必需。这关乎我们每个处员的工作内涵和处的总体方向。我们只有两条路：要么把这项任务交出去；要么改变自己,做好服务,让伙伴们满意。

很明显,我们需要一个有激情、愿意担当和有服务精神的"协调员"团队。我考虑从团队配置和改进服务双管齐下。通过一段时间的摸底了解,我对谁适合干什么（专业）,愿意承担什么任务（意愿）,心中基本有数。趁着"新官上任"的气势,我做了一个大胆的决定：打破过去论资排辈的老套做法,起用了几个 P4 级技术官员,接替几个 P5 级高官担纲工作组秘书。他们分别是加拿大的琳达·科勒（P5）负责保护生物多样性公约,法国的多米尼克·朗提耶里（P4）负责防治荒漠化公约,意大利的米歇尔·博纳地（P4）负责气候变化框架公约,同时还确定由黎巴嫩的娜蒂亚·谢拉巴（P4）担任有机农业工作组秘书,以及英国的约翰·拉森（P4）负责遥感。我决定让几个资深的 P5 级官员把精力主要集中于相关技术领域：土耳其的阿吉·阿特曼负责地理信息系统与饥饿制图,比利时的任尼·甘马兹负责农业气候与农业气象工作,古斯达博·贝斯特负责新能源,以及杰夫·彻里和耶里·希尔科曼负责全球对地观测系统。同时,我也按自愿报名和工作需要兼顾的原则,为各组配置了年轻助手。

经过大家的几轮讨论,新调整的团队都赞同把我们合作伙伴对"服务意识和服务质量"的反馈作为年终职效考核的主要指标。我的另一个措施是,明确了每个人担任协调员的时间分配。经过大家"讨价还价"式的反复协商,最后统一了意见,明确协调工作占用的时间不超过 25%,75% 的时间必须投入专业领域的工作。

我决心一抓到底。推进这些变化和安排,确非易举。我欣喜地感到,尽管有一定怨言,绝大部分人还是支持我的工作的。在一些会上,我听到有人说,这是他们第一次与管理层有如此深入认真的工作讨论。他们支持这种自下而上、充分参与的决策工作机制。我也不断跟大家说

## 第六章 加盟联合国粮农组织

明:"新的工作职责是一种契约,你情我愿。大家既然自愿承担工作组秘书的工作,就必须认同自己的职责,提高自己的服务意识。"我还和大家强调:"我们从现在起有约在先,今后衡量大家绩效的一个重要指标就是各个合作部门对我们服务的满意度。"

其实,大家心知肚明,之所以自告奋勇承担"卖力不讨好"的跨部际工作组的秘书工作,是因为看到一定好处。毕竟秘书工作至少掌握着粮农组织在该领域的全面信息——信息就是权力啊,有人就这么以为。此外,负责各部门的协调工作,无形中也帮助他们提升和扩大个人业务影响力。这就是为什么抱怨归抱怨,大家还是愿意宁可牺牲点儿自己的时间和精力,以换取对全局的了解。

通过这次调研和职员们参与的讨论,我发现,以往的主要问题是疏于管理,缺乏评估指标与监督措施。同时,由于沟通有限,信息不对称,上下不衔接,布置的工作往往缺乏连续性和系统性,缺乏预先计划和细致的执行方案。一旦事情来了,随意点将,造成大家一片忙乱,其结果是投入大,效率低,造成领导不满意,合作部门不高兴,相关工作人员抱怨。这就是长期以来存在的所谓的"卖力不讨好"的根源。

比如说,负责有机农业工作组的官员娜蒂亚,不少人反映她脾气怪,缺乏团队精神,我行我素,没有一个领导能让她佩服。据说我来之前,她和助理总干事及司长都吵过架。司长弗莱斯科也曾对我说过:"娜蒂亚以后就是你的问题了。"但我和娜蒂亚沟通几次后,发现她有很突出的特点。那时有机农业在美国虽然有 17% 左右的年增长势头,但年总销售额还不到 50 亿美元,在粮农组织内也不怎么受人青睐。因为美国的重点是要大力推广转基因,他们绝对不允许粮农组织有反对转基因的声音,这就是当时美国在粮农组织的政治。时任粮农组织食品法典委员会秘书处秘书长约翰·卢鹏甚至亲自赤膊上阵。他原为美国食品与药物管理局的一名官员,立场非常明显:极力反对粮农组织推进有机农业。令人钦佩的是,娜蒂亚却毫无顾忌,单枪匹马与这位司长对着干。

一个 P4 级官员，敢于从专业出发，坚持自己的立场，与一个 D2 级的高官相抗衡，还在公开场合与他叫板。这需要何等的胆识，何等的专业精神，又需要何等的勇气。我心想，这样的人怎么可能没有一点儿自己的脾气呢？当我知道这个事件后，我反而对她刮目相看了。

科学不能用"少数派"来界定。把有机食品和转基因对立起来，"有我无它，有它无我"，本身就是褊狭，甚至错误的。何况当时的认知有限，欧洲对转基因也基本持反对立场，而许多人对有机食品情有独钟。一次在我朋友何家琅大夫的一个意大利朋友家做客，我们讨论转基因问题，他说连他的狗狗都不愿意吃非有机面包。既然有机食品有市场，对环境生态也有利，粮农组织就不应该盲目反对。我决定顶着压力，为粮农组织保留一颗"有机种子"，支持娜蒂亚开展有机农业工作。我多次找她交换想法，在肯定她的专业精神的同时，我十分诚恳地指出她的缺点，建议她加强与团队的沟通，学会"与人为善""和为贵"，在宣扬自己主张时，特别要注意展示正能量。我答应她，尽管资源极其短缺，但我每年愿意批给她一定经费，保证她每年能够参加两次与有机农业有关的国际会议，具体参加哪个会更有价值由她提议。我交代她："有机农业在粮农工作计划中并没有被列为重点，这你是知道的。你的任务是跟踪世界发展趋势，特别是了解发展中国家的立场和需求。但你不要轻易代表粮农组织在会上发表明显的反对转基因的立场和过激言辞。"我知道她常有偏激的情绪和言论，我只能这么交代她。随着接触增多，工作沟通逐渐深入，我倒不觉得她像不少人所说的那样"难打交道"。后来她还成了我们家的好朋友，我和佩红也多次应邀到他们家参加聚会。我们俩直到今天还一直保持着联系，偶尔她还会给我一些有机农业方面的材料，让我给学生授课时参考。可以说，斗转星移，有机农业成为全球消费者情有独钟的选择，也成为粮农组织的重点支持领域，应该归功于她的坚持。在我离开资环处到亚太担任地区代表的前半年，我提议把她的职务提升为 P5。直到今天，她还是粮农组织有机农业的

## 第六章　加盟联合国粮农组织

一个推手和旗手。

到罗马后的最初阶段，我投入了较多时间了解各部门情况，解决协调工作中存在的问题。我把这个调研当作学习的机会。除与农业部、林业部、渔业部、经社部以及技术合作部等各个职能部门的领导和相关司、处的负责人见面外，我主动要求安排见了一批与资环处有工作联系的不同级别的技术官员，有的只是 P2 或 P3 级别的职员，个别还是 G 级辅助人员。我清楚记得农业部的数据录入人员富薇雅女士。她虽然只是一个 G5 级工作人员，但给我介绍了这些数据的来源及她如何经常发现和修正质量问题。她既专业又敬业的精神，留给我很深刻的印象。两年之后，我们处有一个 G6 级别的工作空缺，我建议把她调来，她从而升了一级。

中国人常说：虚心使人进步，骄傲使人落后。我虽是一处之长，但一向愿意把自己当成一个学生，主动了解各部门的业务情况，以及他们与我们处合作的现状和未来需求，并特别留意他们对存在的问题的看法和对未来的建议。我认真地倾听各方意见，把每一次交谈都当成一次学习，前前后后扎扎实实地记了好几本笔记。因为笃信"三人行必有我师"的理念，我得到了大部分同事的以诚相待。没有人因此看低我，相反，他们普遍认为我"这个中国人很谦虚、低调"。没想到，在后来的 10 多年，这成为我在粮农组织的标签。一般说来，组织与协调多学科、多部门合作的成本都会比较高。但牵头协调的单位并没有白服务，获得的红利也是明显的，特别是享有工作覆盖面广，业务渗透力强，人际网络资源丰厚的优势。从个人角度说，资环处的跨领域协调职能，无形中为我搭建了一个很好的平台，锻炼了我在跨部门、多元文化环境下的领导水平和协调能力。很快，总部上上下下的许多人都认识了我，也认可我，反过来也为我更顺利地履行协调职责铺平了道路。

领导一个近 50 人的国际队伍并不容易，更何况跨越太多的专业领域。说没有挑战和烦恼，没有压力和埋怨，那是言不由衷。我遇到最大也是最令人烦恼的问题是各自为政，"烟囱林立"。在处长任上的 4 年多时间里，我花费了大量时间处理与协调各个课题小组的关系，试图建立一个协调有序的多学科团队。但应该承认，我只成功了大半。

**从建规立制入手**

有意思的是，刚到罗马时，我发现了一个"怪象"：尽管有人常说联合国机构文山会海，但这个庞大的资环处却没有开过全体职员会议。我的秘书告诉我，我的前任嫌人太多，场地难找，干脆不开会。久而久之，大家养成了一个习惯，各自为政，交流甚少。年初每人分得一点儿经费，各干各的，处员之间老死不相往来。"如此碎片化的管理怎么可能有效率，出成果，有影响呢？"我在问我自己，"我们这儿又不是搞数学研究，一个人一摞纸、一支笔，就可以像大数学家陈景润那样搞出'1+2'的成果来？"我决心在我的任内打掉"烟囱林立"，打破"桶状结构"。

要改变这个局面，必须建立必要的机制。我决定尽快确定信息交流机制，起码每月有一次全处工作人员的例会：讨论工作计划，交流计划执行情况；讨论存在的问题，理清解决问题的思路，分析进展趋势，总结直接经验教训。我强调这是大家的共同责任。

我们全处有 8 个 P5 级职员，P5 一般需要"带兵"。我想充分发挥他们"顾问"的作用，并让他们承担更多管理职责。我建立了一种 P5 会议制度，规定每周一早晨一上班就开一次碰头会，一般不设议题，大家交流情况，有话则长，无话则短。我万万没想到，几次会议下来，我招来了 P4 级和其他低级别官员的集体反对。8 个 P4 级职员联名给我打了个报告，虽然语气很客气，但毫无隐晦地指出，我把 P4 级职员排除在外，有"歧视"之嫌，而且人为造成"信息不对称"。他们要求集体和我"对话"。我不甚明白自己错在哪里，心想，以前从未开会，他们怎么没有反对意见呢？我决定要了解"为什么"。我同意开个会，让秘书通知大家，但不叫"对话"，是"讨论"。会上，我让大家畅所欲言，发现个别 P5 似乎把"P5 周会"当作一种"特权与福利",根本不与他们的同事分享"P5 周会"上的情况,有时还故弄玄虚,让人觉得他们和我这个处长决定了"许多事情"。一句话,P4 级和其他低级别官员对"决策不透明"意见最大。他们担心这样下去会进一步导致"信息不对称",不利于我打破"烟囱"、改善服务的初衷。他们举了不少例子,说明"P5 周会"机制的弊端和潜在的问题。

这绝非我的初衷,而且恰恰与我的本意相反。看来我急于求成,考虑不周。我决定立马纠正,对自己的决策做了调整,把"P5 周会"改为了专题组长碰头会,让所有工作组的秘书都参加,周会的定位也从"顾问"性质改为了"执行交流"。这成为我集体领导的一个机制。这个做法一直坚持到我调离罗马总部,转到亚太担任地区代表。总体看,这些调整起到了较好的效果,在很大的程度上强化了信息交流,也在一定程度上解决了"一盘散沙,各自为政"的局部现象。但在粮农组织,"桶状"或"烟囱"问题的确普遍存在,反映了结构性的问题,并非我这个处甚至可持续发展部所能解决的问题。这就是 2006 年粮农组织著名的"独立外部评审"批评的热点之一。

粮农组织作为一个联合国专门机构,其影响力在于我们的技术水平与服务能力。显然,我们要想能协调别人、提供服务,就必须也只能依赖强有力的专业能力和核心技术实力。否则,我们的服务将成为镜中花、水中月、海市蜃楼,绝对难以服人。一句话,我们必须像钉钉子一样扎实,绝不能玩虚的。这就要求我这个队长认真思考如何加强资环处的技术能力建设层面的问题,主要是优先领域的设定和人员配置。

## 确定优先领域

如何确定优先领域,无论是成员国,还是秘书处本身,都对此甚为敏感。从秘书处角度,首先涉及的是资源分配——人才资源与资金的流向。我在亚太经社会 10 年间已领教,必须遵循的原则是"透明、公平、公正"，以及"效率、效果、平衡"。为此，需要广泛征求意见，绝不可"闭门造车"。我决定启动头脑风暴机制，鼓励大家充分参与，集思广益。我发现这个办法很灵，也很受欢迎。它既帮助解决了"参与不足"的问题，使大家有了"责任感"，还在一定程度上保障了决策的"民主化"，平息了所谓的不够"公平、公正"的抱怨。此外，我还利用全处的每月例会，全面了解大家对优先领域的理解和考虑。通过会议，我鼓励大家积极沟通信息，主动汇报情况。绝大部分职员都把这种会议当作宣传自己工作的机会，一般能预先认真准备。我觉得，各级管理者在重大问题决策过程中应该尽可能使用这种机制。

面对这样一个集气候变化、气象、遥感、地理信息系统、有机农业、能源、环境等学科于一体的大单位，曾一度被同事们视为一个"拼盘"机构，一个松如散沙的"香蕉王国"，要革故鼎新，重新聚焦，明确重点，确定优先，难度之大在情理之中。我很清楚，自己并无"三头六臂"和"神助功力"，必须也只能"无为而治"，有所为，有所不为。在实施中，必须循循善诱，循序渐进，操之过急，将适得其反。我深深体会到，管理应该是一种防御性的，宣传才是进攻性的。

我组织了几次职员广泛参与的头脑风暴，结合小规模的小组讨论，通过激烈争辩和"讨价还价"，不断迭代选择，最终大家根据总体计划的要求以及现有的条件，明确了我们资环处 2000—2001 年的重点，同意除了承担机构 7 个秘书处的协调职能外，必须抓好技术工作的重点。它们包括：改进提高并运行好全球气象卫星云图接收分析（AR-TIMES），加强数据分发和应用功能；组织实施非洲土地覆盖制图项目（AFRICOVER），加大力度推动全球土地覆盖分类制图标准化；与经济部合作，开展全球饥饿与营养不良地理信息系统制图；同时与农业部、渔业部、林业部等技术部门合作，建立地球信息网络（GEONET），推动空间数据网上共享。

在正确的时间，做正确的事，不成功都不行。我曾于 1994 年在亚

## 第六章　加盟联合国粮农组织

太经社会提出构建"亚太地球空间信息网",当时还从法国和亚洲开发银行要到了 30 万美元经费,从美国和加拿大请来了 3 个专家,开展概念和示范研究。但由于资金缺乏,亚太经社会的硬件技术条件有限,数据采集与分享机制缺失,以及成员国能力不足,特别是当时的通信基础设施限制,我们最终只开了几次地区专家会,论证了需求和可行性,准备了一份概念报告,连示范工作都无法开展,可说是超出了客观现实条件,犯了冒进主义的错误。那是一次失败的教训,但我并不死心。到了罗马,我认为当前已有"天时、地利与人和"三要素,于是决心再次推动,并为此安排了专门的人员和经费,希望实现几年前的梦想。后来,GEONET 实现了运行,并不断提高性能、提供作业服务。当然这些都是后话。

经过优先调整和资源整合,我们这个原先"一盘散沙"的资环处,这个一向被领导认为是"老大难",被同事看作是"香蕉王国"的队伍,开始出现了比较"和谐有序"的新气象。的确,改变这个单位,犹如驾驭一匹烈马,既需要勇气与决心,也需要谨慎与智慧。这是一种努力,是一个过程,是中国人"以诚待人,以心换心"的文化,坚持大禹治水式疏导的作风助了我一臂之力。

我们成功地组织完成了一些重大的项目,主要有:非洲土地覆盖制图,全球饥饿与营养不良地理信息系统制图,全球农业气候与气象数据分析预报,建立地球信息网,以及数字化气象云图分析与发布。后两者瞄准推动空间遥感信息资源在网上的共享——在当时的技术条件下,这是开创性的、大胆创新的工作。在渴望信息资源共享的年代,粮农组织的这项工作很快得到许多合作伙伴的支持。当然,我们也遇到一些怀疑论者的责难,他们觉得这必定是"瞎子点灯——白费油",甚至有的还准备看我们"浪费资源,无功而返"的笑话。

可以说,非洲土地覆盖制图是粮农组织遥感技术应用最成功的一个例子。这是一个由意大利政府资助的全球遥感合作示范项目,先后投入约1 500万美元，由我们处执行。我们花了大约5年时间，对东非11个国家开展了1∶250 000的土地覆盖制图。这是有史以来第一次为这些国家提供了最新也是最完整的土地覆盖系列图，其中一些重点地区还专门绘制了1∶100 000的土地覆盖图，填补了这些旧殖民地的地图信息的空白。通过这个项目，我们还开发了基于遥感图像的土地覆盖计算机自动分类系统，建立了卫星遥感图像分类标准。从技术上说，土地覆盖分类的问题一直是一根难啃的硬骨头，需要大量的技术研发和组织协调工作。稍稍想象一下，全世界单单森林分类标准就有100多个，而土地分类系统在当时的中国就有3套，其难度可想而知。几年时间里，我们的团队组织了几十次的培训班、工作组和专家组会议，进行了无数次的野外调查和实地验证，还专门派出专家组长期驻扎在肯尼亚，直接指导参与国的工作和帮助强化它们的能力建设。我曾两度亲自到肯尼亚、埃塞俄比亚以及厄立特里亚等国家调研，与成员国沟通，了解它们的需求，强调问题导向，协调解决跨国项目实施中的一些问题。

2002年，我离开总部到亚太地区办工作时，最关心的一项工作是非洲土地覆盖制图项目的后续行动。我特别交代项目组的约翰·拉森要克服困难，按既定目标，加强与国际标准化组织合作，继续推进遥感土地覆盖制图成为国际标准。经过5年的不懈努力，粮农组织资环处研发的遥感土地覆盖制图的一套分类体系和方法，终于为国际标准化组织所接受，成为国际标准。我们的梦想终于实现了。我很高兴地看到，目前全球有109个国家采用了粮农组织这一标准。

全球饥饿与营养不良地理信息系统制图是另一项有影响力的机构间合作项目。1999年年中，我提出动议，利用地理信息系统和卫星遥感数据，把粮农组织经济部营养司牵头的全球营养数据，用空间数据表达、综合分析，实现数字化、可视化。我带领我的团队与营养司的处长芭芭拉·哈德松进行了多轮技术层面的讨论，最后说服他们一起合作，相互取长补短。我们利用他们团队的经济学和统计分析之长，而他们则

## 第六章 加盟联合国粮农组织

借助我们团队计算机应用空间分析之优势,实现强强联手。在某种意义上,这个项目开了粮农组织技术专家与社会经济要素分析专家真正合作的先河,实现了技术与应用融合的尝试,得到了可持续发展部和经济部两家领导的支持。更有意思的是,2000年4月,在总干事主持的粮农组织计划和预算顾问委员会会上,我和芭芭拉处长,联袂做了关于地理信息系统营养制图的报告,收到了极佳效果。总干事和参会高管都很激动,并给予很高评价,认为从内容到形式都是一个创新。

其实,我是在中国相声表演艺术的启发下,建议芭芭拉和我两个处长一起作"对口"技术报告。参会的都是司长以上干部,我们没敢懈怠,20分钟的双人报告,演练了不下4次,最后一次演练时还请了两个部门的助理总干事现场点评。后来,这个项目的联合执行也取得了较好的成果,得到了几十个国际伙伴组织和参与国家的一致肯定。我的体会是:世界上没有什么做不成、做不好的事,怕就怕认真二字。我的同事芭芭拉很欣赏中国的这个智慧。

### 学习的乐趣

从1998年4月到2002年9月,我在总部自然资源与环境处处长的位置上干了4年5个月。这是一份综合性强,业务面广,团队构成复杂,挑战性极大的工作。我的前任来自法国,他干了3年,没有续签合同就走人了。我承认:一方面,这份工作给了我巨大的压力,时时能压得我喘不过气来;但另一方面,它也给了我独特的平台,使我有机会比同一级别的许多同事站得高,看得远。我也进一步锻炼了抗压能力,个中诀窍是:当把压力看作动力时,你就会有不同的感受,再苦再累也能甘之如饴、如沐春风。除了本单位的技术组织管理工作,我还作为联合国全球千年生态评估全球委员会的成员,亲自参与了大量的技术文件的审阅,花费了不计其数的工作以外的时间;作为粮农组织的代表,我参加联合国减灾十年(IDNDR)的协调委员会和后续的国际减灾战略

（ISDR）的政府间谈判和磋商，见证也经历了外交官与国际组织官员直接交锋、辩论的一些尴尬场面；作为全球对地观测系统粮农组织的负责人，我参与了相关科技合作项目的设计与机制制定，既有合作共赢的喜悦，也有部门利益争议、"屁股指挥脑袋"的无奈；而作为联合国3个环境公约粮农组织牵头单位的处长，我不得不像一块海绵，拼命、贪婪地吸纳生物多样性、气候变化和荒漠化领域的广泛知识，像蜜蜂一样采集从政策到技术的养分，力图恶补，自我提升，以更好地适应工作。公平地说，我的确付出了常人难以想象的心力，包括牺牲假日休息和与家人相处的时光。

然而，硬币总有两面，有所失也有所得。正是这些在别人看来可能是额外的负担，为我提供了独特的视角和机会：在不同场合，我观察到无数有能耐、不同风格的政府官员的特质，接触到许多顶尖的科学家和专家，甚至有机会与好几位诺贝尔奖获得者直接交流与互动。我发现，他们中的许多人是有故事的人。只要学会尊重，懂得尊重知识，尊重他人，与他们交心，那些有故事的人都可以成为你的老师。这些年，多元文化环境和多学科团队的管理实务为我提供了继续学习的平台，给了我一次又一次别开生面的参与、贡献、体验和学习的机会，我从中得到潜移默化的影响，日积月累，不断升华。

这期间，中国文化的睿智让我受益无穷。身为管理者，就需要"事事上心"。作为一个领导者，你若能海纳百川，以身作则，不论五湖四海，平衡施政，就会"得道多助"；作为一个管理者，你如果能放下身段，不耻下问，始终把自己当成一个学生，就会"兼听则明"；作为一个执行者，你如果善于换位思考，在意别人，你就能"以心换心"。或许就是我们文化中的这种"厚道"，帮我在各种困难的时刻赢得了许多人的支持和帮助。行走经年，其实我也没有什么特殊高招，只是心里装着"子产不毁乡校"的信奉罢了。用现代管理学语言，领导者要多创造条件与机制，让大家一起商量办事，共同参与讨论，决定方向，选择优先，组织计划实施，视众人为己师。对于林林总总的意见，反对的也好，支持的也好，"其所善者，吾则行之，其所恶者，吾则改之，是吾师也"。

## 岛国农业部长会

**接到一道死命令**

到总部不久，在调研和安排优先项目时，我曾征求过司长弗莱斯科的意见。她坦率地对我说："你们尽管作为整个粮农组织与联合国3个环境公约秘书处的联系单位（focal point），但是一定要清楚，你们并没有额外的经费安排。"她的意思是，我们工作要做，责任要履行，但不能期待有专门经费支持。当我谈到亚太地区对气候变化非常重视时，司长对我说："你知道总干事认为那是50年之后的事，我们操不了那么多心。粮农组织一无能力、二无资源把它作为工作重点！"这次谈话给我的印象是：粮农组织的领导人对气候变化并不真正重视，我主管的资环处不可能对它做出优先布局，最多"务虚"而已。

我为此感到郁闷。全球的科学家都在关注气候变化和讨论全球增温的可能影响，粮农组织怎么可能回避这个问题呢？1996年在罗马召开的世界粮食安全峰会也特别指出气候变化和海平面上升对岛国的影响，我们的总干事怎么可能无视这个问题呢？

根据联合国大会于1992年12月22日通过的第47/189号决议，联合国于1994年4月在巴巴多斯召开了全球小岛国发展中国家可持续发展大会，强调当前国际社会迫切需要特别举措，帮助40多个发展中小岛国解决面临的特殊问题，如土地和水资源短缺，海岸带和海洋资源与环境压力，以及可持续开发自然资源的手段和能力，等等。此后，国际和地区层面也相继组织了多种会议，进一步讨论如何帮助小岛国提高能力建设。联合国大会还于1997年6月的第十九次特别会议上做出决定，要求建立特别机制对小岛国可持续发展的行动计划，开展全面和综合评估。我印象最深的是，萨摩亚常驻联合国总部的大使斯莱德先生为岛国问题大声疾呼，多次来罗马展开外交斡旋，几乎利用所有能被利用的场合，强烈呼吁国际社会重视岛国的特殊处境。他甚至很不客气地批评国际社会，特别是发达国家对发展中岛国的"冷漠"。

应该承认，迪乌夫总干事自1994年上任后的好一段时间，都没有迹象表明他对气候变化有优先考虑。客观地说，也许他觉得粮农组织受职责分工限制和资金的压力，根本没有必要资源和能力介入气候变化问题。但他毕竟是个聪明、智慧的政治家，凭着敏感的政治嗅觉，他很快意识到发展中岛国在各个场合发出的巨大声音和压力。这恰好成为正在准备连任竞选的总干事可资借重的机遇。因为下任总干事大选将在1999年11月举行。南太平洋和中美洲集中了一批发展中小岛国，历来是重要票仓。对想出任联合国专门机构的负责人来说，这40多张选票有重大作用。明智的迪乌夫总干事心知肚明，只要政治主张正确，他很容易得到岛国的支持，低成本实现连任。

1998年11月，粮农组织在罗马举行了第105届理事会。在迪乌夫授意下，理事会报告中写了"强调"对发展中岛国的需求要给予特别重视，并且"欢迎"1999年小岛国发展中国家农业部长会议的准备的内容。也就是说，总干事采取了"先声夺人""先斩后奏"的手法，用"强调"与"欢迎"二个词巧妙地把自己打算召开一次部长级会议的想法写进了大会报告，并毫不费力地获得成员国的认可。我参加旁听了理事会，第一次领略到总干事对政府间治理机制的驾驭水平与影响力。

事实上，在理事会召开之前近一个月，迪乌夫就把可持续发展部助理总干事卡萨拉迪和我叫去，说他决定在1999年3月初召开一个发展中小岛国农业部长会议。之所以叫上我，是因为气候变化和岛国问题都归我这自然资源与环境处处长分管。实际上，我们只有两名官员直接介入，一个负责气候变化，另一个也就是我以前提到的那个娜蒂亚女士

## 第六章 加盟联合国粮农组织

负责岛国事务。说是分管，充其量就是日常跟踪，必要时为领导准备点儿材料，处理一些给成员国的回信，等等。我们没有任何经费，只能被动工作。我很清楚，这两个人平常就是唱独角戏，根本没有资源也没有能力开展任何有关"气候变化"的有实质意义的工作。

那天，我第一次到总干事办公室。办公室在 4 楼专区，走廊门口有警卫把守，进门后先得在等候室等待召唤，好个神秘森严之处啊。

我们见了总干事，他开门见山，用不留任何余地的语气对我们说，他已决定召开一个部长会议，由可持续发展部牵头。他强调这是一次特别会议，而且必须在 1999 年 3 月底粮农组织计财委联席会议之前在罗马召开。我感到非常突然。"天啊，这怎么可能呢？" —— 这是我第一神经的条件反射，我几乎冲口而出："不，不可能。"稍许沉默后，卡萨拉迪说：一是时间太紧，二是没有预算，三是没有理事会或者其他大会的决议。重重困难，这几乎是一个不可能完成的任务。迪乌夫看出我们的难色，他是最不爱听下属说"不"的人。他拉长脸，非常不悦地说："这是死命令，没有商量，只要不动经常性经费就行，钱的问题你们自己想办法。"见我们无语，他又补充说："实在不行的话，就去找技术合作部任利先生，就说我让你们找他；至于成员国的授权，我自有办法，这不是你们需要考虑的问题。"不等我们回应，他继续说："这事就这么定了，你们回去马上着手准备方案。还有，昌垂具体负责，当部长大会的秘书长。"我记忆里这是他要召开一个部长会议对我们唯一的一次直接指示。但我们稍许释怀的是，任利是主管技术合作部的助理总干事，他负责筹措粮农组织所有的预算外经费，他一定有能耐帮我们找到一笔经费。

其实，当接到这个任务时，我才到粮农组织 5 个多月。坦白说，我还在学习阶段，我感到压力山大。从总干事办公室出来，我跟着卡萨拉迪一起回到他的办公室。我们商量了一会儿，他要我赶紧回去，好好考虑一下，写一个初步方案，再找几个人，包括其他部门的人，搞一次头脑风暴。

准备部长会议的初步方案，对我来说倒不是那么困难，毕竟我在亚太经社会工作时，已成功组织过"亚太地区第一次空间应用部长会议"，而且到粮农组织赴任前一个月还准备了第二次空间应用部长会议的筹备方案。虽然有所不同：一个是地区性的，充其量只有40多个国家，几十个部长；而粮农组织这个岛国部长会议，就其性质而言，是全球性的，需要邀请粮农组织170多个成员国家参会。此外，我也明白，部长会议讨论的议题大不相同。我知道我最大的短板是，我对中美洲国家的情况完全陌生，而且那里大多数国家用的是我一字不识的西班牙语。

**圆满交差**

挑战归挑战，我别无退路，只能硬着头皮上。

我的经验和长处是协调部门，动员组织力量，依靠团队开展工作。我的第一个建议是组建一个小型筹备组，并点名让娜蒂亚·谢拉巴作为副秘书长，协助我工作。我们俩商量，很快准备了项目建议，包括召开部长会议的缘由、目标和预期成果，会议议程，参加人数，会议天数，以及经费预算，等等。最挠头的问题是经费。我们提出了超过100万美元的预算，主要用于资助所有岛国代表团参会的差旅和其他会务开支，包括聘请顾问、文件起草、会务与翻译等。我们强调，这是突击性会议，发展中国家有强烈参会要求，但苦于没有预算支持，可能参会的部长不多。为了有足够的代表性，必须争取所有岛国农业部长亲自到会，唯一的办法就是"找一个平台，找一种理由"，邀请有经费困难的发展中国家部长参会并提供差旅费。其实，这也是我们和总干事见面两天后，从总干事办公室转达来的一个明确的口头"意见"。

议程的设计是一切国际会议最重要的环节之一。一些重要的成员国往往千方百计影响议程设计，达到体现它们国家利益的目的。10多年来，我已经历过无数次大大小小的政府间会议。我注意到，大型国际会议议程的确定，有时微妙，有时敏感，有时走廊外交、暗箱操作，有时

## 第六章 加盟联合国粮农组织

对簿公堂、唇枪舌剑。但这是无法回避、必须面对的第一步。这里还有一个原则：没有重大问题，就不提倡举办大型会议；没有政治性的大问题，就不应该召集部长级以上的会议。为会议而会议是一种"作秀"，越是声势浩大，自然越是劳民伤财。

在各种杂音中召开一次特别部长会议，必须有十分具有说服力的议题。我调阅了联合国大会关于岛国的各种会议文件和决定，参阅了1994年之后关于岛国问题的几乎所有重大会议的报告，如1999年5月南太平洋岛国农业、林业和渔业可持续发展磋商会，重温了1996年世界粮食峰会的行动方案中有关岛国问题的行动布局。在这个基础上，我约见了南太平洋（主要是澳大利亚和新西兰）以及加勒比海地区近10个使团和常驻代表处官员，还特别约见了在罗马出差的岛国萨摩亚的斯莱德大使——他为小岛国发声最为频繁，呼声最为强烈，也以最具影响力而闻名。我在娜蒂亚的帮助下，准备了初步的议程草案。经卡萨拉迪同意后，我们组织了至少6场大大小小的部际磋商，反复讨论后才基本敲定了议程草案和背景文件提纲。根据议程设定，我们需要准备3个背景文件，包括岛国面临的贸易问题，岛国农业、渔业和林业的可持续生产、集约化和多样化（多种经营），以及岛国的环境与自然资源。我们的设计是，以这3个文件为基础，准备一个行动计划（草案），最后以岛国农业部长宣言的形式来宣布本届会议的成果。总干事很满意，也很快批准了我们关于部长会议的议程建议和成果设想。

和任何高级别会议一样，过程与结果同等重要，有时过程甚至显得更重要。虽然各部门专家提供了资料或负责起草相关文件，但作为秘书长，这次会议自然是我的重头戏，占用了我大量的时间。我召集部际工作层面的协调会，征求各方包括常驻代表团的意见并听取他们的建议，联系技术合作部落实经费，等等。特别是还要亲自参与起草岛国的环境与自然资源背景文件——作为粮农组织自然资源与环境处的处长，这既是当仁不让的，更是无法推卸的责任。所幸的是，我的助手娜蒂亚非常能干，无条件主动配合。我很庆幸我在关键时刻看对了人，也用对了人。

总干事在他的办公室召见卡萨拉迪和我一个多月后，他突然决定可持续发展部不再负责岛国会议，改由经济部牵头，并由该部助理总干事哈德里克·德汉教授负责，但我的秘书长职责不变。公开的理由是议程中涉及岛国贸易，而贸易问题是经济部分管的。在我看来，这并非根本原因，因为3个议题分别涉及总部农业、渔业、林业和经济等部门，任何一个部牵头都有局限性。有传闻说，卡萨拉迪对"突击"召开岛国部长会议颇有微词，甚至有明显的思想抵触。还有一种说法是，经济部的德汉和技术合作部的助理总干事任利都是德国人，他们关系极为密切，在资金是主要障碍的情况下，两个德国人"合力"可能更容易填补这100多万美元的缺口。因为这的确是一个不小的开支，时间如此紧迫，只能内部操作，对外还不太好说呢。

尽管有不少非难和指责，包括国家代表和秘书处的一些职员都私下议论这"完全是总干事布局，为连任拉票"，但总干事令下如山倒，岛国部长会议还是于1999年3月在罗马如期召开，成员国通过了《罗马宣言》和《岛国计划》。此次会议，在气候变化威胁显现和相关国际讨论越来越红火的时候，开得恰逢其时，为贫穷落后的岛国站台，为弱势群体岛国民众呼吁，要求增加对消除饥饿和减少贫困的支持，政治正确，连许多本没有直接关系的发达国家也不敢表示冷漠。公开的记录中，大家都认为会议很有必要，开得很及时，也很成功。总干事得到不少岛国的高调支持，秘书处也得到了一些国家和代表的赞誉。

对我而言，总干事要我负责政治上高度敏感的小岛国农业部长会议，是我进罗马后的第一场大考。事后回想，让我担任部长会议的秘书长，把我这个粮农组织的新人推到了风口浪尖，于我个人，风险巨大，但无形中也给了我一个磨炼的机会。这就是事物的两面性。开一个高层会议，需要大量的协调磋商、组织文件、筹措经费等，随时都会遇到困难。一些部门不乐意配合，拖交材料，或者马虎应付并不少见。为准备文件，我也常常熬夜，甚至通宵达旦，更搭上无数与家人团聚的周末。但是，它让我有机会在短时间内接触大量政治上敏感、专业上复杂的问题，同时也有机会认识不少国家代表以及秘书处各部门的高层管理人员。

还有一个大的收获，就是通过这次会议，我认识了经济部助理总干事哈德里克·德汉教授，和他沟通讨论技术问题，并得到他的直接指导和建议。后来我有许多机会和他讨论更多的学术问题，从他身上学了一些经济学方面的基础知识。德汉教授是一名很优秀的经济学家，加入粮农组织之前在汉堡大学当教授。此人治学严谨，学识渊博，是一个非常正直的人。他有许多关于坚守专业问题的看法，不太会拐弯，彰显了知识分子的尊严与特质，让我很崇拜。我从他身上学到许多东西，我们常常一起讨论关于中国改革的经验、中国农业政策和中国模式是否可以在其他国家复制的问题。我们有时辩论得很激烈。他始终认为中国的国情特殊，行政执行力强得益于权力集中，另一个原因是中国的土地原则上归国家和集体所有，等等。他坚定地认为，这一切决定了中国的经济改革和农业发展模式在其他国家不可复制。但他不否认中国的成就，特别是扶贫和消除饥饿的优先举措以及一些"微观"经济政策，包括农业科技发展优先等做法，值得学习。

小国大考，不经意，临时决定的一场发展中岛国农业部长会议，给了我一个突击考验，但也留给我一个大课堂。事情常常如此，所失即所得。用勤奋努力的付出，换来的是课堂上学不到的知识和经验，有的甚至终身受益。

## 促成"宣言"靠磋商

### 代表粮农组织参会

1999年11月29日至12月2日，第一个以数字地球为主题的"国际数字地球讨论会"在北京隆重举行。这次历史性会议由中国科学院主办,科学技术部、国家发展计划委员会、教育部等19个政府部门和有关组织支持合办。中国科学院路甬祥院长任会议主席,科学技术部徐冠华副部长、中国科学院陈宜瑜副院长等任会议副主席。59位国内外知名学者和高级管理专家组成了首届"国际数字地球讨论会"的国际指导委员会。看架势就是一个高层重视、声势浩大的国际会议。

联合国几个机构都派代表出席会议。我很高兴总干事批准我代表联合国粮农组织参与会议,这也是我转战粮农组织后的第一次公差回国。

陈述彭院士找到我,说路甬祥院长希望这次会议能够产生实质性的影响,携手全球共同推进数字地球发展,造福人类,具体想法是通过一个《北京宣言》。陈院士告诉我,大会秘书处遇到了一些困难,大部分参会代表表示很难支持通过宣言,原因是他们到北京后才知道中国有这种想法,而他们在出发前没有得到自己上级部门的授权。陈述彭先生对我寄予厚望,他说:"你有丰富的联合国经验,希望你帮助协调、推成宣言。"我意识到,这次讨论会主要由中国科技界牵头,是中国科技界彰显软实力的一种尝试,很有意义。但我更知道,按国际会议的通常做法,需要产生共识文件时,一般要求在会前打招呼,或事先就文本草案进行磋商。参会主要人员,特别是美国、加拿大、澳大利亚、日本和欧洲国家等发达国家的代表有所为难,不愿支持是可以理解的,也可以说他们如果"发难"也在情理之中。但中国的意愿如此强烈,看来必须寻求出路。何况,按陈院士所说,路院长等都寄予厚望。

## 《北京宣言》背后

我一向尊重陈述彭先生,他是我进行遥感科研的指路人,也是我进入国家科委的推荐人,以及我在联合国亚太经社会工作时的激励者,困难再大,我义不容辞。从某种意义上说,接受这个任务,也是对我这几年国际组织沟通和谈判能力的考验。我做了认真思考,不同想法和意见在国际会议上都很正常,与冲突无关,但仍可借用国际谈判中"冲突解

## 第六章 加盟联合国粮农组织

决"的手段，一般有3种：一是坚持己见；二是回避退让；三是折中，寻求共赢。我分析了与会人员背景情况以及他们代表的单位，认为要完全坚持中方的原有想法，肯定无法以"第一次国际数字地球大会"的名义通过《北京宣言》；而中方放弃这种倡议，会议的成果就大打折扣。因为李岚清副总理要参会并在开幕式上做主旨报告，可见国家对这次会议的重视程度。唯一的出路是在保持宣言的实质内容基本不变的前提下，做必要的折中，目的是让所有参会人都感到"舒服"，但宣言传达的信息仍然基本保留。这就是双赢。

有了这个想法之后，还得考虑操作层面的具体策略。这也是决定成功与否的重要环节。根据我的经验，每次国际性会议都会有几个关键人物，作为会议的"意见领袖"，在很大程度上这些人往往影响会议的进程和结果。对于这次会议，这批"意见领袖"无疑是美国国家宇航局局长帮办、加拿大国家遥感中心主任、澳大利亚空间研究中心的资深科学家、日本空间局以及欧空局的代表等。此外，我觉得还需要一两位来自发展中国家的代表，因为他们的意见和立场往往容易和中国契合，可以帮助我们发声。

时间非常紧迫，我建议在开幕式的当天晚上召开一个"开放式"的"非正式磋商小组"会议，邀请几个人一起商议《北京宣言》文本内容。当然，事先我已与几个熟悉的外国朋友做了认真的游说、沟通，做了一些工作，希望得到他们的原则支持。这个准备非常重要，在国际会议上，最忌讳的是没有"盟友"，孤军作战。我清楚知道，大家最关心的是"代表"的提法问题。应该看到，虽然参加这次会议的政府官员很多，但没有人敢肯定他们可以在现场代表政府做出任何承诺，特别是签署一部宣言。这是一个关键的判断。我决定首先必须消除大家对"代表性质"这个问题的法律意义上的担心。

晚上，在一场宴会之后，我负责宣言的"非正式磋商会"。我在开场白中开门见山表示：我们今天要磋商会议成果——《北京宣言》。我想大家和我一样，都希望此行能抱着一个"宝贝"——成果回去。我知道大家最关心的不是内容，而是形式问题。我代表粮农组织参会，和大家一样，粮农组织没有预先授权我代表机构签署任何宣言文本（注意，我把自己摆到了大家的阵线——拉近距离）。我想我是一名专家，我今晚是以专家的身份，以我个人的名义来主持协调这个磋商（注意，我用的是"facilitate"这个英文单词）。

我继续说，因此，我跟大家一样，都对"代表谁"这个问题纠结。这是有道理的。我们在没有得到授权的前提下，的确无法代表国家或国际组织发布宣言。但作为科学家、工程师、管理者与规划人员，我们大家都完全相信"数字地球"在国民经济建设和资源环境规划中的重要性，那么，我们是否希望发出共同的声音，倡议政策决策者和国际社会一道，努力推进数字地球的发展。这才是问题的关键。所以，我建议大家先集中讨论一下宣言草案提到的"实质内容"，看是否符合我们的思想和需要，然后回过来考虑"形式"——以谁的名义发表宣言。我相信我们大家的集体智慧。

大家开始你一言我一语，尤其是欢宴之后，话自然多了一点，我也有意让大家充分发表意见和看法。像任何国际会议一样，谁都会有见解，谁都想发声"刷存在感"。大家都很清楚，数字地球是美国副总统戈尔率先提出的。由于美国的政治，戈尔下台了，他再好的想法也落空了，而"全球第一个国际数字地球大会"却让中国抢了头筹，真是应了"墙内开花墙外香"的说法。美国国家宇航局局长帮办大概心里像是打破了五味瓶，不会有好滋味。但基于美国的实用主义文化，他们还是希望有人能拾起这个大旗，有个"假想敌"，这对他们争取国会的经费预算批准有利。从这个意义上说，美国国家宇航局的代表不会反对通过宣言推动数字地球的发展——只要在法理上没有问题。这一点，我已经在和他预先沟通时了解到。

在许多国际谈判场合，抓住关键人物是要害，其他西方人一般会以

## 第六章　加盟联合国粮农组织

美国"马首是瞻"。我事先已和加拿大、荷兰、澳大利亚等国的代表做了沟通，我相信我有能力说服他们给予原则上的支持。

讨论看似是无序的，我特地没有马上控制会议。但我知道，急于求成反而可能事与愿违。凭我的经验和"漫不经心"的协调，会议在向有序趋近。实际上，大家基本上对中科院提供的初稿的实质内容，原则上并没有太多反对意见，许多意见基本上属于提升、补充和完善初稿，自然有不少涉及修改中国式英语的建议。我心里很高兴，这种气氛和形式正是我所要的。这些年来，我一有机会就愿意认真观察一些国际会议的磋商过程，发现有水平的主持人之所以能驾轻就熟引导会议，是因为能充分调动大家的正能量，先易后难，先避开最棘手的问题，或留待最后解决，最有效的办法是把大家更多的精力调到技术性的、非政治性的问题上。对于专家性质的会议，有时甚至有意无意引导他们更多地考虑技术性和文字性的问题，让人人都觉得有参与，有自己的贡献。

多边磋商常常需要创造合适气氛，等待最佳机会。当大家从津津乐道，到对宣言内容基本意见一致，没有人对实质内容持更多疑问时，我觉得时机已经成熟。作为主持人，我开口说道：我们大家用了不少时间分享了想法，达成了一致意见，这就是我们大家要的内容结果，这太好了。现在我们应该用共同的智慧，进一步考虑给"我们这个孩子"（我用"our baby"这个词）起个好听的名字。我首先自黑了一下自己的名字，说我父亲给我起了"昌垂"这个名字，怎么解释都行，甚至也有很负面的。特别是泰文，如果音调不准，我的名字就是非常难堪、难听的词。大家对这个小幽默都报以笑声。我继续说，所以，我们一定得起个好听的名字，能让人叫它 10 年、20 年、50 年。

我继续说：我们的主办方——中科院希望用"宣言"一词。但大家有所顾虑，主要担心我们是否有资格发表宣言。我说："英语不是我的母语，我相信大家都比我熟悉它。在西方，你和你的配偶之间对于家庭财产也可以搞一个'statement'（声明）或共同'declaration'（宣言），不是吗？"我见有人点头示意赞同，于是继续推进中科院的想法。现在的关键是我们这个宣言到底代表谁？很显然，我们在如此短的时间内，包括我本人，根本无法回到总部，要求各自的法律部批准，以国家代表、有关组织代表的名义通过宣言。我同意大家的意见，这是完全不合适的。但我们大家能不能换一个角度看，我们都有"权利"代表我们自己——我们是科学家、技术人员啊，对不对？

我用十分肯定的口气说：在草案中关于"某某国、某某组织的代表"这种提法的确不妥，确实让人担忧，必须改。为此，我提议改为"我们，参加第一次国际数字地球大会的科学家、技术人员、管理与规划人员等"，我相信这种提法是确切的，它代表我们每个参会人，让所有人舒服、放心。大家可以讨论一下我的这个建议——我们在联合国是经常搞平衡、搞折中的。

大家对这个建议讨论得很热烈。最终，大家都认为这个提法可以消除自己的"后顾之忧"，特别是荷兰、加拿大和捷克的代表率先同意，紧接着美国、日本和澳大利亚的代表也表示这个提法可以接受。经过非正式磋商同意，会议可以发布《北京宣言》了。这既解决了中国主办部门渴望通过宣言，但苦于意见不一致而可能导致流产的纠结，也从战略上提升了中国举办的"第一届国际数字地球讨论会"的国际影响，还让所有的参会代表带着实质性的成果回国，助推他们的数字地球事业。对于参会的绝大多数代表来说，当他们在大会结束前热烈鼓掌通过《北京宣言》时，他们未必知道主办方中科院的领导、科学家为此呕心沥血的付出。

《北京宣言》体现了中国的声音，传递了中国的方案。

我很高兴我能在参会期间为会议的主办部门做点贡献。除陈述彭等人多次提到"感谢"外，参加第一届国际数字地球的绝大多数代表，基本上没有想到这个宣言起草过程中的一些曲折，甚至差点儿夭折，更没有人注意到一些国际代表积极支持，参与斡旋磋商，付出的理解、努力与合作。其实，回顾自己组织过的多个类似的活动，诸如空间应用部长会议《北京宣言》、岛国农业部长会议《罗马宣言》、联合国防治荒漠化公约组织《鄂尔多斯宣言》等，应该说，每个宣言背后都有自己的故事，每个宣言形成的过程都有曲折徘徊，但坚持"透明、开放、磋商、折中"是宣言最终得以通过的基础。同时，只有这样，才能实现参会者的"四感"：参与感、贡献感、成就感、责任感。宣言也因此可能变得有用、有意义。

如今，宣言似乎已成为当今国际多边会议乐见的成果形式，这不仅是因为东道主（国）花钱想有个高调、"靓丽"的交代，而且也符合参会方的期待——大家也都希望会后带个简明扼要的报告回去。但在我看来，大家对宣言偏好的最主要原因是：共同希望对大会主题未来的发展有协商一致共识，包括问题的渊源、战略方向、政策重点、行动计划以及后续举措等。要构建任何共识，这世界终究需要共商、共担、共赢、共享、共兴、共存。

## 自古忠孝难两全

### 最后一次见面

马尔克斯在《百年孤独》中说道，父母是隔在我们和死亡之间的帘子。

1999 年，我参加联合国工作以来破天荒地在一年内连续 3 次回到老家，也是我 25 年联合国生涯中唯一的一年用尽了我的年假。按联合国规定，每年除法定的 8 天假期外，所有职员每个月都有两天半的假期，每年共可积攒 30 天假，按 5 个工作日算，即可以有 6 周假期。职员可以分散用，也可以集中使用，根据自己和家庭的需要决定。当然要事先与主管官员商量、请假，以便安排工作。许多年来，我基本上每年的年假都没用完，所剩天数到次年 2 月自动作废，算是对联合国的一种自愿贡献吧。

1999年4月底，母亲开始低烧不退，医生一直认为老人患了感冒，恢复会慢一些。到了6月初，我母亲被送到福州省立医院，被诊断出得了食道癌，而且是晚期。"谈癌色变"，全家人都非常紧张。但我几个兄弟考虑我旅途太远，也担心影响我的工作，决定暂时不告诉我。

7月30日，星期五，我代表粮农组织正在维也纳参加第三次联合国探测与和平利用外层空间大会。这是大会的最后一天，只有一项议程，就是讨论通过大会报告。我记得很清楚，我正在会场参加全会讨论通过大会报告时，中国驻维也纳代表处一位官员和联合国会议大会秘书处一名工作人员，先后来到粮农组织的代表席位，递给我一张条子。我从中获悉，我母亲病重，时日有限，希望见我一面。我后来知道，这是我的秘书为了确保我能及时收到信息，从不同渠道发出了这个通知。与1972年9月我刚到福州大学时接到我父亲病危的情况有点类似，唯一不同的是，此时的我身在欧洲，与老家相隔万里，根本无法像当年那样放下考卷，奔向车站，跳上长途车，几个小时就赶到了家。我没敢浪费时间，立马请我秘书代订下周一从罗马到北京的机票。这次我是驾车从罗马来维也纳参会的，本准备会后顺便带着佩红在奥地利自驾游几天，我必须把车开回罗马再飞回中国。我决定夜间启程回罗马，这样，我就可以有始有终地参加大会的整个过程，并且拿到大会通过的、带有修改记录的最终报告。作为粮农组织唯一的参会代表，我有责任带回一个完整的会议资料与成果报告。

从维也纳驾车南下，我一路马不停蹄，于周日回到罗马。8月2日，星期一，上午我急匆匆办理了请假手续，提交了外空大会的最终报告，并交代了一下其他工作。当天下午乘飞机于3日回到北京，4日赶到老家。我看到了我日夜思念的母亲，她已经非常消瘦、虚弱、脸色惨白。母亲看到我，赶紧挣扎着要坐起来。我没有让她坐起来，拉了一条凳子，挨着她坐下。母亲用干瘪的手摸着我的脸，心疼地说："六儿，你是工作太辛苦了吧，瘦多了。"说着，眼泪就像断了线的珍珠似的顺着她那布满皱纹的脸上滚了下来。我赶紧掏出手帕，帮她擦去泪水。母亲接着说："我最近一直喉咙疼，咽不下饭，医生说是感冒、喉炎。不过，我觉得好像得了一场大病，浑身没劲儿，可能这回好不了，所以才想再看看你。"听到这些，我的心一阵抽搐、绞痛，我急忙转过头去，强忍着眼泪。因为我们知道，只有母亲还不知道她自己得的是食道癌。

我认识北京301医院的汪大夫，他曾是中央某位首长的保健医生。我在电话里向他咨询了我母亲的治疗方案。按他的建议，我把母亲所有的病案发给他。汪大夫随后告诉我，大多数食道癌病人最后不是病死而是饿死的；现在能做的只是设法提高病人的生活质量，不让她活活饿死；而救命的关键是想办法打开食道，使她能够进点食。汪大夫讲了3种可能：一是大手术，切除；二是在食道开一个小孔，放入插管喂食；三是放人工食管支架后，再做化疗。不管哪一种，都只是为了保持病人活着的质量，不让病人眼睁睁地饿死，尽可能延长生命而已。

我和几个兄弟商量之后，都认为母亲年事已高，不宜动太大手术，避免受大罪。我的舅舅也坚持不同意在老人家的喉咙上打孔钻洞，他说我母亲是有身份、有地位、有尊严的人，他不愿意看到我母亲百年时身上有任何破损。我冷静考虑后，也更倾向同意汪大夫的建议，做食管支架。在汪大夫的推荐下，我们从上海请来了他的研究生，在福清医院的医生协助下，为我母亲做了食管支架。手术当天，母亲竟然就能喝上半小碗的稀粥。大家都说北京和上海的大夫真是神奇。3天后，我们按照医生的建议，把母亲送到福州肿瘤医院，住院化疗。我二哥和我妹妹轮流到医院照顾。帮助料理完母亲住院事宜后，我又急匆匆赶回罗马上班。当时，我八弟何昌霖和侄儿何文强、何文清等都还在日本做研修生，他们不断从国外来电话，再三强调要给我母亲最好的医疗、最好的药品，并表态所有的医疗费用都由他们几个人负担。

母亲在福州住了一个多月的院。时间长了，一方面，她觉得化疗太痛苦了；另一方面，天天看到肿瘤医院的各种形态的肿瘤病人，她心里害怕，闹着无论如何要回家。9月中，我接到四哥的电话，他说家里几个兄弟都认为，既然母亲的病无法彻底治好，时日有限，还是应该按老人家的意愿，让她回到家里，和满堂儿孙在一起。我理解母亲和兄弟们的想法，也同意了大家的意见，即放弃化疗，让母亲出院回到她生活了一辈子的前华土屋。这是一个大家庭，在这里，她天天都有儿孙陪伴，起码可以高高兴兴地度过余下的日子。

第二次请假是1999年11月，我利用回北京参加首次国际数字地球讨论会的机会，请了3天假。会议结束的第二天，即12月3日，我一大早从北京飞回福州，转乘长途汽车，下午3点多赶到前华老家。我急切地来到母亲身边，她看上去比我上次见时更瘦削了，也更羸弱了，仿佛已然油尽灯枯。近一段时间来，她浑身疼痛，靠打杜冷丁（哌替啶）止疼。她基本上无法吞咽食物，大多时间靠打点滴维持营养，偶尔也忍着疼痛，被喂点流质。可能是由于看到我后内心欢喜，母亲这两天精神头儿好了许多，而且还勉强吃了点流质。

我在家待了3天4晚。知道母亲时日不多，我哪儿也没去，也没通知任何朋友，没见任何外人。我只想静静地守候在母亲身边，听她重复聊着过去的事。12月7日一大早，为了到福州机场赶飞机回总部，我早早就起来了，轻轻地来到母亲身边，发现她醒着。妹妹告诉我，母亲基本上整夜没合眼，一直等我，但她又想让我多睡一会儿，没敢让妹妹叫醒我。我坐在母亲的床边，她唠叨着，说自己很想起来，为我做一碗我小时候最爱吃的米丸汤。那是米磨成的粉用七八十摄氏度的水烫成黏稠糊状后，用调羹一勺一勺挖起来，放进滚开的锅里，待熟了，再撒上打匀的鸡蛋液，马上成花，再加一点白糖后做成的，吃起来又滑又润又香。那是困难年代的奢侈品、我儿时的记忆。以前我每次回家，母亲总要给我做几次这样的早餐。但她现在的确力不从心了。她为此耿耿于怀，不断埋怨自己："我不知道自己的力气都哪儿去了，怎么也爬不起来。"她拉着我的手，含着泪花说："我恐怕再也不能做任何东西给你吃了。"听到母亲的这些话，我心如刀割，强忍着不让泪水往下掉，装作若无其事说："妈妈，医生说您一定会好的。我和佩红、小宇都喜欢您做的饭，我们都等着您快点儿好，过年回来再吃您做的米丸汤和地瓜粉呢。"其实我们已经十分清楚，母亲剩下的时间不多了，而且我也完全明白，下一次回来，我们将永远见不到母亲了。

7点多时，妹妹端上一小碗鸡蛋羹。我把母亲扶起来，让她靠在床头，在她的腰背垫上一个软枕头。我接过妹妹手中的碗，想临走再给母亲喂一次早饭。常年在外，我常常感到自责，因为自己很少尽过孝道。母亲病了这么长时间，这还是我第一次尽一个做儿子的责任，喂母亲一顿早餐。母亲非常高兴，尽管她很疲惫，看样子并不想吃任何东西，因为她的食道已基本封闭，吞咽实在太痛苦了，但在我的劝说下，她勉强张嘴配合，我半调羹半调羹地把蛋羹送到母亲嘴边，她坚持吃了一些，显得极其吃力、艰难。尽管如此，我还是看到，母亲心满意足，露出幸福的微笑。快8点了，送我的车已在门口等我。母亲拉着我的手，两眼挂着泪花，她先是细声哽咽，接着哭出声来。她跟往常一样，千叮咛万嘱咐，让我和佩红一定要吃好一点，注意身体，让小宇在美国读书一定要注意安全。虽然直到她临终，我们都没有告诉母亲她的确切病因，但她老人家非常清楚自己的身体状况，她知道我一走，她就再也不可能看到她的六儿了。其实，我更清楚，我和母亲此别将成永诀。我含着泪，咬着牙，轻轻地吻了一下母亲。我怕自己控制不住哭出声来，赶紧扭头离开病榻上的母亲，登上去福州机场的车，乘飞机经北京到曼谷，再转机去罗马。

当天晚上9点多，我刚住进曼谷旅馆，就接到佩红从罗马打来的长途电话，说母亲在我离开老家两个多钟头后就走了。佩红哽咽着说，四哥告诉她，母亲走得非常安详。我懊悔极了，按这个时间计算，母亲走时我还在北京机场候机室。要是那时有手机，能及时收到消息，我肯定会即刻从北京机场赶回。尽管我们已有思想准备，知道母亲终究要离开我们，但我还是悔恨交加。我要是能在家多住一天，就能多看母亲一眼，送她老人家最后一程，哪怕是多待上几个小时，我也能在母亲弥留之际与她相伴。我真不知道自己明明知道母亲时日有限，却为什么要这样固执，匆匆而来，又匆匆而去。难道那天我没有赶回罗马，粮农组织就会关门吗？尽管母亲和其他家人再三要求我多待一两天，我还是决定按时回去。临行，母亲依依不舍，她哽咽着说："六儿，我知道自己没有多长时日了，你这一次一走，万水千山，我是不能再见到你了。"医生已经交代过我们，母亲的病不会拖时太长了，但我还是向母亲撒了谎，忍着眼泪安慰母亲说："不，妈妈，现在交通方便，您只要想见我，我立马就飞回来。"这一走果真就成了永别，留下的是无尽的惆怅、遗憾和可能一辈子的自责。

我整夜没有合眼，12月8日凌晨4点多，我雇了一辆出租车来到廊曼机场。由于没有预先购票，我准备搭上一趟班机，经香港回福州。一路上，我神情恍惚，实在无法控制内心的自责。我后悔自己昨天离开的决定，我觉得这个决定近乎残忍。我忘了时间的残酷，人生的短暂，忘了生命本身是极其脆弱、不堪一击的，或许还忘了世上有一种"恩情"是永远无法报答的，那就是父母的养育之恩。作为子女，这是一笔永远算不清、还不了的账。父亲和母亲都走了，留给我的是永无机会偿还的亏欠之情。我知道我再也无以言孝了。是啊，子欲养而亲不待，尽孝不能等。作为儿女，哪怕是一句真情的嘘寒问暖；作为子女，当无法侍候左右时，哪怕是发一个微信或打一次越洋电话，对于孤独的老人、父母来说，也是一次安慰、一种享受，甚至是他们在人前感到骄傲自豪的资本。

**孝顺不能等**

母亲辞世时85岁。她一辈子含辛茹苦，经历了民国和新中国两个时代，养育了我们9个兄妹，培养我们堂堂正正做人。如今五代同堂，里里外外100多人，大家对她老人家无比孝敬。孙儿孙女们分散在世界

## 第六章 加盟联合国粮农组织

各地,逢年过节给她寄钱寄药,有时还给她老人家买人参、燕窝等补品。的确,晚年的母亲衣食无忧,完全有条件享福、颐养天年,却得了不治之症,撒手离开我们,相隔另一个世界。我们再想孝顺,却永不可能了。

人间有许多事可以等,唯有尽孝永远不能等。我后悔以前没有给母亲更多的照顾:哪怕是多打一次电话,多送一声问候;或是寄一包点心,买一盒她喜欢的茉莉花茶。我们往往以为,反正她手头不缺钱,身边有我兄弟和我妹妹照顾,就不需要我们万水千山寄什么东西了。后来听妹妹说,母亲把我多年前留学归来时给她的50元美钞包得好好的放在抽屉里,隔三岔五拿出来看看,逢人便骄傲地说,这是"六儿"第一次出国时给她的。她还经常唠叨,说我们在外面省吃俭用,出差吃方便面(后来我知道,这是多年前我的一个老乡告诉我哥哥的),不知道我们一家现在过得怎么样。听到这些,我的眼睛模糊了。是啊,儿行千里母担忧。尽管我长大成人,有了自己的家庭,做了父亲,在国外还管着一大批洋人,但在母亲的眼里,我永远是她没有长大的孩子。我们常年在外,每次回到她的身边,她总是嘘寒问暖,招呼吃穿,生怕我们饿了,受凉了。这就是天下母亲的情怀,永不枯竭的深爱。

如今,我的父亲、母亲都没了。父亲去世时我们家还很困难,想尽孝而无能力。我有时做梦都会想到要是父亲还健在,那该多好啊。今天,我在联合国工作,有一份很体面的工作,我有能力尽孝了,然双亲不在。父亲病中最想吃的小吃是江米条,就那么简单的心愿,可当时却没法满足,缺钱是真的。即使不缺钱,在那物资匮乏的年代,跑遍方圆几十里也难以找到啊。现在,我们生活条件好了,我们想尽点孝,却连这个小小的机会都永远不会有了。和父亲相比,我母亲命好多了。她大半生受苦受难,熬到了晚年,由于改革开放我们兄弟各家境况都不错,跨进了中产阶层。特别是在国外留学、工作的弟弟以及几位侄儿、侄女都是出名的孝顺。他们经常给她老人家寄些零花钱和补品。村里人都说我母亲比我父亲有福气。尽管我们大家都希望母亲更加长寿，但遗憾的是，她还是离开我们了，再也不给我们孝顺她的机会了。

母亲走后，我几次带着妻儿回老家，探望几个兄弟。尽管兄弟各家照样特别照顾我们，总像对待贵宾一样招待我们，但他们越是细致、周到，我们越感到是在做客，说不出为什么总缺一点儿母亲在世时的那种感受。每逢他们相待如宾，我只会更加想念母亲，总感到手足之情再深切，也无法替代父母深情。没有母亲掌家时那种"随性"的感受，就像心中的天塌了一块，永远无法填补。没有母亲的家，是子女此生永远无法补足的缺失。任何人，不到那一天是无法感同身受的。有人说过：父母在，人生尚有来处；父母去，人生只剩归途。我现在也做父亲了，每每想起父母，我的心就会五味杂陈，有甜蜜的、幸福的、酸楚的、痛苦的感受。

相信许多人跟我一样，年轻时都会在心里许下一个孝顺父母的宏愿。后来，离家、上学、工作、成家、生儿育女，为生计愁，为稻粱谋。每一个阶段，我们都有忙不完的事情，但总能给自己找个理由，并且相信来日方长，相信自己必有功成名就衣锦还乡时，可以从容尽孝。

这一切的想法是多么幼稚，多么的错误，是永远没有机会挽回的错。

# 第七章
# 担纲亚太助理总干事

成功根本没有秘诀,如果有的话,就只有两个:一是坚持到底,永不放弃;二是当你想放弃的时候,请回过头来再照着第一个秘诀去做。

——温斯顿·丘吉尔

第七章

原子核磁共振波譜法

# 出人意料获封疆

**意外的任命**

有一种说法：万千河流皆有源。世界上所有的惊喜和好运都来自你积累的人品和善良。

2002年6月底的一天，我接到总干事办公厅主任萨宾利的电话，他请我马上到4楼他的办公室一趟，说有急事找我。我到了他的办公室里，萨宾利告诉我，总干事准备物色一名高管，出任亚太地区总代表。他说："你对亚太地区情况熟悉，总干事希望你能帮助推荐3名有国际经验、影响力的专家，供他参考，国别不限。"我马上想到中国有一名官员当时正在亚太地区办任第二把手，我脱口而出："你们有现成的D2副代表，应该可以提拔使用吧？"萨宾利不假思索地回答我："这不是你应该考虑的事情。"他接着补充说，这3个人选最好来自亚太地区，希望我能在一周内找一些资料给他。他还强调说，此事必须严格保密，不许对任何人透露。

涉及高管的人事安排，的确非常敏感。我一边从他的办公室走出来，一边心想，中国是一个大国，但在粮农组织的职员屈指可数。除了在曼谷的一个D2级地区副代表、渔业处贾处长和我两个D1级职员外，中国在粮农组织高管层没有任何代表性，甚至连一些发展中国家都不如。这与中国的农业大国地位实在很不相称。我想，中国应该有一位助理总干事，所以，这3个人选应该从中国而不是满亚洲的茫茫人海中去找。

考虑到"保密"的承诺，我没敢跟其他人商量，只能独自一人苦思冥想。在众多的专业朋友圈和中国人中，我想到了3个可能符合条件的人。第一个是中国农业部主管外事的副部长张教授。但我没有他的详细个人背景材料，又不敢公开向国内索取，我只好找了个借口，通过中国农业部信息中心的小李，要了一些关于张教授的简要情况，同时还亲自从网上找些补充材料。我觉得他是一个极好的人选，他曾在中国西部一所农业大学当教授，现在又是副部长，分管国际合作，与粮农组织对口。"绝对合适！"我思忖。另外两个专家：一名来自中国农科院，是遗传育种研究生，曾担任中华人民共和国驻罗马三机构代表；另一名来自中国科技部，清华大学电子工程系毕业，留法博士，时任中华人民共和国驻法兰西共和国大使馆公使衔科技参赞。我非常认真、格外用心，把这个要求当成是一种使命，是为自己的国家争取一种权益的机会。我还十分得意自信，认为我提供的这3人都是条件硬邦邦，资格响当当的好人选。

不到一周，我就把我收集到的这3个人的材料亲手交给总干事办公厅主任萨宾利。我做了两点说明：一是我对亚太地区其他国家的人头儿并非特别熟悉，所以我没有推荐其他国家的人选；二是出于保密要求，我没有向任何人公开索要材料，所以提交的3个人的背景不完全详尽，但相信可通过正式渠道获得更准确、更完善的简历。萨宾利看了看我提交的材料，除了说了声谢谢，什么也没多说。

两天后，萨宾利再次请我到他的办公室。他对我说，总干事希望我再考虑考虑是否还有其他人选。我坚信自己推荐的人选条件不错：从业务能力看，都有农业专业背景和国际合作经验；从行政管理能力看，都有长期在国家部委工作的经历，特别是那位副部级领导。

我先后两次提到的4个中国人（包括内部的一个D2）似乎都没有

## 第七章 担纲亚太助理总干事

引起总干事的足够重视，我开始揣测总干事是否对我只推荐中国人感到不满意。萨宾利再次对我说："你不能再想想其他人选吗？"我不假思索地回答："没有了，我觉得他们不错！"此时，萨宾利双眼凝视着我，好像要猜透我的心。良久，他说："你为什么不自告奋勇，推荐你自己呢？"

我觉得自己似乎有点儿被冒犯了。他的这个玩笑开得有点离谱儿，我和他并不相熟，这让我觉得尴尬。我用生硬而坚定的口气说："不！我不够这个资格，我也从来不做这个梦。"我梦想的只是在退休之前，我能够凭自己的实力和努力，再升一级，当个研究司的司长就满足了。人贵有自知之明，我目前还只是一个 D1 级官员，离助理总干事的位置还差两级呢，更何况我眼下的这个 D1 职务，还曾让我有过一阵纠结和痛苦的日子。此外，当时大家都知道的一个约定俗成的说法是，助理总干事以上的高管一般都由副部长以上的官员出任。尽管联合国官方文件找不到任何诸如此类的文字依据，但粮农组织的确有好几个助理总干事先前都曾在政府部门当过副部长或部长。

萨宾利继续盯着我，目不转睛，这回好像要看透我的心。他说："为什么不呢？你再考虑考虑吧！总干事明天下午可能会亲自找你谈谈。"

听了这话，那天下午我心里一直打鼓，无法平静。当晚下班后，我和佩红谈起与萨宾利的对话经过，我说："总干事他们有点怪怪的，为什么要试探我，拿我开涮吗？"一向低调得无法再低调，在中科院遥感所以"从不过问丈夫办公室的事情"而闻名的妻子，破天荒地"干"了一次"政"，她认真地对我说："也许人家是真的呢，为什么要说不。我也相信你行！"佩红的直觉是对的。是的，在这个世界上，还没有任何人比她更了解我的为人，了解我的能力，了解我咬定青山不放松的办事风格。她既然认为我一定可以胜任这个职务，也似乎鼓励我接受，我还犹豫什么呢。当然，前提是总干事确实想委我以重任。

309

第二天下午，我果然被叫到总干事办公室。迪乌夫开门见山，他说："我正考虑任命亚太地区代表。这是粮农组织最大的地区办，成员国最多，人口最多，饥饿人数也最多，问题复杂，挑战很大。所以，我必须挑一个专业好、能力强、有激情、有活力的人，尤其是要有粮农组织的工作经验。不瞒你说，好几个人都向我推荐了你，我也一直在考察你。你有亚太经社会 10 年的工作经验，对亚太地区情况熟悉，也有政府部门的工作经验，而且还在我们总部干过。大家对你的专业水平和领导能力都很认可。我已让办公厅主任和你谈过了。怎么样？考虑好了没有？"他一口气说完了这些，尽管办公厅主任也已经和我打了招呼，我还是感到太突然了，有点头晕。因为无论从哪一方面考虑，这都是一种破例。是的，总干事有这个权利，但他也得担风险啊。这与当年我在国家科委连升 3 级的情景颇有类似。我显得有点紧张、不自然，似乎还带点儿辩解说："我已按您的要求推荐过好几个人，但的确没想到我自己。我没有思想准备，很感谢您的信任，但能否给我一两天时间，让我和我的夫人商量商量，也理理自己的头绪，行吗？"总干事表示理解，他说得很干脆："的确，责任大了，意味着对家庭也要做出更大的牺牲，这一点我本人深有体会。那好吧，你尽快和你夫人商量商量，明天下午下班前，你把你的决定直接告诉萨宾利就行。"

离开总干事办公室，我陷入遐想：我当着总干事的面说要与夫人商量，这到底是不是在"作"，是故作矜持？还是叶公好龙，缺乏自信？其实，昨晚和佩红谈到我与萨宾利的对话时，妻子已经给了我鼓励。这个职务面临的困难是确定无疑的，挑战也是巨大无比的，但于公于私，我都没有理由对这个机会说"不"。于公，中国这个泱泱大国至今还没有一个助理总干事级别的官员；于私，这将证明人们对我的又一次认可。我怎么就没有勇气挑战自己呢？我很认真地想了一夜，第二天下午主动约见了办公厅主任。我明确告诉萨宾利，我愿意接受总干事的任命，挑战一下自己。

## 第七章 担纲亚太助理总干事

几天过后,萨宾利再次把我叫去。他告诉我,总干事决定任命我担任"亚太地区代表,定 D2 级别,比现在高一级"。他接着说,我有一到两年的考察期,如果绩效考核合格,将正式任命我为"助理总干事兼亚太地区代表"。他用不容置疑的语气补充说:"这也是总干事亲自定的,希望你能接受。"看来,任命我是确确实实的信息。至于定的级别和考察期,我很理性地认为,这么重要的岗位,挑战重重,责任重大,要考验我,既符合逻辑,也在情理之中,是总干事应有的谨慎举措。对此,我怎么会有意见呢。

亚太地区代表职务空缺已有时日,地区办公室工作一直由来自中国的董副代表临时主持。因而,总干事要求我立即到曼谷上任,最晚不能拖过 9 月。如此匆忙,我有些恍惚。时光飞逝,转眼四载多,仿佛昨日适才履新,转瞬即将启程东去,我开始留恋意大利,留恋这座以《罗马假日》闻名的城市。是的,自 1998 年 4 月到罗马出任可持续发展部资环处处长起,由于背着"出身不符,非农户口"的包袱,我咬紧牙关拼着命,一刻不敢懈怠,几乎把别人喝咖啡的时间都用在工作上。与我在亚太经社会秘书处时的工作强度相比,有过之而无不及。几年来,连意大利中部著名的旅游胜地翁布里亚我都没去过,更甭说北部的秀丽山川,米兰这个世界闻名的工业之城、时装之都长得什么样我都还不曾了解,每年不知浪费了多少假期。

这些年来,我总对自己说,不着急,以后会有机会的,而今,突然要马上告别东去。对于这个充满传奇、历史厚重、美丽多姿的国度,我尚未来得及用心领略,就要匆匆离去,真觉得对不起旖旎山水,更对不起佩红。我决定,这回无论如何也要利用 8 月份欧洲的暑假,驾车沿着意大利东部海滨北上,经拉奎拉到圣马力诺折回罗马,做一次告别意大利的自驾游。至于米兰等北部城市,就留着退休以后再做一次深度休闲游吧。的确,当时我怎么也没想到,未来人生还会有二度甚至三度杀回罗马的机缘。

## 重返亚太

就这样，2002年9月，在总部工作了4年零5个月之后，我奉命重返亚太，出任粮农组织驻亚洲与太平洋地区总代表，成为"封疆大吏"。入秋的泰国热情地拥抱了故人的归来。这次重返曼谷，一下飞机，我就感受到大家的期待，地区办公室（以下简称地区办）的代理负责人、行政处长、信息官、礼宾联络官以及助理总干事办公室的秘书等，都提前在机场的长廊口迎接我和我夫人。秘书按泰国迎接贵宾的礼仪，给我和我夫人戴上了新鲜茉莉花编成的花环，一阵清香，沁人心脾，让我们卸下了长途旅行的疲劳。那欢迎的阵势，令我们有些受宠若惊。在路上，行政处长告诉我，按规定为我安排了一部车牌照为03-001的蓝牌外交专车和一名专职司机。理论上，只要工作需要，每周7天每天24小时我都可以使用。

我从总部下来之前，就已经有人提醒我，我的前任"官气十足，有点过火，喜讲排场，公车私用，等等，职员意见很大，但敢怒不敢言"。想起今天机场的迎接场面，也许是出于对新领导的尊重，也许多少反映了"前朝遗风"吧。我意识到，担任第一把手后，我已被看作是特殊人物，权力不小，特权也多，稍不自律，便利的工作条件就可能成为一种风险。自此，我的一举一动都将被置于世人视线之下，也在我内心法则之中。只有两种选择：要么彰显表率，要么随性恣意。我初来乍到，决定给自己立个规矩：我要带去一股中国清风，谦恭低调，率先垂范，廉洁奉公，恪守法规，绝不滥用职权。顺便提一句后话，在任地区第一把手的7年半时间里，我历经多次机构内部与外部审计，从未被发现丝毫不合规问题。与前任根本不同的是，无论是生病看医生抑或由于工作而替我办事，我的夫人都从不因之动用公车，就连我的秘书都为我夫人抱不平。当时，我在科技部的一位老同事的女儿从德国一所大学来曼谷实习3个月，就住在我家。我事先和她父母说好，不管刮风下雨，她需要自己乘公共交通上下班，不便搭我的专车。我不知道自己在这些问题上，是否过分苛刻，显得十分不近人情。后来有人说我只是"像马英九那样过分爱惜自己的羽毛"。而我却觉得，为官者若都能那样爱惜自己的羽毛，克己复礼，清廉奉公，有何不妥？

## 地区领导一把火

### 初战告捷

当然，带来一股为政清风固然重要，担任第一把手最关键的还在于能做事，能带领整个团队做好事，出效率、出成果。从某种意义上说，地区办就是粮农组织的一面"镜子"，总部有什么领域，地方就有什么班子。业务上，我们覆盖农业、林业、渔业、畜牧业、农村发展、农业政策、妇女问题以及信息应用等领域。与总部不同的只是，地区办每个专业领域只有一两个官员。如渔业组总共才两个人，一个分管淡水养殖，另一个分管海洋渔业；农业领域，生产、植保、农产品加工各一个官员。在这种体制下，整个办公室是烟囱林立，各自为政，到底什么是地区的优先，谁也无法说清道白，长期以来诟病不少。

我用了一个多月的时间，与所有的专业职员一对一谈话，比较全面深入地了解了前几年的工作重点和存在的问题。同时我也约见了亚太经社会执行秘书，联合国开发计划署曼谷代表，教科文组织亚太办公室、国际劳工组织、联合国工发组织、泰国农业部官员，以及中国、印度、孟加拉国等一批国家的驻曼谷大使馆官员，倾听他们关于地区粮食安全和农业发展的需求、重点以及合作的可能性和计划。在此基础上，我对如何设计亚太地区下一双年度的方向、工作重点和项目优先有了大体完整的图像。

在我到任之前，总部已经发出了编制2003—2004双年度计划和预算的通知，地区办各专业小组已按要求提出了各自的建议。我正好赶上了收尾汇总工作。我闭门两天，认真细致地研读了7个小组提供的工作计划。让我无比郁闷的是，这哪是地区的双年度工作计划，分明是几十个专业人员个人计划的汇总，简直就像是中国宴会上的一个大拼盘，或者说是满汉全席，五花八门，应有尽有。我非常吃惊。我把牵头负责汇总的政策组组长库努马和行政处长哈拉找来问个究竟。他们告诉我这是惯例。每个专业职员都直接向总部汇报技术工作，按总部对口单位的意见拟订各自的工作计划。地区办负责汇总，无法修改或取消任何人的建议。我非常失望，而且感到沮丧——这难道就是地区办高管的责任？我决定做最大可能的调整。我要求召开所有的业务组组长会议，讲了我的看法，提出了新的要求：各组至少需设计明确的领域目标，"而非几项个人具体工作安排的大杂烩"。我非常明确地告诉大家，并要求各业务组组长全面负起责任，"该砍的砍，该合并的合并，必须有所侧重，做到重点突出"。我说，我没有权限改变总部的政策，对各部门指定给地区办的经费做横向挪动，但我有责任对每个业务组的计划和经费重新调配。

经过反反复复几轮的磋商后，大家按照我的要求做出了较大调整。但平心而论，我最后向总部提交的计划还是十分勉强，因为我所做的只不过是对地区办工作计划的有限改良，根本谈不上改革。问题的症结在总部的政策。现行的罗马中央管理体制，缺乏地区问题导向的战略和实施机制。作为封疆大吏，我必须深入思考并有所动作。

实事求是说，对于任何新上任的管理干部，粮农组织的双年度计划和预算以及中期计划的编制都是个大考。许多同事抱怨，有些人在经过多年工作之后，仍然无法弄明白个中玄机。好在我1998年刚到总部担任资环处处长时，恰好碰上了1999—2000双年度计划和预算的编制。当时我也觉得难度很大，但凭着一股韧劲和无论如何也要把它吃透的决心，我到处请教，包括计划司的司长、处长，虚心学习，甚至不厌其烦地向普通工作人员讨教。功夫不负苦心人，我对粮农组织的计划和预算

## 第七章　担纲亚太助理总干事

很快从陌生到熟悉，闯过了瓶颈。有意思的是，我的司长德国迪特里赫教授后来给了我一个绰号——"计划沙皇"。他曾在研究发展司办公会议上多次抱怨："粮农的计划与预算实在不够友好，我反正是一头雾水，也真不想花太多时间弄明白。你们都抱怨头昏脑涨，那就直接找昌垂商量，他是我们司的'计划沙皇'。"他自然有些言过其实，但实话实说，粮农的计划与预算编制的确是繁文缛节，文牍主义浓厚，加之计划部门多少也有点以其昏昏，使人昭昭，于是技术部门的人望而生畏。但我相信，它绝不是什么卫星轨道的科研计算，也不可能比弹道方程更难！我之所以能较快领悟个中内涵，除了好奇心驱使，抱着打破砂锅问到底的精神，不过是愿意比别人多花时间去问、去想、去动手罢了。

2003年元旦过后，按惯例，总部要组织各部门各领导分别审议各地区办编制的2003—2004双年度计划和预算草案。这是一个两个多小时的视频会议，由副总干事哈查理克主持，计划预算和评价司司长托尼·韦德及该司工作人员，经济部、农业部、渔业部、林业部、可持续发展部和技术合作部等业务部的助理总干事全部参加。这阵势类似于一场大型的论文答辩会。

我已养成一个习惯：事无大小，从不打无准备之战。"笨鸟先飞"是老祖宗留下的智慧，何况事关地区办未来两年工作的优先领域和经费分配。此外，我刚上任，这个计划和预算也初步反映我这个地区领路人的方向和思路。我准备得很充分、细致。我按要求简明扼要地对亚太地区双年度计划的编制背景、依据、优先重点选择的理由、经费分配的原则以及预期成果目标等做了描述，最后还谈了组织实施的主要举措等，特别是如何构建多学科团队的计划——这只是加分题，因为他们没有明确要求。

接下来是总部各部门的提问。各部门对总体规划的提问并不多，他们更关心的是地区办与他们所代表的部门计划的衔接、结合和资源分配。我当时已决意要组织制定地区战略框架，而且我的定位也很明确，就是要把总部的战略转化为地区的优先领域，并推进实施。这些思路帮我避免了许多靶标性问题。由于规划由我亲手汇总、修改编制，我对所提交的文本了如指掌，特别是与总部主要领域的衔接，我在回答问题时可谓不费力气引经据典、阐述具体细节。至于经费，我虽然多年来对自己每个月的工资都说不清楚，但对亚太地区的 1 005 万美元的经常性（预算内）资金和 4 500 万美元预算外的资金分配如数家珍，倒背如流，包括行政开支、专家费用、出差费用、会议费用、培训费用以及出版费用等——总共不就是五六千万美元的家当嘛。

计划审议似乎比预想的要容易些，我心感小窃喜。会议按时结束。结束前，副总干事哈查理克只是例行公事般简单说了两句："感谢你做了充分准备，计划司把大家的意见和建议汇总后发你，请做适当修改补充。"计划司司长也只是打了一下招呼，说了声谢谢、再见。

看这架势，我以为总部对答辩评审有所保留。正为自己窃喜的误判感到不安之际，一个钟头后，我收到了好几封来自总部的邮件。计划司司长维德的邮件说："我们都非常惊讶，你能在短短的 3 个月内，把亚太地区的计划弄得如此透彻，真为你骄傲。"副总干事哈查理克在邮件中比会议中要热情多了，他首先给以"热烈祝贺"，并告知"你提交的计划草案和答辩使大家非常信服"。可持续发展部助理总干事卡萨拉迪更是不吝盛赞，他说："你是所有地区代表中方向最明确、思路最清楚的。"能得到总部各部门的满意和赞赏，实属不易。我很高兴一炮打响，而且是大家都认为有难度的，总部领导一向担心的计划与预算案。种瓜得瓜，看来，一分耕耘，一分收获，古语不虚也。

## 顶住压力

我到任后的第二大动作是打算制定一份地区战略。此举有点"石破天惊"，特别是在当时高度集中的政策环境下。在我走马上任的初期，与职员逐一面谈过程中，我惊讶地发现，地区与总部之间存在严重的信息不对称。或许因为互联网尚未铺开使用，视频会议更不是"价廉物美"的工具，总部开展的诸多事项，地区几乎一无所知，不限于普通职员，甚至包括绝大多数高级官员。大家似乎有种"两耳不闻区外事，任凭总部南北风"的倾向。这种倾向严重，令人忧心忡忡。

调研中，我还得出另一个结论：多年来，整个亚太地区完全按照"罗马中央指令型"运作模式，既无地区发展战略，亦无地区优先领域。地区发展完全跟总部指挥棒走：总部认为重要，地区就照搬照抄；总部认为无足轻重，再大再急之事，也可能被束之高阁。其结果是，中央指令与地区实际严重脱节，地区的特征及实际需要完全不在总部的整体决策考量范围的。以大米为例，在总部基本上是无关大局的摆设，总部自然不会作为优先发展领域加以关注，如设在总部历史悠久的国际大米委员会，一直在罗马中央的决策层视线范围之外，即使大米是亚太地区超过 20 亿人口的首要作物及主粮，亚太地区也只能亦步亦趋，无所作为，仿佛其存续与否与地区粮食安全无关痛痒，而今已如冷宫红袖，束之高阁。这种局面令我不禁忧虑，经历过曾经主导中国的计划经济模式的我，不能不忧虑其弊病：一个贫困与饥饿人口占全球人口总量超过三分之一的地区，若无量身定做之地区战略，何以能有效推进地区发展。

"不谋万世者，不足谋一时；不谋全局者，不足谋一域。"没有长远的地区战略与政策，不从地区全局的角度出发，综合考虑亚太地区粮食安全与农业发展的各种挑战与制约，将不可能有效组织粮农组织的资源，积极推进与成员国合作伙伴关系，共同推动地区粮食安全的发展。我的结论是：必须制定与地区发展实际情况相适应的地区发展战略，而且其必须是问题导向、需求拉动！我决定烧一把火——组织制定亚太地区战略规划。

在强烈的使命感的驱动下，2002 年 11 月，即到任刚两个月后，我在地区办的办公例会上首次提出制定一份"亚太地区粮食安全和农业发展战略"的动议，要求大家先调研摸底。我明确了原则：编制地区发展战略，需要问题导向、需求驱动。这是地区办从未为之之事，因此需要全体职员集思广益。我还强调，这将是亚太地区办整个团队的成果，必须体现团队意志，突出所有人的"参与感、贡献感、成就感、责任感"。我相信：只有坚持这"四感"，一旦出台，这部新战略才不会像以往的文件一样被束之高阁；也只有有了这"四感"，大家才会有兴趣认真执行，创造性地组织实施。因为有预先的沟通和磋商，参加办公例会的成员完全支持我的想法，一致同意把这项工作列为地区办的优先，集中力量、集中时间推进。

2003年1月9日，在地区办公例会上，根据前期调研结果，我进一步明确了具体实施方案：2003年6月前提交发展战略纲要，报总部审批；2004年在北京召开的联合国粮农组织第二十七届农业部长会议上审查通过。我知道自己生来有股牛脾气，认准了的事，说干就干，不撞南墙不回头。我宣布成立一个特别工作组，挑选5个学科的专业人员参加，由我亲自担任组长，同时指定经济组的政策高官、经济学博士、来自马来西亚的华裔郑朝枢担任技术顾问。

要趁热打铁，方能事半功倍。我决定破例采取战略规划培训形式，把所有的职员集中到帕塔亚的图斯塔尼宾馆，展开3天的头脑风暴。这其实冒了一定风险。要知道，当时总部有明文规定，为了节省开支，禁止在机构办公室以外组织任何职员活动。我还破天荒地决定让主要的辅助人员也参与培训。我相信，在未来的战略规划执行阶段，辅助人员是不可或缺的力量，他们也必须持有同样的"四感"：参与感、贡献感、成就感、责任感。

然而没有想到，我决定着力推动的，是后来险些被诟病为"闹地区独立"的忤逆之举。

话还得从3年前说起。1999年，粮农组织曾襄总部之力，制定了一份5年战略发展框架，此框架为整个粮农未来发展目标及重点定了基调。在总部任资环处处长期间，我曾亲自参与了1999年的全球战略发

## 第七章　担纲亚太助理总干事

展框架编制，并贡献了自然资源与环境可持续发展方面的内容。我们都很清楚，总部发展框架非常宏观，为了平衡180多个国家的利益诉求，自然拼出一盘大杂烩，从一个角度看是大而全，从另一个角度看则是大而空。无论是全还是空，有一点毋庸置疑，那就是面面俱到。既然面面俱到，就难免重点不突出。然循粮农惯例，总部框架既出，天下响应，萧规曹随，照章办事，东西南北，并无二致。当时，我认为粮农组织的全球战略框架本应按各地地理、气候、生态、农业以及社会经济发展现状制定，需求驱动，地区分异，问题导向，因地制宜。而在具体做法上应该从下而上，汇聚集群，凝练而成。然而，作为总部的一名基层领导，我人微言轻。如今，我身为地区代表，虽然仍然无力改变机构政策现状，但我能做的是在并不宽松的政策框架内，寻找一个适当切入点，构建一个符合地区实际的发展空间。

总部主管计划部门的人风闻我的行动时，先是给我善意的提醒："总部已经出台全球发展战略，你们完全没有必要再搞一个独立于总部的地区战略；况且，搞地区战略规划必须经总干事批准。"他们担心蝴蝶效应，5大地区中，还有哪个地区有此异常行径？初来乍到，还是不要别出心裁、另搞一套为妥。但我坚持认为，全球发展战略早在1999年就已制定批准，时隔3年多，应该与时俱进，做适当调整；何况总部战略规划制定时的大一统做法存在一定弊端，应该克服。这分明是在与总部叫板。尽管我知道，成员国批准过的文件无法推翻，但并没有说不要与时俱进，不能不断更新啊。我相信，只要满足成员国新的需求，方向不会出错。

我在总部待了四年半，与各个部门、有关方面几乎都打过交道。我深深体会到粮农组织是一个典型的官僚机构，循规蹈矩可谓天经地义，改变创新则付出代价，有时甚至难以想象。我也十分清楚，此时的我还在试用期，只是D2级别的地区代表，没有助理总干事的头衔，稍有不慎，任何后果皆有可能。总部的一些朋友闻讯亦善意提醒我，"枪打出头鸟，小心驶得万年船"。换而言之，摆在我面前最稳妥的路，其实是像其他地区代表一样，严格遵循罗马总部指示办事。若只用脚，不用脑，只守旧，不创新，虽然可能目的、效率都会大打折扣，但至少能保住自身乌纱帽。

新官上任三把火。那时的我，凭着一以贯之的责任感，秉承实事求是的信念，一身都是闯劲儿，有些豪气冲天。既然我号令已出，路线图也已在手，就一往无前了！但我也知道，必须讲究策略，避免与总部的职能部门用人对抗；相反，需要加强必要的沟通，说服并争取他们的理解和支持。

亚太地区办建立50多年来，从未制定自己的战略规划，我们没有先例可循。总部的职能部门的人最担心的是权力分散，5个地区相互仿效，各搞一套，势必脱离总部在罗马的统一计划思维，说到底，总干事就是担心失去对资源使用的"集中权力"。计划部门好像如临大敌，总觉得对此"匹夫有责"。在多次"友好提醒"无效的情况下，他们终于明确了态度：坚决反对。他们告诉我，在总部整个机构的5年战略规划之外，另搞一套，将分散资源，也是不合法的，必要时他们将报总干事知晓。对此，我决定顶住压力，据理力争，提出了如下3点理由：

总部的战略框架过于抽象，由于考虑到全球180多个成员国的需要，以及发展中国家和发达国家的各自利益，不得不包罗万象，结果是"甲乙丙丁，开中药铺"，一应俱全，却无重点，总部的战略作为指南可以，但作为规划，其操作性很差；

总部的战略框架有违地理学中地域分异的原则，把农业这个与生态科学紧密相连的领域完全割裂，企图用一种模式解决全球所面临的问题，欠科学性；

全球一个战略规划更是忽视了地区发展不平衡的现实，不利于根据地区的需求有效确定优先发展和制订解决问题的方案。

我还举出几个例子，想努力说服总部计划部门。我说，因地制宜是中国农业的成功经验。比如，亚太地区需要强调稻米生产、加工和消费的产业链，而非洲地区需要集中力量支持小农、提高生产力，中东地区则必须侧重水资源管理和干旱与半干旱土地应用等问题。

经过慎重考虑，也为了工作的顺利推进，我提议把亚太地区发展战略制定的目标定为：如何将总部战略有效转换为亚太地区行动纲领。这一"转换"，给了总部计划司一个台阶。面对我不撞南墙不回头的牛劲，计划司司长托尼·维德最后似乎也理解些许"难得糊涂"的中国智慧，睁一只眼，闭一只眼，没有彻底阻拦我，仿佛采取"骑驴看唱本——走着瞧"的态度。我想，只要他们不阻止我推进这件事，我愿意做出折中。我向总部报告时强调，我们的目的是把"粮农组织全球的战略规划转换为地区行动，以便得到地区农业部长会议的批准，以及地区合作伙伴的支持，更有效组织实施地区农业与粮食安全行动"。

正是沿着这个"转换"思路，我们基于总部的战略框架，结合亚太地区实际需求，确定了本地区 6 大优先发展领域：推动结构改革（重点为加入世贸组织谈判）；下放管理（重点为农业和农村体制）；自然资源保护、管理和持续利用；生物安全（biosecurity，重点为生物技术应用、转基因安全评估和食品安全）；自然灾害管理（重点为禽流感、海啸救灾与灾后重建）；以水稻为基础的农村生计（重点为水稻地区农民增收政策示范）。这些是具有决定意义的切入点！

如果置于历史的框架审视，"转换"二字，既具战略意义，也有与总部周旋的策略。它若画龙点睛，既未与总部精神相违，又高屋建瓴地针对总部与地区之间存在的机制缺失，架起了一座连接中央与地方的桥梁，弥补了全球战略与地区发展的战略鸿沟，填补了粮农组织无法否认的巨大空白。正是这至关重要的指导思想，使得那些批评我"分疆裂土"的指责失了根基，消失于历史的背景之间。

2004 年 5 月，联合国粮农组织第二十七届亚太地区农业部长大会在北京召开。时任农业部部长杜青林当选大会主席，时任国家主席胡锦涛参加大会开幕式并做了主旨演讲。会前，胡锦涛主席会见了粮农组织总干事迪乌夫和我，介绍了中国的三农政策，并鼓励我们加强地区合作。在中国政府和其他成员国的大力支持下，部长会议讨论并顺利通过了由粮农组织亚太地区办推动和编制的亚太地区第一部《农业与粮食安全发展战略框架》，其成为亚太地区此后若干年工作的指导性文件。

但凡没有偏见，谁都会赞同这是一项具有开创性的工作。2005年有关评估指出，由于有了地区战略框架，聚焦6个优先领域，亚太地区办有史以来第一次实现了与总部的无缝对接，为各技术部门制订粮农组织的中期计划（2006—2011）和2006—2007双年度工作计划提供了系统、协调的贡献，同时也为地区办与其他组织开展更有效和精细化的互动、合作提供良好的基础。

历史是如此神奇：谁能料到，2002年，既无总干事指示，又无总部支持，在总部职能部门的一片反对声中，我们逆势制定地区发展战略，一度被视为别出心裁、另立山头、多少有点离经叛道的举措，在10年后的2012年，却得到了政策上的肯定和机制上的保障。其时，粮农组织刚刚改革，要求每一个地区都必须在总部的总体战略框架内，制定区域一级的战略规划。当初几经周折、几乎胎死腹中的亚太地区发展战略，后来竟成为一种开创之举、一个模式，在粮农组织的5个地区复制。这不能不说是历史书就的神奇篇章。

亚太地区战略被总部和成员国认可，其意义就在于破除了率由旧章之弊，为地区一级争取了根据实际情况创新发展的机会。我自然为此感到欣慰。2009年，我即将离任亚太地区代表，赴总部出任副总干事之际，让我挂怀的是一部即将出台的《亚太地区发展战略修订案》。这部拟定中的地区发展战略新版本，是基于亚太地区发展战略实施过程中提炼的经验教训而拟就的。多年的实践令我确信：全球范畴一揽子的发展战略并不足以符合各国发展需要。要想有效促进地区与国家一级发展，就必须更好地结合各地方实际；要更好地制定优先战略，就必须进一步

## 第七章 担纲亚太助理总干事

瞄准分地区。只有量身定做，熟悉并结合各国实际需要，才能使战略实施目的明确，行动具体，富有成效。因此，在制定新版优先战略过程中，我强调了将整个亚太地区划分为东盟、南亚经济联盟和太平洋论坛三大板块，分地区精准推进；然后在此基础上，反向逆推，提炼地区共性，描绘整体画卷详略重点。这一步骤，是对 2002 年创举的进一步完善。与此前一样，我们没有被动等待总部指示或职能部门发话支持。我之所以敢这么做、能这样做，只是因为心中怀揣一个信念：实践是检验真理的唯一标准。

可以说，在大部分高管都在揣测总干事的意图办事的文化里，我"新官上任"，却大胆地烧了一把火，做了一件早就应做但超前 10 年的事，我不敢说自己有"敢吃螃蟹"的大无畏精神，但不能否认，当时我确实大胆地"挑战教条、挑战自我"。这是一次坚持"问题导向，需求驱动"管理原则的自我突破。可以说，那的确需要一种精神，一种勇气，一种对农村、农民困苦的体验，一份对地区发展的责任感，一种愿意弯下腰去的担当和对客观现实的深刻洞察，以及实事求是的态度和探真问理的韧劲。

为什么这么说呢？当时的粮农组织高度集权，总干事要求地区代表埋头"管好自己的事"即可，地区与总部的高管之间，各地区一把手（代表）之间，没有互动，不鼓励联系，更不允许"串联"沟通，造成表面上看似集中高度统一，实则彼此分立，只闻马嘶声，不知马首形的特殊现状。特别是地区助理总干事兼地区代表一般不会被批准到罗马总部出差，据说这是总干事钦定的一条铁律。

事实上，自我 2002 年 9 月到亚太就职，到 2006 年 5 月，将近 4 年，我从未回罗马总部述职，或参加在罗马召开的任何会议。这种禁令到 2006 年 6 月才得以解除。这得归功于改革的动能，得益于英国、法国、德国等几个发达国家常驻代表到亚太地区实地调研、听取我的"抱怨"和建议。这几个代表回罗马后提出了尖锐批评和呼吁。你一定觉得这是发生在中世纪的故事,像天方夜谭,但它确实是曾发生在现代的国际组织的一段史实。那时,尽管身为同僚,但我们几位地区一把手多年不谋面,对面不相识,没有交流经验的机会,基本上是各行其道。总部一位同事曾对我说,时任中南美洲地区助理总干事兼地区代表古斯达沃听说亚太地区有一个"不那么听话"的同僚,动作频频,经常"自作主张",他一直在设法打听"何是谁"(Who is he)。可惜直到他退休,我们还是无缘谋面。

继 2004 年北京部长会议之后,我分别于 2006 年、2008 年主持在印度尼西亚的雅加达、泰国曼谷召开的联合国粮农组织第 28 届和第 29 届亚太地区农业部长会议。我想说,部长会议议程设计是国家参与全球治理能力和治理水平的重要体现。秘书处掌握协调、与成员国磋商的主动权。按照当时地区的粮食安全与农业发展现状,秘书处相关官员按我的指示设计了初步议程。值得一提的是,针对当时中国的和平崛起以及在本地区经济、贸易方面的影响力,一些国家和国际组织对中国经济发展的影响不断制造出一些负面议论。"中国威胁论"在本地区也开始甚嚣尘上。在认真思考当时的舆论和地区合作的氛围后,我提议亚太地区办采取如下举措:第一步,组织力量,开展有关亚太地区大型经济体(mega economies)迅速发展对环太平洋地区的影响与机遇的研究。我指示政策组安排中国农科院农业研究中心,印度、韩国、泰国、越南等经济高速发展国家的经济发展研究组织共同承担。它们通过经济发展模型、贸易统计等数据研究分析了中国和印度等大型经济体经济发展趋势,对农产品生产市场、贸易、投资机遇和相应的结构调整需求等进行了分析。这个研究结论否定了中国发展的"威胁论",提出了互补、双赢以及必要的结构调整的建议。研究报告于 2005 年 5 月出版。第二步,我向总干事建议并获得他的同意,将上述研究成果报告作为讨论议题,列入 2006 年 5 月在雅加达召开的第二十八届亚太地区农业部长会议的大会议程。该文件总结了中国等经济大国高速发展的经验,分析了可能利用的经济合作机会和地区经济整合与贸易合作等问题。我判断，作为第二十八届部长会议的核心文件，这一议题的讨论将很热烈。我特别提前建议有关国家，特别是中国国内有关部门预先做好参会准备。

所幸，当时我自作主张，强行推动制定地区发展战略等大胆改革的举动，并没有像朋友们所担心的那样受到总干事的批评或处罚。我也不知道总干事本人是否知道这些事，或许打心里欣赏我敢于改革的做法。2003年5月初，我得到总部人事部门的一个好消息：我的领导力和执行力已被管理层认可，我已顺利通过试用期考察。总干事决定比原计划提前，任命我为助理总干事兼亚太地区代表，从D2级别提升为助理总干事，即联合国助理秘书长级别。

## 抗灾救援第一线

**禽流感突袭而至**

我回到曼谷出任粮农组织亚太地区代表，可以说是受命于危难之时。2002年，亚太地区基本上还没有完全走出亚洲金融危机的阴影，大多数国家元气未恢复，饥饿人口仍然接近5.2亿，实现联合国千年发展目标困难重重。可是，上天似乎还专门与亚洲人民过不去：2003年9月东南亚地区暴发了禽流感，2004年冬印度洋发生海啸，2005年缅甸发生"纳尔吉斯"台风大灾，等等——地区性的大面积自然灾害接踵而至。2007年，美国金融危机引发的全球金融风暴，触发了全球性的粮食危机，搞得亚洲地区不少国家特别是南亚各国人心惶惶。在那些重灾区，深受其害的总是农民，特别是孱弱无助的小农。面对纷至沓来的各类灾害，组织紧急救援，帮助农民恢复生产，联合国粮农组织自然义不容辞付诸救助，自然也把我们亚太地区办推到了第一线，和成员国一起，经受持续艰难的考验。

为应对接二连三的灾害，我免不了常常顾不上家，妻子已经理解和习惯了,她说:"谁让我嫁给一个属牛的人呢,他命中注定一辈子劳碌。"但也有人认为:"自古时势造英雄,这一系列的灾害考验了他,为他提供了平台,创造了他日后升迁的机会。"

2003年9月,泰国、越南等地出现了一些零星家禽死亡的病例。但作为禽肉类产品出口大国,由于担心贸易受阻,没有一个国家肯带头承认疫情,及时向世界动物卫生组织报告。人们对禽流感的担心与日俱增,大量鸡肉滞销。为了消除恐慌,泰国政府不遗余力,做了大量宣传工作。最有意思的是,11月中,泰国总理他信在其家乡清迈,高调地组织了一次声势浩大的"鸡肉宴"。驻曼谷的各国使节和国际组织代表以及他们的夫人专程飞到清迈参加"鸡肉宴"。在泰国总理他信和农业部长的带领下,大家面对各大媒体的摄像机镜头,手捧鸡腿,大快朵颐,意在广而告之:吃泰国鸡肉安全无虞。

作为主管农业和粮食安全的联合国粮农组织的地方长官,我自然是媒体追踪的主要对象。但那时,世界动物卫生组织和粮农组织尚未确认当下流行的是疑似高毒性、高致病性的H5N1禽流感。面对媒体,我只能坦言:"目前尚无确凿证据说明亚洲地区已出现高致病性的禽流感。不过,根据我们专家的意见,所有的禽流感病毒在80摄氏度以上的环境无法生存,所以,安全起见,建议大家一定要吃经过加工煮熟的鸡肉、鸭肉和蛋类。"记得当时泰国农业部部长和常务秘书和我在一起,似乎觉得我的立场"有点保留,不够给力"。

面对不断增加的病禽案例和不断高涨的舆情报告,我深感忧虑。我指示畜牧业官员必须想办法继续加强与泰国、越南等主要产禽国家沟通,密切注视、及时了解疫情发展。12月中,亚洲疫情不断恶化,欧洲各地普遍担心,它们对1918年西班牙那场世纪大流感耿耿于怀,记忆犹新。那次流感导致10亿人被感染,近4 000万人死亡,成为人类历史上最恐怖的灾难之一。政治家们都"不怕一万,就怕万一"。2004年1月初,欧盟负责贸易的司长专程从布鲁塞尔飞到曼谷,约见了泰国总理他信，要求他信政府提供诚实、透明的信息。回到欧洲，司长公开表示已从泰国总理那儿得到保证，从泰国进口的大量鸡肉，从食品安全角度看绝对没有问题。"我还亲自参观了泰国最大的正泰饲养场，它完全采用了严格的生物安全措施。"欧盟贸易司长对自己在泰国的所见所闻深信不疑，信誓旦旦，为泰国站了台。

2004年1月8日一大早，我召集两名畜牧业官员开了一个碰头会。汉斯博士向我系统地报告了泰国和越南禽流感暴发并不断扩散的苗头。他认为这确实是一场高传染性的禽流感，再不果断采取实施，疫情将不可控。他是一名来自德国的畜牧专家，一向严谨，我很相信他。我问："你对自己的判断把握大吗？你是否怀疑有关国家在隐瞒疫情？"他点头称是。我说："好，你是专家，我听你的。"

及时掌握情况，做好预警迫在眉睫。我当即决定成立粮农组织地区办"禽流感特别工作组"。其任务是通过粮农组织的国家代表和非政府组织等渠道，采集动态信息，开展监测分析，每天向总部和成员国提供内部监测报告，同时提供疫情控制的建议。一个多月后，总部也采取了我们的做法，成立相应机制，开展全球监测。我们建立了与泰国和越南农业部的每日通报机制，并一直说服它们尽早向世界动物卫生组织报告疫情。直到2004年1月16日，疫情大面积暴发扩散，越南政府实在扛不住了，不得不向国际社会正式通报禽流感的蔓延。有越南在前面挡枪，泰国政府于1月19日也正式宣布承认禽流感在泰国暴发。

高致病性的禽流感迅速在亚洲地区蔓延。随后几个月，缅甸、柬埔寨、老挝、印度、印度尼西亚以及中国等国也先后披露了不同程度的动物疫情。由于刚刚经历了2002年冬到2003年春肆虐全球的SARS病毒（非典），国际社会谈虎色变，人心惶惶。联合国立即启动了应急机制，先后由专门机构成立了动物卫生危机管理中心、全球禽流感调查网络等。许多国家还成立了国家级禽流感防控防治总指挥部。粮农组织、世界动物卫生组织以及世界卫生组织协同组织了力量，投入禽流感具体防控和扑杀指导，同时动用了大量资金，帮助成员国开展监测、预警、防控、扑杀以及灾后生产恢复与重建活动。粮农组织总部也以我们成立的特别工作组和动态报告为基础，成立了全球工作组，并发布全球禽流感动态资讯，与所有的国家和合作伙伴分享。我们还迅速组织编制了禽流感防控、扑杀、疫苗注射等技术指南，供成员国特别是小农养殖户使用。

值得自豪的是，我们亚太地区在禽流感初露苗头之际就给以足够重视，在全球率先成立了特别工作组，开展监测预警。在应对禽流感肆虐行动中，和总部无缝配合，募集了数亿美元的紧急援助资金，帮助成员国开展禽流感防控和为小农提供扑杀补偿。我与美国卫生部部长迈克尔、农业部副部长吉姆·巴特勒，以及世界卫生组织总干事的禽流感顾问陈冯富珍等一道，专程对柬埔寨、老挝、越南以及印度尼西亚开展了为期10天的调研考察。我们会见政府领导人，考察各类饲养场，走访露天市场，看到老百姓现场杀鸡、喝鸡血等现象惊愕不已。由于信息闭塞和宣传教育的缺失，生活在社会底层的老百姓对如此严重的疫情竟然视而不见，无动于衷，让那些来自美国和欧洲的考察成员大为震惊。

代表团所到之处，受到政府的高度重视和高规格的接待。我们见到了这些国家和政府的最高领导人，包括在华丽堂皇的柬埔寨皇宫见到了年轻的国王，与政府有关部门深入商讨了美国和国际组织如何加大援助，更有效地帮助亚洲开展禽流感防控紧急救援合作。作为一名政客，美国卫生部部长迈克尔在考察途中最常说的一句话是："对于美国来说，必须未雨绸缪，强调预警和预防。作为民选政府，哪怕因禽流感死了一两个人，我们都会因应对不力或渎职而引咎辞职。"

地区办在紧急救援中主动有序工作，得到了总部的高度认可。总干事决定并批准在地区办成立跨边界动物疾病紧急救援中心，负责协调本地区的禽流感防控工作，美国、日本、亚行和欧盟等都承诺提供项目支持。我很高兴，经过努力终于促成了美国提供60万美元支持中国的禽流感防控和疫苗研究项目，于 2006 年年底正式启动。

## CNN 实况电视采访

在应对禽流感过程中，有一事我一直无法释怀，甚至觉得我给中国人丢了一次脸。那是 2004 年 1 月 19 日，当泰国正式对外承认高致病性的禽流感暴发时，世界舆论哗然，原因有二：其一，泰国是世界主要的禽类食品出口国，而且主要销往欧洲与北美；其二，在泰国宣布暴发禽流感前不到 10 天，泰国总理他信会见欧盟的贸易司司长时还信誓旦旦，向欧盟保证泰国没有疫情。一向敏于挖掘新闻的美国 CNN（有线电视新闻网）决定从香港派一个 3 人电视采访组，专程到曼谷采访战斗在禽流感第一线的粮农组织。当时他信政府和反对派正闹得不可开交，禽流感正是反对派的切入点。在这个高度敏感的时刻，粮农组织总部管理层再三强调必须与东道国保持良好关系，避免直接介入或被卷入泰国的国内政治。他们还规定，所有有关禽流感的新闻全部转到罗马，由总部一个口径对外。但 CNN 的人坚持他们只能在曼谷采访，总部才最终同意由我代表粮农组织接受电视采访。总部宣传部门还向我传达了总干事的指示："作为技术组织，我们除谈技术层面问题外，不回答任何涉及政治的提问。"负责媒体的信息官还与 CNN 直接沟通，CNN 答应采访将不涉及政治。

那天下午 6 点多，在信息官的陪同下，我们提前来到了泰国的电视直播台。下午 6 点 45 分，CNN 的团队开始调试灯光、镜头，同时开始在 CNN 全球直播屏幕上滚动提示：7 点钟本台将对联合国高官进行一场重要采访。这毕竟是我生平第一次接受美国著名电视台的实况采访，我有点底气不足；再加上调镜头时，为了特写，摄影师把比小碗口还要粗的镜头架到离我不到一米的地方，使我非常不舒服。我提出拉开距离的要求被他们拒绝了，说这是"确保播放质量的需要"。在强烈的聚光灯的照耀下，我的心里更慌了。7 点整，所有的屏幕都切换到我的影像。

记者开始简单问了我的身份后，抛出了第一个问题："一段时期以来，亚洲地区暴发了严重的禽流感，泰国政府迟迟才公开承认，您认为这场严重的高致病性禽流感暴发以来，他信政府采取了足够的应对措施吗？你们粮农组织作为联合国主管部门对此有何评价？"这第一个问题就直冲着他信政府而来，"他们不是承诺不涉及政治问题吗？"我心想着。我走神了，一下子"晕菜"了。面对刁钻的美国记者，我确实一点经验都没有，更没有任何应变能力。我只觉得全身发热，大脑发涨，顿时空白，像断了片，紧张得像是有人往我喉咙里塞了一团棉花，什么话也说不出来。延迟了不知道多少秒，我好不容易缓过来，开了口，记得我说的大意是：我们并不认为泰国政府在宣布禽流感暴发之后有什么应对上的不妥，再说，一般情况下，政府的确需要时间，在疫情确认之后才能采取适当的行动。严格地说，这样的回答是种搪塞，文不对题，语无伦次。接下来的采访，我才慢慢调整过来，并进入预期轨道。我先后回答了如下问题：亚洲禽流感的暴发原因、传播态势，是否将出现类似 SARS 病的局面，对相关国家的建议，以及国际社会需要的行动举措，等等。

当时，我对如何避免介入泰国政治有太多顾虑。事后想想，也许由于这个包袱太沉重，反而让自己掉进了一个大坑。对我来说，那次原定 15 分钟的 CNN 现场采访全球直播简直是一场炼狱，我几乎一直没有找到自信，开始时甚至还语无伦次。当电视镜头切断时，我的助手立马给我递上一叠面巾纸，因为我已汗如雨下，尽管与摄像机前的聚光灯有些关系，但其实多半是由于我内心紧张。原定当晚要重播的计划后来也取消了，足见那次采访有多掉份儿。

当天晚上，我就接到总部宣传司司长尼克的电话，他说他们收看了直播。"还可以。不过，作为地区的第一把手，接受记者采访是一个基本功。西方媒体可能与你们亚洲人（这个英国人很擅外交辞令，他没有用'你们中国人'）的习惯不同，您不可能预先准备好讲稿，去应付不同文化的记者，回答不同性质的问题。他们有时甚至还给您预设陷阱。"

他接着说，"我们建议送您去参加一次专门培训，所需 5 000 美元的经费由总部出。"很明显，他在很客气地给我下达命令。我无话可说，只觉得对不起自己，对不起粮农组织，更觉得对不起我的国家。因为当时我是第一个在粮农组织职务最高的中国人，但我在这个事情上没能给国家争脸，心中羞愧难当。

电视采访的确是我的短板。几周以后，我毫不犹豫地接受了总部给我安排的媒体培训。我发现这一周收获不小，效果的确不错，后悔自己没能更早争取机会接受类似培训。

那次 CNN 采访给我上了一堂深刻的课，画面永远挥之不去。我体会到：西方媒体与我们的媒体可谓天壤之别。西方记者像钻头，特别犀利，独立设问，不是上头指示和事先预设问题，提问往往非常尖锐，针砭时弊，逼着你给出自己的思想、立场。他们对问题准备非常充分，了解得甚至比采访对象还要深入，体现了一种很高的专业素养。我注意到在国际组织出任领导岗位的中国职员，大多都有"媒体障碍"，应该致力于克服这个短板。我还想，接受采访也是一个基本功，将来有机会一定要向国内提个建议，要加强对有关官员和参加全球治理工作的专家，特别是管理级别的干部，进行国际媒体采访培训。

## 印度洋海啸巨灾

灾害接二连三，一波未平，一波又起。2004 年 12 月 26 日，印度洋地震诱发的海啸，是在不到两年时间里亚太地区经历的又一场巨大的自然灾害。两场大灾效应叠加，既是对粮农组织地区办团队作战精神的考验，也是对我个人应急组织领导能力的严峻考验。

这场于 0 点 59 分发生在印度洋印度尼西亚苏门答腊西海岸的地震，强度达 9.1 烈度，诱发的海啸掀起了 30 余米高的巨浪，使整个地球板块震动并出现了 1 厘米的位移，甚至连美国的西海岸阿拉斯加都出现地震。这场灾害波及 14 个国家，包括印度尼西亚、泰国、马来西亚、斯里兰卡、马尔代夫、印度等，刹那间夺去了近28万条生命，影响了数以千万计人民的生计，特别是小农、牧民、渔民和沿海岸一带的林区居民，以及靠海滨旅游业维持生计的居民。这是人类历史上最惨重的自然灾害之一，也是跨入21世纪后最严重的灾害，它立刻引起全世界的瞩目和关切。面对着这场海啸，生灵涂炭，紧急救援、灾区疫情防控、灾后重建与生产恢复等，需求五花八门，呼声铺天盖地，支援林林总总，行动排山倒海，应急反应成为各国和国际组织的重中之重。

灾害救援是粮农组织的一个重点，也是我刚刚组织制定的地区战略6大优先领域之一。我们再一次被推到最前列，而且义不容辞承担一线责任。这是考验我们能否真刀实枪执行地区发展战略的关键时刻。

灾害发生当天，我正在福建老家休假，准备和家人一起过个平静快乐的中国年。当从中央台的新闻联播中听到地震报道时，我马上意识到灾情的严重性和自身责任重大，心想这假期我是休不成了。我立即与我的副代表通了国际长途，我们讨论了如何快速组织粮农组织的先遣队，到泰国南部开展调查，尽快做出初步灾情评估分析的安排。

"天下武功，唯快不破。"中国功夫的智慧，完全可以作为各种紧急救援须遵循的首要原则。禽流感发生时，我们就凭快速应对获得各方点赞。海啸发生次日，即12月27日，粮农组织亚太地区办就安排了专家到泰国南部的普吉开展灾害损失调查，成为第一个到达灾区并送回初步灾情简报的联合国组织。

灾情的严重性超出想象，我已无心继续休假，决定立即取消个人安排，以最快的速度提前赶回曼谷，指挥海啸救灾工作。2005年1月6日，我仿效应对禽流感的组织形式，建立了亚太地区海啸工作组。分析此次救灾和后续工作的多学科性质，我决定建立一种综合应对机制，从农林牧渔以及农村发展和政策等部门抽调干部，专门负责协调处理紧急救援与灾后重建一系列与粮农组织有关的问题。

这是一场空前严重的灾害，我决定亲自协调工作组的工作，加强与

## 第七章 担纲亚太助理总干事

总部的密切配合，以及与其他国际组织及成员国的沟通合作。地区办始终保持旺盛的斗志，既紧张又有条不紊地开展工作。我们很快看到，在这样巨大的区域性的自然灾害面前，没有任何一个组织、一个国家能够靠单打独斗解决问题。同样的道理，由于体量和资源的限制，亚太地区办必须紧紧依靠总部的综合力量开展工作。换一句话说，"一个粮农"的理念是我们遵循的基本原则。与总部保持有效的沟通，协同不同业务部门与领域的力量至关重要，就像一场战斗打响后，前方与后方必须无缝连接、紧密配合一样。

面对这次触目惊心的灾难，国际社会人道主义救援的呼声不断高涨。发达国家站在人道主义的道德高度，也慷慨解囊。全球投入了近140亿美元的救灾援助资金，但远远无法满足实际需求。从2005年到2009年，粮农组织地区办平均每年执行了约6 000万美元的救援项目，帮助重灾区群众灾后恢复重建，如重整农业基础设施，重置农机设备、渔船，重修仓储，等等，得到成员国的肯定。

在此期间，我们高兴地看到，虽然同在曼谷、平时协调困难的联合国各专门机构，围绕灾害处理，有了更紧密的磋商与沟通，更有效的互动与相互配合。我和曼谷的其他联合国组织的同事，陪同美国前总统克林顿到泰国南部调研"如何建设得更好"，代表粮农组织总干事陪同西班牙王后索菲亚到印度尼西亚亚齐考察项目执行效果，以及陪同联合国秘书长潘基文等国际政要到缅甸等地协调救援进展。我们充分利用这些机会，向发达国家有针对性地提出了一系列灾后恢复重建的建议和设想，毋庸置疑，农业和小农的问题常常是我们争取优先发言和强调优先支持的话题。不同的联合国组织，为了一个共同的目标，集体出现在受灾的国家和民众面前，送去"一个联合国"的信号，既提高了效率，也增强了各国抗灾和恢复重建的信心。

我们这一地区受到了进一步考验。2008年5月2日，五一国际劳动节刚过，一场名为"纳尔吉斯"的台风袭击了缅甸伊洛瓦底江三角洲，是该国有史以来最为严重的一场灾害，近14万人死亡或失踪，受灾影响人数达250万，估计经济损失达100亿美元。

面对如此无情的灾害，我们对缅甸民众，特别是广大农村无助的小农无限同情，感同身受。缅甸军政府对外封锁消息，并且阻止国际救援组织进入灾区协助开展救灾。诸多国际组织都感到无能为力。想到灾难就在邻国，百姓生计无着，我们绝不能坐视不管。粮农组织不是技术机构吗？我们不是一向保持与缅甸政府合作联系吗？此时此刻，我们怎能无动于衷、无所作为呢？我向自己提出了一系列的问题。不，我们不能袖手旁观，必须想办法用最实际、最及时的行动帮助受灾农民。

一方面，我电话要求粮农组织驻缅甸的国家代表积极与缅甸政府斡旋，希望允许粮农组织的技术专家到现场做灾情评估，以便组织救援；另一方面，我与地区办行政处长巴迪·哈那商量，建议他通过个人渠道开展沟通。巴迪·哈那是缅甸人，出身世家名门，父亲是缅甸外交部的老前辈，很多亲戚都在政府部门工作，很有影响力。我们双管齐下的努力有了成效。灾害发生3天后，我们就被破例允许送一个小分队"悄悄"进入缅甸，到指定的地区开展地面调查。

有人问，军政府为什么在严格控制之下，竟决定对粮农组织网开一面呢？这其中的一个奥妙是，粮农组织总干事迪乌夫一向把粮农组织定位为"专门机构和技术组织，应尽量避免卷入成员国政治"。我们所做之事主要是为农民服务，为底层社会服务，解决贫困和吃饭问题，我们没有理由不与成员国搞好关系。那些动不动就制裁的行径只能加深政府对机构的抗拒，加深对普通百姓的伤害，最终受苦的还是老百姓。我深信也力挺迪乌夫的这个政策，它与中国对外援助不附加任何政治条件的原则十分吻合。说实话，由于我的思想意识与迪乌夫总干事的政治主张一致，我自然就怀有自觉执行的意愿，以及创造性推行的举措。

事实上，自主政亚太地区办以来，我一直坚持从人道主义出发，一向坚决反对联合国组织跟风，对缅甸、朝鲜等类似国家的援助采用政治标准。我们粮农组织关注焦点在农村，我们坚持与农民打交道，他们生活在社会最底层，受苦最深，也最值得我们的重视，最需要我们的帮助。多年来，粮农组织对这些国家的与粮食安全有关的项目基本上保持运行，从未有所中断，自然也得到有关国家的认可和重视。

正是由于缅甸军政府对我们的善意和良知的理解，粮农组织成为第一个被批准深入缅甸灾区进行现场评估的国际组织。缅甸由于长期闭关锁国，所用地形图还是 20 世纪初由英国殖民者编制的，没有任何更新的现势性地图可供使用。作为一名遥感专业人员，我相信卫星遥感数据可以发挥独特功效。在总部资环处的遥感专家、我的老部下约翰·拉森等人的帮助下，用不到一周的时间，我们收集了最新的卫星遥感影像数据，结合粮农组织 5 年前援助缅甸的土地利用与土地覆盖图，对缅甸南部的灾区做了快速的判读分析和估算，提供了受灾淹没农田的估算。虽然这无法在现场进行全面验证，但由于数据的科学性和较高的可靠性，我们提供的总体灾情快速评估，为募捐筹资、灾害救援部署、灾后重建，以及生产恢复等一系列的措施提供了重要依据。

2008 年 5 月 12 日，中国汶川发生了 8.1 级的大地震。地震波及大半个中国及亚洲多个国家和地区，截至 9 月 18 日 12 时，造成 69 227 人死亡，374 643 人受伤，17 923 人失踪，是新中国成立以来破坏力最大的地震，也是唐山大地震后伤亡最严重的一次地震。地震造成的直接经济损失达 8 452 亿元人民币。一方有难，八方支援，汶川地震牵动了全体中国人民的心，也牵动了全世界中华儿女的心。国际社会向中国政府和人民表达了真诚同情和慰问，并提供了各种形式的支持和援助。在我的号召下，许多职员主动捐款支持灾区重建，就连我们的门卫和临时清洁工也都从他们并不饱满的口袋拿出泰币，表达他们对中国灾区人民的关注。

的确，多难兴邦，几经重大自然灾害磨炼，亚太地区办团队得到了心灵的洗礼，大部分职员面对灾害如同身临其境，对灾民的苦难感同身受，对救灾的紧迫性心急如焚。我们因此悟出了"快速反应"中"天下武功，唯快不破"的道理，面对灾害满怀着"不用扬鞭自奋蹄"的情怀。这就是亚太地区办在几次重大自然灾害面前，总能走在别人前面，迅速组织，竭尽所能，在第一时间为成员国、为灾区民众做点实事的真谛。地区办也因此不断受到总部的肯定和各合作方的赞许。

**应对粮食危机**

　　2007年下半年，全球金融危机进一步加剧了全球粮食危机。短短几个月内，国际粮价大幅飙升。国际粮食库存与使用比跌到历史最低点，指数降为16，大大低于粮农组织划定的安全指数18这个红线。警报拉响，全球告急。与此同时，美国、澳大利亚等粮食歉收，俄罗斯旱灾暴发。生物燃料与人争地，投机商人趁火打劫，多国出现了粮荒，抢粮潮如风起云涌。各大洲纷纷告急，欧洲供应吃紧，连美国都出了限购令。各国形势犹如火药桶，一触即发。

　　亚太地区显然逃不出全球粮食危机的魔掌，沦为重灾区。这里是全球贫困人口绝对数量最大的地区，也是饥饿人口最为集中的地区。大米是最主要的口粮，米荒就是粮荒。其时，全球化已经把亚太地区的命运与世界紧密相连，犹如量子纠缠。根据情势判断，亚太地区不可能避免、独善其身、超然世外，发展趋势堪忧。越南、泰国、印度等已纷纷酝酿出台限制大米出口政策，且呈蔓延趋势。怎么办？我们必须和成员国紧急协商，共同应对，此事迫在眉睫，必须果断出手。

　　身为地区负责人，我比以往任何时候都更加感到压在肩头上重担的分量。但如何采取实际行动，帮助成员国应对危机呢？总部尚在"审时度势"，对地区办如何介入国家一级行动，一时尚无具体指示和要求。我又该怎么办？

　　4月30日，泰国总理沙马对来访的缅甸总理登盛表示，泰国政府希望和缅甸、越南、柬埔寨、老挝共同组建一个大米输出国卡特尔。沙马表示，泰国并不希望成立类似OPEC（石油输出国组织）的卡特尔，只

## 第七章 担纲亚太助理总干事

希望 5 个国家在国际大米市场交易中彼此协调。据我们了解，作为全世界最大的大米出口国，泰国历届政府多年来一直希望利用其在国际大米出口市场上的地位，来影响国际大米市场的价格。泰国外交部长诺帕敦·巴塔玛还表示，也许本届政府任内就可以实现这个动议。5 月 4 日，印度尼西亚贸易部长玛丽·庞格斯也遥相呼应，说东南亚各国已同意加强合作，采取措施稳定地区大米价格，包括提高水稻种植、收割和分销方面的效率。

一时间，各种担心此起彼伏。整个地区陷入了思想的混乱与彷徨，特别是一些非产粮国和粮食进口国更觉紧张。新加坡政府专门派人来亚太地区办，指名要求见我本人，了解粮农组织对限制粮食出口的政策，以及我们对泰国、印度尼西亚等提出成立大米卡特尔倡议的态度。显然，危机当前，各方都希望粮农组织在应对危机方面有明确的政策主张和举措。有些发展中国家则希望粮农组织能够加大技术援助，以解燃眉之急。亚太地区办是否继续等待总部的统一部署？我们还有时间继续表现淡漠、无所作为吗？答案非常明确：静观其变、无所作为，小则失职，往大里说，实则犯罪。

我思忖是否应当召开一个地区特别会议，邀请灾情严重的国家的主管农业的高官共同研判形势，交流政府举措，探讨应急方案，商量特殊时期的合作对策。我亲自给几个重灾区国家的农业部主管部长或秘书长打了电话，我了解到，其实好几个国家都希望粮农组织能在这个关键时刻起推动作用，它们非常赞同马上召集一次特别会议，甚至连印度、孟加拉国、巴基斯坦这些平常对政府官员出席国际会议审批程序极其烦琐的国家，都当场表态决定随时派出农业部常务秘书长（相当于副部长）参会。成员国的期待和需求就是命令，我决定立即召开会议，和成员国代表共同商量应对思路和磋商，起码希望亚洲几个主要产粮国能相互协调，共度时艰。为了做好后续跟踪，我还决定让粮农组织驻这些国家的代表一同参会，全面了解地区情况，做好尽早介入有关工作的准备。

经过商量，我们准备邀请15个国家约40多人参会，要求参会者起码是常务秘书长级别以上的决策层领导。如此规模和规格的会议，按惯例，需要预先向总干事请示。按程序，我的报告须先送总部下放办公室，由他们出面商技术合作部和总部相关部门后，再报办公厅主任，由他审定是否以及什么时候送到总干事本人案头。路径复杂，过程冗长。根据以往经验，任何一个部门，任何一个环节，都可能向你提出问题和各种质询，或是要求提供更多的背景材料，或要求提交"更充分的理由"，或补充"更详细的预算清单"材料，等等。还有部门或个人为了"刷存在感"，可能故意把文件压下一段时间，更不用说总部的确也面临着大量的文山会海的挑战。

每日都有关于粮食问题的新闻，不断有来信、来电向我们征询立场、政策和意见，甚至涉及粮农组织地区办是否有存在价值的问题，形势逼人。我想到"将在外，军令有所不受"的中国古训。5月10日，我主意已定，不等总部意见，决定立即发出会议邀请，召开一次亚太地区应对粮食危机紧急会议。

我知道我需要为这个决定负责。在改革前的粮农组织，未经请示擅自召集粮农组织驻各国代表开会，属行为不端。按当时以"罗马为中心"的管理范式，粮农组织驻各国代表离开所在国，即使在其所属地区范围内，亦须报总部下放办公室审核。此规定俨如军队管理，我擅自集结、调兵遣将，实乃"兵家大忌"也。

我先斩后奏发出邀请，再和总部主管部门下放办公室主任巴夏拉·阿里打了电话招呼。他闻讯大惊，与我电话沟通良久。我一面陈述地区紧急态势之需，一面请求总部同僚理解我的良苦用心：会议通知已然发出，我已无法收回；印度、巴基斯坦、印度尼西亚、马来西亚、孟加拉国等10多个国家的常务秘书长已经表示，事态紧急，决定赴会。我说，箭在弦上，不得不发，会议恐怕已来不及取消，"就让我犯这次错误吧"。同时，我请求阿里："责任我全负，希望你暂时不过问此事，

## 第七章 担纲亚太助理总干事

容我亲自向总干事禀告。"阿里平时很支持我的工作，和我关系不错，我知道我应该一人做事一人当，决不能连累支持自己的同事。

机会，只偏爱有准备的头脑；危机，亦好光顾没有准备的时局。这场全球粮食安全的问题形势，带来危机的同时，也可能为粮农组织创造一种机会。

此时，总部也不断收到成员国雪片般的告急。国际粮食库存警戒线不断下滑，无疑出现了自1974年以来最为严重的全球粮食危机。这是粮农组织历史上面临的最为严峻的全球挑战之一，再不行动，粮农组织将面临巨大的执政危机。有人发问：面对全球性的粮食危机，粮农组织的改革到底是为了什么？

总干事终于坐不住了，认为重整粮农的时机到了。他决定协同成员国，把重点调向危机应对。他召集粮农组织各地区代表开紧急电视电话会议，每周两次。总部与地区代表有如此高频的例会，是破天荒的动作。由于照顾东西两半球的时差，一切作息时间全部被打乱，会议时间往往定于罗马当地时间下午六七时举行，但这正是泰国时间子夜时分。处在危机时刻，临时性会议也越来越多，我不愿惊扰秘书、司机以及视频会议的其他服务人员，遂向办公室借来了一个高灵敏度的星形话筒设备，安装在我家中的书房，随时准备参加夜间十一二点和总干事及其余高管的会议。这种深夜全球高管会议成为那段时间的常态，因为，没有其他任何事情能比应对全球性的粮食危机更为紧要。

在第一次电话会议上，围绕各地区需要如何迅速部署行动的议题，总干事特别强调地区代表要主动开展紧急调研，了解并提出具体需求，按生态安全等原则准备紧急项目，包括采购化肥、种子等生产资料。总干事说："我决定先从粮农组织的 TCP 资金拿出 3 000 万美元，支持紧急特别项目，帮助主要受灾国推动粮食生产。"可以看出，总干事忧心忡忡，他说："这是对我们粮农组织应急能力的一次空前考验，也是对每个人，特别是在第一线的地区代表和国家代表的一次考核。我明确要求各地区代表和国家代表要加强和政府沟通，千方百计地动员国家力量，促进国家一级的粮食生产，集中精力执行紧急特别项目，并希望尽速协调各国政府的政策支持与加大资金承诺。"

当进入讨论各地区具体执行计划和可能遇到的困难时，我抓住机会，向总干事报告了实实在在的情况。我告诉他：事实上，我们已经做了一些准备，也介入了一些行动。我说："鉴于当前亚太地区异常严峻的态势和混乱的政策建议，我已邀请了相关国家的农业部门领导，来曼谷一起商量对策和具体行动方案；目前，包括中国、印度、孟加拉国、巴基斯坦、印度尼西亚、越南等10多个国家的农业部的主管或常务秘书长已确认参会。"我继续说："我认为我们的国家代表在具体行动中的作用至关重要，我也已要求他们必须和所在国的代表同时与会。"

远在曼谷，我看不到迪乌夫当时的表情，只听电话那端传来一个明确的指示："很好，谢谢你主动采取行动。请你会后及时向我汇报会议的结果。"我闯过了一个关。总干事并没有像我想象的那样训斥、指责我没有预先请示汇报。相反，他对我及时主动采取行动、"不待扬鞭自奋蹄"的作风似乎还是欣赏的。

一个"好"字加支持的语气，让我如释重负。我不是小题大做，按以往惯例，没有总干事钦定，擅自调兵之举，足以敲掉10次乌纱帽。我在一些领导中，素有"大胆、独立、主动"的声名，夹杂着负面的说辞，诸如"我行我素""特立独行"之类，此后在其他几个地区办就更是广为传播。孰好孰坏，我并不在意。但我知道，已届"五十而知天命"之年，应该知道自己的责任，并作出相应担当。尤其是面对危机，只要干活，各种风险肯定存在。对于一个有担当的管理者来说，最需要的是解决实际问题的智慧与果断，过多顾虑个人得失只能使你退缩不前。

这固然是当时特殊时境下的特殊之举。在总部尚未发出应对全球危机行动部署之前，根据实地情况和具体需要，我率先召集相关国家共商协调行动方案，提前布局应对举措，可谓先人一步。有朋友后来好奇，问我当初缘何做此莽撞之举。我想：领导者的责任在于"战略眼光、引领全局"，而执行者的责任则在于"未雨绸缪、果断行动"。在适当之时，须担分内之责，行适当之举。

## 改革前夜风满楼

### 悄然而至的"革命"

2006年4月，罗马初春，总干事刚刚步入他第三任的第一年，一场由发达国家主导的"粮农组织革命"正悄然发生。掌握粮农组织主要话语权的西方国家，包括美国、英国、法国、德国、澳大利亚、日本、荷兰和加拿大等国家首先发难，筹措了一笔3 500万美元的经费，以经济合作与发展组织（OECD）的名义，发动了一场针对粮农组织的"政变"，即粮农组织历史上著名的"独立外部评估（IEE）"。在没有粮农组织大会和理事会任何授权的情况下，决定对粮农组织进行所谓的独立外部评估，这本身也是对粮农组织自创建以来实行的治理机制和现存法律的挑战。发达国家宣称，这个评估的目的是为粮农组织全面改革提供依据。此外，它们还有一个没有明确宣示的目的是为联合国系统所有专门机构的改革提供必要经验。这场"革命"的"雄心"之大不可小觑。

但司马昭之心，路人皆知。人们大多认为，整个行动实际上是冲着迪乌夫而来的。这场类似"政变"的"革命"行动，是对迪乌夫第三次连任后更加集权和不透明的领导作风严重不满、失去耐心的反应。当时人们却较少看到这场"政变"的本质，其实是农业和粮食安全全球治理领域谁主沉浮之争，是发展与环境矛盾平衡之争，是粮农组织该如何选择优先领域之争。一句话，起码在初始阶段，人们并没有把此事与二战之后建立的全球治理秩序的改革联系起来。有段时间，发达国家极力主张"农业的问题已经不是生产的问题"，反对迪乌夫把主要重心放在对发展中国家的技术援助和能力建设上，提出要削减甚至取消在发展中国家开展示范项目，认为这种做法使粮农资金"严重碎片化"，是完全的浪费。它们主张粮农组织要把优先集中在推动建立良政（good governance）。至于技术嘛，搞点信息与统计、应对气候变化、支持"多功能农业"等，特别是推动完全开放发展中国家的农业贸易市场。后来证明，发达国家的一部分主张，如气候变化和贸易全球化还是有其道理的。

从法理角度看，尽管大家对发达国家采取"单边行动"，发起所谓的"独立评估"的做法有所保留，但秘书处各层级的工作人员，大多数对迪乌夫的"官僚集权"和"一言堂"的作风有严重不满。因而，许多人对这场外部评估还是私下拍手称快，并偷偷寄予厚望的。

在短短的时间内，外部评估的活动愈演愈烈，声势浩大。迪乌夫总干事开始意识到自己在粮农组织10多年来从未遭遇的挑战与压力。

他是一个智慧过人、经验老到的政治家。首先出于自保，同时也可能出于对粮农组织事业的投入和对发展中国家情感的基因，迪乌夫在沉思着如何应对这场明显冲着他个人，同时也可能影响粮农组织方向的危机。

2006年7月底，欧洲进入例行的夏季"休眠"。大部分在罗马工作的各国常驻代表都进入休假模式。粮农组织的大批职员也趁机请假，拖家带口，有的到意大利或法国尼斯海滩游水、晒太阳，有的则带着孩子到阿尔卑斯山或回凉爽的母国度假、探亲访友。罗马城与往年一样，开始全面进入死寂。走在街上，连一些勤快的中餐馆老板也歇业关门。罗马的政府部门和国际组织机构以及工商企业就像无线电波一样进入了静默期。

这个假期对迪乌夫来说却很不寻常也不平静。他面临着一场连任三届十几年来从未有过的执政挑战和危机。此刻，他并没有像往常一样休假，可能思考更多的是莎士比亚所说的"生或者死，是个问题"。如何应对这个由西方国家主导发起的"进攻"，他冥思苦想。问题显而易见，

## 第七章 担纲亚太助理总干事

若不自我改革，就完全可能遗 OECD 国家以口实，他就有可能在第三届任期未满前受到冲击，甚至被排挤出局。这将是联合国粮农组织史上的第一例，对他本人将是一个奇耻大辱。不管是不是出于误判，过分紧张自保，于公于私，他都必须从速拿出对策，应对危机。

他那时已在总干事任上长达 12 年之久，踏遍了五大洲，走访了几乎所有的成员国。客观地说，他对世界农业和粮食安全情况是了如指掌的，而且砥砺献身，把粮农组织当自己的家一样看管，不允许有半点儿闪失。大账小账，孰重孰轻，他可能算得比谁都精当。只是到了他的第三个任期，年届六十八九岁，他可能想得更多的是如何"平稳渡过，留名青史"，也顺便给自己安排点"退休工程"。但现在不行了。秘书处内对他的高度集权，特别是用人不透明已怨声载道。一些发达和发展中国家对他使用技术合作经费的"独断独行""随心所欲"也非常不满。以加拿大、英国和澳大利亚为首的几个发达国家已经多次对他公开发难，甚至有传闻，一些发达国家私下议论要罢免他——尽管程序绝不那么简单，因为他对粮农组织的贡献也绝非个别国家能轻易抹杀的。功过是非，自有公论。

但最近以来所发生的这些事，的确是他从 1994 年上任以来从未发生，无法让他视而不见的。他决定"绝不坐以待毙"。凭着强烈的政治敏感和强大的运筹能力，总干事采取了先发制人的策略，发起了一场自我"革命"。他的目的是抢在 IEE 大规模行动之前，提出粮农组织内部整改方案。他做了两个决策：一方面通过非洲和亚洲一些国家，对发达国家在没有粮农组织成员国授权的前提下，单方面对粮农组织进行评估改革的合法性表示质疑乃至反对；另一方面神速发力，他亲自设计一套自我革命式的粮农组织内部改革方案，以不变应万变。

罗马的 8 月，酷暑熬人。总干事把自己关了起来，用两周时间闭门造车，亲自设计起草了一套改革方案。首先，他甩开高管层，不依靠常规的程序，不召集高管会议进行头脑风暴，也基本上不和个别人商量，包括副总干事和所有的助理总干事。他担心他们会找出各种理由，保护各种部门的利益，阻挡他的改革设想。

他破天荒地启用了私人邮箱，亲自发出个人"保密邮件"。不知道是他真的对我这个"封疆大吏"的想法在意或尊重，还是出于对亚太地区的重视，我第一次收到了他个人的邮件。

他的邮件模糊婉转，并没有点明他正在酝酿内部改革的事，而是开门见山地肯定了过去十几年他领导下的成就，之后，提出了如下几个问题："你对目前 IEE 看法如何？秘书处工作需要做哪些进一步的提高（他没用'问题'这个词）？你对粮农组织今后的优先有何建议？对未来地区工作有何要求与打算？"他在邮件的结尾强调："我不需要你系统地做文章，有一点建议就提一点。"

后来我听说，他的邮件只发送给几个高管，而收到邮件的人也没有几个认真回复的。因为大家一入夏季就休假，雷打不动，大部分人都到海边或阿尔卑斯山休养去了。这是我在粮农组织 8 年来第一次接到总干事的个人邮件，而且还是主动要求提意见和建议的，我想起了索尔仁尼琴的话："一句真话，比整个世界的分量还重。"总干事这回破天荒让我说话，而且要真话，这真是一个难得的机会，我绝对应当认真对待。

**坦率建言话改革**

这场突如其来的改革风暴不管是对成员国，还是对秘书处高管和全体职员都是一件大事。担任助理总干事兼亚太地区代表近 4 年来，我的确对粮农组织的治理和组织管理、优先领域的确定、技术合作与援助项目的执行等，有一系列的看法和不断的思考。对于机构中的一些弊端、低效以及不接地气的官僚作风，我早就忧心忡忡。我决定把自己的想法和建议一股脑儿倒给总干事。

我在邮件中提到如下几点看法和建议：

第一，关于加强地方能力建设问题。我指出，粮农组织秘书处的问

## 第七章 担纲亚太助理总干事

题是头重脚轻，各种资源包括人力与经费资源基本上集中在总部。在地区办，不少专业领域职位空缺，即使没有缺位，一个领域也就一两个专业人员，疲于应付总部的各种要求，大大弱化了对地区和国家一级的技术援助能力，导致成员国意见较大。我以水稻生产为例，指出亚太地区是全球最大、最主要的水稻生产区和消费区，迄今为止却没有一名水稻技术官员。一切技术和资金问题都得向总部请示，有时一等就是几个月。我又以2003年年底暴发的禽流感为例，亚太地区首当其冲。我们最早自发组织并采取行动，建立工作组，编制疫情简报，提醒总部。然而经费资源却全都集中在总部，加之总部远离一线，敏感度不高，及至事态扩大，灾情日重。地区办又缺乏灵活性，造成粮农组织应急滞后，行动不力，引起成员国不少诟病。

第二，关于地区办业务管理机制问题。由于过分强调总部业务部门对地区办专业人员的所谓"对口负责"，地区办的所有技术人员不得不接受总部的所谓"业务领导"以及地区办的"行政管理"，人为造成两张皮、双轨制、"两个婆婆"。有时候地区领导和总部难免出现意见不同，相互掣肘，大大降低了工作效率和投入产出比。比如，技术人员的出差，必须经过地区办的领导和总部相关司的司长共同审批，往往失去工作的时效性，尤其是如2004年12月印度洋海啸救灾类的紧急任务。我本人身为地区办首席代表，如果离开曼谷出差，就必须得到万里之外的总干事批准（实际上是总干事办公厅主任在左右）。最让人不解的是，根据现有规定，地区代表不允许到罗马出差。我自2002年9月从总部到曼谷后，再也没有回总部一次，就连最重要的两年一度的粮农组织大会也不能参加。我们又如何能及时了解全球问题和成员国领导的意图、政策主张、优先要求呢？这个以"罗马为中心"的管理模式，极大地影响了我们粮农组织面向问题，提供实地服务的能力和效率，势在必改。

第三，有关地区和国家代表的执行力问题。由于一切人事和财务审批权限基本上都集中在总部，就连招聘一名低级别的 P2 或 P3 官员，都得报请总部业务部门启动、公布、海选、面试到整理报批，最后由总干事确定，往往一拖就是十几二十个月。我举一个招聘统计官员的例子，从面试到最后通知他本人被录用，前后已过了 40 多个月。而那位已在日本亚太经社会统计中心工作的哥伦比亚职员，接到我们的录用通知书时感到莫名其妙，哭笑不得，"我以为我没被录用，早已把这件事彻底忘了"。另一个例子是，作为地区的第一把手，在曼谷，除亚太经社会执行秘书外，我是联合国系统 20 多个机构中级别最高的官员。然而，在参加联合国机构间协调会议，谈到合作项目时，没有总部批准，我连最低限度的经费承诺都不能轻易做出；相比之下，有些机构的地区负责人论级别不过 P4、P5 级，却可以立即拍板决定。最典型的是禽流感期间，联合国机构间领导人协调会决定集体采购禽流感储备药物时，我算了一下，按我们的人头需要 3 万多美元，这个数额超过粮农组织规定的"杂物采购"的审批权。我只好做了大胆的"违章"决定，先斩后奏，硬着头皮跟着大家当场同意，由联合国系统统一采购禽流感储备药物。我知道这是为粮农组织，也为我自己挣得一点儿面子。

第四，关于地区的优先计划制订问题。我指出目前的"大一统"的做法很荒谬。偌大地球，农业和粮食安全问题林林总总，除地理、生态差异外，国家和地区的需求差异化极大。总部曾于 1999 年出台了中长期战略规划，每两年度由总部几个部门牵头提出建议，再由计划司汇总报计划委员会审定。一般说来，由于照顾到全球 180 多个国家的利益，这种计划充其量只能是宏观的、指导性的。各地区理应根据本地情况，与各个国家代表充分协商，广泛征求意见，在此基础上编制适合当地的发展战略和具体的工作计划。我 2003 年年底发现这个问题后，决定制定"亚太地区农业和粮食安全发展战略"。这是粮农组织 5 个地区办有史以来的首度尝试，但总部有关部门为此大发雷霆，批评我"别出心裁"，简直在闹"地区独立"，有的还指责这样做"会影响全局，分散重点"。总之，我的做法有违常规，不宜提倡。我建议，总部应该鼓励地区办领导创新思维，开动机器，面向问题，根据地区生态各异、需求不同，制定因地制宜的优先发展战略，才能产生实效。

我最后指出，这些年来，我们地区办的确成就显著，但必须承认还有不少问题，一些弊端已经积重难返。为了避免粮农组织成为过时的"恐龙"，改革迫在眉睫。不改革只能进一步降低粮农组织在"实地的影响力"，最终伤害我们在成员国中的地位。

我在信中建议：下放总部的部分资源和权限，把更多的技术力量安排到地方，允许实地操作，把服务直接送到离成员国最近的地方和最需要的层面。我的具体建议是：增加地区办的技术人员编制，一定限度下放经费的审批权，提高地区代表使用技术合作项目的权限。我还建议，把集中在总部的灾害应急人员适当派遣到地方或国家第一线。关于机构的管理建制，我提出可以考虑采用渔网结构（fishnet approach），更加扁平化，以减少行政层次，提高审批效率，让每个职员有更多的精力投入技术工作。

因为邮件的"保密"性，我在邮件中直抒胸臆，言辞甚至有点激烈。邮件发出后，我觉得轻松痛快，憋了这么多年，终于有机会说出了想说的话，而且都是真话、大实话。我也做好了接受总干事雷霆震怒的准备，因为粮农组织上下给他的标签是"一言堂""从来不会听别人意见"。但邮件送出后如泥牛入海，我既没有受到他的批评，也没有得到他的表扬。

## 总干事力挽狂澜

2006 年夏季休假之后，迪乌夫总干事公布了粮农组织内部改革方案。他说："你们都在休假，我只好一个人加班加点，做出了这套方案。我相信，这将使粮农组织产生革命性变化。"

迪乌夫改革方案中的最大举措是，在全球成立 13 个分地区办，即在现有亚太、中东、南美、欧洲和非洲5个地区办下辖的5个分地区办的基础上，增设8个分地区办，实现"把服务送到最靠近国家需要的地方"。他亲自设计了模板，每个分地区办设6个技术人员，分别是农业、渔业、林业、畜牧与动物卫生、经济贸易以及农业政策人员，其被称为"跨学科团队"。他决定分地区办所需的大部分专业人员由总部下放，小部分由地区办抽调。由于该方案并不要求成员国追加预算，迪乌夫相信各成员国批准不成问题。与此同时，他也做出了一系列关于下放经费审批权限的决定，包括给地区办和国家代表增加了一点儿财务权。但幅度还是相当有限，如把10万元以下TCP项目的审批权下放给地区代表。有人私底下说，因为他不需要再使用这个资源争取选票了。迪乌夫抛出的改革方案吸引了不少眼球。明眼人知道，这最多是一个象征性的策略，是局部、有限、多少带有紧急应付的举措，但这套改革方案的确侧重"下放"。

尽管总干事从未明说他是否敞开胸怀，吸纳了大家的建言，但我是颇感欣慰的。因为总干事公布的改革方案与措施中，切切实实地涉及了一些应该改、能够改的旧律，其中包含了我的不少"斗胆"建议。

总干事的这个主动改革的高姿态，在一定程度上打乱了发达国家独立评估的部署，安抚了一些成员国的代表，也缓解了一场影响他第三任最后几年平稳执政的危机。

与此同时，他把注意力集中到粮农组织治理层的领导权问题。他必须依靠和运用政府治理机制，动用法律利器把由发达国家单方面发起的外部独立评估计划，拉回到粮农组织正式治理轨道。粮农组织的理事会在大会休会期间行使职责，按规定每年有两次会议，对政策、计划和预算等重大问题做出决定或建议。理事会权力很大，有49个成员国，大部分是发展中国家，它们的话语权很重要。何况，无论大家对迪乌夫有什么意见，大多数发展中国家还是支持他的。历任总干事，往往都知道如何利用发展中国家占大多数席位的理事会这张王牌。而迪乌夫则始终把这张牌打得娴熟漂亮，从优先计划到财务预算，特别是竞选连任，他不愧是一个熟练的操刀手。

总干事成功地让大多数成员国发声力挺他。在粮农组织理事会上，外部独立评估的发起国，即 OECD 国家，不得不考虑活动的合法性问题，最终同意把独立外部评估纳入成员国的行动，改为由理事会主导的进程。这是具有颠覆性的决定。是啊，粮农组织是近 180 个国家的政府间组织，二三十个发达国家就凭财大气粗来决定所有国家的命运，这在法理上是说不通的。这个决定也意味着迪乌夫挽回了危局。凭他的操控能力，他利用机构的法律顾问，在各种场合、各个会议上，滔滔不绝地阐述法理，赢得了初胜。

在这个过程中，总干事还成功地利用了来自伊朗的粮农组织理事会主席穆罕默德·努伊利大使。这是他扳回不利局面的另一个利器。努伊利大使是经济学博士，为人谦和，也比较厚道。他任过大学教授，对全球发展问题颇有研究，而且对发展中国家的农业和粮食安全状况熟悉。他为人平稳，做事公平，同时也受到发达国家常驻代表的尊重。不用说，在重大问题上，他为发展中国家发声发力的立场是毋庸置疑的。有如此才干的人掌握着一个国际组织治理部门的领导权，对一个组织的方向和发展将产生巨大的影响，相比之下，我们中国还缺乏类似的国际化人才。可以说，在以后 3 年多冗长的粮农组织改革的思辨进程中，理事会主席努伊利起了重要的作用。在一些几乎是不可能调和的激烈争论、严重分歧的问题上，他的外交斡旋、耐心协调以及睿智沟通起了关键的作用。与努伊利大使结成盟友，是迪乌夫先生的远见和幸运。

将发达国家单边发起的外部独立评估成功纳入粮农组织正式治理轨道，意味着总干事有效地夺回了话语权和操控权。作为机构的负责人，他一如既往，可以凭借粮农组织的平台、权威和组织网络，对大会、理事会和其他治理机制的议程设定、议事规则和有关人事安排等方面施加一定的影响。外部独立评估的始作俑者，不得不归顺于大会、理事会和专门为改革而成立的理事会独立评价委员会的领导，回到以大多数国家的意志为转移的粮农组织治理框架下。

峰回路转。改革的调门也出现了180度大拐弯。2007年9月，挪威的雷夫·克里斯多夫松任团长的外部评估团向理事会独立评价委员会，正式提交了《联合国粮农组织外部独立评估报告》。这份报告洋洋数万字，共402页。报告强调，整个评估过程严格遵循联合国系统和发达国家组织的评估标准和规范，开展了广泛的"三角"证据采集，访问了35个成员国，其中23个为发展中国家，做了2 500场的结构性和半结构性的访谈，分析了3 000多个正式的问卷答复。评估团的6名资深成员整整花了18个月的时间才完成了这个报告。报告涉及粮农组织在多边系统的作用、技术工作、行政与组织管理、粮食与农业的全球治理以及粮农组织秘书处的治理工作等。

这份报告可谓包罗万象，面面俱到。其中最主要的结论是：如果当年没有创建联合国粮农组织，今天还会建立一个粮农组织——世界需要这样的组织；但目前的这个组织老气横秋，需要革新图变；不过改革不是为了缩食减肥，相反，需要增长，即增加经费。对于总干事和粮农组织来说，这个结论绝对不是救命稻草，而是一针强心剂，是中药中的一服十全大补剂。

针对以上意见，围绕重塑粮农组织的愿景、投资粮农治理、改变机构文化和行政与管理体系、提高效益和效率、重组总部与地方结构等问题，评估团提出了300多个改革建议，具体涉及：21世纪的重点技术领域、治理体系工作的改革、在多边体系中建立伙伴关系、粮农组织的文化、组织机构改革、粮农组织的计划周期变化、行政与人力资源和资金7个方面。让迪乌夫和大多数成员国最可心的是，经过漫长的拉锯般"南北间"的讨价还价，这个报告原则上还是反映了发展中国家的需求：要改革，但也要增加经费。

在漫长的改革调研、讨论和辩论的过程中，我作为机构中唯一的一

## 第七章 担纲亚太助理总干事

个自始至终参与的助理总干事级别的高管,始终怀有极大的责任感,抱着极大的信心,赋以极大的热情,成为粮农组织改革的弄潮儿。我主动参与、积极建言献策,在各种场合和各种会议,一有机会就阐述自己的观点,不厌其烦提出建议,呼吁要从总部向地方下放权力,要加强国家代表力量,要赋予地区部长会议政策决策作用、改变以往单纯"咨询"功能,等等。我高兴地看到,我的许多建议不断被采纳。在这个过程中,我注意到外部独立评价团从刚开始时的"傲慢与咄咄逼人",大有"山雨欲来风满楼",非把这个60多年的老机构搞得天翻地覆不可的架势,到后来逐渐回归理性,强调了粮农组织的历史作用与现实意义。这是一个对谁,包括总干事、发达国家、发展中国家和秘书处官员等,都不容易甚至痛苦的过程。从中,我看到了多边机制中"协商一致"的必要性和重要性。我想,在全球治理中,发展中国家如果能够未雨绸缪,团结一致,及时磋商,加强沟通,协调立场,用好话语权,完全可以争取国家整体利益的最大化。尽管也有人说,粮农组织总干事迪乌夫运气好,是2007—2008年席卷全球的粮食危机拯救了他。因为这场危机使世界再次看到,粮食安全是人类永恒的主题。对农业和粮食安全的重视,不论是对主权国家而言,还是对担负主要责任的国际组织来说,永远是一个不能漫不经心或投机取巧的主题。

还有一个具体事例,涉及我作为总干事的助手、地区办领导人的直接责任。总干事改革方案中除现有的南太平洋分地区办外,要求亚太地区增设两个分地区办。但这个决定最终还是流产了,主要问题出在印度和巴基斯坦之争。印度政府做了大量的准备工作,已原则批准其农业部和外交部的意见,在印度的金奈建立分地区办,分管南亚国家的事务,包括印度、巴基斯坦、孟加拉国、阿富汗、斯里兰卡、尼泊尔和不丹等。印度政府给出的条件是免费提供办公大楼和承担一切办公费用以及一些当地辅助人员费用。巴基斯坦获得这个消息时,立即提出了愿意在伊斯兰堡设立分地区办,并提供类似条件。两家都联系粮农组织,并通过国家代表知会我，看来是谁也不想让谁。令人哭笑不得的是，在鹬蚌相争之际，孟加拉国和尼泊尔两国也跃跃欲试，说如果协调不下来，应该考虑印巴都可以接受的第三国作为备选，它们也分别表示，愿意在其首都建立分地区办。至于另一个分地区办，原先设想建立在东北亚。而且我也一度希望，中国作为一个农业大国应该能够主动申请担纲。因为中国有关领导也曾一度迫切希望，一些国际组织的总部或区域性办公室能在北京落户，推动中国国际化。为此我也在总部那儿做了必要的努力和认真的促进工作。遗憾的是，中国最后也一直没有主动提出诉求。

我把真实情况向总干事做了报告。出于政治考量，总干事对我说："我的方案已摆在桌面上，现在的决定权在成员国，我们并不想把任何意见强加给任何国家。"总干事同意我暂时按兵不动，结果，亚太地区成立两个分地区办的计划搁浅。但是，我向总干事提出增加地区办的编制，要求像其他地区办一样得到总部下放的一些技术人员和资金时，他拒绝了。他说："由于亚太地区没有增设任何分地区办，自然也就不可能得到任何总部下放的资源与编制。"从总部到地方，谁都知道我是"下放"政策的最积极的呼吁者和勇猛的推手，到头来亚太地区办却双手空空，并没有从总部人员下放中体会到改革的"获得感"。这种结果使我十分难以理解，同时也有点尴尬。

过了不久，总干事似乎并未完全死心，又提出了新的想法，他要我设法在曼谷地区办内设立一个分地区办，专门负责南亚地区的工作。我哭笑不得，当即向他表示了我的保留看法。我承认我确实有抵触情绪。我认为，这个建议除了应付理事会的决定，在数字上听起来多了一个分地区办之外，毫无实际意义。它只会分散地区办的力量，增加行政开支，得不偿失。我让副代表和行政处长给我提供了一个估算，准备向总干事"理论"。同时我们也与泰国政府外交部和农业部做了沟通，听取他们的意见。作为粮农组织亚太地区办的东道国，泰国政府明确表态，它坚决反对将地区办拆分，并明确泰国政府也不会增加对分地区办的支

## 第七章 担纲亚太助理总干事

持。我向总干事提交了报告,指出除了名义上增加一个分地区办外,这个方案得不偿失,不可推行。最后,总干事也不得不表示,他愿意听成员国的意见,同意把在曼谷建立分地区办的动议搁置。

2007年,粮农组织如火如荼的改革正在进行时,美国金融危机诱发的全球性粮食危机触动了所有人的神经。我们不得不把主要精力转到如何应对这场突如其来的冲击。我们自顾不暇,总干事关于在亚太地区新增两个分地区办的改革建议也胎死腹中。我们地区办的任务又一次集中到野外应急项目的组织实施。我们开始全力以赴,评估损失,调研需求,讨论设计救援方案,起草项目文本,沟通募捐寻找资助,组织人员执行项目,等等。系列行动,环环相扣,与成员国共克时艰,谁都不敢马虎应付。

米兰·昆德拉说过:生活,就是一种永恒沉重的努力。亚太地区几乎年年遇灾害,处处有紧急需求,让人马不停蹄,锻炼了我忍耐、坚持和决断的风格。

在担任亚太地区办领导人将近8年的时间里,我在地区办确立了一套管理措施,对所有选任的专业组组长赋权,明确其对所辖事务的责权利,也强化所有人的"参与感、贡献感、成就感、责任感"。我的办公室面向昭帕雅河,对岸是著名的双子塔楼。我常对各组长说:"我把任务、目标和结果明确之后,就是你们的职责了。就好比我要你们在规定时间内,准时到达河对岸的双子塔楼。至于你们是乘船还是坐车,是跨桥步行还是游泳渡江,那是你们的选择,决定权全在你们手里;除非遇到困境险情,须及时报告。"各组长积极性因此被充分调动出来,各组有效管控所辖资源,全力以赴,力争上游。有人说,我的这种管理风格是"无为而治",包含中国的道家智慧;也有人说,这是现代管理者的一种信任、一种赋权和放权;还有人说,这是领导人的一种胸怀、一种激励主动创新的妙招。据说在我离开地区办多年后,那里一些老职员还常常用一种怀念的口吻,提起我当年的这种管理模式。

变，是世界上唯一不变的法则。对于管理者来说，所有变革的本质首先是改变我们自身。就像李·雅科卡所云：决不安于现状，任何人都可以创造自己的命运。

## 泰国王室情谊长

### 与国王一同论道农业

泰国王室心系农民、热爱农业，特别是老国王普密蓬和公主诗琳通，时时关注着粮农组织的方向和我们地区办的工作。2002年12月，我刚到曼谷不久，就得到王室特别邀请，在泰王的清迈行宫受到了王后诗丽吉的接见。我们讨论了如何增强合作，王后希望粮农组织专家协助引进、培育新品种生猪种苗，帮助泰国北部地区扶贫等项目。2003年11月15日，在就任粮农亚太地区代表1年零2个月后，我非常荣幸地得到了礼节性拜访泰国国王普密蓬的邀请。泰国老国王在泰国民众心中拥有崇高威望，是泰国在任时间最长的国王，在位超过60年，甚至长于中国历史上在位时间最长的康熙皇帝。由于是首次拜会泰王，我不免有些紧张。对于觐见礼仪、服饰、言谈举止，究竟是按泰国礼宾惯例，像该国总理一样在国王面前匍匐侧进，还是按国际通行做法，握手问候，等等，都得请泰国外交部礼宾官预先讲解说明。

外交部和农业部陪同官员再三交代，泰王年事已高，长期在华欣行宫休养，除重大国事活动外，一般不见客。他们特别说明：在泰国的20多个国际组织，还没有其他组织负责人得到单独觐见泰王的机会。他们还强调：这是一次礼节性的会晤，时间最长不超过30分钟。可见，这次会见安排既表明泰王对农业和粮食安全问题的重视，也是我个人国际职员生涯的一种殊荣。

泰国国王对农业极为重视，以农为本，是他毕生之笃信。他在泰国全国不同的生态系统，先后建立了6个农业实验与研究中心，包括南部

## 第七章　担纲亚太助理总干事

的盐碱地改良、中部的旱地利用、北部林区农林系统等，并亲自指导开展各种实验。他还拨专款，把成功的农业技术和研究成果向贫困农民推广。出于个人的兴趣和笃信，他还在曼谷的皇宫内开辟实验地，做水利灌溉实验、种植水稻等。这在全世界王室恐怕都是独一无二、绝无仅有的，是现有的 30 多个君主立宪国家根本没有见过的奇闻。

15 日下午，我们由警察开道，驱车 3 小时 30 分钟从曼谷来到泰国南部的华欣宫。觐见之前，大内总管再次提醒我：国王年事已高，会见时间必须严格控制在 20 分钟左右。下午 5 点 30 分，国王会客厅的大门准时开启，按礼宾的预先安排，我第一个进门，与国王握手问候后，即坐定。寒暄过后，普密蓬国王清了清嗓子，他说："你府上源于中国福建？听说你是搞卫星遥感的，这是高技术，我也很好奇。"天哪，国王做过准备，看过我的简历。我对他的爱女诗琳通公主很熟悉，我们还是荷兰的校友，她也是搞遥感的。我在亚太经社会主持空间遥感工作时，我们时常打交道。

国王刚开始时的声音非常低沉，我几乎是屏住呼吸才能听清楚他的话。稍后，他渐渐提高了音量，也打开了话匣子。他垂询了亚太地区遥感和空间技术的发展，也询问了中国在这方面的水平。这些都是我的熟门知识，我当然是对答如流，侃侃而谈。但我马上意识到，他提这些好像只是作为铺垫，好把谈话引入他更加关心和真正感兴趣的话题——农业和粮食安全。他知识非常渊博，有些问题还研究很深，话题从水稻、盐碱地、水土保持和雨水收集到香草根应用等。他对当前农业发展的前沿科技，包括转基因、绝代种子等有认知并颇有研究，还谈到洪水灾害防控和粮食安全的关系。总之，我们议题越谈越宽，气氛也越来越融洽，完全变成一次广泛的学术交流和政策对话，如江河之水，奔流不止。他还不时停下来，提一些问题，如粮农组织对转基因的政策，对泰国转基因木瓜传播和西方种子公司推广绝代种子的看法，以及粮农组织的具体应对政策与措施，等等。

355

我很好奇，忍不住问国王："您是学农学的，是农业水利专家，对地区水资源，特别是泰国水资源的管理有何建议？"国王马上纠正说："那是误解，我并不是学水利工程的。但我从小对实验科学感兴趣，喜欢动手，长年不断，所以才积累了些经验。"谈到水资源管理，国王显然不忌讳，谈起他对他信内阁的不满。他有点激动，用批评的口吻说，他（他信总理）任命的农业部长，根本不懂农业，不懂资源管理。比如说，泰国缺水严重，可他们任由雨水白白浪费掉，还变成洪水灾害（当时泰国刚刚受到一场特大的洪水袭击），流到大海。他们完全可以兴修水利，通过"猴子腮帮"等办法收集雨水，变害为利。我对他所说的"猴子腮帮"集水法不太理解，也是第一次听到。当我问他什么是"猴腮帮"法时，他解释说："那是我小时候观察猴子时悟出来的。猴子看到喜欢的食物时，常常一下子捡了许多，往嘴巴里塞，但并没有咽下，而是储存在两边的腮帮袋里，想吃的时候再吃。治水也可以这样嘛，平时收水、储水，旱时就可以使用。这叫利用自然、适应自然。但他们都不懂，才有大灾。"

　　国王陛下的精神特别好，我们的问题一来一往，相谈甚欢，不知不觉已大大超过预定的 20 分钟。我瞟了一眼大厅里的立式大老爷钟，已经 6 点 40 分了，比预定时间超出 50 分钟。我还注意到大内总管在大厅外从窗帘缝里不时窥视，他非常惊异国王为何并无送客的信号。不知不觉，已到 7 点，国王意犹未尽，说："有点晚了，你还得回曼谷，是否需要让人派车？"我告诉国王我有专车时，他马上接着说："是不是要安排警车开道，路上会很堵的。"国王真是细腻周到，连这点都为我考虑到了。

　　我告别国王走出大厅时，大内总管对我神秘一笑，说："这真是破天荒头一遭，国王与您的会谈长达 91 分钟。这真是绝无仅有，说明国王特别喜欢、欣赏您。何先生真棒！"这的确是一次罕见的会见，国王对农业与粮食安全问题的关注与深入研究，实在令人佩服。他那种好学，不耻下问，以及勤于实践的精神，更令人敬仰。第二天，泰国主要报纸都对这次会见做了报道。

后来，我按照国王的建议，先后访问了他创立的6个地区农业实验与研究中心的5个，特别是对他的"适度农业"的思路印象深刻。2007年，我决定组织编写一本专著，并亲自为这本书起了书名——《为农民播种希望》。这本小书系统介绍了普密蓬国王关于农村发展和适度经济的思想，在亚太地区乃至全球引起很大反响。

## 亲民公主诗琳通

在任粮农组织地区代表期间，我先后3次得到泰国国王的接见，其中有两次是陪同迪乌夫总干事见国王。我还两次觐见了泰国王后。亚太地区每年举行世界粮食日纪念活动时，诗琳通公主每次都应我邀请，作为特邀嘉宾代表王室参加纪念活动并发表讲话。2008年，诗琳通公主和时任中国科技部部长徐冠华还联袂参加10月16日的世界粮食日。诗琳通也曾在北京听过徐部长的课，这两位遥感界的老朋友相会，非常高兴激动。徐冠华在纪念大会上做了关于全球气候变化与粮食安全的主旨报告，引起公主和其他参会人员的极大兴趣。公主后来还专门向我索要了徐部长的讲话稿。

国王的爱女诗琳通公主在泰国拥有崇高威望。她毕业于泰国著名的朱拉隆功大学，早年也曾在荷兰国际航天测量与地学学院进修过，学习遥感技术，与我师出同门。或许正是由于这个背景，公主与我有了特别的共同话题。90年代初，我在亚太经社会任职之时，已多次受公主所助推动开展亚洲空间遥感合作。1992年，亚太经社会和亚洲遥感协会在蒙古首都乌兰巴托举行亚洲地区遥感大会时，公主也应邀参加，作主旨演讲。那次，我们看到了公主简单朴素的"亲民本色"。泰国王室历史上曾有过戒规，平民不得与王室成员有任何肢体接触。这条戒规堪称严厉，不可擅违，直至泰五世王才稍有松缓，但付出的却是生命的代价。据说，在一次出游中，泰五世王的一位王妃不慎失足落水，畏于王室戒律，所有在场卫士，虽水性个个堪比水底蛟龙，却无人敢破戒入水施救，也无人胆敢下令救助，唯恐冒犯天颜。而美丽的王妃，也就在众人眼睁睁的焦灼之中挣扎沉没。或许是曾置身海外的缘故吧，蒙古会上的诗琳通公主，秉承了女儿家的天性，与会议代表一起下舞池，载歌载舞，乐若邻家姐妹。参会嘉宾深感诗琳通公主浑身流淌着宝贵的亲民血液。诗琳通公主在泰国开展了大批扶贫和农业及营养项目，并经常亲自到落后危险的一线现场视察指导，充分展示了她朴实爱民的本色。诗琳通公主极其热爱中国，她一直坚持学习中文，练习毛笔字，多年来访问过中国20多个省市。她本不离手，笔耕不辍，几乎每到一处都撰写出版一本介绍中国文化和发展成就的书，为推动中泰的友谊做出了无可替代的贡献。

我和诗琳通公主结下了深厚的友谊。她每年都安排时间亲自访问一次粮农组织。这在泰王室十分罕见，也留下了一段粮农组织与泰国王室的特别佳话。2009年12月30日，在赴总部就任副总干事前夕，我和夫人特意到迟塔拉达宫向公主殿下道别。诗琳通公主颇有些伤感，然而，她用中文开玩笑道："何先生，你现在不再是小何，而是大何了。我祝贺你到粮农总部当大官。这实至名归，要继续为我们亚太多做事啊。"临别，诗琳通公主还答应我的要求，说她今后一定会继续关注和支持亚太地区办的工作。让我感动的是，2016年10月13日，老国王普密蓬驾崩，泰国举国哀悼。诗琳通公主还是决定不取消参加粮农组织在10月17日举行的世界粮食日纪念活动日程，并接受了总干事的邀请，担任粮农组织"零饥饿"特别大使。和往常唯一不同的是，她穿着深色制服，带着黑纱，以支持联合国"零饥饿"的实际行动来纪念其父王。

**荣获特级皇冠勋章**

有人说，泰国是我的福地，我与泰王室建立的友谊长达20年。

## 第七章　担纲亚太助理总干事

正是这段从共同关心农业和粮食安全工作中凝就的深厚情谊，2011 年 6 月，在我即将卸任粮农组织副总干事之际，原定在泰王宫为我安排授勋仪式的泰国国王，专门遣特使来罗马，在粮农总部隆重举办了授勋仪式。在中国农业部牛副部长的见证下，我被授予"泰国皇家特级皇冠勋章"，并授予"皇家骑士"封号，表彰我"先后在泰国工作 10 多年间对世界特别是东南亚地区农业和粮食安全的杰出贡献，以及对泰国经济发展与粮食安全所做的特殊贡献"。泰国皇家骑士勋章是泰国王室对做出杰出贡献的国际友人的最高礼遇。环视泰国王室历史，除个别外交使节外，我是唯一的一个国际组织的领导人，也是唯一的一个来自中国的公民。

20 多年来，我曾经获得过日本摄影测量协会、亚洲遥感协会、蒙古国政府，以及南美洲和非洲一些国家政府部门的多种荣誉，认可和表彰我在专业领域的成就和对推动粮食安全国际合作的贡献。"泰国皇家特级皇冠勋章"及"皇家骑士"的封号，是我此生的一个殊荣。我十分感激泰国王室、泰国政府和泰国人民。

# 第八章
# 来自中国的副总干事

所谓活着的人,就是不断挑战的人,不断攀登命运峻峰的人。

——维克多·雨果

卓越成效的领导就是要明确组织的使命并完成这个使命。

——彼得·德鲁克

# 第八章

## 来日中国留学生下考察

# 总干事峰会绝食

## 应对全球粮食危机

美国的次贷危机引发的 2007—2008 年全球金融危机，以排山倒海之势，冲击了诸多领域，也进一步加剧了全球粮食危机。实际上，早在 2005 年，粮农组织就发出预警：全球粮食库存锐减，气候变化引发极端天气，导致主要产粮国粮食大幅减产，将影响全球粮食安全。到 2006 年，全球谷物总量减少了 2.1%，一些国家为了自身的粮食安全而采取了禁止粮食出口的政策。2007 年，石油价格一路攀升，一度每桶达 147 美元。西方一些国家开始大量使用粮食如玉米生产燃料，取代昂贵的汽油，同时，高昂的油价也直接导致化肥和粮食生产资料价格全面上扬，进一步推动粮价不断飙升。不少国家粮食短缺，一度出现了抢购和囤积的浪潮。到 2010 年，全球饥饿人口破天荒地达到了人类历史的最高峰，超过了 10 亿。国际社会在 1996 年的罗马粮食安全峰会之后做出的巨大努力，各国为把全球饥饿人口的总数减半的目标付出的 10 多年的奋斗和付出，付诸东流。此时，危机迅速扩散，30 多个国家因粮食供给短缺出现了动乱，非洲和中美洲有 3 个民选政府因应对不力而相继被推翻。

世界舆论对国际组织，特别是负责全球粮食安全事务的联合国粮农组织的批评骤起，此起彼伏，不绝于耳。坐落在罗马阿文提诺大街的粮农组织总部大楼里，各国代表意见纷繁，呼声一片。

在纽约的联合国总部，批评国际组织应对乏力的声音更为激烈。面对全球的粮食危机和批评声浪，联合国系统首席执行官委员会（CEB）于 2008 年 4 月做出决定，联合国秘书长潘基文亲自挂帅，主持成立全球粮食安全危机处理高级工作组。工作组由联合国 23 个部门和专门机构的领导人，包括罗马粮食安全三组织（粮农组织、世界粮食计划署和国际农业发展基金）和一些大型国际非政府组织负责人组成，联合开展宣传攻势，研究应对政策，制定综合行动框架，并积极筹募资金，在全球开展紧急救援。

联合国秘书长亲自出面，直接组织跨部门的工作组，并到第一线直接指挥一个专门领域的事务，这在联合国系统并不多见。一方面，它表明问题异常严重，在一定程度上也反映了国际社会对粮农组织这个专门负责全球农业和粮食安全的机构的不满；另一方面，也足以表明粮食安全全球治理在政治上的重要性，机制上的复杂性，以及协调方面的高难度。

工作组规定一般情况下每月两次视频会，潘基文坐镇督战。他任命了一名专员作为工作组秘书，叫戴维·纳巴罗，代表秘书长出面协调一些具体事务。纳巴罗博士来自英国，先前在世界卫生组织参与禽流感的协调，听说与时任总干事的个人关系颇为紧张。我和纳巴罗博士在联合国系统应对亚洲地区禽流感的行动时就共事过。应该说，纳巴罗个人能力很强，特别是他口才好，笔头快，文字能力强。纳巴罗这些联合国职员的基本功，弥补了潘基文秘书长的短板。他还是个工作狂，经常废寝忘食工作。但他性格张扬，时时给人一种"居高临下、颐指气使"的感觉，许多机构的领导人对他的作风颇有微词。由于粮农组织的作用地位明显被边缘化，一向作风强势的总干事迪乌夫不习惯"被坐冷板凳"，俯首听命潘基文，特别是潘的代理纳巴罗的指手画脚、发号施令，取代他这个主管全球粮食安全的最高长官。不过，迪乌夫

## 第八章 来自中国的副总干事

再怎么不满意,似乎也无可奈何,起码在表面上还必须维护联合国秘书长的权威。

我回到罗马担任副总干事之后,迪乌夫就让我与他一起出席全球粮食安全危机处理高级工作组会议。到后来,他经常出差离开罗马,指定由我代表他参加本来规定必须是专门机构第一把手出席的联合国系统行政首长会议。潘基文对迪乌夫的桀骜不驯自然十分了解,有时会上还会出现一些不太愉快的讨论,他也无可奈何,总是保持儒雅风度。当然,潘也很实际,开会的目的是为了解决问题。他们发现,尽管是第二把手出席,粮农组织对每次会议都做了认真的准备,并能对相关议程提出建设性的意见。"我们的目的是解决问题,一把手或二把手,谁参加都一样。"工作组的秘书戴维·纳巴罗私下对我如是说。

除联合国系统外,一些全球性和地区性的多边机制也纷纷出手。八国集团(G8)于 2008 年 11 月在意大利东部拉奎拉召开峰会,将粮食安全列入峰会议程,并通过了著名的《拉奎拉峰会宣言》。

与此同时,一个更重要的角色开始逐渐取代 G8,那就是二十国集团(G20)。为共同应对 2007—2008 年全球经济危机和粮食危机,2008 年 11 月,G20 集团在华盛顿召开第一次领导人峰会,议题包括如何应对全球粮食危机。随后数年,G20 峰会都把粮食安全列入议事日程,并增设农业部长会议,专门讨论农业方面的合作。

2011 年,为了应对全球高粮价波动,G20 专门成立了工作小组,研究全球应对政策,并决定建立全球农业市场信息系统以及快速响应平台机制。2012 年 6 月,G20 在墨西哥洛斯卡波斯召开的峰会通过宣言,再次把增强粮食安全和应对商品价格波动问题列为重点。

2016 年 9 月,中国以东道国身份在杭州召开了二十国集团峰会。作为峰会的系列活动之一,中国于 6 月在西安主持召开了二十国集团农业部长会议并发表了公报,把中国倡议的"三农综合施政"的经验和"一二三产业融合"等中国农业发展理念纳入公报;同时,联合国罗马粮农三机构在南南合作圆桌会议上首次集体亮相,响应并支持"一带一路"倡议。会间,粮农组织总干事还向中方提交了联合国粮农组织与中国关于"一带一路"农业与粮食安全合作框架建议,粮农组织成为第一个向中国提出"一带一路"合作具体建议的国际组织。这个建议是我作为粮农组织的高级顾问牵头组织编写的。

**总干事决定绝食**

2009年11月,意大利罗马的冬天似乎比往常来得早,显得格外寒意逼人。应对全球粮食危机的行动没有明显的成效,加上粮农组织执行了两年的改革步履蹒跚、乏善可陈。此时的总干事迪乌夫,应该比谁都先感到寒意上身。其实,在一定意义上说,这场全球性的粮食危机,无形中却帮了迪乌夫一个大忙——那场发达国家鼓捣、明显剑指"迪公"的外部改革方案,出台不久就因全球性粮食危机而受到冲击,部分折戟沉沙。是啊,曾几何时,发达国家始作俑者,单方发起了独立外部评估,狠狠批评了粮农组织多年来错误地把技术援助的重点放在农业生产方面,它们甚至建议不要再支持生产性的示范项目,提出了"撤销农业生产司"的主张。一场从天而降的全球性粮食短缺让人们看到,发达国家承诺对发展中国家的粮食援助并没有兑现,恢复粮食生产特别是帮助贫困国家的小农提高生产能力依旧是重中之重,事关亿万贫困农民的生存和发展中国家的社会稳定。危机的因素纵然是多方面的,但主张放弃农业生产,被证实是乱开药方、胡说八道,会付出生灵涂炭的代价,甚至导致政府下台,社会动荡。事实证明,粮农组织总干事迪乌夫一向致力推动把重点放在发展中国家粮食生产的方向是正确的。

总干事看准的就是这一点。他决定再次召开一个世界粮食安全峰会,重塑国际社会对粮食安全的重视、对农业生产的关注。

为了造势,在世界粮食安全峰会召开之前,迪乌夫总干事宣布于2009年11月14日开始为时24小时的绝食。这天,迪乌夫总干事照例

## 第八章　来自中国的副总干事

办完了一天的公务——审阅签署了大量的文件和接听了一通又一通的电话之后，于傍晚 6 点从 4 楼的办公室来到了总部 A 楼的大厅，开始了他的特殊行动。在篆刻着粮农组织章程序言的大理石前，离中国厅数米远的地方，他支起了一张行军床。在中国厅前的两只琉璃狮子默默注视和陪伴之下，之后的 24 小时，见证了一个为世界农业和粮食安全呕心沥血 16 年的老人的另一场战斗。

入冬的罗马，大厅里的暖气被关掉了，里外一样冷。迪乌夫总干事头上戴着一顶绒线帽，身穿一件旧大衣和一条米黄色的睡裤。他说到做到，整整 24 小时粒米不进，滴水不沾，嘴干唇裂。他想通过这种"自虐"的行动感召全球所有的友好人士，同他一道在周末进行一次绝食。但是，除在大西洋彼岸联合国总部的潘基文秘书长即刻响应，并宣布将于周末在曼哈顿的秘书长官邸加入绝食外，我并没有听说其他名流响应迪乌夫的号召而加入绝食。有人还有点幸灾乐祸，不无刻薄地说迪乌夫总干事是在作秀。我从心里同情他，一个 70 岁的老人，本可以在家与妻子和满堂儿孙共度欢愉，哪怕是一起吃一盘热乎乎的意大利面，却选择在如此寒冷的冬天、冰冷的房间，通过自己的绝食，呼吁全球把消除饥饿作为头等大事的一致行动。这是一种何等的情怀。客观上，他在为民请愿，用实际行动表达了国际社会对全球遭受饥饿和营养不良的 10 多亿人口的关切。我由衷地敬佩他的用心。

11 月 14 日绝食之后，迪乌夫接着宣布，他要领导粮农组织举行一场"全球抗击饥饿百万人签名请愿"活动。他提出用 6 个月的时间，即 2010 年 6 月底前，在全球征集一百万人请愿签名，共同应对危机，推动全球粮食安全。于是就有了后来的我到总部后，总干事临阵换帅，让我负责领导了一场全球大签名请愿行动的故事。

应该说，由于改革的压力，总干事一改过去禁止地区代表到罗马总部出差的政策，破天荒地允许我们 5 位助理总干事兼地区代表回罗马参加峰会和理事会。自 2002 年 9 月从罗马到曼谷出任地区代表之后，我少有机会回罗马出差。据说以前曾有一个中南美洲的地区代表到总部串联活动，争取竞选总干事。此事自然引起迪乌夫的警惕，于是他以节省经费为由，下令不允许地区代表到总部出差，一直到 2006 年 6 月才第一次让我们回总部参会。

此次我有机会来罗马出差，目睹了迪乌夫的绝食行动，很受感动。那天我看到他孤独地坐在大厅时，心里有说不出的滋味。我想，在世界上其他地方，当你的顶头上司宣布绝食时，应该有其他人陪着领导"受冻挨饿"才对啊。为什么总部从副总干事、助理总干事到总干事身边的工作人员，竟然没有一人在他的身边陪伴呢？我没太明白西方的这种文化——到底是为了突出总干事的个人影响，增强宣传效果？还是压根儿就没有其他高管愿意跟着受罪？我百思不得其解。当然，我们看到，总干事绝食的第二天，意大利和欧洲其他国家的许多报刊都做了报道，有的还专门发了总干事身穿睡裤，头戴一顶旧绒线帽的照片，的确引起了不少人的关注。看来，总干事的目的确实达到了：让媒体大力宣传，扩大世人对粮食安全的认知和对农业的支持。

## 获任命出任副总

### 决定竞聘副总干事

在独立外部评估提出的 300 多个改革建议的基础上，粮农组织大会为改革专门成立的委员会经过 15 个月密集、广泛的辩论和磋商，于 2008 年 11 月向粮农组织大会提交了大会委员会关于独立外部评估后续工作——近期行动计划报告（IPA）。与原有的独立外部评估报告相比，这是一个经成员国激烈深入的辩论、反复磋商后认可的，真正意义上属于成员国自己的改革蓝图。IPA 含有 117 项早期行动（建议），比较现实，可执行性相对较强。为了推动改革执行，其中一项主要的建议是立即设立一个负责整个机构全面运营的副总干事，并明确赋予很大的实际

## 第八章 来自中国的副总干事

操作权力。用代表们的话说，设立运营副总干事的目的是腾出总干事的时间，让他专注政策和与国家层面的沟通，而把秘书处的"具体事务"交给两个副总干事：一个主管全面运营（operation），另一个主管知识（knowledge）。成员国特别是发达国家可谓用心良苦。它们要制衡总干事的权限，对他在行政、人事、技术合作项目经费使用等方面的"一言堂"形成掣肘。精明的总干事对这种项庄舞剑的把戏能不心知肚明吗？然而这是成员国的集体意志，是他多年来过度用权导致了"物极必反"而酿成的后果。他不得不吞下苦果，面对现实，接受改变。

2009年7月中，主管运营的副总干事职务的招聘广告在网上和一些主流媒体公布，粮农组织同时也向成员国发出了推荐候选人的邀请。广告公布后，有不少朋友从总部来信或来电话，鼓励我赶紧申请。一些朋友甚至说，看了职责范围和条件，"这个职务就好像是专门为你量身定做的"。我一直下不了决心：一是我从未想过要去争取这么高的职务；二是我觉得国内未必支持我去争取这个职务，我是一次被蛇咬，看见草绳都谨慎，的确心中无底，担心1998年我得到粮农组织D1职务受阻的风波重演。但最后，我还是经不起许多朋友的劝进，仔细研究了职务要求后终于下了决心，在招聘报名截止那一天，我通过电邮发出了我的申请表格，也许我是最后一个提交申请的人。

申请发出后，整整两个月，如泥牛入海，毫无音讯，我估计自己没戏了。事后回想，在11月初，前任副总干事戴维·哈查理克和理事会主席穆罕默德·努伊利等先后曾约我做了一次轻松随意的电话闲聊。话题主要涉及粮农组织改革问题，特别是如何增强粮农组织在地方的工作，以及如何提高其在国家层面的存在感、形象和服务的实际效果。记得和他们讨论如何应对当前的全球粮食危机时，我主张借鉴中国政府对付重大自然灾害的经验：一方有难，八方支援，特别是在必要时抽调中央部门的官员支援地方的做法。我建议，若有需要，应及时调动总部的技术力量，临时下放到地方，与地区办专家一起，支持应急生产项目的执行实施。对于全球一些重灾国家，我特别建议总部派遣技术工作组蹲点半年，重点支持。

我不知道，这些看起来是征求改革意见和建议的个人交谈，是否与面试有关，会不会是这两位大员"受命而为"的摸底。我们的谈话与常规的面试形式完全不同。如果是面试，那算得上是"不宣而战"，因为我根本不曾准备。不过，或许是通过一种不落窠臼的形式，以便得出一种更客观的评价。在轻松的交谈中，我把平常看到、听到和思考到的改革中的一系列热点问题，如聊家常一般，与他们自如地进行分享。我与他们原本熟悉，涉及改革主张和思路，我侃侃而谈。是否给他们留下了深刻印象，我不得而知；是否多少影响了此后我在粮农组织的命运，我也无从证实。

无论如何，关于副总干事的任命人选始终秘而不宣，这是总干事在几个人选中犹豫纠结而举棋不定？还是他早已心中有数而不动声色？事实是，直到公布前一天晚上，也无人知晓他葫芦里究竟装着什么药。

对我来说，11月23日是一个难忘的日子。粮农组织第138届理事会正在紧张进行。总干事的秘书通知我，迪乌夫约谈我的预定时间从下午3点提前到中午12点10分。我准时来到总干事办公室，刚一坐下，迪乌夫就开门见山地说："我找你来是想谈谈关于你申请副总干事的事。"他略做停顿，一双硕大的眼睛和我对视了一下，接着说："你自从1998年到粮农组织后，分别在总部和地方都干过，而且干得都很好，口碑不错。但副总干事这个职务不一样，是极具挑战的。能谈谈你申请的主要动机是什么？你能为这个职务带来哪些优势？你认为粮农组织的主要弱点是什么？该如何克服这些弱点？你对当前世界粮食安全有何看法？你如果被任命，将如何开展工作？"面对一连串的问题，我才知道他这是对我进行面试。只不过和通常的面试形式不同，他不准备用一问一答的方式，一股脑儿把问题都抛给我后才停顿下来，那双大眼睛继续盯着我。

## 第八章 来自中国的副总干事

应该承认,那时我感到非常突然,而且有点局促。9月中旬我抱着试试看的心态递交申请后,人事部门未给我任何反馈,没有任何人正面对我进行过面试,也无人告诉我前面提到的那两次谈话是否面试。有传言说,总干事对人选可能早有定论。"这到底唱的是哪一出戏?"我心想。根据理事会议程,11月25号,也就是再过几十个小时,总干事就要宣布他的任命决定,现在才找我面试,这大概是在走走过场吧。

那几日小道消息满天飞。我几乎肯定,总干事今天找我,是走个形式,"我只是垫背的"。当然,毕竟我当时是他最资深的助理总干事,是现任高管中在粮农组织服务年限最长的助理总干事,也是唯一一个在研究部门、政府机关、国际组织的总部和地方都干过的高管。还有一点,从改革的第一天开始,我就一直是改革的积极支持者、参与者和推动者。秘书处内外,特别是成员国不少人都认可我出色的业绩,就像总干事所说的,我群众口碑也蛮好。我揣度,他在最后一刻找我,一定是为了对成员国有个说法,给我个人一点安慰。由此,我不抱任何希望,也就没有包袱,这个面试我也就很放松,更像是久别后的倾谈。我一口气回答了他的所有问题,应该说,给他陈述我的立场和主张。我比较系统谈了我这几年在地方的经历和想法。

我给他讲了一些中国故事,简略提到"农民和粮食问题是中国历代改朝换代中的主要因素"后,我说:"中国的毛泽东历来重视农民。1937年他在延安窑洞接受美国记者采访时说过,'谁赢得了农民,谁就赢得了中国';他在20世纪70年代中还强调过,'手中有粮,心中不慌。'"我说中国人的智慧是民以食为天,粮食若出问题,国家就要出大事,天下就要大乱。世界亦然。我说我一直深信粮农组织能起到伟大作用。

我注意到,他眼睛盯着我,认真倾听。他没有像往常一样不耐烦地打断别人的话,而是颇有耐心,眼中还透出些许赞赏。于是,我接着阐述了在2006年夏天他闭门起草改革方案时,我给他提供的一些想法,特别是关于下放后的管理和与总部协调方面的建议。我强调："粮农组织必须在国家层面落地，做到问题驱动，狠抓成果导向。"我指出，目前机构在应对2007—2008年紧急救援、推动生产性项目落实中存在不少问题。特别是总部技术部门把应急救援工作看作是地方事务，不少部门宁可闲着，也不愿派人支援，导致许多项目因缺乏专家而进展缓慢。由于目前全球粮食危机尚未探底缓和，我建议抓紧做好恢复生产环节，而实现这一点，我们需要加强总部对地方的技术支援。我说："我们可以学习中国经验，在必要之时由总部部门组织专家，派出特别工作组，支援地方工作。"

由于总干事没有打断我的话，我放得很开，谈得很从容，这都是我自己经历过、亲自做过的事。我压根儿没有把它当作面试；相反，面对这个难得的机会，我有一种不吐不快之感，将自己平时没有机会阐述的想法一股脑儿倾倒出来。我盼着总干事能看到下放资源的重要性，给地区代表和国家代表多一点儿主动权和灵活性，特别是放宽紧急救援项目的审批和执行权限。因为迄今为止，地区和国家一级什么事情都得请示总部——有时连地区办的助理总干事，还得等待总部一个主管部门的P4或P5级官员表态才可行动。临了，我说："目前我们有70多个应急项目，必须有更充分的放权机制，让它们在国家层面开花结果。否则，我们很难按时向成员国提交成果，更难向出资国交账。"

与往常最大的不同是，这次见面大部分时间都是我在说话。平时高管们抱怨最多的是，总干事召见时，总是他说话、做指示，被召见人点头、做记录。这次谈话则不然，总干事一反常态，除了偶尔点点头，大部分时间是我在谈。谈话持续了半个多小时，总干事最后说："很好，你谈的许多观点和我的想法很一致。"他没有再说话，站起身，很少见地拍拍我的肩膀，把我送到门口。他一边开门，一边补了一句："我必须承认，面试内部人选是最困难的，尤其是面试那些知道内情的人。"

我本来就没特别期待，自然也就没什么可失望的。从2002年9月

## 第八章　来自中国的副总干事

至今，我已担任了 7 年多的助理总干事，人称"封疆大吏"，主管一个近 300 人的多学科团队，覆盖全球最大区域的 40 多个国家近 28 亿人口，包括中国、印度、日本、印度尼西亚、澳大利亚这些大国。再说，要论个人地位，作为地区的第一把手，我已享受联合国助理秘书长级别的待遇。何况，和许多人相比，我的运气已经够好了。

11 月 24 日下午 4 点 30 分，总干事再次召见我。这次见面时间很短，他看上去表情特别严肃，开门见山对我说："我想我应该提前让你知道我的决定。从报名的 532 名人中（可能是口误，后来在理事会上他给的数字是 525 名），人事部门初选挑出了合格人选 11 名；我请一个高级委员会评估遴选出完全合格的 4 名，其中外部 2 名，内部 2 名；我亲自做最后面试，从中挑出了一名最为优秀的、最能胜任此职务的人选。"他略做停顿说："经过全面深入考虑，我决定任命你为改革后的第一个主管运营的副总干事。你知道，这是一个非常困难的选择、不容易的决定，因为你们都非常优秀。但我相信你一定能胜任这个职务。"他看了我一眼，马上补充说："这还得等明天的理事会核准后才算确定。你暂时还得保密！"

天啊！我感到非常突然，简直难以置信。这实在太富戏剧性了！为何他要把事情搞得如此神秘、如此夸张，保密工作竟然做得如此严密，我不解其意。我想起了有人说：政治归根结底是一种精致的艺术，它需要高度的智慧和巧妙的操作。

### 宣布任命副总干事

11 月 25 日上午 9 点 50 分，粮农组织第 138 届理事会正式开始。在完成其他几个程序性的议程后，迪乌夫总干事于 10 点 50 分匆匆来到主席台。理事会主席吕克·居尤宣布：下一个议程是任命粮农组织副总干事，邀请迪乌夫总干事向大会做相关介绍。迪乌夫总干事直奔主题，做了如下说明：

我特向理事会说明我任命何昌垂为粮农组织副总干事（运营）的意愿。粮农组织最近召开的第三十六届大会，批准了外部独立评估提出的"关于粮农组织革新图变——近期行动计划报告"、中期计划 2010—2013 年以及双年度工作计划 2010—2011 年。根据这些要求，大会批准建立了这个新的职务。

　　这个任命是依据粮农组织修订后的《章程》第三十四条执行的。按《章程》该条款规定，副总干事由总干事提名，并经过理事会核准后任命。为吸引尽可能多的候选人，同时根据粮农组织管理层 2009 年 3 月向外部独立评估——理事会委员会提供的情况说明，这个职务的招聘广告用 6 种联合国官方语言正式在网上发布，申请期限从原定的 7 月 16 日延长到 9 月 15 日，以便世界各地更多人申请。同时，我们还向所有的常驻代表发了照会，并在世界主流平面媒体刊登了广告。我们总共收到了 525 份来自世界各地的申请，其中 100 名为女性候选人，414 名为男性，剩余 11 位性别不详（当时场上笑声一片，迪乌夫却还保持严肃说：当然，他们有权这样做。这也许是他的幽默）。经过评估，41 人满足该职务的基本要求，根据他们的条件，11 位被列入短名单，其中包括 2 名内部候选人。

　　我征求了联合国机构总干事高级外部委员会成员以及一名前副总干事的意见。在这些磋商的基础上，确定了包括 2 名内部和 2 名外部候选人在内的 4 位候选人，我本人分别对他们进行了面试。我得出的最后结论是：何昌垂先生是最适合这个副总干事职务的人选。

　　何昌垂从 2002 年开始担任粮农组织助理总干事兼亚太地区代表。他具有应用地理信息学博士学位，有 35 年的工作经验，包括学术研究、技术工作以及在国家和国际组织的长期管理经验。由于工作出色，他获得了多次嘉奖。他率先领导制定了亚太地区粮食和农业发展战略，把粮农组织的全球战略框架转化为地区实际行动。

## 第八章　来自中国的副总干事

他奋战在亚太地区紧急救援行动的最前线，包括印度洋海啸灾后应对事务。我充分相信，他具备必要资质担任副总干事这个重任。因此，我提请理事会同意和核准这个任命。

总干事很专注、一字一句地"念完"了他预先准备好的讲稿。我觉得他之所以对申请情况和审查过程，做了如此详尽细致的说明，从某种意义上，是借此机会对成员国，特别是那些发达国家，对他在人事任命方面不透明做法批评指责的一种回应。

没等理事会主席说话，会场响起了热烈的掌声。吕克主席说："这些掌声似乎已经表明了我们的态度。不过，如果没有不同意见，我还是邀请所有代表再次以热烈掌声核准对何昌垂的任命。"当听到掌声再次响起时，我才意识到，我真的被批准任命为主管这个机构运营事务的副总干事。此时此刻，我已成为联合国粮农组织自1945年成立以来发展中国家中第一个担任副总干事的人。作为一个中国人，我感到无比激动和自豪。我来不及多想，吕克主席已伸出手向我表示他个人的祝贺，并邀请我说几句话。

此刻，高效的秘书处立马在主席台前排的桌子上摆放了"副总干事（运营）"的桌牌。吕克主席邀请我到前排他的身边就座。按过去的习惯和议程设定，并没有新任命的副总干事致辞的环节。对于这个突然的邀请，我有点措手不及。由于根本没有思想准备，也出于激动和紧张，我只觉得喉咙发热，像塞了一团棉花。我很不自然地在那个副总干事的席位上坐了下来，清了清嗓子，做了简短的即席发言：

尊敬的理事会主席，各位阁下，总干事，各位代表：

　　我很高兴，也很荣幸被任命为这个组织的副总干事。我非常感谢总干事对我的信任，也衷心感谢理事会所有成员刚刚核准了对我的任命。我知道此职务责任之重大，我也明白这个责任对我的挑战。因为它不但覆盖总部的许多事务，而且包括机构整个下放网络的业务运行。但是，我还是充满信心。我相信，在成员国和治理机构的指导下，在总干事的领导下，以及机构内各位资深同事，包括下放办公室的地区和国家代表的支持下，更重要的是，有能信任、充满智慧和以刻苦努力著称的这个系统的职工的支持，我一定能够尽我最大的能力，完成我的使命，为成员国服务好。

我来自亚太地区，一个被认为充满活力的地区。但是，这里也是最具挑战的一个地区——全球三分之二的饥饿人口生活在这里，要消除饥饿，我曾觉得压力很大。过去几年，我有机会在这个地区服务，到一些野外实地访问考察、指导工作，亲眼看到了那些最贫困的人们从我们的项目受益，重新燃起了生活的希望。在孟加拉国西北部的贫困地区，我访问过那里贫困农民的家，其中有一个穆斯林妇女拿出自己编织的一块一尺见方的土布编织的工艺品，另一个拿出两瓶自制的咸菜。这些都是她们能够拿得出来的馈赠给尊贵客人的最好礼品，而且这些都是我们粮农组织援助项目的成果。在泰国东北部，我看到因病、因伤致残失去劳动能力的一批农民，通过我们粮农的"电视项目"组织起来，我们的专家教会他们培养种植蘑菇，他们从此有了收入，过上了有尊严的日子。所有这些，使我感到充实，也为我从此以后承担更加重要的责任做了坚实的铺垫。帮助贫困和饥饿的人们吃饱饭的感受真好！解决问题进一步增强了我接近他们，为他们服务的决心，也是我决心在新的岗位上更好地为粮农组织工作的目标。我感谢成员国给予我这个机会。

此刻，我感到双眼湿润，我强力抑制着自己的情绪，没有让眼泪掉下来。我补了最后一句，结束了这段即席感言："女士们、先生们，我有千言万语，但只能说，对于今天的任命，我备受鼓舞。我唯一想说的是，我一定会在我的岗位上，带领整个系统团队的所有成员，竭尽全

第八章　来自中国的副总干事

力，为大家服务好。"

没等我说完，会场上又一次响起了掌声，热烈而且经久不息。理事会核准了总干事对我的任命，我成为联合国粮农组织的副总干事，也是中国自 1945 年以来在联合国粮农组织任职最高的官员。作为一个中国人，我感到无比激动和自豪。我知道，能够担任副总干事的人不在少数；但我更知道，这世界上却只有一个中国，我背后的伟大的祖国，伟大的时代，给了我难得的机会。我很清楚，这是荣誉，更是责任。

散会后，巴西、墨西哥、比利时、法国、德国、美国、荷兰、日本、泰国、印度尼西亚以及非洲一些国家的代表立刻纷纷涌来，和我拥抱并再次祝贺我。他们中有人说，这是众望所归；也有人说，其实早在决定设立主管运营的副总干事一职时，他们就认为，这个职务非我莫属。

我很清楚，会场上持久的掌声和会后的热情祝贺，是对我接受新工作的鼓励，也是给我的鞭策，更像是在向我重申一种无形的挑战，加诸一个巨大的嘱托。看来，我没有选择，只能更加努力，勇往直前，争取不负众望，不负重托。国内外一些媒体对这次任命做了报道。中国中央台播报：这个在国内知者甚少的中国人被任命为联合国粮农组织的副总干事，表明了中国在国际事务中的影响力正在加强。

## 抓改革重担在肩

### 建立新班子文化

理事会一结束，总干事立即召见了我。他说他很高兴能够任命我，并相信我将不负众望。他明确交代："你将负责所有的运营工作，包括技术合作部、行政管理部、下放办公室和地方网络——分布在世界各地的 5 个地区办、5 个联络办和 130 多个国家代表，另外还有全机构的人事、法律、安全、对外宣传部以及计算机和信息网络办。除了 5 个技术部门，这个机构其他所有部门几乎都由你这个运营副总干事主管。从某种意义上说，你就是我的常务副总干事。这是非常复杂敏感、艰巨繁重的工作，对你，不，对谁都是巨大的挑战。"他接着说："但我相信你的能力，尤其是你的务实精神和低调作风。"他最后说："你回曼谷之后，必须马上办理移交手续。我希望你在 2009 年年底前赶到总部报到，新年立即上班。"

我觉得时间有点紧迫，想讨价还价。我对他说："我来之前并没想到这个任命，所以定好了明年初回中国老家过年。"他没等我说完，马上接过话说："改革已进入关键时刻，风头正紧，我需要你挑起推进组织实施改革的重担，所以我要求你尽早到罗马上班。"对于他那一贯的"一言九鼎""不容置疑"的作风，我觉得我再坚持未必有用。何况，我也觉得他不无道理，于是不再坚持自己的想法。我们的话题转入讨论新年后的具体工作安排。

事实上，负责运营的副总干事权力很大，掌管粮农组织 70% 的资源，是"一人之下，万人之上"。也有人认为，不管总干事是否情愿，他把最主要的几个部门交给负责运营的副总干事分管，这是改革带来的最大变化之一。理事会之后，的确有个别人半开玩笑半认真地说，何昌垂才是改革的最大受益者。是的，60 多年来，粮农组织第一次设立了主管运营的副总干事。这是落实改革的一个重大举措，人们对这个职务自然期望很高。对我来说，这是一个全新的任务，没有现成的经验可循，一切需要从零开始。我感到责任重大，任重道远。

我不得不立即开始认真考虑如何进入副总干事的角色。毫无疑问，如何尽快进入角色，理清程序，顺利开局；如何争取各方支持，开拓创新，早见成效。这事关重大。我和佩红商量，决定取消 2010 年度的探亲计划，争取新年伊始即到罗马上班。在过去的一年多里，由于参与接连不断的各种改革会议和应对紧急救援任务，我基本上全年无休，积累了 22 天年假，原本打算春节回福建老家，与家人一起度过一个轻松快乐的中国年，现在看来要彻底泡汤了。按规定，如果在第二年的 2 月底

## 第八章　来自中国的副总干事

前不用完前一年的年假,年假将自动作废。地区办的新闻官迪德里克对我说:"何先生,您真是傻啊,您扔掉的可是一笔不小的钱啊!"是的,我自从参加联合国工作以来,基本上每年都没有用完法定的假期,这20年已数不清为联合国贡献了多少假期,何止2009年这22天呢?

我就这么定了。2010年1月5日,我再度告别了美丽的曼谷,急匆匆二度进总部,走马上任粮农组织副总干事。

到达罗马那天,除了几名中国朋友,粮农组织办公厅特意派了礼宾官和一名保安来到机场,用专车把我接到了朋友为我预订的公寓。至于报到手续,一切都已预先为我安排好,无须像1998年上任处长一样自己亲自各个办公室来回跑。这可能就是人们所说的领导特权之一吧。我的办公室被安置在B座4楼,总干事在西侧,我在东侧。就这点说,粮农组织的行政效率似乎出奇高效,他们在我到任之前,就已经把我的办公室按规定的标准重新装修好了。

我必须建立自己的工作班子。按配备标准,副总干事办公室有4名直接助手:一个P5级专业助理作为我的业务顾问,一个P3级个人助理,两个G级秘书。根据规定,我有权自己物色,直接任命这个班子的所有成员。我觉得这个规定好像可以打破。经与办公厅主任商量,我决定内部公开招聘,确保公开、公正和公平。当然,在确保过程透明的同时,必须要快。

我亲自起草了4个职务的工作职责和招聘广告,并决定先招聘我的个人助理,以便把办公室马上运转起来。一个礼拜内,报名的人有近40个。根据公布的选择标准,在主管知识的副总干事的个人助理以及下放办公室主任的帮助下,我们很快地列出了短名单。他们分别来自技术合作部、林业部、经济部和下放办公室,都是资深秘书,都有大学文凭,而且都在粮农组织工作10年以上。我很高兴,他们中的任何一个都很符合基本条件和附加要求。

由于招聘我的个人助理,按规定我可以自己面试、挑选并决定自己满意的人选。我在一天内面试了所有4位人选，经过认真综合评估，我毫不犹豫地确定了劳拉·法拉罗·卡萨诺。劳拉是技术合作部的大秘书，先后为卡萨拉迪和宋西两位助理总干事服务。除完全满足基本要求外，她还符合我提出的3个附加条件，特别是对地方办公室网络情况很熟悉。此外，她为人热情、办事麻利，在各部门口碑都很好；而且，作为加拿大人，她精通英语、法语和意大利语。这都是其他人无法与她相比的长处。我对她的任命提议很快得到核准，在技术合作部宋西助理总干事的无条件支持下，劳拉在一周内就顺利转到了我的办公室，从G8提升为P3。对于个人而言，从普通的辅助人员到专业职员，她在联合国的生涯发生了质的跃变，除工资大幅度增加外，她还可以享受两年一次的公费探亲假等多项国际职员的待遇。她的孩子已经长大并超过了22岁，不然的话，她还可以享受联合国规定的子女教育津贴。

在很短时间内，我有了助手，而且她非常能干，可以立马开展工作。相关部门的官员，特别是下放网络的官员也都觉得副总干事办公室有一个明白业务的助手帮助我，都为我高兴。

紧接着，我按同样原则，通过内部公开招聘的办法，任命了我的专业助理。这是一个P5级别的职务：要求专业能力强，知识面广，熟悉运营业务；为人正直，作风正派，办事公道，主动性强；尊重不同文化，善于沟通，对人友善，有团队精神；等等。此外，我还强调要具备较强的公文写作能力。针对10多个申请人，我广泛地征求了几个职能部门的意见，听取了不下10个人的评价，我决定挑出3个并亲自面试，最后确定选择多米尼克·比尔吉恩。多米尼克来自比利时，农学毕业，有多年在非洲实地的项目管理和总部紧急救援工作的经验。我在当地区代表时，由于禽流感和印度洋海啸紧急救援项目，和他打过交道。他为人直率，知识面比较宽，办事效率高。但给我印象最深的还是他充满激情，对农村、农民有深厚的感情，对下放和如何加强地方工作的许多想法和我完全一致。说实话，我注意到，他还有一点不那么墨守成规的精

## 第八章　来自中国的副总干事

神,我想我这个新创立的办公室还真需要这种精神。

至于两个普通级别秘书的招聘工作,我把责任交给了我的两个助理。我告诉他们,这两个秘书原则上归他们直接管,因此应该由他们负责物色、招聘合适的人。我强调必须按规定的程序,挑选最合格的人。我说:"你们都清楚,我的目标是把这个新建立的副总干事办公室办成一个最高效的办公室,真正体现改革的效果和崭新的面貌。"我要求他们在全机构挑选最好的,并且在 15 天内到位,进入正常运作状态。我的两位助手果然神通广大,特别是劳拉,她凭着在总部的人脉和与各部门的广泛联系,不到 10 天就给我推荐了两个人:一个来自意大利,在粮农组织已有 14 年的资历;另一个来自英国,很年轻,还是临时合同。她们的共同点是充满激情,对人友善,肯吃苦,有服务精神。她们明确表示对运营和地方工作有高度兴趣,并渴望成为团队的积极奉献者。我亲自见了她们,与每人谈了约 30 分钟,我的判断与他们的结论无异,我当即批准了招聘推荐。我们的班子人马很快到齐,直觉告诉我,我们将是一个和谐、高效和充满激情、乐于忘我工作的 5 人小团队。

凡是在总部待过的人都知道,机构内部职员对总干事办公厅的官僚做派和不接地气的作风一直颇有怨言。4 楼通往总干事办公室的半层是封闭式的,由保安人员把守,显得非常神秘。一般人都不太愿意到 4 楼,当然也不那么容易进得去。由于封闭区内空间的限制,我的办公室设在保安门厅之外。我刚到时,保安处长和行政的领导都找我商量安保覆盖问题,他们有个设想,准备把 4 楼的另一半也"封闭"起来。我坚决地告诉他们,独立外部评估和粮农组织职员对 4 楼的"封闭"式管理意见很大,我们不应该再留口实。再说,从运营角度看,接触的部门广,来来往往开会、办事、磋商、要求签署文件的人员也多,便利起见,我们这部分还是不封闭为佳。其实,我们 5 个人都不太喜欢被封闭在"笼子"里,"自由价更高"嘛。最后,还是按我的意见,我们的办公区保持开放。我的这个决定,既避免了劳民伤财,也有了一定的"自由度",我们的办公区成为4楼不需要经过保安大门的开放区。不过,保安部门还是决定要安个摄像头,24小时监控着我们这半边楼层。

这个新建立的团队成员精干,但我必须有言在先,要立个规矩,建立自己的团队文化。我安排了第一次办公室5人会议,与大家分享了我的想法。我说:我们5个人分别来自5个不同的国家,也可以说代表着5种不同的文化。我想借用中国的领袖毛泽东的一句话:我们都是来自五湖四海,为了一个共同的革命目标,走到一起来了。中国还有一句古话:二人同心,其利断金——在我们中国人眼中,团队精神就这么简单。运营办是改革的产物,是这个机构的新组件。大家和我有个共同的责任,就是一起创建一种独特的办公室文化。这种文化有两方面的具体内涵:一是专业,要坚持开门办公政策,打破4楼的神秘性,不要给人们一个"门难进,脸难看,事难办"的印象;二是效率,要做到有效、高效,一般事务尽量不过夜,要杜绝拖拉文化。

要做到这一切,我强调,每个人都是这台新机器中的关键部件,我只能完全依靠每一个人共同努力。我的目标是:不论是总部还是地方,在领导和群众的眼里,大家都能觉得我们的存在是有用、有意义的,是能帮他们解决问题、排忧解难的,而不是多了一个官僚衙门。只有这样,那才是名副其实的改革新事物。

我还决定,每周一上午8点至9点为运营团队集体办公时间,我们一起回顾上周的工作进展,讨论本周的工作安排,商量解决遗留问题的方案。我在总部首次强调了我在地区办提出的"四感"——参与感、贡献感、成就感、责任感,作为我们团队的核心文化,得到大家的衷心拥护和支持。

第一次例会开了一个很好的头,大家讨论热烈,各抒己见,围绕我提出的要求谈了很多想法和建议。大家的思路很快同频,一致认为我们这个办公室任务新,责任大,但只要大家同心协力,一定能做出有影响力的成果。从大家的发言看,大家最明显的特点是精神饱满,信心十

## 第八章　来自中国的副总干事

足,而且实实在在。大家都恨不得马上撸起袖子使劲干。队员团结合作的明确意愿给了我巨大的信心。后来的事实再次证明,办公室的文化如此重要,一旦有了文化认同,大家心往一处想,劲往一处使,相互帮衬,互相补台,必然出现"一加一大于二"的效应。我们扭转了人们眼中的办公厅的"官僚、低效"的印象,很快在总部机关和地方树立了良好口碑。

那些年,我有一个习惯,在不同会议或场合,会经常引用一些中国的故事、寓言或老百姓的说法。我发现中国的故事很受欢迎,常常被认为是智慧和幽默。一些高管对我引经据典中国文化的习惯也印象深刻,甚至包括总干事本人,他在我的退休告别会上就特别提到这一点。事实上,10年前我在总部当处长时就已给人们留下这个印象,当时主管农业部的助理总干事路易丝·弗莱斯科曾经半开玩笑半认真地对我说,她希望有一天和我合作写一本关于管理方面的书,"就以你在粮农组织不同场合引用的中国故事为基础"。

在地区近8年,我深感地区与总部存在巨大的信息鸿沟,以及地区官员与总部领导的严重脱节。我觉得非常有必要创立一种机制,加强高管之间的沟通。我思考要有一个总部与地方运营网络高管间的沟通平台,决定每个月至少召开一次运营网络会议(特殊情况例外,我把它称为"Operational Arm Meeting")。参会人员包括5个助理总干事兼地区代表,总部的技术合作部和行政部门的助理总干事,下放办公室主任,信息技术办公室主任以及人事司长,等等,需要时吸纳其他高管和有关国家代表参加。会议通过视频进行。考虑到亚洲(曼谷)和拉美(圣地亚哥)的时差和分布在世界各地同事的作息时间,会议尽量安排在罗马的午间,尽管这是总部的午间休息时间。

我明确,运营网络高管办公会议完全务实,主要议程是检查落实工作进展,讨论下阶段的工作安排,研究存在的问题和提出具体解决方案,也包括总部和地方的协调促进项目的执行,等等。在启动这个机制时，我秉持实用主义，完全以解决问题为目的。碰到与其他技术部门有关的议题，我们会提前邀请相关技术部门的助理总干事一道参会，一起讨论解决方案。这个做法大大缓解了过去长期把地区办代表排斥在重大问题决策之外的客观影响。大家都觉得参与感强了，信息透明了，决策也更民主了。这个安排受到大家的普遍欢迎与支持。有人说"像现在这样重视地方领导，是粮农组织多年来所没有过的"！运营网络高管办公会议制度得到了全机构特别是下放网络的广泛认同，大家参与积极性很高。几个月后，主管知识的副总干事吉姆很认同，他"照猫画虎"，也决定召集知识网络高管会议（Knowledge Arm Meeting）。

运作一段时间之后，我还提议，在必要时，比如遇到涉及知识和运营交叉严重、综合敏感的问题时，经过我和主管知识的副总干事协商，可以召开运营与知识的联席会议，由我们两个副总干事共同主持。我建议把这个联席会议称为"OK"会议。我记得我跟大家说过，我们刚刚改革，"Okay（OK）"比"Kill（KO）"好。这个说法引起与会者会心一笑。

令人欣慰的是，我创立的这些机制经得住时间的考验。我离开副总干事岗位退休之后，两位继任者都继续使用我当年建立的那套班子，基本上照单全收主要工作模式和我创立的团队文化，保持了延续性。我一手创建的副总干事办公室也继续保持着良好的口碑。2015年，我应邀到总部参加活动，好几个当年的老同事，包括一个助理总干事以及我的一个保安人员和司机都对我说，"我们非常怀念您当副总干事的那段日子，这里既充满活力，又和谐团结、有条不紊"。时隔多年后还能听到这些赞美，尽管也许只是出于礼节和溢美之词，也足以让人安慰。

**身兼多职推进改革**

我不记得在哪本书中读过这么一句话：当房间里有两个人的时候，他们实际上不是两个人，而是六个人——每个人真实的自我，每个人对

## 第八章 来自中国的副总干事

自己的认识,以及每个人对对方的认识。这就是人际关系如此复杂的原因。

我想,国与国之间、国际组织与国际组织之间、国际组织中的人与人之间又何尝不是如此呢?我担任副总干事后,身兼多职,接触面很广,对此更有体会。我们经常需要参与或组织各种会议、磋商、谈判,经常会碰到各种危机或需要处理各种"突发事件",涉及人、事、物,但人始终是矛盾的中心。我的协调目标和成效,关键之关键是如何把"六方"变成两方;然后通过两方的折中,寻找利益共同点的最大化,得出两方都能接受的方案,尽管两方常常都不会百分百地满意。这需要知识与智慧,也需要技巧与艺术。

在总部工作一段时间之后,我对自己的责任渐渐有了更深的体会。作为负责运营的副总干事,听起来很了不起:在行政级别上,我享受着联合国副秘书长级别待遇;在管理层次上,我是"一人之下,万人之上";而在我个人层面,这是光环,有更多的责任和压力。殊不知,我的权限有多大,我的责任就有多大,我时时刻刻都在所有人的注目之中,始终处于高倍率的放大镜之下。我承认,自己常常觉得包袱很重。因为我是中国人,代表的是一个具有古老文化,同时又满怀信心、阔步朝着国际舞台中心迈进的新生力量。人们把我的一言一行、一举一动与我的国家联系,对我更加注目。

另一方面,大家也心知肚明,在权力高度集中的迪乌夫团队,副总干事一职表面上位高权重,在大多时候却只是一种工具,或者说是一个缓冲器。需要时,这个二把手就是用来减震的。一事当前,我只能做好、做对,还得做得快、出效率和好结果;否则,我就是众矢之的,上下左右都会意见成堆,弄不好还会成为替罪羊。我知道我的责任在于解决问题,尽量使大家都能满意。这就是为什么一路走来,我始终觉得如履薄冰、战战兢兢。

粮农组织改革一直在进行。2008年11月19日至22日的第35次特别大会上，粮农组织批准了大会委员会关于粮农组织独立外部评估后续行动的报告（这就是著名的 C2008/4 文件）。这个前后历时两年半、花费近一亿美元的独立外部评估，总算有了比较明确的结论。这是粮农组织史上一次史无前例的综合评估。用一些发达国家代表的话说，它们本意是想通过解剖粮农组织，为联合国 20 多个专门机构的改革提供经验与借鉴。从 2006 年 4 月正式启动，独立外部评估历经了以总干事为代表的秘书处、独立外部评估专家团队（其间换了两个领导人）以及成员国代表三方拉锯式的对话、磋商，有时甚至还更像是一种对抗与冲突以及解决冲突的持久谈判。各利益攸关方都施展了高度的外交智慧、高超的政治艺术和灵活的操控技巧，终于在许多问题上做了折中，达成了共识。2007 年 9 月，在独立外部评估专家抛出的洋洋洒洒 402 页、含有 300 多条建议的评估报告的基础上，成员国经过讨价还价，该报告被压缩成 115 页的近期行动计划报告，并于 2008 年年底得到成员国的最后批准，同意付诸实施。

与原本冗长的报告相比，近期行动计划报告不管是从文字的可读性、内容的系统性，还是建议的可执行性等方面，都有了根本性改观。大家都欣慰地注意到，报告中有一个各方都一致认可的关键性的结论，那就是：尽管在过去 60 多年里，联合国粮农组织做了大量工作，但面临着巨大挑战；世界需要粮农组织，但是要一个经过彻底改革而非改良的组织；这个组织的方向必须有实质性改变，需要适当增加资源。经历过那场改革的人都知道，实质性"改变"（change）和资源"增加"（growth），这两个简单的词汇，的确来之不易，是经过多少次理事会、专题工作组、大会特设委员会以及粮农组织大会等机制的反复磋商，经过无数个参会代表的无数个不眠之夜的讨价还价才达成的"共识"。因为发达国家整体一直坚持反对"增加"预算，直到最后一刻不得不勉强做了折中，条件是粮农组织必须有实质性的"改变"。

可以说，我自始至终关注着这场旷日持久的革新图变。在历时两年

## 第八章　来自中国的副总干事

半的马拉松式正式、非正式磋商，大、小会议辩论，一些国家不时直接或间接地流露出对总干事的不满。其实质则杂糅着南北国家对粮农组织在 21 世纪的定位、重点分配和治理机制的分歧，特别是粮农组织该由谁来主导变革、如何制定规则等全球粮食安全治理话语权乃至领导权再平衡的矛盾。

粮农组织改革的"共识"报告既明确了粮农组织这个"老恐龙"确确实实需要与时俱进，锐意创新，才能保持其"有效性"，又保障了粮农组织在经历了部分发达国家的发难甚至退出的威胁后，起码避免了接受大手术，出现停摆的混乱局面。美国、加拿大等曾经均表示，粮农组织若不改革，他们就要"减少或者暂停"会费；英国和澳大利亚则威胁要"考虑"退出粮农组织。当"共识"达成时，所有的当事人，包括国家代表、秘书处的管理层和职员等都舒了一口气。尽管和其他许多重大国际议题的多边谈判一样，粮农组织的这个"共识"报告充其量不过是一个谁都能接受，但谁又都不完全满意的折中。

成员国批准通过了粮农组织 C2008/4 改革文件，就相当于下了"圣旨"，给了秘书处"尚方宝剑"。现在，秘书处的责任就是要照方抓药，组织落实大会关于改革的各项决定，涉及治理机制、计划与优先制订、秘书处组织架构与文化、行政与管理体制、人事制度与财务经费以及对外合作和伙伴关系 6 大方面。用理事会主席努利·马伊米的话说：这个史无前例的改革的成功与否，将完全取决于是否坚持"增长支持改革"，成员国、秘书处的管理层和全体职员是否具有主人翁的精神，以及各方是否真心实意立即行动、真正执行改革的举措。

所谓"增长支持改革"，意指为了确保粮农组织的改革成功，成员国不但不能削减经费，反而要做好心理准备，增加一定预算。这一点是发起"评估"的 OECD 国家始料未及的，有点像"搬起石头砸自己的脚"。因为他们提出改革的初衷，除了搬掉迪乌夫的官僚作风外，还要缩减会费，为整个联合国的改革"探讨经验，提供示范"。但在长时间艰难的讨价还价后，发展中国家似乎赢得了胜利。全球粮食危机和大面积返贫现象再次证明，悠悠万事，吃饭为大；再次证明农业是基础，农业出问题了，国家就要出乱子！民以食为天，这个中国千年农耕文明的智慧结晶，已然成为国际共识。尽管发达国家非常勉强，改革文件还是体现了同意适度增加经费，起码是"真实零增长"（预算必须考虑通货膨胀因素）的意愿。

然而，落实这些改革方案的确是一个庞大而复杂的系统工程，需要强有力的执行者。总干事名义上总负责，是总裁，而我实际上相当于集团的执行总裁。特别是涉及人、财、物，机构建制和优先领域的调整，总部人员消长和部分人员下放等布局，牵一发而动全身。在裁员的问题上，总干事刚提出逐步减员 70 名的方案，尚未执行就遭到工会的强烈反对。他们组织了几次"午间院内游行"，要求与管理层对话。纵观十几年的历史，为了稳定和平息工潮风波，迪乌夫的一贯政策是"不主动裁员"。他曾多次标榜，在他的 3 个任期内，"没有一个在职的员工是因裁员而失去工作"。他的秘密武器是"自动减员"，也就是等某一职员退休出现空缺后，才取消该职务，不再补聘。这种政策，出于"人道"和"维稳"考虑，有一定道理。但这种做法，往往存在把优先领域需求的职务也"自动裁员"的风险，而不是考虑"工作优先"。迪乌夫的政策，的确避免了对在职人员的直接影响，也就避免了得罪职工和强大的工会压力。这就是他 18 年执政在人事问题上的老到之处。

内外诸多复杂的因素先后叠加，使得在 2009 年相当长的一段时间里，粮农组织的改革还一直停留在纸上谈兵阶段。文山会海是联合国的特色。尽管成员国已经于 2008 年年底就批准了一揽子改革的近期行动计划，但秘书处不断组织开会，酝酿如何细化改革举措，却看不出有什么实质性的进展。

当然，其中也有客观原因。应对 2007—2008 年的全球粮食危机，在一定意义上，也影响了改革方案的执行力度。2009 年，全球粮食供

## 第八章　来自中国的副总干事

给市场继续短缺,危机随时可能继续扩大。总干事在各种场合强调:"目前粮农组织的优先是要继续组织力量,帮助成员国积极开展生产自救,特别是帮那些低收入、最不发达国家开展紧急农业生产和粮食援助。这是粮农组织从总部到地区和国家的重中之重。"

不得不承认,粮农组织可投入的资源本来就十分有限,成员国对紧急援助的迫切要求,自然压缩了秘书处对改革实施的力度和运作空间,改革进程必然受到影响。发达国家对此颇有微词,甚至认为,这是总干事借机对推进改革的"软顶"。

回到改革议题。近期行动计划中有一条特别建议,就是要求总干事建立"核心领导会议"(ELM)制度,目的是加强粮农组织的集体领导,制约总干事的"个人独权"。我到任后才开始执行每周一次的例会,总干事亲自主持,我和另一位副总干事以及总干事办公厅主任3名高管参会,亦称"4人小组会"。会议主要研究全球热点问题,分析粮农组织的应对政策和方案,讨论粮农组织的战略方向,以及总部和地方工作进展,注重解决临时出现的一些重大的政策性问题。

曾几何时,总干事习惯于独断独行,根本没有任何机制性约束。他经常说:"我是成员国选举的,是授权来领导的,没有与大家分享行政权力的义务。"他在任十几年来,很少和他的同僚们交流思想,或与他的幕僚协商议政,讨论重大的政策问题和举措。总干事一般都是称孤道寡,开会也多是"一言堂",做指示,而且令下如山倒。但在改革的冲击下,加上他知道自己在粮农组织的年头有限,他似乎有了些改进,比从前要显得民主一些、平易近人一些。这一点,我当副总干事后,与他接触多了,感受尤深。在每次的核心领导会上,我们可以就一些重要问题谈自己的看法。有时他也会很真诚地问:"昌垂,你的意见呢?"记得我多次提出要按改革要求,制定相关细则,赋予地区代表TCP项目的审批权和决定权,要把地区办低级别官员的招聘和审批权下放给地区代表,等等。针对一些职员反映时任中东地区代表"作风慵懒","没有请假擅离岗位回国",以及发现他"周末公车私用,带着一家老少到海滩度假"等问题,我建议对此现象进行认真调查处理。尽管我也很清楚,总干事亲自招聘来的这位地区代表是中东某国的王室成员。

客观地说,作为改革的一个成果,核心领导会议的机制多少起了一些积极的作用,但遗憾的是,这个机制并没有持续太长时间。到2012年,新当选的总干事上任后,由于高管班子调整,先后换掉了两个副总干事。这个机制被暂时挂起来,听说后来干脆就被废止了,成为另一个短命的改革措施。

作为主管运营的副总干事,我分管的具体任务覆盖面广、领域多,工作量非常繁重,而最具挑战性的是负责全面推进改革的实施。我被指定为近期行动计划实施领导小组组长,我的具体任务是负责改革方案的进一步细化并组织落实。在很长的一段时间,我几乎兼任了所有与改革有关的各种委员会的主席或特别工作组组长,包括人力资源改革委员会主席、宣传和对外伙伴关系工作组组长、信息技术协调委员会主席、下放网络协调小组组长等。此外,我还负责粮农组织内部审计文件的审批和签发,法律办公室重要文件的咨询,以及机构职业道德委员会监管,等等。

在技术业务方面,除总部、地区和国家三个层次的下放网络的业务协调外,我还负责监督协调紧急救援项目的执行,以及代表总干事审查和签发联合国粮食计划署送审的紧急救援项目。另一项让我头痛的任务,是协调和监督由技术合作部主管的80多个总额近两亿美元的2007—2008年粮食危机紧急救援项目。此外,我还得代表粮农组织参加联合国人道主义协调委员会工作,经常要赴日内瓦参加机构间协调会议。

多年来,总干事一直按他自己的风格行事。记得在独立外部评估辩论中,有一些国家代表曾建议,总干事在离开罗马出差时要指定"临时负责人"。但总干事的答复是:"我根本不需要这种安排,因为虽然我人

## 第八章 来自中国的副总干事

不在罗马,但我24小时都在世界不同地方、不同时区工作。只要需要,我的副总干事和我的办公厅主任可以随时找到我。"记得我还在曼谷担任地区代表时,办公厅主任萨宾利先生曾对我说:"总干事已出差成瘾,简直像吸毒一样,只要呆在罗马超过三天,他就要对人发脾气。"我到总部之后也立即发觉,除参加理事会,大会,个别的专业委员会如农委、渔委、林委,以及世界粮食日外,他大部分时间几乎都出差在外,实行遥控指挥。

其实还有另一个原因,使我的工作负荷不断加重。自2010年3月,主管知识的副总干事的夫人出现健康问题,而他是一个非常顾家、极其优秀的好丈夫,又是一个虔诚的基督徒。为了家庭,他基本上顾不了太多工作。有一段时间,他连续请了近3个月假,或安排"远程工作"(teleworking)。到了2010年9月,他决定辞职后,我不得不双肩挑,一人承担起两位副总干事的工作,一直到2011年1月,新的主管知识的副总干事到任。那段时日,我每天常常不得不处理200多个邮件,主持或参加10来个会议和会见各国代表处官员。当总干事在外出差时,我还得代表他会见一些国家元首和政府的领导人。我成为常驻罗马、为总干事"守门看家"的唯一高管,担负着保持机构日常运转的全面责任。

这些工作要求你时时刻刻洞察林林总总的变化,面对国际风云,审时度势,明辨要害,巧妙斡旋,纷繁之中,直抵核心。特别是参与政府间各种会议的激烈辩论,学会在硝烟中坐看云起,透视本质。记得有一次关于"负责任土地投资"立法的政府间谈判,我国农业部钱克明司长(现为商业部副部长)为团长。谈判异常艰难,西方国家联手,无中生有,攻击中国在世界各地进行"圈地",严重影响了全球粮食安全,一些发展中国家也加入了大合唱。那天,会议拖到晚上9点多,钱司长连一顿晚餐都没吃好,就被紧急叫回会场,舌战群儒。对于我们秘书处,这不是一个特例。我们几乎天天面对。当时有感而发,我送了中国代表团一个顺口溜："斗兽场旁卷风烟，粮安会场齐亮剑。欧美同盟攻为守，谁料弟兄亦相煎。国际谈判难而艰，讲究策略先调研。掌握底线不让步，纵横捭阖推向前。"

## 真诚感谢我的团队

那是一段"非常时期"，推进改革执行与组织紧急救援的双重任务，在很大程度上都落到了我们这个刚刚组建的副总干事办公室。事无巨细，铺天盖地，毫不夸张地说，有一段时间，我们都不知道自己的时间去哪儿了，时刻都有被压得"窒息"的感觉。我和主管知识的副总干事虽然有明确的分工，但好多不应由我管辖的事都说不清、道不白地放到了我的案头。其中一个原因是，人们对这个新设立的副总干事办公室冀望过高。他们认为我们在总部没有固有地盘，所以也就没有自身利益，应该是中立的、能秉持公正的。也因此，许多部门都想来找我们汇报工作，提各种建议，甚至抱怨，寻求指导帮助。

一些职员对我个人也寄予了厚望，有些根本不属于我管辖过问的事也找上门来，我的秘书拦都拦不住。有一次，技术合作部的一个 P4 级女职员一定要见我，她向我抱怨她受到技术合作部领导以及技术合作项目处官员"自上而下、系统性的歧视"。我的秘书无法挡住，只好放她进了我的办公室。事后，秘书告诉我，这个人有点"名声"，她非常抱歉没能拦住其闯入我的办公室。她说她唯一能做的，就是在这个人与我见面时，"特意把您的办公室的门开得大大的，以防其制造出什么幺蛾子"。我后来才明白：因为这个人曾有多次状告领导性侵的记录，一直无法结案。我恍然大悟，秘书是在保护我！我真感谢我的秘书的细腻、缜密。

甚至个别职员有时也向我求助一些与工作无关的私事。在西方文化中，一些涉及个人、家庭和子女等的问题，往往被认为是隐私，当事人一般不愿意和人谈起。一天傍晚 7 点多钟，信息司的一名法国籍年轻官

## 第八章　来自中国的副总干事

员敲开了我的门,说有点私事想和我聊聊。他很腼腆地告诉我,他们夫妇俩结婚六七年了,妻子一直怀不上孩子,他们非常痛苦。他们看了许多医生都没解决问题,听说中医可能对不孕不育症有效。他说,大家都说副总干事待人好,所以他壮着胆子、厚着脸皮想问我是否能帮忙找位中医。这的确是一个私人诉求、个人嘱托,是对我的信赖。他很年轻,级别也不高,我应该尽力帮忙。我和夫人商量后,立即帮他们联系上在罗马行医的中国名中医何家琅,并嘱咐何大夫一定要精心治疗。

还有一次,粮农组织的女保安克里斯汀娜通过我的秘书约我。她非常有礼貌地对我说,她和她的丈夫一直没孩子,很想领养一个中国孩子。她做了许多准备,了解了很多有关法律、政策和相应手续,拖了很长时间,一直无法解决。她想请我为她写一封信,说明她是我的职员,包括她的工作表现、工资收入以及身体状况等。她说有人告诉她,如果有我这样的中国高官推荐,一定会加快审查进程。克里斯汀娜是一个资深保安,表现的确很好。我的助理告诉我,克里斯汀娜是一个非常有情怀、爱心的人,每年定期向印度慈善机构捐款,资助贫困孩子。这种人是值得信赖和帮助的。我第二天就向使馆的一位朋友咨询,了解到外国人领养中国孩子的确手续非常繁杂。我按她的要求写了一份很客观也很正面的信件,不知道我的信是否能派上用场,不久后我就忘了这件事。一段时间后,克里斯汀娜送来了一小盒巧克力,很高兴地告诉我,她很快就要去中国领养一个女孩了。我问她是否见了面,她说:"没有,但看到照片,很漂亮。"我继续问是否他们自己挑选的,她说是中国方面安排的,保证是一个健康的孩子。

几年后,我重回罗马碰见克里斯汀娜时,她非常高兴地告诉我,她的女儿长大了,健康、漂亮、活泼。她一边说一边从钱包掏出她那个女儿的照片。那女孩的确很漂亮。我祝贺她时,她告诉我,她女儿的意大利文特别好,但遗憾的是,她女儿不会说中文。我告诉她:"中国文化源远流长,中文太重要了。你女儿长大后的时代,中文将比现在更有用。中文也是联合国官方语言。你一定要想办法让你女儿学习中文，热爱中国文化。"她说："必需的，中国是伟大的，我以有个中国女儿而自豪，我一定会请一个老师教我女儿中文。"

我没有三头六臂，简单说，就是靠中国"一个好汉三个帮"的智慧。最重要的是学会善于用人，依靠集体的力量，动员高管层的积极性，给他们发挥专长、创造性工作的空间。

在具体问题上，我庆幸自己一到任就建立了一个可以信赖和依靠的副总干事小团队，他们很快被我这个福建人"爱拼才会赢"的精神和行动感染。这4个人的小团队充满激情和正能量，团结、肯干、勤奋、吃苦、高效，怎么形容他们都不过分。这是一个"不用扬鞭自奋蹄"的战斗集体，总能及时为我准备各种会议素材或谈判预案，提供高质量的建议。平时，他们总会先帮我梳理、提炼往来的主要文件、信件和邮件，预先准备好会议议程的背景材料和必要时的讲话要点等。要不是他们的努力和贡献，我是根本不可能完成那么繁重的任务的。我至今感恩他们给予我的支持。

不过，繁重的工作就像"一块硬币的两面"——在辛勤付出的同时，无形中也收到一种激励和奖赏。我有机会和各个业务部门保持密切联系，成为许多人的朋友，得到了"高高在上"的领导们听不到的信息、意见和建议，这对我扩大视野、增长阅历尤显宝贵。那时，不管我自己手头事情多忙，只要他们找我，需要我出面的，不管是政策问题，还是技术层面的协调问题，只要涉及改革要求，涉及总部和地方协调，我都尽量做到有求必应，尽我所能，解决问题从不打哈哈、不推诿或"耍太极"。我的努力也为我留下了很好的口碑，成为他们愿意找我商量的一个主要原因。

有一句谚语说，予人玫瑰，手有余香。不知不觉，我的务实助人风格，增进了我和高管层的相互了解，增强了互信，建立了个人友谊，扩大了自己的朋友圈。助人亦如助己，在帮助他们解决实际问题的同时，

## 第八章　来自中国的副总干事

我感受到他们对我的尊重和支持。特别值得一提的是，我的许多专业知识的拓展与增强，是我与许多中高层业务领导工作交流的产物。他们之中不乏世界级的技术专家、杰出的管理人才，我与他们的互动，助我不断提高自己的视野和格局，成为我更好履行自己职责的资本。

记得2010年，我受上海世博会邀请，代表粮农组织参加中国2010年上海世博会高峰论坛。在与2001年诺贝尔经济学奖得主迈克尔·斯彭斯、我国著名经济学家厉以宁教授、黑石集团高级董事总经理梁锦松以及意大利米兰市市长莱蒂齐亚·莫拉蒂等，同台讨论经济转型和永续城市问题时，我做了《投资农业发展，实现城市粮食安全》的演讲，颇受与会代表欢迎。而那份成功的演讲稿就是在粮农组织经济部和资源部的助理总干事鼎力支持下，抽调专家由我调配，在很短时间内突击完成的。类似这样的合作，不胜枚举。正是大家的鼎力相助，使我能在很短的时间内，也是在十分复杂的历史时期，比较顺利地挑起副总干事的重担，完成了一个又一个任务，有时甚至是被认为不可能完成的使命。我对他们至今心怀感念。

## 瞬息万变挑战多

**百万人签名请愿**

对于国际组织的高管，有多大的权力，就有多大的责任，且责任远远在权限之上。我上任副总干事后，不断加码的责任带来的是一系列考验，与我2002年9月出任亚太地区代表时有着惊人的相似之处，只是时空变化、规模不同而已。职务和责任可以变，但我的初心没变：做事、做人，必须做对、做好、做出结果。

前文提到总干事在2009年11月14日的绝食行动。为进一步扩大影响，吸引更多的政治家和普通民众对粮食安全的关注，推动国际社会加大对农业的投入，总干事在绝食之后决定发动一场名为"关注十亿人饥饿运动"（One Billion Hungry Campaign）的全球签名活动。他的目标是在2010年6月底向粮农组织理事会提交"百万人签名请愿"。总干事下令粮农组织的新闻和宣传部门把这项任务作为今后6个月的重点，全力以赴，务必实现目标。他还决定由负责联合国协调和千年发展目标后续工作的助理总干事安丽卡·邵乌达牵头负责，组织落实。

安丽卡·邵乌达来自瑞典，曾任瑞典驻瑞士联合国代表处的代表和驻欧盟代表。安丽卡从来没有在发展中国家待过，也可能从未体会过饥饿和贫穷的滋味，但她能说会道，沟通能力不错。不久，大家发现她有点儿浮，说的多，做的少，能落实的则更少。几个月后，百万人签名请愿目标进展迟缓，效果很不理想。她似乎犯了方向性和策略性的错误。因为她和她的团队只将注意力聚焦于发达国家，而且计划庞大，预算也不小。他们到美国纽约、英国伦敦和意大利罗马等大城市，在地铁站口张贴宣传画，希望吸引游客签名。在粮农组织总部办公大楼临阿文提诺大街的墙幕上，他们拉了一幅两米多宽、十多米高的"抗击饥饿"的巨幅标语，从8层顶层垂挂到底层。她觉得这样可以吸引游览斗兽场更多游客的眼球，让他们自发前来签名。结果呢，花费了不少人力、物力以及宣传广告费，却收效甚微。从2009年12月底开始到2010年3月底，离截止时间不足3个月，而总共才十几万人签名，距离一百万人的签名目标可谓差之千里！

4月初，在总干事召集的一次专门的高管会上（SMM），安丽卡很清楚自己无法实现"百万签名"目标，与当初她在高管会上接受任务后吹着口哨的轻松高调相比，此刻她显得非常不安。但她还是找了很多理由解释，可总干事显然不容她解释。总干事或许回想起自己去年11月中旬"形单影只"，冒着寒冷绝食，向世人昭示粮食不安全严重性的情景；想到他多次对媒体宣布今年（2010年）6月预期将有百万人签名请愿抗击饥饿；更可能想到他在秘书长潘基文主持的联合国机构间领导人协调委员会上的承诺；等等。而如今，这一切的宣示都将泡汤，成为

## 第八章　来自中国的副总干事

肥皂泡。此刻，总干事的恼怒全都挂在脸上。在没有事先和我打招呼的情况下，总干事突然宣布"百万签名"运动换帅，改由我来负责，要求整个机构给予全面支持。他说："目前的进展让我非常失望！照此我们根本无法达到既定目标！"他把铅笔往桌上重重一扔，"我决定换一位有实际运营经验的领导来负责，而且务必完成任务，到6月底务必实现'百万签名'目标"。他连续用了两个"务必"，表明他这回下的是死命令。

总干事说到此处时，在座高管都不约而同地将目光移向我。我坐在总干事的右侧，不敢与他发生眼神接触，低着头，假装写东西。因为按中国的智慧，"临阵换帅是大忌"。此时，我听到总干事继续说："我说的是要请主管运营的昌垂副总干事接手这个任务，安丽卡助理总干事全力协助昌垂工作。"他一般很少用职务称呼我。他继续说："我相信昌垂副总干事的经验和能力不会让我们大家失望。"他连续几次用"昌垂副总干事"称呼我，除表示郑重外，可能还有强化我"责无旁贷"之意。他既做了决定，就没有什么商量余地。就这样不由任何分说，这个烫手的山芋就这样砸到了我的头上。此时，离规定时间只有不到三个月，签名的人数还不到一百万目标的五分之一。我们已经失去了4个月的大好时间机会，临阵接手，时间紧迫，这绝对是一个巨大而艰难的挑战。我能完成这个任务吗？当时我心中完全无底！

散会后，我怀着沉重的心情回到办公室。关起门，我一个人静静地思考着目前的局面和安丽卡失败的原因，以及应采取的可能的新策略。"一分钟都不能耽误了，我必须尽快拿出切实可行的方案。"我认为，安丽卡的问题是缺乏地方经验，她犯了方向性的错误，把注意力完全集中在几个发达国家的主要城市，而那里几个人有过忍饥挨饿之感呢？她的另一个错误在于走"精英"路线，依靠总部几个搞宣传的人制订了"高大上"的计划，提出请明星上电视宣传，搞所谓的"黄金签名"（golden signatures）。这尽管有一定影响，但终究是走上层路线，有曲高和寡之弊。这些玩意儿不怎么接地气，不切实际，不可能有群众基础，能不出问题吗？

我一边思考，一边梳理着头绪。我决定改变以往的做法，参照中国经验，"以农村包围城市"，把工作重点放到农村，"发动群众，打一场人民战争"。我初步想出两招儿：一是分地区和国家，按自愿原则提出指标；二是从上到下，分层负责落实，专人具体负责。我估算了一下，粮农组织现行项目有 4 000 多个，分布在 100 多个国家。许多项目直接受益者是农村的广大农民，他们最懂贫困饥饿的滋味，他们会比城市人更愿意、更热心于此，也更好动员。

初步设想和方向成型后，我即刻致电，与 5 个地区助理总干事商量对策，进一步了解来自第一线的想法，讨论我的想法的可行性。我继而和我的老根据地——亚太地区的几个国家代表商量，听取他们的建议。孟加拉国和巴基斯坦的代表一如既往地充满激情，他们给我出了许多主意。孟加拉国代表阿斯巴哈还当即表示，可以在一个月内收集 10 万—15 万人的签名。他的想法是：首先深入达卡大学等几所院校以及一批中学，并通过学生联系他们的家长和亲友签名；另外，还可以通过各地项目官员到受益的广大农村征集签名。我觉得这些办法很实际，没有虚言吃语，靠谱儿、可行，便明确表示支持，并鼓励他马上行动，在 3 天内向我报告详细的方案。3 天之后，孟加拉国代表反馈，他们很快在几个学校征集了一万多人的签名。他表示，孟加拉国完全有信心一个月内完成 10 万人以上的签名指标。这个思路完全可行，我很受鼓舞。

我马上成立了一个特别工作组，由总部各部门和 5 个地区办指定的专门联络员组成。我亲自主持，负责指导，为整个机构的行动提供支持，督导进展，协调解决临时出现的政策性问题。在第一次工作组视频会上，我特邀孟加拉国代表参会并向大家介绍了其初步经验，要求各地区代表在辖区各国推广孟加拉国的经验。随后，我的办公室向分布在全球的粮农组织的 5 个地区办、5 个联络办事处以及 130 多个国家代表发

## 第八章　来自中国的副总干事

出了邮件通知，要求他们参照粮农组织驻孟加拉国代表的做法，制订落实计划。我要求每个单位自报一个明确的计划，并提交可核对的数字指标。通知还明确，总部将每周召开一次视频会议，检查落实进度。会议将由我亲自主持，所有地区助理总干事兼地区代表本人必须参加会议并汇报进展。

2010年5月18日，5个地区代表加上孟加拉国、印度尼西亚、墨西哥、肯尼亚等几个国家的代表参加了视频会议，还有几个国家代表通过电话连接会议。我做了一个具有鼓动性的动员讲话，我用中国的经验做比喻，提到"以农村包围城市"，"打一场人民战争"，发动群众、依靠群众、组织群众的经验。这些理念很受欢迎。之后，我请孟加拉国、肯尼亚等国家的代表系统地介绍了他们的计划和执行经验。我在插话中高度地表扬了孟加拉国代表创造性的做法和他们的团队在短短几天的实质性进展。我说："中国有句古话'众人拾柴火焰高'。我相信只要各地区、各国家代表都像孟加拉国代表那样，把热情、激情燃烧起来，这个'百万签名'的目标是完全可以如期实现的。"

高手在民间，大家集思广益，妙想不绝。拉美办公室建议使用推特，每个国家确定10个主要推特用户，同时公布签名倡议；亚太办公室提出与亚洲足球协会联手；中东办公室计划与阿拉伯童子军联盟合作；欧洲办公室确定与欧洲青年夏季音乐会携手。原先并不太积极的总部也完全动起来了：技术合作部决定直接与实地项目的负责人联系，动员所辖几千个项目的受益农户参与签名；渔业部、农业部、林业部、可持续发展部，甚至法律办公室也都表态将与伙伴单位和相关的专业委员会沟通，动员并落实签名活动；总干事办公厅主任也不甘示弱，表示要发文件号召所有职员通过各种专业网络和个人的朋友圈，支持"百万签名"活动。

大家讨论得很热烈，肯定了总部的方向调整，认为这是对各部门、各地区的信任。有人直言不讳：之前连这种事都想集中在总部，自然推不动！我呢，必须趁热打铁，要求大家提出具体计划，特别是目标数字。对于具体数字要求，他们起初还是有较大余地。记得当时大家自报的第一批目标数字是：亚太20万人，非洲12万人，中东7万人，东欧2万人，拉美2万人。总数不到50万。我知道大家心中都无底，因为我也无底，谨言慎行、"保守自保"是可以理解的哲学。我想，如果此刻我一味加压，可能适得其反。于是我说：从大家提供的数字看，算上第一阶段已经签名的十几万人，全部达标也才完成任务的百分之六十多一点，显然差距还很大。不过，我们大家可以先行先试，在具体执行中摸索、总结经验。无论如何，月底必须根据实际情况做出调整，重新决定第二批的具体目标数字。我强调：天助自助者。除了我们自己，没有人能够帮助我们了！大家一致同意了我的想法和初步确定的第一阶段的目标，也同意每周例会报告、检查进度。

谁也没有料到，各部门、各地区竟燃烧有如此旺盛的激情，任务下放给地方后的发展竟如此神速。我们每周坚持全球视频例会，检查落实情况，各地区如雪片般不断报来新措施、新进展，我们的统计数据每周都在往上更新。特别是亚洲地区，他们在会上分享了很多成功经验：有的联系了大中小学学生组织，有的找到了非政府组织，有的与政府部门合作，有的到各种大会的会场登记处，也有的直接利用项目执行的农村团体，还有的通过小学生直接到街头宣传征集。我很高兴地看到，基层蕴藏着无限的智慧和能量，你有你的主意，我有我的高招。各种好办法层出不穷，相互补充。是啊，每个人的思想飞翔，大家的想法叠加，就产生了乘数效应，好主意、好办法就源源不断。这就是领导者智慧之源，是坐在办公室里闭门造车绝对无法想象出来的。

那段时间，几乎天天都有好消息。从各地区、各国家不断报来签名进展的新情况，签名人数每周都在不断攀升，由安丽卡负责的对外联络部门建立的统计数据库每日更新。我开始意识到，这个"抗击饥饿百万签名"的数字本身已经不那么重要了，它的过程、影响以及辐射效应才

## 第八章 来自中国的副总干事

有真正的意义！在泰国，朱拉隆功大学的学生开始关注粮食安全；在孟加拉国达卡，非政府组织志愿者成为宣传抗击饥饿的主力军；在南太平洋，一些岛国则把粮食安全和气候变化关联起来，在各种会议上大力动员；非洲的刚果（金）则结合"以工代赈"执行项目组织农民签名；印度尼西亚利用粮农组织的品牌"农民田间学校"宣讲水稻除虫并组织签字；等等。我感叹，真是发动在民间，办法在基层，劳动者最有智慧。我真切地体会到"依靠群众，发动群众，组织群众"的真谛。人民群众一旦动员起来，就会放射出太阳般的热量、火山般的力量。我已经对签名达百万充满了信心。

当然也有进展不尽人意之处。当时，中国正在举办 2010 年上海世博会。据报道，该届博览会预计是世界上参访人数最多的一次，估计将不下 5 000 万人次（结果是 7 308 万，理所当然地创造了所有 41 届世博会的最高纪录）。中国是一个农业大国，一个人口大国，中国政府一向对粮食安全问题高度重视；中国也是联合国粮农组织的主要伙伴，是受益者，也是坚定的支持者。我们坐在罗马，想象着一个美妙的图景——在上海世博会的门口摆放一张桌子，那些排长队入场的人可以轻而易举地加入"抗击饥饿"队伍，请愿签名。这个冲击力该有多大啊，其影响力将不可估量。我们认为，这既可强化中国人对世界粮食安全的认知，又能满足我们签名达标的需要。想着这个图景，我们所有人都按捺不住心中的激动，觉得这是极好的主意。但遗憾的是，根据粮农组织驻华代表处反馈，他们无法在中国境内开展诸如请愿签名这样的大型活动。因为中国没有街头请愿签名的文化。结果，中国这个人口大国，却成为为数不多的几个没有民众签名加入"抗击饥饿"行动的国家。

签名活动的总体进展是顺利的，各地报来的数据令人振奋。但高兴之余，我开始产生顾虑："地方报上来的数字会不会有水分呢？"为了确保我们的全球行动具有可信度，我必须防范个别官员的马虎态度和应付心理。在 5 月初的视频例会上，我把自己的担心和想法告诉大家，并提出：我们的行动必须为自己负责，更要对粮农组织负责；我们要准备好，成员国随时可能对这项活动的数据进行审计。"我先前曾经提出过这个要求，但我今天还是要再次强调：各地区代表和各国家代表对自己的数据完全负责，在每周向罗马总部上报进展数据时，必须附上签名原件的复印件，"我说，"这是个规定，大家务必执行。原件应该在报送单位长期保留。"

负责统计的总部宣传部门并未发现任何弄虚作假行为。一段时间后，大家反映比较强烈，认为复印原件量太大，造成不必要的人力和物力浪费，特别是大量使用纸张对环境不利；同时大家也抱怨：这是副总干事对基层工作的不信任。我考虑再三，决定采纳大家不再报送纸质复印件的建议，但我还是坚持"各单位必须保留好原件，以备审计"。

2010年6月中旬，离规定的时间还有不到两周，全球的签名数字已经超过120万！我们大大地松了一口气。我在视频会上热情表扬了从总部到地方所有做出贡献的人。我说，我要自掏腰包买一个大蛋糕祝贺，感谢大家。在视频的其他端点，大家"意见"非常大，闹哄哄地说："副总干事太不公平了，我们不在罗马，怎么吃得到蛋糕呢？"我笑着说："下次会议你们谁也别缺席，通过视频看着我们吃，遥感享受，馋死你们！"

那天下午，我们向总干事汇报了进展。他自然喜出望外，高兴地说："我现在完全放下了心。我在2009年11月的绝食行动没有白搭啊！"是的，他当初宣布要在2010年6月底前实现全球百万抗击饥饿签名的承诺没有落空！自那以后的一段时间，他开始到处宣传，志得意满，溢于言表。在几个重大场合，他从未忘记呼吁："全球已有超过120万人签名抗击饥饿，我们怎么能对广大民众的呼声置若罔闻、冷漠不顾呢？我们必须拿出行动！"为了进一步扩大影响，迪乌夫赞同我的看法："数字本身已不再重要，过程更有影响和意义。"他做出新的决定，把签名活动推迟到2010年9月，转为在联合国大会期间向大会提交百万签名结果。

至此，我们已超额完成总干事交办的任务，我心想应该发挥主管助理总干事的积极性，主动把责任交回给安丽卡。我向总干事提出了这个想法，理由是："我的其他任务太重。另外，我们分布在全球的运行网络已经成熟，安丽卡完全可以管理好这项工作。"但总干事并没有同意我的要求，他说："这个模式不要变了，你还是继续领导全球签名活动。"我坚持想说服迪乌夫，强调现在是时候把重点转向签名的过程与影响，尽量想办法扩大签名活动的渗透效应和宣传效果，所以应该发挥安丽卡的作用，把她领导的总部宣传部门的潜力发挥出来。但总干事"意志坚如磐石"，只答应让安丽卡协助我。我无奈，主动找被总干事"冷藏"的安丽卡商量，鼓励她多出面协调有关活动；我还经常以"时间冲突为由"，请她主持全球的视频会议。我向她承诺当确实需要我出面的时候，我一定会帮助她。她是一个职业外交官，很理解我的用心和诚意，对我很钦佩也很感激。人心换人心，后来她一直对我的工作十分支持。

截至 2010 年 9 月，粮农组织总干事发起的全球"抗击饥饿签名"活动得到了 330 多万人签名，大大超过了预定的 100 万人的签名目标。这是一个谁都没有料到的结果，我自然感到高兴。我始终认为，这是中国智慧的作用，是"群众路线"的结果，是"人民战争"的胜利。可惜，西方的管理者并不理解这一点。联合国秘书长潘基文在联合国机构间"首席执行官委员会"和"全球粮食安全高级工作组"等各种场合，多次提到并赞赏迪乌夫总干事发起的这个签名活动，他说：这场活动扩大了联合国的影响，加深了全球对粮食安全问题的认识，也帮助推动了减少饥饿的全球行动。

## "救火队"队长

历史往往有惊人的相似之处。与 2002 年出任亚太地区代表的遭遇类似，我 2010 年 1 月初返回总部出任副总干事后的"见面礼"，也是接踵而至的灾害和紧急救援行动。是时，应对 2007—2008 年爆发的全球粮食危机紧急救援项目正在大规模铺开，同时又接二连三地遇上海地地震、巴基斯坦水灾等，作为主管运营的副总干事，全面介入机构紧急救援项目的协调组织工作，无疑马上成为我的主业。面对瞬息万变的挑战，我很快被当成"救火队"队长——哪里需要，哪里就是我的战场。

    2007—2008 年全球粮食危机之后，除联合国系统广泛、全面行动外，八国集团的介入与二十国集团的作用不容忽视。作为八国集团于 2008 年 11 月通过的《拉奎拉峰会宣言》的后续行动，欧盟这次倒是做了表率，带头出资。2009 年年初，欧盟批准了一亿欧元的紧急援助款，交与粮农组织执行。这是全球粮食危机之后粮农组织收到的最大一笔赠款。按粮农组织与欧盟的协议，我们必须在一年内执行完成并做出评估。为此，粮农组织的技术合作部迅速做出了安排，在全球"重灾区"的 40 多个国家，部署了 70 多个项目。这是一批生产性救灾项目，需要采购种子、农机具、化肥、农药等。当然，条件是必须按照欧盟援款使用的规定和限制，包括环境生态安全规定和严格的政治条件，如人权和良治等标准。这在很大程度上限制了我们的技术选择和进度。另一方面，也有一些受援国政府宣称，它们宁可挨饿，也坚决反对采购转基因的食品、种子和其他一些对当地小农生计可能造成危害的农业生产资料。眼看着一些地区的播种季节马上就要过去，项目却进展缓慢。我们受到捐助方和受援国的双重指责，顶着巨大的两端压力。项目官员两头受气，有不少委屈。

    总干事担心欧盟的大笔经费无法按进度使用完，为此心如火焚。是啊，道理就那么简单：灾难面前，我们往往费尽心思，使出浑身解数，不遗余力地到处游说、要钱。筹资部门总是喋喋不休，从联合国决议、官方发出援助承诺，到人道主义的道德制高点，最后谈到难民的生计需要，等等。就像有人说的：在这种时候，我们简直像是一个拿着金饭碗

## 第八章　来自中国的副总干事

的大乞丐，四处碰壁，几乎丢尽面子。我们常听到职员私下抱怨："要是为了老子自己，才绝对不会那么口干舌燥地和你死缠硬磨呢。"但是，资金一旦进入组织机构的账户，我们就得负全责，包括按规定把钱按时花掉。记得我刚进联合国在亚太经社会工作时，我说服了日本科技厅和宇宙开发事业团，筹来了当时亚太经社会有史以来最大的一笔一次性合作经费，约280万美元。那时日本科技厅的一位局长对我说："何先生，你必须在两年内把所有的钱花完，保证到时一个美分也不能给我们退还回来！"后来我才知道，这是西方预算的一个惯例，它们把这个作为项目设计的合理性和项目管理效率的检验标准。对于我们来说，钱没有及时花出去则是我们的执行力问题，是管理不善的记录。

这就是为什么我出任副总干事不久，总干事就把我找去，明确由我负责协调总部和地方的救灾项目执行。他说："你去协调一下技术合作部和农业部的两个助理总干事，叫他们拿出按时完成合同的具体实施办法后再来找我。"总干事这是在命令。我知道，弄不好我就会成为替罪羊。

要按苛刻的条件一年花掉一亿美元，这是个巨大挑战，必须要有改革思路、创新办法。我马上把技术合作部助理总干事马利亚·宋西和农业部助理总干事莫迪博·图奥理找来一起商量。我们一致认为，鉴于眼下全球粮食危机还在发酵，随时都有可能再度升温，重中之重是帮助重灾国家尽快恢复农业生产能力，才可稳定社会。我们觉得必须改变粮农组织的一些政策，提高粮农组织的效率和重塑形象。二者结合，才能让人们真正看到并且相信粮农组织改革的成效。关于如何改变创新，我与两位助理总干事分享了 2009 年 11 月 14 日我和总干事谈过的想法。我们的问题是：紧急救援的项目管理、经费和人力资源全都需要集中在总部。这种集中管理的模式存在诸多弊端。在无灾无难之时，许多人员待在总部，无法充分发挥作用。这是一种资源浪费！水灾、火灾和地震灾害等基本上不发生在罗马总部，它们发生在地方，贫困落后的地方！我们必须打破这种现状，改革现有的管理政策。

我提出，可以把总部的一部分紧急救援官员安排到灾害多发区，他们救灾时全力以赴，没有救灾任务时可以协助地区执行正常性的发展项目。我还提出，总部各技术部门可以确定一批救灾"后备力量"，预留15%—20%的时间，需要时可以紧急动员组织起来，参与救灾项目执行，包括灾害风险评估、灾害损失评估、救灾运作以及灾后重建等主要阶段。我说，由于涉及面较宽，技术部门对我的这个建议都曾有过明显保留。特别是司长、处长们，以"紧急救援人员工作有特殊训练要求"为由，否定了我的建议。但现在不能再无动于衷了，到了改变的时候了，不然，我们将会成为"不作为"罪人。

面对当前严峻形势，这两位助理总干事都表示原则上支持我的想法：一是从总部抽调专人组成临时工作组，根据需要，随时派送到一些重点地区支持国家代表，指导项目执行；二是发挥更接近灾区的地区办的作用，临时下放一些项目审批权限，必要时让地区代表代表总部签发一定数额的经费；三是明确由总部的作物生产和保护司司长负责，在国际市场上提前甄别种源，提供源头信息建议。总之，我们同意特事特办，加强实地的项目协调，提高地区办的积极性，确保每个流程环节的顺畅、协同。我们还同意进一步加强总部和地方的及时沟通机制，技术合作部紧急救援与重建司司长负责定时召集总部相关司和地区代表，开展联合检查和评估。

总干事完全同意我和两位助理总干事商量的建议。同时，他还同意把粮农组织紧急救援项目执行进展的督查列入每月一次的粮农组织高管会议议程，以及必要时在"4人小组"会议讨论政策问题。我十分清楚，作为负责运营的副总干事，一旦稍有差池，将要承担主要责任。这也是我必须定期主动了解全面进展情况，特别是国家一级的项目实际进展的缘由。有段时间，连直接主管技术合作部的助理总干事都对我刮目相看，因为我比他对项目执行的实际数字更能如数家珍。由于建立了必要和适当的机制,一年后,从总部到地方,从技术部门到行政部门,各方空前配合与合作,粮农组织最终按时完成了一亿欧元的覆盖 40 多个国家的 70 多个紧急援助项目的组织实施,而且效果不错,得到了欧盟和受援国的一致肯定。欧盟在后来的项目评估中向粮农组织表示了"久违"的赞赏。我个人也如卸千斤重担。

掩卷而思,粮农组织从总部到地方,从农业部到技术合作部,之所以从最初相互推诿扯皮,到相互支持、密切配合,最关键的原因是建立了"协调、磋商、相互补台"的机制,下放了一些权力,明确了必要的分工,打破了紧急救援司"一家独断"的高度集中的紧急救援项目管理模式,调动了地方参与、职责分担的积极性。我想,在一个"以总部为中心"的传统运作文化中,机制的创新至关重要,而一旦建立了良好机制,执行者是关键因素。

毛泽东曾说过:"政治路线确定之后,干部就是决定的因素。"国际组织又何尝不是如此呢?

## 建立"三机构"协调机制

罗马三个农业和粮食安全组织,即联合国粮农组织、国际农业发展基金和世界粮食计划署,应对成员国面临突发灾难时的协调、合作机制和能力,不断遭国际社会诟病。2010 年 1 月 12 日发生在加勒比海岛国海地的里氏 7.0 级大地震,是我上任副总干事后面临的第一场考验。别看海地体量很小,但由于海地人性格外向,素有直言不讳的文化,他们的代表在粮食安全和气候变化等问题上一向很有"声音",很有影响。秘书处对这些岛国的意见也一向认真倾听、重视。这一点粮农组织的老职员都知道。

这次地震是自 1770 年以来海地最严重的一次大地震,使这个西半球最不发达国家遭受了前所未有的打击。包括总统府和联合国维和部队驻地在内的数百栋建筑坍塌,首都太子港及全国大部分地区受灾情况严重。死亡人数超过20多万，近20万人受伤，几乎可以与我国1976年的唐山大地震相比。据当时国际红十字会和联合国有关部门的快速调查估计，此次大地震将使海地的三分之一的人口——逾300万人沦为难民。

海地政府完全陷入瘫痪。国际社会做出了最快速的反应，纷纷伸出援手，向海地提供人道主义援助。联合国秘书长潘基文在之后的第二天，即1月13日就决定派联合国助理秘书长、联合国驻海地维和部队前任负责人埃德蒙·穆莱特前往海地，他本人也将尽快访问海地。他同时宣布向海地提供1 000万美元的紧急援助。世界银行、欧盟以及约30个国家相继发表声明，承诺给予资金和实物支援。中国政府也迅速做出了反应，一支由68人组成的救援队，乘坐专机，携带总价值约1 200万元人民币的10余吨救灾物资，于当地时间14日凌晨就到达海地首都太子港，并马上投入了搜救行动。

情势发展日益严重。我经历过两场大型地震。一场是1976年的唐山大地震。当时我在北京，凌晨3点多被震醒，从地理所917大楼7层仓促出逃时，头部被震落的天花板击中。我虽无大碍，但对于那场导致24万人死难的地震终生难忘。另一场则是2004年12月发生在印度洋的海啸。我亲自指挥粮农组织进行救援行动。我对这类灾难有特殊的敏感和警觉，何况我现在是主管运营的副总干事。我天天盯着电视、电台和各种报纸，看着不同渠道报来的信息。我很清楚，这次灾害的影响可不比2004年我在泰国曼谷经历的印度洋海啸小，我们机构必须立即行动。

四面八方都在告急，一时间信息异常混乱。这倒是在我的预料之中，因为2004年的印度洋海啸时我们就有过相似经历。当时海地通信中断，粮农组织在当地的代表我们还无法联系上，无论如何，大难当头匹夫有责，我们绝对不可缺位！总部以最快的速度启动紧急预案，决定马上从总部和地区办抽调人员，从速登岛，开展快速评估和需求调查，安排紧急救助，并决定先从技术合作计划紧急救援项目调拨一些资金。

## 第八章  来自中国的副总干事

世界粮食计划署在紧急救灾方面的网络更加广泛，运作体系非常成熟，这是它的比较优势。它实际上在震后的第三天就已经向当地灾民发放饼干等救灾物资。而同在罗马的国际农业发展基金，由于职能所限，主要侧重灾后重建，故而行动一般会稍微滞后。按常理，这本无可非议。

面对饥饿、死亡和社会混乱的局面，眼看着从城市向农村地区逃离的大批难民，没有任何一个组织——联合国的、政府间的、非政府间的组织，不想尽力多做些力所能及之事，也没有任何一个组织愿意落下，承担得起滞后的诘难。一时间，海岛上参与救援的各路人马人满为患，甚至忙中添乱，无形中增加了政府的巨大压力，引起了不必要的混乱。协调各方救灾力量成为现实、急迫的问题。

应该承认，罗马三机构同样缺乏协调。这很快引起不少诟病，特别是各国常驻代表的批评和责难。的确，这三机构原本存在分工不明和职能重叠的问题，在一定程度上还有机构间利益的分割和竞争，在救灾行动中难免自觉或不自觉地表现出来。一些国家的代表，特别是美国和欧洲一些国家的大使，本来对罗马三机构的协调不力就有看法，心存芥蒂；还有一些国家在早些时候就曾建议把这三机构合并，以便减少重复，减少投资，提高效率，其最终目的是减少对多边组织的捐款。出于这些考虑，或许还有其他不便告人的怨气，他们抓住了海地救援中确实存在的一些协调问题，在各种场合和这三机构的各种会议，大做文章，大肆发挥，发出尖锐的批评，一浪高过一浪，一时间大有"黑云压城城欲摧"之势，其中美国驻罗马三机构的大使艾瑟琳·卡森的言辞尤为激烈。

卡森大使为此还多次来到我的办公室，围绕三机构在海地的救援行动，对"粮农组织总干事管理失败（她的原话是'failed governance'），没有起到罗马三机构协调人的职责"等问题表示关切。事实上，法国、比利时以及欧盟代表也先后约见我，提出了同样问题，特别对我们三机构在海地地区"各干各的，碎片化的行动"表示强烈不满。其实，他们并没有说出非常具体的例子，我们认为他们多少带有一些"想当然"的印象主义和"情绪化"的批评。因为他们这几个人谁也没有到实地考察过——他们和我一样，都只是在罗马听取汇报，做出判断，结果自然有片面之处。但他们代表的是成员国，又是捐助国，秘书处须得认真倾听、深刻反思。

公平地说，包括粮农组织总干事在内的三机构领导人对海地地震还是相当上心的。总干事随时听取我们的汇报。可能是考虑到我刚刚到罗马，方方面面情况还有待熟悉，也可能是出于事态严重，政治影响大，总干事决定亲自过问所有与海地有关的事情。这本是好事。但他决定由总干事办公室主任作为联系人，把我和主管知识的副总干事吉姆放在一边，这让所有人纳闷。按理说，办公厅主要负责机构的行政协调和对外联络，一般不管具体技术和运营问题，况且办公厅主任勒俊并不懂具体业务。这样的安排无形中增加了一个层次，自然影响效率，而对于紧急救援事务，时间就是生命！事实上，在一段时间里，办公厅主任不得不事事找我商量、请教。因为我负责运营，紧急救援也归我直接管辖。不久，他索性让我出面，包括接待海地、美国和巴西等国家大使，主持各种技术性会谈，召集罗马三机构间的协调会议等事宜。

作为主管运营的副总干事，我自认"国难当头，匹夫有责"，而且相信"特事特办"不会有错。在没有总干事的明确要求下，我多次主动召集紧急救援司司长罗恒·托马斯、技术合作部助理总干事宋西以及拉美地区代表开碰头会，或电话商量对策；我还主动联络和召集三机构的二把手（与我级别对等），坚持在具体运营层面上保持良好沟通和必要的磋商。在这种紧急关头，总得有人去主动推进，帮忙、不添乱是我的原则。

按我的建议，我们于2月16日召开了一次罗马三机构二把手的正式会议。会议由我主持，大家认真讨论了当前的情况，达到三点共识。

## 第八章　来自中国的副总干事

一是制订两步走的阶段计划：第一步为"6周计划"，提出如何赶在春播前紧急救援和部分地区恢复生产的农业投入方案；第二步是编制此后6个月至3年内生产与灾后重建总体计划。会议同意成立三方联合技术组起草具体文件，并要求在一周内出第一稿。二是下周末由三机构一把手联名签署一份给联合国人道主义救援署副秘书长的备忘录，提出6周计划的预算要求。三是决定成立三方协调机制，三机构各指定一名高管代表一把手参加至少每两周举行一次的会议，并在技术层面保持经常性的接触、通气与磋商。

我们强调，需要各自向机构的一把手报告，取得他们的支持。我感到高兴的是，总干事和其他两个机构的领导人对我们的主动性都表示了肯定和赞赏，并同意我们会上提出的三点建议。迪乌夫还决定，改由我作为粮农组织的联系人，并负责牵头召集三方联合技术组机制（按机构职能，粮农组织有牵头协调的职责，所以我理所当然要负主要责任）。

然而一周之后，迪乌夫总干事突然改变主意，决定不给主管人道主义的副秘书长致备忘录，改为以他个人名义，代表罗马三机构的领导人，向美国国会参议员乔治·麦加文发一封信。这是一封普通的函件，阐述目前国际社会对农口救援重视不够，资金严重不足的关切；信中提到我们估计短期内海地农业救灾至少需要资金4 500万美元，而实际筹措到位的不过180万美元，缺口巨大，可谓杯水车薪，根本无法应对目前面临的严重问题；信中还强烈希望美国发挥作用，和其他捐助国一起加大对农业领域的救助力度。我记忆中此信发出后即石沉大海，总干事并没有收到麦加文的回信，我也记不起后来有什么积极的效果。

我对迪乌夫总干事的这个决定很担心，并向他明确表示我的不同看法。我说，我们单方面改变这个决定将会影响我们三机构后面的合作。他听了很不耐烦地说："难道我作为粮农组织的总干事向成员国提交一些信息，需要经过它们两个组织的批准？"我认为迪乌夫总干事在这个问题上的逻辑有问题。我预感到我们将面临其他两个单位的指责，甚至认为我们言而无信,我还担心三机构刚刚同意建立的协调机制将会受到影响。

果不其然,此信一经发出,立即引起世界粮食计划署和国际农业发展基金的严重不满。我很快接到这两个机构负责人的电话,他们几乎在电话那头咆哮"真没法与你们合作";接着我就收到他们的电子邮件,对我们没有事先和他们商量,就改变主意、采取单方的行动正式表示强烈不满。听说世界粮食计划署的执行主任意见最大,她来自美国,是共和党人,她对迪乌夫给美国参议员、民主党人去信,尤其不满。后来我才听说,迪乌夫总干事事先曾与麦加文参议员有过交谈,大概是麦加文先生建议迪乌夫提供一份书面材料。

这位麦加文参议员倒是长期关注粮食安全与营养问题。他是美国参议院"营养与人类需求选择委员会"主席,曾发起"美国国家食品券和校园午餐计划"的立法并获得通过。他还致力于在非洲地区推动校园午餐,注重儿童营养、儿童教育特别是女童教育。

我与麦加文参议员有过一面之交。那是2010年5月20日,总干事请我陪他与麦加文共进工作早餐。那次简单的早餐持续了两个多小时。我们谈了海地情况,列出了很多需要紧急办的事。麦加文知道我来自中国,我们的话题也涉及中国的一些事。麦加文说他对粮食危机的认识始于马歇尔将军在20世纪40年代的一句话:他在中国遇到了比军队更强大的敌人,那就是饥荒。我向他介绍了当今中国粮食安全现状,以及中国政府领导人高度重视农业和粮食的政策和主要举措。总干事插话说:中国用不到全世界9%的耕地面积解决了全球20%人口的粮食安全,这是给粮农组织的"奖励"(bonus)。我们还谈到计划生育和儿童营养等问题。麦加文介绍了他在非洲的一些工作,强调了计划生育、儿童教育以及长远粮食安全三者之间的关系。麦加文说:"我老了,要是能亲眼到中国看看就好了。"老先生当时已经88岁,但非常健谈,也很谦和。那次交谈我印象颇为深刻。没想到在两年之后,2012年10月他去世了。

## 第八章 来自中国的副总干事

作为联合国的工作人员，你总要经常面对各种突发事件和不同的要求，有时还特别苛刻，你得时时刻刻准备及时地应对。与此同时，你还得有一定的度量和胸怀，时时准备接受各方包括你的上级、周围的同事以及外部的合作伙伴的抱怨、批评，甚至责难。但你要记得，秘书处的责任是"时刻准备着"，随时向成员国和合作伙伴提供满意的服务。特别是成员国代表，他们是老板，个别人还时不时摆架子，财大气粗，表示他们总是有理。请记住：你的责任是多听、少说、多思考；遵循的金律是想办法、出方案、重行动；他们衡量你的标准是解决问题，得到结果。

一直以来，罗马三机构领导之间经常意见相左是公开的秘密，属常态。有源自机构职能的重叠，有来自部门利益之争，也有属个人"化学反应"不良问题。给麦加文去信的确让我们为难，特别是对刚成立的三方联合协调机制造成的冲击。但我交代要尽量在工作层面弥补，诚心在协调上下功夫，克服"各自为政，碎片化行动"。好在大家都希望给成员国一个新形象。我对粮农组织相关官员强调，除坚持定期召集粮农组织内部协调会议外，要主动到粮食计划署、国际农业发展基金，和它们的执行副主任阿米尔以及副总裁卡宾当面磋商。我们必须承认，美国和其他一些国家代表对我们三机构协调不力的意见，并非完全是空穴来风，有些问题过去在其他地方就有所存在。面对海地的灾民，我们没有理由考虑各自部门的利益。说严重点，那是不负责任。保持经常性接触，使我们三机构的几位副手有了更实际的共识，也形成了比较一致的想法。我们都同意：一是要加强在实地调查工作的协调；二是及时分享从现场收集的各种信息；三是最大限度相互借助和利用三方各自的优势资源，采取统一计划，形成合力。我们相信，按照这三点原则行事，可以使罗马三机构在海地灾区的"行动更具互补性、一致性，结果也将更有影响力和说服力"。鉴于我们三人都是联合国机构间人道主义救援指导委员会的成员，我们还决定根据这三原则，提前协商我们每次到日内瓦参会的共同立场。

我们在三机构的第二把手层面建立的这种磋商机制一直得以持续，而且在其他紧急救援行动中也沿用了这种模式。2010年7月巴基斯坦发生了史无前例的特大水灾，面对这场"毁灭性灾害"，粮农组织立即加入了联合国系统和其他国际组织的紧急救援行动。我们迅速组织了快速评估，巴基斯坦从北到南1000多千米的距离，三分之一的国土面积被洪水淹没，17%的农作物可能绝收，120万头牲畜和600万只家禽损失，受灾人口达1700万，初步统计死亡人数已超过2000人。根据前方报告，需要直接救援的人口达800万。老天竟如此不公，让这个本来就很贫穷的国家国民不济，社会不稳，生灵涂炭，雪上加霜。

基于海地地震初期我们被成员国批评"协调不力"的教训，罗马三机构在巴基斯坦特大水灾的第一时间就启动了联合紧急救援机制。从7月底到8月初，我们连续三次召集三方协调会议。在吸取海地救援的经验教训的基础上，我们提前组织了信息共享机制，分析各方掌握的现有情况，磋商研究共同计划，并在此基础上协调行动。这次，粮农组织有效利用了世界粮食计划署分布在巴基斯坦全国从北到南各地的100多个非政府组织粮食发放网点，网点在粮农组织的技术专家指导下，派发农机具、种子和化肥等；而世界粮食计划署则利用粮农组织的国家办公室的便捷和在实地具有的专家团队，组织当地服务，调配运力，开展实时监控和反馈，等等。通过总部的协调和野外的协作，紧急救援的总体效果和实际影响比应对海地地震初期出现的"集体忙乱"和"整体被动"要好很多了。

经验告诉我们，由于灾区救援工作的急迫性和特殊性，时间就是生命，不能完全按照普通发展项目的决策程序，按部就班。在大灾和巨灾面前，赖以决策的信息来源往往比较有限，且滞后、粗糙，缺乏精准和可靠性。有时信息太混乱，可信度极低，甚至根本无法采集到信息，资讯空白，给决策工作带来巨大困难。在这种情况下，保障秘书处和灾区

## 第八章 来自中国的副总干事

所有可能信息渠道的畅通，特别是加强与当地政府和非政府组织的沟通，至关重要。我们还学会了无论怎么忙，必须建立一种透明的沟通机制，让成员国特别是捐助方及时知道秘书处的计划，了解我们的行动方案，掌握项目的进展状况。我们利用罗马三机构的各种主要会议，主动协调组织通报三机构的情况，如关于加强海地救灾和灾后重建协调工作的各种决定，巴基斯坦的救灾项目建议以及救援经费需求更新和筹措情况。这些做法本身谈不上是创新，却帮助增强了秘书处与成员国的互动和联动，效果的确不错。我们深深地体会到，及时的沟通和透明的资讯，是获得成员国更好的理解和更广泛支持的重要基础。

但凡没有偏见，人们就会看到，在海地地震后的一年多时间里，罗马三机构在紧急救援工作的协调和联合行动的效率明显提升，也积累了一些很好的实践经验。单以粮农组织为例，从2010年到2012年的3年时间，我们为海地紧急救援和后续行动安排了40多个救援和灾后农业恢复重建项目，筹措了约4 500多万美元的资金。而在巴基斯坦，从灾情发生的第一时间，到2013年年初我退休离开联合国，粮农组织通过与联合国人道主义救援等部门、欧盟、英国、美国、法国、加拿大和瑞典等国家和国际组织合作，筹集了大约1.35亿美元的紧急农业援助资金，用于采购种子、化肥、农机具等，落实了50多个项目，帮助当地群众开展生产自救，恢复农民生计，重建农村家园。

应该承认，不管我们如何努力，问题依旧存在，主要机构间协调不力的根子问题并未彻底解决。美国政府换届，奥巴马上任后，决定推荐美国驻罗马三机构的代表，也就是曾经对我们"协调不力"意见最为激烈的艾瑟琳·卡森大使，取代同样来自美国的希兰女士，出任世界粮食计划署的执行主任。然而，三机构间的协调并没有比卡森任大使时要求的标准强多少。我与卡森有过一次对话，希望她在任内能够帮助推动"罗马三巨头"更好沟通，她只好承认："不是那么容易，看来得走着瞧。"

国际组织的职能重复，协调困难。联合国的改革也往往只是治标，很少能真正治本，积重难返，终成疑难杂症。我很早就观察到这个问题，也在多个场合表示我的不满。我认为，成员国才是始作俑者，它们往往在发现一个组织的平庸甚至失败时，企图用建立一个新组织的办法取而代之，结果造成"山头林立"，反而事与愿违、适得其反。2006年，我曾对联合国粮农组织独立外部评价团和英国驻罗马三机构的常驻代表建议：联合国成员国本身治理机制的改革，才是联合国改革的原点。我认为，这应该是罗马三个涉农组织改革，甚至是今后联合国系统改革的一个重点。

**避免一场人事丑闻**

人事部门归我分管，但人事任免的最终决策权还是归总干事。改革进程中，成员国呼吁粮农组织人事要实行阳光管理，而人事任命则是考察管理民主的最主要指标之一，是成员国政府和秘书处内部共同注意的焦点。我上任后的一段时间里，粮农组织所有 D 级以上官员的招聘和面试委员会的工作由我协调，包括工作职责的最终审定、面试短名单建议的提出，以及面试出题、面试的组织和短名单的推荐等。招聘和面试委员会的基本成员包括：主管知识的副总干事、总干事办公室主任、一名助理总干事或主管部门的高管，根据需要有时也邀请外单位的一名专家，我担任委员会的主席。

我发现，人事问题是我接触的所有工作中最敏感、最复杂的，也是最困难的。按以往的程序和总干事的要求，每次完成了对短名单中所有人（一般为4—5人）的面试后，委员会不提供单一的结论报告，而由每个委员各自向总干事提交独立的报告和推荐建议，总干事自己做出最后决定。尽管如此，我认为面试委员会作为一个整体，必须坚持客观、公平和公正的原则。为了做到这一点，我会在每次面试结束时，组织委员会委员一起讨论，共同梳理对每个面试对象的主要印象和评价，大家

## 第八章 来自中国的副总干事

当场充分各抒己见。这种做法，在绝大多数情况下，我们基本上还是能达成相对一致的看法和统一的结论。当然，每个委员最后向总干事提交什么样的书面报告和推荐建议，就完全取决于每个人的良知和立场原则了。的确，委员之间有时对于排名顺序也会持不同看法。这是大家的权力。

一般来说，联合国系统大部分机构采取的招聘面试模式，是由面试委员会提供一份统一的结论报告。粮农组织这种做法的最大不同点是，面试委员会的主席虽然有一定的话语权和影响力，但遇到委员们持不同的意见时，主席没有"定于一尊"的权力。面试委员直接向总干事提交各自的意见，总干事则根据我们每个人的独立报告和他自己的考量做出最终的选择与决定。这种做法的确给总干事留下了很大的操作空间，也是这个原因，总干事继续受到不少诟病。批评者认为他在人事任命方面还是不那么透明。

我和委员会其他成员也有过纠结，甚至不满。因为的确见过总干事在成员国的政治压力下，或出于其他因素，改变了我们委员会的共识。意见归意见，我们既要对总干事负责，因为他是成员国选举授权的行政长官，也要对粮农组织负责和对成员国负责。我们深知，我们必须按联合国的"诚信、专业、尊重多元"三个核心价值观和每个职务的资质要求，尽最大努力，凭着自己的正直和良知，做出专业的判断，向总干事推荐最优秀的人选。因为这才是国际组织的立命之本。

我们也遇到过挑战和考验。2010年7月底，我主持对粮农组织渔业部助理总干事的5个候选人进行了面试，其中两位来自机构内的现任司长。根据我们的面试结果和总干事的考量，最后获得任命的是安尼·马迪尔松。马迪尔松来自冰岛，当过政府的财政部部长。2007—2008年的全球经济危机席卷欧洲，冰岛差点儿宣布国家破产，他也随着政府的下台而去职。对马迪尔松的任命，的确引起了一阵不小的风波，主要的挑战来自粮农组织秘书处内部。因为候选人中现任的两个司长都有较老的资历，而且都是渔业方面的专家。

8月26日上午，我正会见加拿大代表，我的助理劳拉匆匆进来，对我耳语，渔业部两位司长和协调员有紧急事情需要马上见我。劳拉是一个非常讲究外交礼仪的人，在一般情况下，她是从来不会在我会见国家代表时推门打扰的。可能还真有急务，我心想，但没动声色，很客气地尽快结束了会谈，把他们送出我的办公室时，我发现渔业部的3个中层管理干部在我秘书的办公室等候见我。

他们进了我的办公室，每个人的表情都很凝重。没等坐好，司长乔治就开口说，他们刚刚获悉候任的渔业部助理总干事3天后即下周一将来罗马报到，这对粮农组织来说将是一个"巨大的政治丑闻"。可以听出，他情绪激动，脸涨得通红，声音也有点颤抖。此时协调员拿出一沓从网上下载的文件，一边递给我，一边说：据冰岛媒体报道，粮农组织新任命的渔业部助理总干事目前在冰岛已官司缠身，冰岛议会特别调查委员会的报告点了包括马迪尔松在内的前政府3名高官的名，认为他们对冰岛国家濒临破产负有"渎职"之责，新一届政府正准备对他们提起诉讼。渔业部3个中层管理干部再三强调，网上这些信息绝对可靠，已通过冰岛新政府的渠道得到证实。

问题突如其来，复杂、棘手，且高度敏感。总干事对马迪尔松的任命，的确引起粮农组织渔业部的不少意见，特别是那两位申请该职务的司长。此外，冰岛国内由于政府更替，新政府的代表对总干事也略有不满，加上粮农组织总干事也开始进入换届前的"跛脚鸭"状态，改革执行进展并不理想，尤其因用人问题屡屡受到批评，关于主管知识的美籍副总干事要辞职的传言也不少。所有这些问题都纠缠在一块儿，处理不好必然成为新闻的一个爆发点，引起舆论的喧嚣。"此时粮农组织最经不起太多负面的舆论和影响。"我心想。

应对天灾、组织紧急援助是国际组织要经常面对的"危机处理"；而有时"人为"造成的危机，其敏感性和复杂性以及可能造成的冲击

## 第八章　来自中国的副总干事

力往往不亚于天灾。处理此类危机，往往更需要管理者的智慧、勇气和决断。在多元文化环境中，国际职员任命、升迁与提拔等问题，处理不当，缺乏公平、公正和透明时，一旦有个突破口，就会"一石激起千重浪"，酿成连锁反应，影响人心士气，甚至引起法律麻烦，影响国际组织的政治声誉。

对于此案，我觉得重要的是必须马上弄清事情的真相。我坚定地认为，联合国组织绝对不应使用有"官司"在身，甚至可能"有犯罪"记录的政府官员。"必须立即叫停"，这是我当时的第一个反应。

问题是粮农组织已经下了聘书，对方也已在当天签了接受任命的回执，而且秘书处还向他发了旅行授权。此外，人事部门还同意了他的要求，提前让他于周六，就是明天飞罗马。根据有关规定，正式旅行一旦发生，他就会受到联合国的豁免权的保护。从法律意义上说，马迪尔松已经接受了粮农组织的聘书，来自粮农组织的任何单方变更，如取消合同，除政治影响外，粮农组织将不得不做出巨大的经济赔偿，除非我们可以认定当事人有"犯罪记录"或涉及政府的"官司要案"。

总干事不在罗马，他正在中东某国休假，参加与宗教信仰有关的私人活动，而且手机关机。很明显，此刻唯一可以代表机构做决策的人就是我自己，而且一切风险必须由我承担。

我立即召来了法律顾问安东尼、人事司司长阿隆基，办公厅主任因休假无法参加。我们三人商量之后一致认为：这是个非常棘手的问题。因为不管采取哪一种措施，风险都存在。他们说："不过，你有决定权，而且此刻能做决定的也只有你。"秘书处的事往往是这样：参会人什么都说，有时等于什么都没说，皮球就到了你的手中。是的，我有不可回避的责任，必须做出明确的判断和决定。我对他们说：中国有一句话，叫"两害相权取其轻"，我们无法回避，只能先"暂停"马迪尔松来罗马。我让人事司司长立即做三件事：一是无论如何必须和马迪尔松本人直接电话对话，而且做好录音，通知他取消明天的行程；二是告诉他，他有责任也必须提供关于他"被指控"的详尽说明；三是如果他认为自己是清白的，没有任何"官司"问题，他需要请新政府的领导人向总干事提供一份正式信件澄清。

我的这三点要求明确、近乎苛刻。我们原以为马迪尔松会表示不满，甚至提出反对意见，但他毕竟是资深政客，懂外交，也非常配合，竟无条件地全盘接受了我们的要求。他还表示，如果因任何原因，包括粮农组织出于某种特殊考虑（他用"circumstance"措辞），需要取消对他的任命，他也会考虑配合。

事后，总干事也认可了我的做法。一个月后，马迪尔松向粮农组织提供了一份详尽的说明，并附上了一些背景材料。他声明他已得到新政府和相关法律部门的反馈，新政府也认定冰岛金融危机几乎导致国家破产的责任不在他本人。此外，总干事还收到了冰岛新政府总理的推荐信，明确说明新政府不会对马迪尔松个人起诉所谓的"渎职罪"，并继续支持他担任粮农组织渔业部的助理总干事。

看来，冰岛新政府（原反对党）没有死磕政见问题，对事不对人，这是政治成熟的一种表现。有人说，新政府一定想到，作为一个只有几十万人的小国，能够争取到联合国一个助理秘书长级别的位置是一件大好事。国家利益高于政党异见，这与一些国家"以国家名义"死守部门利益的庸俗思维大相径庭。我还听别人反映，2012年，时任粮农组织主管知识的副总干事曾要求美国大使出面劝阻新任总干事调整她的职务时，美国大使表达了这么一个立场："作为美国代表，我首先要确保粮农组织的方向正确；其次是确保美国有一个副总干事的位置；最后，我们只推荐人选，但不确保具体某个人，因那是总干事的行政权力。"

在正常情况下，类似这样的人事问题，可能涉及政治、法律、粮农组织影响以及个人声誉与权利等敏感问题，一般都是总干事自己亲自过问、处理。在总干事外出又无法联系上的情况下，考虑到问题的紧迫与特殊，我果断地做了决定，及时化解了一场潜在危机，对粮农组织、冰岛政府以及马迪尔松本人三方都是有利的。事后，我得到了总干事的肯定和赞许，而且他还同意了我的建议：今后凡任命来自政府的高级官员之前，必须加上一条，即要求候选人做出是否有政府的任何"悬案"（case）的明确说明（statement）。"吃一堑长一智"，作为粮农组织高管面试委员会主席，我前后经历了几十位高管的招聘面试，我们十分在意被面试者个人的政治素质和廉洁问题。

**信息泄露事件**

另一个突发事件也令我记忆犹新。2010年年底，粮农组织在推进新的甲骨文信息管理系统、测试分布式的财务管理软件。信息中心在测试该新系统时出了一次很大的网络安全事故。技术人员把150多名职员的人事数据放到网上检测后竟忘记撤下，三天后发现数据已经被个别媒体捕获，其中包括了总干事本人的一些财务数据。要知道，在西方社会，职员的个人资料，如家庭成员、工资收入以及个人健康情况如艾滋病、精神病等疾病，都是非常敏感的，属于个人隐私的保密信息——这属于网络安全的主要关注点之一。

那天下午，我得到审计官的报告，说总部有20多名"被泄密"的职员联名写了一份书面报告，要求彻查此事。他们提出：根据信息被披露的情况和最终风险的程度，他们将保留向在日内瓦的国际劳工组织和联合国法庭提出诉讼，状告粮农组织"渎职罪"，并要求赔偿损失的权利。这件事很严重，处理不妥，将可能引起不小的风波与官司。

信息司由我分管。司长兼粮农组织的首席信息官（CIO），也是粮农组织改革的新安排。多年来，信息技术迅猛发展并得到广泛应用，粮农组织各部门都建立了自己的信息基础设施，比较大型的有农业部的全球农业生态区划系统、渔业部的渔业信息系统、林业部的全球林业监测系统，以及经济部的农业统计系统、粮食不安全与脆弱性监测系统、全球粮食安全早期预警系统等，甚至连当时的知识与交流部的知识交流和能力建设司都开发了致力于扶贫培训工作的信息系统：真是五花八门，"山头林立"。和许多国家一样，粮农组织在大力推进办公自动化信息系统和内部信息共享平台。但由于缺乏顶层设计、统筹规划，出现了各种信息系统遍地开花和信息碎片化的失控现象：数据权限不明确，缺乏统一的标准，系统之间的兼容性、互补性和互联性严重缺失，各自为政，导致数据无法使用，形成"信息孤岛"，造成了极大浪费。

其实，这个问题早就存在。1998—2002年期间我在总部担任资环处处长时就已察觉到并提出过这个问题，希望有专门机构负责顶层设计、开展协调。当时，粮农组织的遥感和地理信息系统归我管辖，不少部门认为我这是在为自己的部门争地盘、争经费。总干事倒是成立了由经济部助理总干事担任主席的协调小组，开了几次会，不了了之。我调到地方后，发现地区和国家与总部的系统基本隔离，罗马的总部就像是一个"信息孤岛"。一种巨大的落差，更加让我感到沮丧，甚至愤怒。基于这种切身体会，2006年粮农组织独立外部评估的火烧起来后，我从地方运营的切身体会，像愤青一样，在多个场合，有时甚至用较为激烈的言辞，指出这种各自为政和碎片化发展的结果，只能是"劳民伤财"。我建议在改革中必须重点关注这个问题，我提出了要仿效一些国家，如英国，设立粮农组织首席信息官，赋权整个机构信息化建设的顶层设计，协调各个系统的发展，推进办公自动化（后来的电子政务系统）及机构内各部门的数据共享和系统之间的兼容。

相信外部评估专家大概也听到了太多人的同样反映与关注，他们在粮农改革方案建议中明确提出要设立"首席信息官"的职务。应该说，我的这个主意其实并非我的发明与创新。这个问题的理念来源于80年代初我在中国政府和后来在亚太经社会推动遥感和地理信息系统时的一系列体会和思考，特别是1983年我参与了国家科委国家遥感中心组织的"空间数据标准化和规范化制定研究项目"。这个问题在许多国家有其共性，甚至在许多西方国家以及国际组织都普遍存在。

## 第八章　来自中国的副总干事

没想到，粮农组织的第一任首席信息官就归我管辖，而第一个问题就出在这个新成立的首席信息官单位。出事当天，我认真听完首席信息官戴维·本菲尔德的报告后，第一个反应是，无论如何必须马上关闭系统，撤下所有数据。本菲尔德告诉我，由于曼谷已是深夜，他只给设在曼谷的服务中心的负责人发送了邮件。我说："这是救火啊！你必须打电话叫醒他，而且命令他连夜关闭系统，撤下数据。"

我在信息安全领域没有任何经验，以前也没有出现过类似问题。但我知道，纸包不住火，很快就得面对各方，特别是总干事和工会的质疑，甚至那些没事也会找事、千方百计挖粮农组织的热点新闻的小报记者。我通知立即召开紧急会议，请行政助理总干事、信息技术司司长、人事司司长和内部审计办公室主管以及法律顾问，一起研究问题的性质和后续行动，讨论紧急补救措施。大家都认为确实存在风险并提了一些应对建议。我总结大家的意见后做了如下决定：一是由法律顾问与那两个媒体联系，要求它们停止对外披露敏感信息，否则负有法律责任；二是由信息技术司司长亲自查核当时上网测试的所有实际数据，并进一步检查可能存在的技术漏洞；三是由内部审计办公室主管协助首席信息官马上安排审计，查清问题真相，以防类似事件再次发生；四是由行政助理总干事商法律顾问起草一份说明，发至所有"被披露"信息的职员，并出安民告示，向他们道歉并承诺"透明和确保他们的知情权"，随时向他们通报问题处理的进展。

在各个部门的配合下，审计部门很快提出了报告，得出结论：事故的发现及时，且采取的措施得当；泄露的数据基本上属一般性的内容，对于一些 IT 技术人员来说，很容易通过其他一些公开渠道获得，没有涉及任何保密和个人隐私的内容；同时建议信息技术司应该以此事故为戒，加强网络安全教育，并对相关规制做相应修改补充。

审计的这个结论使我们所有人如释重负。此事尽管没有造成破坏性损害，但毕竟还是一个值得重视的网络安全教训。当时正处信息中心改革，所有的后台处理任务将由总部下放到地方，涉及一批专业人员被再分配到曼谷、布达佩斯以及开罗等地。职员中存在不同想法，士气比较低落，一些人出现埋怨情绪，从而在一定程度上也影响了工作。作为主管领导，我所看到的是涉及职员现实问题的政策和可能引起的其他影响。为了表示诚意，我决定以主管副总干事的名义向涉及数据"被披露"的所有人发送一封邮件，说明审计结论，解释问题的原因，并再次代表组织诚恳道歉。与此同时，我要求信息技术司司长认真吸取教训，对直接责任人做个别谈话和口头批评。我特别交代，在这人心浮动之际，尽量避免采取"过分"的行政措施。我认为问题的关键是要有明确的数据安全政策，制定一个具体的规范，在操作层面杜绝类似事件再度发生。信息技术司以此为契机，召开了全体工作人员大会，通报了情况。

我亲自到会上作了一次讲话，用这个案例向大家强调信息的敏感性和信息安全的重要性。我也向他们做了自我批评，诚恳地承担了我作为主管部门领导的责任，并公开承诺相关责任的技术人员只要把问题说清楚，能认识到问题的严重性，将不采取任何的行政措施。我最后说："中国有一句古话，'凡事预则立，不预则废'，我们领导层在推动改革下放的过程中，应该首先考虑到许多新问题，包括职员的实际困难和福祉。但我也要求大家，包括具体岗位的技术人员，都能从这个事件吸取教训，引以为戒；不管在什么情况下，都能从大局出发，一如既往，做专业的人，成专业的事。"

粮农组织政治史上第一次的"大规模信息泄露"事件，的确使所有当事人不安，尽管问题很快得到了完满解决，特别是没有任何"受影响"的职工对此事件继续纠缠。他们似乎对那几位涉事同事表示理解和同情。"得人心者得天下"，这是一条颠扑不破的真理。我后来听说，首席信息官和信息技术司的全体职员对我及时过问并迅速解决问题，以及主动承担领导责任的大度宽容姿态，充满感激，也非常满意。

## 第八章　来自中国的副总干事

### 高处不胜寒

很多人都希望自己能当上一名国际职员；许多人都想能在国际组织里不断成长，争取高位。然而，高处不胜寒。职务高固然好，但责任也同步增大，必须德能配位，还得时时准备牺牲自己的利益。

机构不论大小，都有错综复杂的不确定时刻、瞬息万变的不测风云。位高权重，意味着无法回避麻烦棘手的问题，特别是突发事件。你再坚定，有时候也难免神经紧张，甚至彻夜难眠。这大概就是责任。责任大了，日子就不可能太潇洒轻松。一个硕大的国际组织，处在一个大发展大变革的时代，自然会有来自内外四面八方的挑战，林林总总，瞬息万变。然而，压倒骆驼的往往是那最后一根稻草。在正常时期，凭着一张路线图，从 A 到 Z 平稳前行，一般不成问题。但在突发事件面前，情形完全不同。它需要管理者的睿智、定力、判断和果断的决策。面临危机，管理者犹如救火队长，需要勇于担当，当机立断；你的任务是及时控制火情，不让火势蔓延，避免造成更大损失。然而横扫左右，纵观上下，很多人，遇到无法绕过的坎儿，耍小聪明，装糊涂，甚至抱有侥幸心理，企图逃避责任，最后只能为不作为、不担当而付出更大的代价。

## 情真意切话别离

### 退休告别会

粮农组织内部设有高管会（SMM）和计划与预算顾问委员会（PPAB）。高管会是一个政策决策机制，参加人员限于助理总干事以上，以及特殊职能部门的第一把手，如法律顾问、计划司司长和总审计官。高管会一般每月召开一次会议，由总干事亲自主持，有预设的议题。计划与预算顾问委员会则是一个咨询机制，目的是针对机构的工作计划、预算和执行情况交流信息、分享经验、提出建议、促进合作。计划与预算顾问委员会每季度举行一次会议，参加人员包括所有的 D2 以上的官员，有时也邀请一些处长参加。由于规模较大，人数较多，计划与预算顾问委员会会议一般都在费萨尔国王厅举行。这是个装潢豪华精致的专用会议厅，是由沙特阿拉伯王国提供装修费用，并以费萨尔国王陛下名字冠名。粮农组织成员国曾通过了一个决议，邀请有能力、有兴趣的国家自愿捐赠装修会议室并以该国冠名，于是就有了中国厅、印度厅、墨西哥厅、埃塞俄比亚厅等。我不知道为何没有美国厅、英国厅、法国厅等，是它们行事小气，还是觉得盛名已就？我想它们不至于拿不出这些小钱吧？也许是它们的政府在动用公共资源方面有比发展中国家更为严格的繁文缛节。

2011 年 6 月 16 日，总干事主持在费萨尔国王厅举行的粮农组织计划与预算顾问委员会会议，与会人数众多。会议的议程很简单：通报下一届大会的准备情况和"向副总干事何昌垂道别"。这倒不是给我什么特殊待遇，而是粮农组织的惯例：凡是司长级以上的官员退休，总是要在计划与预算顾问委员会上有一个正式的议程，大家谈点感想，说几句好听的话，道声珍重再见。高管们还自掏腰包，凑份子提前准备一个银质纪念盘，刻上你的名字，满满的人情味，往往颇有些难分难舍的氛围。不过，也有个别人因不同原因，借故缺席；还有一些人也利用这个机会发发牢骚、搞点儿幽默——这种文化在中国的官场并不多见。

在我的道别会上，总干事做了如下讲话：

> 亲爱的昌垂，在您退休之际，我谨向您表示我衷心的感谢。您对这个组织的无价贡献是完全无法用言语形容的。您在粮农组织服务期间的巨大贡献，我们已记录在册，我谨代表联合国粮农组织和我个人向您表示诚挚的感谢和赞赏。作为一名接受过专门教育的科学家，您从福州大学获得物理学学士，从荷兰国际航天测量与地学

## 第八章　来自中国的副总干事

学院获得遥感综合考察硕士，以及从北京大学获得地理学博士。

您在政府担任过一系列职务，始于中国科学院一名科技研究人员，最终成为国家科委基础研究与新技术局的副局长。

1988年，您加入联合国，到泰国曼谷担任联合国开发计划署和亚太经社会的地区遥感项目协调官，开始了您的另一个辉煌的职业生涯。1994年，您被任命为亚太经社会空间技术应用处处长，到1998年，您加入联合国粮农组织，出任我们刚刚成立的可持续发展部自然资源与环境处处长。您很快地证明自己是一位有能力的管理者，我们把您调到亚太地区担任地区代表，并很快提升为助理总干事。在您担任助理总干事兼亚太地区代表的8年期间，您为这个组织的工作和形象做出了卓越的贡献，包括成功组织几次地区部长会议，领导地区和国家的发展项目。我们将会记住您在争取孟加拉湾大型环境基金等项目的长期不懈努力和谈判能力。您还用行动证明您是一名充满活力和面向结果的高管。尽管由于6个小时的时差给您带来不便，您在任何时候都会以工作为先，并做好充分准备，参加总部的视频会议。

改革设立了负责粮农组织运营的副总干事一职。这个职务需要一名有全方位才能的管理人才。由于您的出色能力，我任命您担任这个职务并得到理事会的批准。您于2010年1月履行新的职责后，又一次证明您的能力，并以强大的远见卓识应对新的挑战。在短短的几周内您从零开始，建立起一个完全运行的新办公室。这自然是困难的过渡，充满新的挑战，需要您领导好几个部门和办公室。然而，您不但克服了种种障碍，勇敢面对挑战，充满正能量，尊重高管团队的资深同事，而且对您的下属一视同仁，展现了您领导者的风格。

我亲爱的昌垂，在担任副总干事的18个月时间，您肩负着大量的职责，太多的职责以至于我无法一一列举。我想特别强调您对如下工作的贡献并表示感谢：在"10亿人饥饿"框架下，您组织了不是100万人而是340万人的签名运动。我还可以列举您花费大量时间、不厌其烦地与地区、分地区和国家办公室视频磋商、指导，确保技术合作项目下放的成功执行。我还应该强调，您作为我建立的粮农组织改革近期行动计划委员会主席所做出的关键贡献，确保了行动计划的有效和高效率的执行。我还要对您最近提出的近期行动计划早晨咖啡会面倡议表示致意。这个倡议是一个创举，它帮助极大幅度地缩小了粮农组织高管和普通工作人员的隔阂。您总是能够证明您是"一个粮农组织"的强有力推动者，深信整体的力量一定大于各个部件的总和。

在这变化不定的岁月里，您始终坚定地相信联合国的价值，一路走来保持您的初心不变。您的同事和朋友们，不管是身处总部还是在地方，都认可您职业生涯中的专业精神和您的人文价值。所有的工作人员都看到，您在承担各种任务时总是致力于激发粮农团队的创造力和对问题的敏感性，特别是在推动粮农组织改革的方方面面。您对粮农组织的贡献已经留下了强大的印记。毫无疑问，因您的退休，我们将失去聆教您的睿智——中国的谚语和智慧的机会。

总干事最后似乎含着深情的泪花，继续说："希望您对家人转达我的再次谢意和良好的祝福，祝愿您和夫人过上幸福长寿的退休生活。"

会后有几位同事对我说，他们经历了多次类似的告别会。在大多数情况下，迪乌夫一般只不过说上几句场面话，"像这么细腻、感性、动情，用这么长篇幅，给予这么高的评价，的确罕见"。

在一阵长时间的掌声之后，迪乌夫请我讲话。应该承认，那段时间我心情很复杂。我对总干事从内心充满尊重，也有一定的崇拜。他是一个极有个性的人，是我见过的很有远见、有智慧的联合国机构领导人之一。他有鲜明的立场，对发展中国家充满责任感，而且好像已经在组织

## 第八章　来自中国的副总干事

里植入他的基因。他很有爱心，对贫困与饥饿的人们充满同情心，必要时总是毫不含糊、旗帜鲜明地捍卫发展中国家的利益。他多次对我提道：管理是一门艺术，不同的人会有不同的管理模式，不应强求一种模式；作为一个领导，主要的职责是辨方向、拿主意、做决定；但决策总要担风险，需要找到最大的公约数，不可能让所有人都满意。他对中国的改革和取得的成就充满敬佩，对中国政府非常友善。他在多种场合多次提道：中国政府扶贫工作的巨大成就，帮他这个国际粮农组织的负责人解决了全球五分之一的问题。

在我眼里，他还是个识才、爱才和敢于用才的管理者，尽管他在选人的透明度问题上颇具诟病。他提倡要尽量多使用发展中国家的专家作为粮农组织的项目顾问。和他接触多了还会发现，他那大部分时间总是冷冷的外表下，有时也裹着温软的幽默和童真的可爱。比如，为了能看他自己国家的足球队与法国队的比赛，他有一次竟提前结束高管会。他也有凡夫俗子的一面，亚太地区办的一些人知道，他每次去曼谷，无论时间多紧，工作多忙碌，都会挤出一点儿时间，哪怕是一个钟头，亲自到市场采购一些他夫人喜爱的泰餐调料，以及一些小物品，说是送给秘书和司机。

2011年6月将是下一届总干事选举的大限。粮农组织改革修改了《宪章》，明确规定总干事任期从过去的6年缩短为4年，而且只可以连任一届，任期最多8年。而届时，总干事迪乌夫将在任三届，整整18年，他的一些逐渐走向高度集权甚至"独裁"做法大大超过了成员国的接受极限。根据新《宪章》，他已不可能再参选连任。由于选举将从原来的11月底提前到6月中，成员国希望从大选之后即7月1日到2010年1月1日新当选总干事上任的6个月过渡期内，领导班子能够保持相对稳定，以便稳步推进改革，特别是给新当选的总干事留出人事安排的空间。为此，常驻代表自发举行多次非正式会议，达成统一的意见，由发展中国家和几个发达国家的代表给总干事提交"建议"，希望现任总干事和候任总干事在选举后的 6 个月过渡期进行良好的"沟通与衔接",保持管理队伍的稳定。他们还特别建议,"让何昌垂继续担任副总干事,留任到 2012 年 12 月"。这样做的目的有二:一是在这关键的过渡阶段需要对改革情况熟悉的领导;二是出于对新当选总干事的友善(courtesy),为继任者留出一定空间,好任命他自己的主要领导班子成员。德国常驻代表还专门来电话告诉我,他正在和几位大使商量,准备抵制总干事的做法。"希望你工作到年底,甚至帮助新总干事干一两年,"他说,"你是国际公务员的典范。这不是我个人的看法,是德国政府的意见。"

迪乌夫为此大发雷霆。在 2011 年 4 月 11 日至 15 日的粮农组织第 141 次理事会的头天,他发飙了。他扔掉讲稿,强调"我现在还是总干事,这些是我的权力"。他说:作为 4 人"执行领导小组"的一员,何先生为这个组织提供了主要的战略方向,并领导整个机构的运营服务。他担任地区代表期间,也为地区的战略制定起了关键的作用。但他已届联合国规定的退休年龄,你们有什么理由阻止我任命新的副总干事呢?

从法理上说,总干事是对的,尽管他如果愿意,还是有权决定"例外"的。但他有他自己"不可示人的议程",而且使用不算太光明正大的"分而治之"的手法,在理事会上让发展中国家表态支持他任命我的继任。他还好像孩子一样赌气,在余下的短短几个月内,不断加大力度、加快步伐,任命了几乎所有 D1 级以上的高管空位。我记得他在离任前,把总干事办公室的一个人任命为 D1,另一个任命为 D2。他有点做绝了,给新总干事留下的唯一一个高级职务是总干事办公室主任的空位——他判断,新总干事无论如何要带一名自己信得过的人出任总干事办公室主任。

我作为主管人事的副总干事,又是高管面试委员会主席,对于这样马不停蹄面试、突击任命几乎所有的高管和国家代表的确很有看法,甚至非常反感。但我将马上离任,心有余而力不足。许多成员国代表,包

## 第八章　来自中国的副总干事

括美国和欧洲国家的代表，最多也只是私下说说他们的担心。因为连最直率、最敢于在理事会挑战的加拿大代表也觉得有"被打败感"，无可奈何。我曾力劝总干事，说中国人有个说法叫"物极必反"，这样做最终可能会引起反弹，事与愿违。但他始终没有让任何人说服他。我无法理解，他为什么在18年任职的最后半年多时间，竟要如此大张旗鼓、高调行事。他是在赌气行事。

在告别会上，去评论这些恐怕是不合时宜的，但去唱赞歌也是违心的。我觉得我应该像其他人一样，给自己在粮农组织的生涯作一个小结，画个句号。我做了如下的"告别致辞"：

总干事，顾问委员会的全体同事，朋友们：

我首先感谢总干事的这番美言，我应该感谢总干事和成员国给了我为粮农组织服务的机会。我也感谢总干事对我的信任，使我能够在不同的岗位上为这个组织工作了将近14年，包括自2010年1月起担任这个组织的副总干事。

1998年4月，我离开亚太经社会加入粮农组织。我还记得那时粮农组织的招聘程序一直是严肃和严格的——起码，我是这么认为的（笑声）。我仍然记得为了一个D1级的处长职务，我被要求先后进行了两次面试：第一次有5个面试官，由可持续发展部的助理总干事卡萨拉迪担任主席；第二次面试，是通过视频从曼谷向罗马连接，由哈查理克副总干事担任主席和3个助理总干事组成的面试委员会进行。我记得面试大约持续50分钟，覆盖了很广的问题。我听说其他人基本上就是一次面试。我猜测我之所以有两场面试、两次机会，大概是因为总干事可能是为了避免把一个资质不明的中国人招入管理团队。或许是吗？（笑声）。

我在这个组织的第一个职务是领导总部当时最大的技术单位——自然资源与环境处。这个处负责遥感与地理信息系统、农业气候与农业气象学、能源、联合国三个环境公约（气候变化框架、保护生物多样性和防治荒漠化）工作组秘书处、千年生态评估、全球陆地观测系统、有机农业，甚至包括国际减灾十年。大部分工作是跨学科的，要求与各部门很好地协调和合作。这份工作为我提供了很独特的平台，使我有机会和几乎所有的部门互动与合作，也使我有大量的机会接触不同的技术领域，特别是向在座和今天没有在座的许多同事学习。我应该说，我深深地感到我欠了他们许多债。我非常感谢在座所有同事，也包括那些帮助过我、已经退休的顾问委员会同事，感谢大家无私地分享了你们的知识、智慧和建议。

2002年9月，我想总干事可能冒着第二次风险，把我调到曼谷，去带领亚太地区办团队。这一次，他更加谨慎。他把我放在D2司长级的位置，却要我履行助理总干事的职责。经过了9个月的考验，他才把我转成了助理总干事——总干事在我身上做了试验，开了头一例。

有人把从总部调到地方看成一种"流放"，可我不这样认为。我觉得在实地工作的近8年时间是我一生中最受教育、最有回报的阅历时期。我带领地区办的同事，在2003年年初发起并制定了全球首个地区农业和粮食安全战略框架。当时，总部责难我，说总部已经制定了长期战略框架，我再编制地区框架的目的和意义何在。有的甚至认为这是"闹独立"。但我认定这符合地方需要，且我主意已定，九头牛也拉不回。改革后证明我们面向地方、面向问题的做法是对的。我感谢总干事那时没有亲自干预并叫停。

在实地，我更好地理解了饥饿的人们是如何挣扎着过日子的。我目睹了印度洋海啸和纳尔吉斯台风灾害的惨景，感受到禽流感给农民带来的巨大经济损失和破坏性的家庭影响，以及体验到2007—2008年全球粮食危机和金融危机给小农和贫困的人民带去的痛彻

## 第八章　来自中国的副总干事

心扉的影响。

我们经历了粮农组织在一线奋战、帮助农民的日日夜夜。我深深体会到：这个世界，特别是那些贫穷和饥饿的人们迫切需要粮农组织——不是我们漂亮的语句，而是我们实际的行动！我深信这个组织能够帮助贫穷和饥饿的人们。我看到，如果我们很好地组织起来，作为一个团队，在实地采取一致行动，我们能够做得更好。

在那些困难的日子里，我常常想起中国的一句老话：多难兴邦。在动荡不安的年月管理粮农组织就是一个例证。事实如此不容置疑：危机频发也帮助粮农组织不断强大，更有可视度，也更清楚地被人们需要。

在泰国东北部，我看到，粮农组织的技术合作项目帮助当地农民栽培蘑菇，使病残农民结婚成家，过上幸福有尊严的生活。

在偏远落后的孟加拉国贫困村庄，我看到，粮农组织的"粮食安全特别项目"为农民带去了丰收和好收入。那些满脸皱纹的老奶奶露出一脸笑容，紧紧拉着我的手激动得一句话也说不出来。

在太平洋的一些岛国，我看到，粮农组织的南南合作项目结出硕果。我们帮助农民引进新品种和水控制技术，很快防治了热带气旋灾害引起的作物枯叶病，恢复了被完全毁坏的芋头生产。要知道，这可是那些岛民的传统主食啊。

在担任副总干事期间，我很高兴在非洲、南美洲甚至东欧的黑山共和国等地看到了粮农组织类似的足迹、类似的成果。但不无遗憾、使我深深担忧的是，出于某种原因，一些成员国，却在片面强调粮农组织"规范性"工作的重要性，从而忽略甚至无视各国贫困农民的真正问题和发展的迫切需求。我以为，任凭这种思想发展，将酿成巨大的政策错误，必然导致对消减饥饿的长期致命影响，并最终影响下一代人的生存和粮农组织的命运。

我亲爱的同事们，我在地方工作7年多之后，2010年1月，很幸运地再次得到来罗马的机会。这一回，我担负起主管运营的副总干事的更大责任。这一次时间相对较短，我有点遗憾，但还是感到满足，因为我有了向大家学习的另一次机会；同时，也给了我一个机会，把粮农组织过去10多年投资我的红利回馈给这个机构。以我有限的时间和能力，以及我在总部和地方积累的经验，我得以和各个部门一起工作、面向成果。技术合作部和地区团队正在完成、巩固技术合作项目的改革成果；下放办公室已经完成地方和总部的职责和关系的重新设计；行政部门的团队也开始着手制定各种新的人事政策，包括流动政策；信息技术司也正在编制机构信息技术战略和管理架构，同时为地方各级提供了增强的服务。

亲爱的总干事，在您的领导下，我很高兴能在这场史无前例的改革中协助您工作，具体负责整个近期行动计划的组织实施，并通过您主持的4人领导小组的高层领导机制，对粮农组织的总体政策提供建议。

我分别在2010年年初和2010年秋（担任代理主管知识的副总干事）倡议的运营和知识两翼高管会机制，在一定程度上更好地推动了总部和地方的介入、互动和整合，有效地为所有的高管参与和贡献的粮农组织改革赋能，促进了粮农组织一致行动的理念。作为主席，在近期行动计划委员会成员的支持和配合下，我们实现了该委员会日常运作的机制化，在改革过程和项目总体管理、计划实施和监督评估等方面建立了更明确的职责和问责制，特别是开展了粮农组织有史以来第一次的职员调查。

我很高兴改革进展顺利。但应该诚实地直面——正如您经常要求的，我们也应该看到缺点和机会，以便改进进程和运作，目的是获得更有实质性的成果和改革的红利。我马上就要离开了，我的一个未尽之事是权力下放和进一步增强下放网络。对此，成员国还需要进一步给出政策。我的第二个担忧与改革实施的透明度有关，尤

## 第八章 来自中国的副总干事

其是优先确定、资源分配和使用的问责制。第三，我对如何保持改革势头也有所担心。中国的历史著作《左传》中提道："一鼓作气，再而衰，三而竭。"改革前后进行了五六年，如何让所有职员保持兴趣、继续参与，鼓励在座所有的计划与预算顾问委员会全体成员的主人翁态度和有效参与，将改革进行到底是个挑战。这就是我创立"早晨咖啡"平台的原因，鼓励大家积极参与讨论改革、出谋划策。

我并不假装我对所有这些问题有解，或者可以给出一些好的建议。但我要诚心敦促所有的顾委会成员——这个组织的资深和高级官员，都能更加积极地参与改革进程和改革项目，因为这些项目都是你们现有双年度工作计划的一个组成部分。我要求我走后，近期行动计划委员会要继续制定一个清晰的办法，旨在加强全体顾问委员会成员的参与，即这个机构的高管都参与改革。

最后，我还想简短地谈一下我们这个组织的人力资源管理问题。中国有一句老话：兵熊熊一个，将熊熊一窝；类似于拿破仑说的：一头狮子率领的一群绵羊能战胜一头绵羊率领的一群狮子。毛泽东说过：正确的政治路线确定之后，干部就是决定的因素。顾委会成员，作为这个组织的最宝贵的高级资源，是联系高管和全体职员的纽带和桥梁，对这个组织的继续成功至关重要，是决定改革成败的关键因素。我本人有缘和这批经过严格选拔、极具竞争力的团队成员一起工作，是我的幸运。大家切记，我们高管的管理风格和道德风范是确保这个组织成功的主要因素。治理之道："水能载舟，亦能覆舟。""少说多做"应是我们的座右铭。

我的话有点儿冗长，但我想我可以被原谅，因为这是我的最后一次机会（笑声）。我再一次感谢总干事对我的信任，感谢顾委会全体成员这些年来给我的无私支持和合作。几天后，我就要离开粮农组织。我虽然人走了，但为了我们共同的梦想和抗击饥饿的共同目标,我对这个组织和对你们的爱、我的初心和我的思想将继续与你们在一起。

在我冗长的发言之后,接着是一些同事和朋友的发言,基本上是感性的、溢美的,使我觉得温暖。这些话,与成员国的离别感言有异曲同工之感。记得在 4 月 15 日理事会上,不少国家代表在讨论任命我的继任人时,也借机为我做了深情、简短的告别。韩国大使代表亚洲小组说,何昌垂是粮农组织改革的一面旗帜,他帮助改善了粮农组织的权利下放,在推动制定地区发展战略中起了关键的作用,并帮助国家制定了农业发展规划。坦桑尼亚大使代表"77 国集团和中国"说:他工作勤勉高效,得到大家的高度满意与赞赏。他的离任,是粮农组织的一大损失。美国代表表示:完全赞同"77 国集团和中国"的意见,能有机会与何先生共事,非常愉快。他不知疲倦地工作,不仅对在罗马工作的人,而且对利益攸关者,对我们服务的全球的饥饿人们来说都是非常有价值的。

## 迪乌夫设家宴饯行

在总干事主持的正式告别会之后的半个月里,我继续站好最后一班岗:一方面马不停蹄地接受、完成总干事交办的一项又一项新的任务;另一方面,必须对现有的几个改革文件进行最后的修改定稿,包括大会要求的、最具争议的改革文件——《粮农组织下放计划和愿景》。出于我自己的兴趣和责任,我还必须赶在我离开罗马之前,最后审定名为《21 世纪的粮农组织——在变化的世界确保粮食安全》的书。这是总干事在 1 月中提出的要求,他希望在 2011 年年底退休之前出两本著作,除了上面提到的那本,另一本为《在混乱的时代管理粮农组织》。他曾要我对两本书全面负责,我对他说了明确的"不"字,只同意负责牵头编写前面一本,建议第二本书由另一个副总干事负责——尽管她还刚刚

## 第八章　来自中国的副总干事

上任。可以说，在这本书上，我花了巨大的心血，从构思概念，到内容及全书的提纲，再到具体编写人选的物色，基本上我都亲自过问。当时，各部门提交的素材，基本上不符合我的要求，时间短、任务紧，而我必须赶在6月底退休前脱稿。我非常感激我的顾问里克博士，他很耐心细致、一遍又一遍、不厌其烦地按我的要求，对原稿进行整理、修改和润色。

2011年6月16日，高管告别会后，总干事的个人助理来到我的办公室，说总干事想邀请我和我夫人参加他为我们举行的告别家宴，时间定在下周四，等他这次出差回来后。

那天是6月23日，是我的生日，看来总干事很用心，是特意选定的。总干事家在离粮农组织总部大楼5千米处的阿丕亚安提尕路。这一带是绿荫覆盖、风景迷人的富人区，星星点点散布着一些古老而又典雅的别墅。总干事的宅院非常幽静，独栋别墅是粮农组织按照法律规定为总干事提供的公房。

总干事个人助理不无羡慕地告诉我，她跟随总干事这么多年来，这是她所知道的，总干事唯一一次举行家宴为一个下属饯行。而且她说，总干事没有多请别人，就他和我两家。我的助理劳拉也认为，这是一种"特殊待遇"，可以说是"殊荣"。

从迪乌夫平时深居简出、不苟言笑的严肃作风看，我也相信这的确是一种并不多见的特殊安排。按西方人到朋友家中做客的习惯，我们订了一束鲜花，比请柬注明的时间特意晚到一点儿，我的司机把我夫人和我送到了迪乌夫家。我们发现，确实只有总干事夫妇和我们，外加总干事的妹妹。据介绍她是塞内加尔的一位部长，恰好在罗马出差。

应该说，这是一次真真切切的家庭聚会，气氛祥和、友好、随意。丰盛的法式大餐，有沙拉、鹅肝、前菜，两道主菜是马哈鱼和鸭腿——比平常西餐多了一道主菜，最后一道甜点是总干事夫人特意为我自制的奶酪生日蛋糕——他们从我秘书那里知道这是我们的最爱。当然还有餐

437

前饮料、小吃以及餐后的咖啡。总干事夫人还特意备了中国茶让我们选择。可以说，无论用什么标准衡量，这都称得上是一次精心准备的丰盛晚宴。

除了美食之外，最让人惬意的是"神聊"。这十几年来，迪乌夫也不轻松，大部分时间都在端着——自觉或不自觉地，而和同僚"闲聊"是一种绝对的奢侈。我们谈到改革，谈到中国的发展，谈到我退休后的打算，也谈到他半年之后从粮农组织退休后的计划，等等。记得他提到三种可能：一是回去当塞内加尔的总统，不过他说，他不会主动去争取，除非几个政党能达成统一的意见，一致邀请他出山；二是可能有人会建议让他出任非盟主席，利用他在国际上的广泛的人脉资源，继续为非洲做点儿事；三是可能自己成立一个与粮食安全有关的基金，帮助非洲贫困和饥饿的人民。我打心里感激他的坦诚分享，但没敢妄议，因为只有他自己最清楚自己的政治取向和可能性。他那段时间三天两头出差跑非洲，可能与这些"退休工程"有关。我想到，迪乌夫在国外18年，而那些政治家在国内打破头，扭断胳膊，不就是为了"坐江山"嘛，凭什么要他回去"收拾山河"。至于第三个可能，我问了一句：联合国前秘书长安南先生业已成立了类似基金会，不撞车吗？他说："是有点问题，但我还没有考虑成熟。一切都是未知的，到时候再看吧。"我说："您可以写一两部回忆录，'裸体'的，与人分享一下这18年的执政、成就和教训，绝对很受欢迎。"他回答说："您觉得我能写哪个国家的总统或哪个国家的总理向我要这个要那个吗？那些都是眼下无法公开的政治问题。"他那天放得很开，不像平常那样严肃、处处设防。他也谈了一点儿他3次竞选总干事前后的故事，特别是第二次竞选时，阿根廷大使的挑战与造谣诽谤。他说："我根本没有在意。一般说来，第二次连任是不会出问题的，除非你是一个罪犯。"我倒觉得有点同情他，我似乎更加理解《红楼梦》里王熙凤那"大有大的难处"，及苏轼"高处不胜寒"的意境。尤其想到他"生命不息，事业不止"的精神，都74岁

## 第八章　来自中国的副总干事

的人了，想的还是从粮农组织 18 年忘我工作退休后，如何"继续革命"，释放人生的余热。我真是不得不佩服他敬业的精神。

那天谈话最使我夫人感动的，是总干事夫妇的真诚与坦率。迪乌夫夫人不止一次地表明："雅克和我今天特意把尊夫人请来，一是当面表示衷心的感谢，二是向尊夫人当面道歉。是的，我们是真心的。雅克常常和我提起，正是由于昌垂没日没夜地工作，替他'看家守摊'，为他分忧解难，他才有可能用大部分的时间在外面出差，用更多的时间去考虑解决政治和政策问题。"她还说："大家都觉得昌垂是黏合剂，很善于把上上下下团结起来。""不止这些，他还是一个实干家。我完全放心把事情交给他，他永远不会让人失望。"迪乌夫接着说。他们夫唱妇随，气氛非常真诚友好。就连他的妹妹也偶尔插上一两句："是真的，雅克夫妇经常提到您呢。"迪乌夫夫人还很认真地对佩红说："今天把夫人您请来，也想当面请您原谅。雅克给您家先生分配了太多工作，这个组织占用了您先生太多的业余时间，使他无法顾上家庭，照顾不了您。雅克常常为此感到内疚。唉，这就是我们做成功男人背后的那个女人的命运啊。没有人能比我更理解您的感受。我真的要替雅克向您表示我们的谢意和歉意。"

佩红一贯通情达理，善解人意。面对迪乌夫夫妇的真诚，她动情了，眼睛湿润了。我也一样，即使有多少委屈，在那种场合也都被融化了，还有什么不可以放下呢？迪乌夫似乎也知道中国"喝酒莫提汉"的智慧，他刻意避免提起他不顾许多国家代表继续留用我的请求，而执意任命了新的副总干事取代我的事。他只重复说："感谢您的支持，也希望您能理解我所做出的一切决定。"是的，他一向认为：在这个数千人的国际组织里，他是唯一一个经过竞选上位的；除他之外，对于每一个在这儿任职之人，他才是他们命运的最后决定者。从这点说，他时时刻刻都把自己看作机构的主人，把自己当成一个谈判者，遵循的是谈判学的黄金规律：追求利益最大化，追求物的使用最大化。

作为总干事的迪乌夫，一方面爱才如宝，颇有悲天悯人的情怀。他曾"扭断胳膊""冲破阻力"，坚持聘任我为 D1 处长，让我主管粮农组织最大的处——自然资源与环境处；不到 4 年，他大胆提拔我为 D2 级地区代表，9 个月后，又正式任命我为助理总干事；我在地方 7 年多后，他在数百名的申请者中，选择了我，并任命我为粮农组织的副总干事，让我作为他的左膀右臂，托以重任。但另一方面，出于政治算计，他也常常在挥舞胡萝卜，同时又抛出橄榄枝。他不在乎大部分成员国代表的"忠告"，给继任总干事留点空间，赶在他自己退休前，任命一名新的副总干事和一批高管。没有人理解他的动机和逻辑。但他是一个政治家，会为了政治利益的最大化一意孤行。

**与总干事一职失之交臂**

国际组织领导人的选举从来就是一场政治博弈。争取国际组织领导权是一个国家争夺全球治理话语权和加强影响力的重要部分。大凡有远见、有抱负、有担当的政府，都会抓住机会、主动争取、积极参与、努力影响国际组织的治理格局，特别是那些直接关乎国计民生的国际舞台。

粮食安全涉及亿万民众的生计，是国家安全、人民安居、社会稳定的基石。中国历代的封建帝王将相从不敢轻纵，现代的资产阶级政客也没敢掉以轻心。著名的外交家基辛格曾告诫美国领导人：如果控制了石油，就控制了所有国家；如果控制了粮食，就控制了所有人；如果控制了货币，就控制了整个世界。难怪连还在战乱中挣扎、饿殍遍野的伊拉克都决定推出候选人，本着不妨一试、碰碰运气的想法，参加了 2011 年那场明明知道没有多少胜算的政治博弈。伊拉克此举意义在于向世界宣示，这个饱受战乱忧患的国家，对农业与粮食安全以及参与全球治理的意愿是多么强烈。这种勇气和精神还是令不少人佩服的。

"国以民为本，民以食为天。"粮食安全是最基本的人权，事关国家

第八章　来自中国的副总干事

安全、国际政治和人类发展。2007—2008年的全球粮食危机及随后的高粮价和粮价高位波动，再次给人类社会敲响了警钟。国际社会不得不重新审视当前全球粮食安全的发展进程，重新制定了面向2050年的发展战略、建立了全球机制、采取了新的举措。国际社会共同应对粮食安全的呼声，除了经济因素、技术考量外，也不乏在全球治理中谁主沉浮的博弈的意愿。作为一个发展中的人口大国，中国在世界粮食安全进程中发挥着举足轻重的作用。国人值得骄傲的是，中国成功地用占世界不到9%的土地，养活了全球将近20%的人口。先后两任粮农组织总干事都盛赞：中国为联合国解决了全球五分之一人口的吃饭问题，创造了人间奇迹。但是，随着工业化、城镇化的发展以及人口增长和人民生活水平提高，粮食消费需求将呈刚性增长，而耕地减少、水资源短缺、气候变化等对粮食生产的约束日益突出。中国粮食的供需将长期处于紧平衡状态，保障可持续的粮食安全将面临严峻挑战。显然，应对新挑战需要新思维、新路径。掠夺式的经济发展已经使生态环境受到严重破坏，在追求产量提高的同时，迫切需要实现农业现代化，提高质量，确保食品的安全，使人们不但吃得饱，还得吃得好，吃得安全、吃得有营养。这就需要在农业领域进一步深化改革，扩大对外开放，立足国内、国际两种资源，国内、国际两种市场。为此，我们需要全球化的视角、国际化的思维和多层次的网络。

在全球化的今天，世界需要中国，中国也需要世界。中国需要深化改革，创新前行，在推进国内农业现代化的同时，需要加快与国际接轨，更好地融入全球粮食安全的战略体系，为中国的发展吸取经验、寻求机遇、拓展粮食生产空间，为中国自身的粮食安全、全球发展继续做出贡献。

当我们走完了21世纪头10年时，整个国际形势已经发生了巨大的变化——东西方力量的对比、新兴国家的崛起，中国付出了巨大的努力，做出了重大的贡献。经过60多年的砥砺奋进，30多年的改革开放，中国不但站起来了，富起来了，还满怀自信迈向强起来的征程。这些年，世界对中国的期望不断加大。即使为了自身的利益，中国也需要更加积极主动地参与全球治理，需要更多的人参与国际组织工作，特别是高层管理工作。在引领国际组织改革、重塑国际组织职责中，贡献中国人的智慧和力量，增强中国的声音，扩大中国的影响。

然而，我在联合国组织，长期观察中国参与全球治理的各种活动，20多年来常常感到遗憾、纳闷、失望，有时也很沮丧。想想作为一个大国，中国在国际组织中工作的人数和影响力与这个大国的地位如此不相符，我们就感到揪心。突出的问题是职员人数少，职务低。大家很想为国家出力，却总感到势单力薄，身不由己。常常让我们痛心的是：我们有时即便在秘书处占了位置，却由于教育背景和对多元文化环境的适应困难，发出声音微弱；有时倒是出了点儿声音，却不太有影响。这些短板大大掣肘了中国走向世界舞台中心、担当大国责任的客观要求。

目睹中国在国际舞台的形象，我们总觉得"天下兴亡，匹夫有责"，每个人都应该做点儿什么，报答社会，回馈中国，对得起时代。

2009年前后，中国在联合国组织担任高层领导的人屈指可数。从联合国秘书处和所有的专门机构的统计看，助理秘书长以上的官员总共也就5个，我有幸占了一席。从2002年起，我先后担任过助理总干事和副总干事，成为中国在该组织职务最高的官员。我是幸运的。因为我有得天独厚的机会参与粮农组织的高层管理，在更高的平台上得到历练，扩大了国际视野，锻炼了战略思维，深度了解机构机制和决策程序。我有机会获得别人难以得到的信息，在融入多元文化国际团队过程中，带领多学科队伍，在不知不觉中提升了处理复杂国际事务的领导力和组织协调能力。我以为，当然也是事实，那时的确没有几个人和我有类似的经历：政府部门和国际组织经验，总部和地方经历，不同技术领域研究和应用实践，以及不同管理岗位的锻炼，在方法论、价值观和执行能力等方面形成了自己的风格。特别使我骄傲的是，我参与了有史以

## 第八章 来自中国的副总干事

来最深刻、最全面的粮农组织改革的全过程，从 2006 年到 2011 年漫长的改革路上，从 A 到 Z，一路走来，是见证者，也是参与者，在某些方面还是引领者和推动者。当时，粮农组织除总干事外，没有第二个资深的高管和我一样。我有幸从改革缘起，思路演变，概念发展，政策的形成，各方政治的博弈，到改革方案的最终成型以及推动执行实施，经历了全过程。毫不夸张地说，我是当时整个机构除总干事之外，在该机构任职时间最长、职位最高的高管。其他的几个助理总干事，由于不断更换，和走马灯一样，你方唱罢我登场，他们对情况十分陌生。

客观条件把我推到了舆论边缘（我自己一向低调，避免成为舆论的中心）。面临着总干事换届选举的机会，秘书处内外所有关心粮农组织未来前途的人都在观察。因为他们在乎，他们开始思考、议论和评论。不乏有人认为，"天时、地利、人和"都有，而且认为"何昌垂就是一个现成的人选"，中国应该出场了。在秘书处工作的几位中国年轻职员，思想前卫，较少框框，看得真切，也想得大胆，曾再三游说、鼓励我积极争取这个机会。一些成员国的代表也明确表示，他们的政府可能愿意考虑支持中国人参选总干事。秘书处与我共事多年的、受我直接领导的一些中高层干部，也不断前来劝进。他们有的还主动做了深入的态势分析。资深官员 A 和 D 曾多次劝我："从政治、个人业务水平和领导能力、政府和国际组织经历，特别是粮农组织的高层管理经验，以及您个人的为人、品德和在群众中的威望等方方面面看，您都是最有优势、最具竞争力的。"另一个叫 M 的官员有点极端，他把我和当时准备参选的 G 做了逐一比较，说："无论是领导水平还是管理能力，他都无可比性。您来自中国，肯定得到大多数发展中国家的支持。"还有一个退休干部 T，他曾在粮农组织当过司长和国家代表，他多次主动找我，说将自愿无条件帮我竞选，争取南太平洋、南美洲一些国家的支持，"为您争取 30 多个国家的票数是敢担保的"。

面对这些主动建言，我一般只是听，不做任何表态，偶尔也给了标准的"外交"回答:"我这20多年都在国外工作,现在有些经验,更需要回国服务,报答我的祖国。"除此之外,我不敢说,也不能说什么,我既不想把自己的路完全堵死,也不知道政府是否能够支持和授权。

连总干事迪乌夫本人也有意或无意地打探我的想法。2010年5月20日,周四,那天傍晚他把我找去,说要"对当前一些重大的问题交换想法"。在他的办公室里,我们谈了很久,涉及下放网络的战略文件(我是协调起草该文件的负责人),地区办和分地区办的分工与协调,技术合作项目审批权限的进一步下放和管理,等等。话题很多,内容广泛。我们从6点半一直谈到晚上8点,这是少有的。末了,迪乌夫总干事还主动和我聊起了他对G的看法。他说G可能准备参加竞选,接他的班。(其实这已不是新闻,大家早就有所耳闻。)"他的确是一位很好的经济学家。不过他作为一个地区代表,有人认为他不懂政治,也不懂管理。那里的团队对他意见好大……他是被某总统弃用的第一个部长。"他继续说,"我是根据某总统的推荐,决定任命他为助理总干事兼地区代表的。但遗憾的是,他的表现的确并不理想,甚至有点儿令人失望。"他还补充说:"最近有许多人,包括一些国家的大使都直接找我反映这个问题,你说遗憾不遗憾?"他转而对我也做了点评,说:"最近也有不少人,包括一些重要国家的大使都跟我反映,普遍对你的工作和业绩,特别是担任副总干事后的工作进展,表示高度满意,并且赞扬有加。"他说:"我对自己做出任命你的决定非常满意。你没有让成员国失望,你将来不管是在中国政府工作,还是在联合国继续任职,我对你的前景都很看好。"

迪乌夫总干事在谈话中,主动涉及G的弱点,这是极其罕见的。在我的记忆中,这么多年来,我从来没有亲自听到,也没有听到其他人传言他对某个手下的负面评价。我不解他这次这么做的真正意图,我想他绝对不会是像愤青一样,发发牢骚,图个痛快吧。难道他是在向我暗示什么,等我主动接话?我不得而知,故也未主动接话。我记得十分清

## 第八章 来自中国的副总干事

楚,他压根儿就没有提到我是否也应该争取报名参选的事。

再看看基本上掌握着话语权的发达国家。那一段时间,罗马粮农组织办公大楼看上去表面平静,但实际上已开始暗流涌动。不少国家和地区的代表,包括欧盟、加拿大、美国、澳大利亚、法国以及非洲和亚洲国家的一些国家代表和官员,经常当面对我称赞有加。他们对我"担任副总干事职务以来所表现的领导能力和发挥的执行力"都给予很高的评价,对我的工作效果也表示十分满意。也有不少国家代表和个人不断鼓动我参与竞选。

在秘书处内外的鼓励和劝进中,我的确有所心动。我希望中国人有史以来第一次可以掌管这个与国家安全和民生息息相关的国际组织。如果说我能担任总干事,于国家与世界,于个人与事业都是有利的。我很冷静地比较分析一下,觉得我有比较优势,包括战略眼光、领导才能、执行能力以及对粮农组织整套行政规制的熟悉等。最主要的是,我觉得自己任何时候总是充满激情、精力饱满、善于学习和相信变革。我梦想着除了为全球服务外,也为国家争光。

我决定试一试。我通过代表处向主管部门发出了一封关于希望争取参选的信。同时于 2010 年 5 月底,我当面向中国驻罗马联合国机构的代表谈了想法。时任合作局的主管领导比较开明,她说过:争取总干事一职符合国家的长远利益,符合中国农业走出去战略的需要。她还认为,这不是为了个人的利益,恰恰是中国农业进一步改革开放的重大机遇。她说:"你离总干事的位置只有一步之遥,我们要动真格,说服有关部门,动用必要的外交资源,努力去推动。"但根据国内主流媒体报道,国家主席胡锦涛和总理温家宝在 9 月接见世界卫生组织总干事时已公开表态,中国将大力支持陈冯富珍的连选。有国家领导人的这个决定在先,谁不担心干扰影响大局呢?

对于个人,你在伟大的时代可以有伟大的梦;但对于国家,这绝对不是个人小事。政府站在高处,需要从国家的战略考虑。世界卫生组织一直是台湾"入联"的主攻对象,有一个中国籍的总干事,虽然无法彻底解决问题,但起码在短期内还可能有所帮助,盯着强加给中国的麻烦与窘境。

回顾2010年下半年那段岁月,信手采撷一些历史记录,或许对国人今后参与国际组织高级官员的竞选、竞聘,会有一定的参考价值。

2010年6月24日,我的同事、来自美国的主管知识的副总干事吉姆,手里拿着一份23日英国大使在理事会委员会上抛出的下届"总干事选择标准"来到我的办公室。他对我说:"听说伊拉克准备推出它的水资源部长。其实,我们大家都觉得你很符合这些条件。中国的崛起,应该对世界有所贡献。这个职务很适合中国,你应该积极认真考虑。我建议你这次回国度探亲假时要做些工作。"吉姆平时与我关系不错,但他代表谁?他在向我摸底,还是有其他用意?

9月6日,资源与环境部助理总干事找我喝咖啡。他告诉我,德国对外援助局局长3日上午与我会谈后,印象深刻并提道:"与何先生的交流刷新了我们对粮农组织的印象,尤其是他对改革的想法和客观评价,让人耳目一新。他应该竞选下届的总干事。"秘书处德国籍的职员在广泛传播,这也许是溢美之词,未必能当真。

10月3日晚,美国大使在官邸举行招待会。欧盟轮值主席、比利时大使参加,他的副代表范·多门向大使介绍我的身份时,说:"这是总干事。"我立马矫正说:"不,是副总干事。"她补充说:"是,我们都知道,但这是我们的期望。"她的确在好几个场合都公开说了同样的话,甚至说欧盟一些主要国家都有此想法。

同天,越南大使说:"中国应该推出人选。你是现成的,我想我们都会支持的。"

10月6日,美国大使卡森在我的办公室对我说,3天前明尼苏达大学校长带领的5人代表团对我的广泛学识、全面的消息以及对发展合作的远见卓识和深入见解十分赞赏。他们认为这样的人应该是粮农组织的

## 第八章 来自中国的副总干事

总干事人选。此乃学者所见，权当参考。

10月8日，美国副代表再次来到我的办公室，直截了当地说："目前除巴西、伊拉克和印度尼西亚的3个人选外，还没有其他国家报名。秘书处和代表团有不少传言说中国可能推出您。"他说："作为非正式的意见，我们可以支持您。"他们或许是在摸底调研，大概准备向国内提交报告吧。

10月11日，我上午会见了美国食品与药物管理局局长玛格丽特·汉伯克博士，时间约一个半钟头。我们广泛交换了全球粮食安全的现状与发展，包括对食品安全、生物技术特别是转基因的使用等。第三天，美国大使对我说："你前天和局长的讨论十分深入，她对你印象极为深刻，说'此人应该担任下任总干事，而且我发现我们可以和他合作，他是个领导人的材料'。"这是他们内部的闲聊。

10月11日，总干事宴请美国食品与药物管理局局长。一批大使陪同。挪威大使在我左侧，埃及大使居我右侧。席间话题涉及下届总干事竞选之事。挪威大使说："目前的3个，巴西、印度尼西亚和伊拉克的，没有一个合格。我们几个欧洲国家都希望有更合适的人选。你最近的几个大举措，特别是推动罗马三机构在海地地震和巴基斯坦水灾的救援合作，以及全球农业与食品在人道主义救援工作的集群合作方案，成员国很赞赏啊。"埃及大使接着说："我们都期待中国推出你。"挪威大使紧接着说："你会获得不少人支持的。"

11月2日，我代表总干事会见新西兰议会代表团。14日新西兰驻罗马代表约见我讨论跟进合作时表示："议会代表团对你印象深刻。相信你若参选，我们可能会考虑积极支持。"

12月9日，我到加纳参加地区管理会议，会见了加纳农业部部长卡廷提马。他主动问起中国是否推荐我参加总干事竞选。他说："我们非洲地区将会有很多国家支持你。"当晚，我受到中国常驻加纳的龚建中大使在官邸的热情招待，我与他分享了与加纳农业部部长的会谈。

12月13日，我考察刚果（金）紧急救援生产性项目。13日上午会见了刚果（金）总理阿道夫·穆齐托和农业部部长吉卫喜·阿哈维。两位领导人都主动提到将支持中国竞选总干事。王英武大使在官邸设宴招待了我们，我向他介绍了粮农组织的情况以及我与总理会谈的要点。

12月17日，泰国代表来电话，通知泰王已御批授予我最高荣誉——一级大十字骑士勋章。她再次提道："我们几个国家都希望你能参与竞选，毫无疑问我们一定支持。"

时任八国集团主席国的法国代表贝红格赫·龚奇多次与我讨论海地、巴基斯坦救灾以及农业部长会议的议程设计和粮农组织的可能贡献。她几乎每次都表示："你应该争取提名，我们会支持你。"

雷声大雨点小，源于天气系统有问题。中国最终没有出手，因为"国家那时的条件还没成熟"。

我特别欣赏基辛格博士在《世界秩序》一书中的那句话：评判每一代人时，要看他们是否正视了人类社会最宏大和最重要的问题，而政治家必须在结果难料的情况下做出应对挑战的决策。

我虽然始终不是一名政治家，但我认为，做出应对时代挑战的决策，未必只是政治家的事。在这个实现梦想的挑战中，我选择了服从安排，静悄悄地来了，也静悄悄地走了。

我一如既往地投入，站好最后一班岗，继续把我这个副总干事该做的事做好。几个月后，我以一个旁观者的身份，冷静地观察了2011年6月粮农组织改革后第一任总干事竞选"游戏"的全过程。置身在一场历史性的事件之外，我觉得饶有兴味，看得也更真切，想得更透彻。

# 第九章
## 三进罗马辅佐新班子

所以为圣者,在纯乎天理,而不在才力也。故虽凡人,而肯为学,使此心纯乎天理,则亦可为圣人。天地虽大,但有一念向善,心存良知,虽凡夫俗子,皆可为圣贤。

——王阳明

## 选举政治亦艺术

**有趣的选举**

2011年6月26日,联合国粮农组织第37届大会举行总干事换届大选。参加竞选的候选人共有6位,分别来自巴西、奥地利、西班牙、印度尼西亚、伊拉克和伊朗。6月26日上午11时15分,人们期盼了18年的激动时刻终于来临了,总干事选举按粮农组织的规则拉开了序幕。经大会资格委员会审定,有资格到场投票的国家为179个,采取秘密投票形式。按规定,得票至少超过半数的候选人,即90票才获胜。第一轮选举结果如下:奥地利的弗冉兹·菲斯勒德10票,巴西的若泽·达席尔瓦77票,印度尼西亚的英都尼约诺·苏西诺12票,伊朗的穆罕默德·努伊利2票,伊拉克的阿卜杜·拉希德6票,以及西班牙的莫拉庭诺·库约贝72票。很明显,除巴西和西班牙的两位候选人票数接近外,其他4位得票率超低。

按程序,主席宣布第一轮选票结果时紧接着说,除非6位候选人中有一人愿意退出,秘书处将准备新的投票名单。我看到会场出现了些许戏剧性骚动。

我首先注意到,伊朗的努伊利先生在片刻犹豫后,主动提出弃选。他说:"我们的这个竞选过程是公平、透明和公开的。通过竞选,我们都对粮农组织肩负的责任和面临的机遇有了更好的理解。我在竞选中强调了粮农组织需要提高效率以及我将如何帮助这个组织根本性地提高效率。在选举进入关键时刻，我决定信守承诺，我相信其他 5 位候选人都很有能力，符合条件，为了节省大家的时间和精力，提高选举效率，我谨向大会表示，我宣布退出竞选。"

努伊利博士永远是那么儒雅，就连退选也显得落落大方。

对努伊利表示感谢之后，主席接着宣布暂停 15 分钟，准备第二轮投票名单。秘书处刚要执行之刻，印度尼西亚代表安·拉克苏诺忽然打开话筒宣布："请稍等，印度尼西亚政府推荐的候选人苏西诺愿意弃选。"会场出现片刻静默，但当代表们明白过来时，突然爆出掌声，支持印度尼西亚代表的决定。主席再次宣布，会议暂停 15 分钟，准备一份 4 个候选人的第二轮投票名单。此时是中午 12 点 35 分。

12 点 50 分整，秘书处准备好了一份 4 个候选人的新名单。当主席要求代表们回到座位，准备继续投票时，伊拉克的候选人拉希德要求发言，大家有点诧异。拉希德这次直接用英文发言。他深情地说，自己是按伊拉克政府的指示参选，准备为粮农组织、为世界粮食安全的事业做出贡献；但经过考虑，他也决定退出选举。尽管不少参会代表心中认为他本该在 30 分钟之前做此决定，全场还是报以热烈的掌声，感谢他没有浪费大家多一轮的投票时间。

由于伊拉克的退出，现在只剩下巴西、西班牙和奥地利的 3 个候选人，主席再次敲敲话筒，准备宣布重新准备 3 人名单时，奥地利的菲斯勒德经过一阵犹豫，也主动宣布退出选举，会场再次爆出热烈的掌声。是啊，与得票 70 票以上的其他两位候选人相比，第一轮仅得 10 票的奥地利候选人，怎么也是无力回天的。不做毫无胜算的博弈是绝对的明智之举。由于第一轮投票后，先后有 4 位候选人在不同的时间节点都退出了竞选，这个富有戏剧性的进展，大大减少了不必要的时间浪费和精力消耗，加快了选举的进程，代表们自然皆大欢喜。

只剩下两个候选人，主席似乎松了一口气。当他正要宣布新的安排

## 第九章 三进罗马辅佐新班子

部署时，会场再次出现一个小插曲。但见巴西代表临场一脚，比马拉多纳还迅速，他敲着话筒，要求紧急发言。他提出要求大会推迟30分钟进行，大会主席不假思索，锤声一落，毫不犹豫地说了声"同意"。但这个决定马上遭到匈牙利代表佐丹·卡尔曼质疑。他抢过话筒，连珠炮地说了一通，搞得翻译室里的同声传译措手不及。匈牙利代表发言的大意是，他代表欧盟27个成员国和匈牙利代表团，对主席同意巴西要求休会30分钟的决定是否有违粮农组织章程中关于投票期间不能终止投票的条款，表示严重质疑。

此时，主席有些不知所措，他倾着身子侧着头，向身旁的法律顾问耳语咨询；随后，他宣布请法律顾问释法澄清。法律顾问安东尼·塔瓦诺斯引经据典，滔滔不绝。他说，粮农基本法的确有在投票进行期间不能中断的规定。不过，在粮农的实践中，该规定是指在某一特定的投票正在进行时不能中断，并不指在两次或多次投票的时间间隔。他说，历史上也曾有过这种做法，因此，主席的决定既有法可依，也有先例可循。他引证说，最近的一个例子发生在1993年，迪乌夫第一次竞选粮农组织总干事时就发生过类似的情况。

我不得不佩服法律顾问的记忆力和应急能力。没有任何国家代表，包括欧盟和匈牙利代表对法律顾问安东尼的解释存有疑问，主席显然也如释重负。

客观地说，主席同意中途休会的决定对巴西候选人可能更有利，尽管双方都有公平的机会，抓住这最后30分钟的"休会"契机，瞄准摇摆票进一步做游说工作。巴西代表立即发出口头通知，邀请77国集团+中国的代表到绿厅磋商；而欧盟成员、塞浦路斯代表此时也才想到邀请欧盟国家代表到德国厅碰头。一听双方的阵势就大相径庭。我一直坐在主席台上，作壁上观，当听到双方这个安排时，一方面我为这个组织再次出现明显的南北分裂感到遗憾；另一方面，我好像已预感到欧盟代表的这种策略注定要失败，因为欧盟毕竟没有几张摇摆票。消息灵通人士称，在投票之前和磋商过程中，印度尼西亚和巴西的候选人早有默契，决定相互支持。我观察着纷乱的会场，芸芸众生，千姿百态，很难猜透他们到底准备出什么牌。最后的两位候选人的票数不相上下，谁将最终问鼎？我在想，此刻决定胜负的因素已不在于他们的竞选纲领如何吸引人，而在于他们最后一刻的游说能力与沟通效率。西班牙代表团的傲慢与高高在上是致命的硬伤，恐怕将错失最后一刻争取摇摆票的机会。

在代表们熙熙攘攘的骚动串联中，等待着最后结果的那两位候选人，此时已把命运完全交给了他们国家的代表和在场的其他国代表。相信他们此时一定在心里祷告，求上帝保佑、恩赐。此时此刻，每一秒钟对于他们来说都是人生最煎熬的时刻。几年后，据总干事达席尔瓦身边的人透露：其实达席尔瓦选举前就已筋疲力尽，他本来也就是抱着试试看的心态；临选前更是异常紧张，对胜算也不抱太大希望。据说选举那天早上，他还想过临阵退缩，不断问他的助手是否应该弃选，因为他身后的政府起初并没有太看好他，政府的战略重点是世界贸易组织的一把手岗位。但巴西最后没有抛弃它的这个儿子，还是决定双管齐下，输赢并不重要，重在支持参与。当然，达席尔瓦紧张的另一个原因，可能是他感到其竞争对手——西班牙前外长似乎有无比强大的气场。的确，西班牙的竞选班子庞大，十几个人，一色的深色西装，从你跟前经过，留给你的都是一阵香水清风，完全是志在必得之势。而巴西，毕竟是发展中国家，轻车简从，更何况一些国家一直散布针对巴西的负能量，包括来自美洲地区的个别大国，如墨西哥的大使竞选前不久还在公开表示他们不会支持巴西。此外，达席尔瓦一定也在惦念，亚洲一些重要国家的态度一直还不那么明朗。

## 巴西候选人胜出

然而，"谋事在人，成事在天"。第二轮，也是最后一轮的投票结果终于出炉，大屏幕清清楚楚地显示：巴西候选人达席尔瓦领先，以

# 第九章 三进罗马辅佐新班子

91 票对 88 票的微弱优势险胜。理论上说,两位候选人的差距只有 3 票,而正是这区区 3 票,使选情充满戏剧性,它决定了粮农组织此后 4 年乃至 8 年"谁主沉浮"的命运。后来,当印度尼西亚的候选人被达席尔瓦任命为粮农组织渔业部水产司的司长时,有消息称,是印度尼西亚的鼎力相助,加之亚洲一些国家摇摆票的倾斜,决定了巴西的胜出。随后,主席宣布,从 2012 年 1 月 1 日起,巴西的若泽·达席尔瓦将成为自 1945 年联合国粮农组织成立 66 年来的第八位总干事。他将执掌这个连欧美发达国家都一直很重视的专门机构的千斤大印。

可以说,只要有选举,就会有流言蜚语。说三道四,无可查证,但有一点是可以肯定的,那就是粮食安全的本质决定了发展中国家的高度重视和团结,以及在许多问题上的立场一致。不可否认,竞选双方都免不了暗地里与各国协调立场和相互约定。对此,有人说,竞选是政治,更是艺术。

西班牙候选人之所以败北,与该国代表平时常常存在傲慢与偏见,总是站在道德的制高点,动不动到处挑刺有关。他们还常常居高临下,指手画脚,有时过于盲目跟风老大盟友,随其指挥棒手舞足蹈,显然难得人心。虽然成立了欧盟,但遇到国家利益不同时,欧洲并非人们所想的那样铁板一块,在近几次粮农组织总干事选举中,欧洲各国基本上很难形成统一意见,无法从内部推出协商一致的单一人选。西班牙前外长的失败,在一定程度上也与欧洲人那种老子天下第一、互不服气的傲慢心态直接有关。

## 新老总三顾茅庐

### 真诚的邀请

时任总干事迪乌夫将于 2011 年 12 月 31 日退休交印。达席尔瓦胜出后,他有 6 个月的时间准备接手这个由迪乌夫苦心经营 18 年的庞大摊子。他首先要做的是转变状态，迅速从过去 6 个月奔波竞选豪言壮语的世界回到现实的世界，转入人间沧桑正道，不再是高亢的政治口号，不再是诱人的玫瑰承诺，而是认认真真、切切实实地考虑如何兑现他的竞选承诺。

达席尔瓦在竞选后的第一时间约我交谈。从 2006 年起，我们俩有 4 年时间同为迪乌夫的封疆大吏——助理总干事兼地区代表，直到我当上副总干事，成为他的直接领导。我从 2002 年 9 月起就担任助理总干事兼地区代表，从入门时间说，我算是他在粮农组织的师兄；从空间概念说，他一直在拉美地区，而我成为副总干事时，不仅超越亚洲，而且成为统揽全球的副总干事、5 个地区代表在总部的代言人。我们同在地方为政时，饱受总部官僚机制的困扰。在粮农组织的改革、总部权力下放、地区大会的角色、技术合作项目安排和执行以及粮农国家代表的管理等问题上，我和他曾保持密切沟通、互动频繁；在资金分派和优先选择等许多政策问题上，我们常在高管视频会上相互呼应、发表类似的政见和主张。可以说，那时我们往往想法一致，立场相近，观点雷同，彼此尊重。应该说，在许多改革问题上，他对我这位师兄也是他后来的领导还是很佩服和配合的。6 个月后，他就要转换角色，成为联合国粮农组织的一家之长，秘书处所有人都将成为他的麾下。但他心里很清楚，他从未在粮农组织总部任过职，无论经验还是人脉都很单薄，亟待有人建言咨政。很自然，我可能是他在总部为数不多的辅政资源。为此，候任总干事达席尔瓦"三顾茅庐"，诚意邀请我于 2012 年 1 月重回罗马，帮他组建新班子，帮助他度过上任后的"过渡时期"。

那是选举后的第二天下午，达席尔瓦来到我的办公室。他非常诚恳地向我请教总部管理的方方面面。他毫不隐讳地说，自己在总部一天都没有待过，对于这个复杂庞大的官僚机构，他更像是一个小学生，一开始肯定会两眼一抹黑，非常需要我的帮助。我觉得我们在粮农组织共事，特别是有 4 年时间同为地区代表，这就是缘分。我自然很乐意与他

## 第九章 三进罗马辅佐新班子

分享自己在总部的甜酸苦辣和经验教训,更何况他身为候任总干事还主动上门、诚恳求教。我素有好为人师的性格缺陷。其实,那 6 个人中的其他任何人当选,我也会照样乐于相助。

我对他非常了解,对他的短板缺点也早有耳闻。他不善管理,计划随性,朝令夕改,不太关心群众等,我当副总干事负责他的绩效评估时就听到不少人反映。但我想既然来请教,我就得以诚相待,直言不讳,不必遮遮掩掩,而应"直捣黄龙",指出他的短板,给他有用的、建设性的建议。现在既然成员国选择了他,大家就有义务帮他顺利接班,尽快上手,顺利承担起成员国交予他的历史使命。因为 3 天后我将完成我在粮农组织的使命,起程回国,今后相见机会不多,所以应当尽我所能,与他坦诚交底、交代。

"治大国,若烹小鲜。"这对他很适合。粮农组织是一个庞大的既封闭又开放的系统,管理这个系统需要智慧、科学和艺术。他可以学习中国"治国治家"的智慧。从 2006 年初改革以来,蓝图写就,近期行动计划的执行进展很大,但问题不少,特别是如何把改革深入下去,如何制定他的优先战略,如何增强地方能力,如何筹措和重新平衡资金,又如何确定近期改革成果,这些都会像潮水一般向他涌来。我认为,新总干事面临的主要挑战是如何实现平稳过渡,并就如何过渡谈了许多想法。他眼下最重要的是尽快进入角色,全面系统地熟悉总部的生态文化、运作机制。我对他说:"九层之台,起于累土;千里之行,始于足下。"他最重要的是要深入群众和依靠群众,因为"办法在民间"。

我们谈得很投入。我一向认为,在一切资源中,人力资源才是第一资源。我告诉他,"得人心者得天下"。大家都认为迪乌夫离任在即却刻意填满所有中高层管理职位的做法不对,但也担心被全盘推倒重来,所以颇有点人心惶惶。为此,我建议他要稳定人心,特别是稳定中高层管理队伍,强化团队建设和秘书处治理能力。我想,再过几天我就是自由人了,我没有理由不和他分享我所看到、想到和我所关心的最最核心的问题。

对于这场坦诚的交谈和我提出的建设性意见,达席尔瓦非常感激。临别,他对我说,其实他来找我的主要目的是邀请我于 2012 年 1 月重回罗马,帮他实现平稳过渡。他告诉我他的打算,"你仍然保持副总干事级别,帮我掌管这个机构的核心枢纽——办公厅事务","至于时间,你想干多久就干多久,完全由你定,两、三年最好,但至少一年半"。

对于这个突如其来的邀请,我没有任何思想准备,我的直接反应是"不太合适"。我直白地说:"我没有考虑过。你很清楚,我是迪乌夫任命的,大家都认为我是前朝重臣,你能放心吗?"他说:"那不是问题,你的为人众所周知。我们今天先不要下结论说不,可以等适当时候再定,你也回去考虑考虑。"

这事就这么搁置下来。2011 年 6 月 30 日,我一天也没多停留,在退休当日就坐上罗马到北京的飞机,按时回国,决定在北京安家。几天后,我接到了盖茨基金会农业部部长塞缪尔的邀请,他希望我担任盖茨基金会和粮农组织合作的战略顾问,为期 3 个月。我的主要任务是在粮农组织新旧领导的交替时期,为盖茨基金会提供战略咨询,与新任总干事上任后扩大并深化合作做好准备。在迪乌夫时期,由于比尔·盖茨和迪乌夫对非洲问题和营养问题的一些看法存在分歧,盖茨基金会把重点放到了世界卫生组织,提供了超过 10 亿美元的项目援助。出于对全球粮食安全重要性的考量,我在担任副总干事期间,多次与盖茨基金会主管农业的领导会晤并保持密切沟通,我曾多次建议他们重新考虑与粮农组织的合作,特别是在农业统计和遥感以及地理信息全球大数据应用的合作方面。

**再度邀我加盟**

2011 年 10 月 16 日是总干事迪乌夫在任的最后一场世界粮食纪念日。未曾想,他亲自发函,邀请我到罗马参加世界粮食日庆典。据说迪

## 第九章　三进罗马辅佐新班子

乌夫从未邀请过任何退休高管参加世界粮食日纪念活动,这是破天荒第一次。也有人认为,迪乌夫的这个举动是对我的再一次认可和赞赏,也是表示他对我的某种感念。作为一名退休人员,当时我的日程不算忙,我很高兴地接受了邀请,赴罗马参加迪乌夫主持的第十八次也是最后一次仪式感很强的庆典。我记得他请了不少名流和明星,包括来自菲律宾的国际著名歌手。粮农组织的形象大使、加拿大歌唱家、电影泰坦尼克号主题曲的主唱席琳·迪翁有孕在身无法到场,也特意录制了一段视频。

候任总干事达席尔瓦自然也名列贵宾之中。他再次约我,并邀请我在斗兽场附近非洲街的一个海鲜馆共进晚餐。我们品尝了海牡蛎、意大利面和烤鱼,当然,主要还是谈工作。达席尔瓦开门见山,用非常诚恳的口气说,他是真的需要我"腾出一段时间,帮他在总部完成过渡阶段工作"。他说:"我坦率地告诉你,我的确考虑过其他几个方案,但最后还是觉得,没有人比你更合适,因为你在地方和总部都有丰富经验,你的口碑非常好,大家都很尊重你。"

有人说,对于迪乌夫在离任前火速任命各级高管不给新任总干事留余地,已然引发民愤,达席尔瓦必定会"痛下杀手"。既然迪乌夫此举不仁,达席尔瓦就可能物极必反,矫枉过正。我无法想象我在他的新班子里的角色。尽管他是真真切切需要并第二次发出了诚恳邀请,我还是不敢轻易给他任何承诺。

第二天,达席尔瓦在罗马斗兽场附近的非洲街的兰彻罗特旅馆召开一个小型头脑风暴会,邀请我参加,讨论他如何接任的相关事宜。参会者不到 10 人,主要是他的竞选团队成员,另外还邀请了前理事会主席、中途退选总干事的穆罕默德·努伊利教授,前助理总干事、来自荷兰的路易丝·弗莱斯科教授,粮农组织驻土耳其前任代表、来自印度的穆杜博士等。秘书处有两人参加,一个是穆杜的儿子拉凯西,另一个是法律顾问安东尼先生。会议期间,达席尔瓦再次找我,他几乎重复了第一次和前天晚餐时与我提及的所有想法，希望我能够认真考虑并答应他的邀请。面对他竞选成功后的第二次正式邀请，我颇感踌躇。我并非摆架子，此非我个性。但我还是觉得没有做好思想准备，因为我并不知道我对他能有何影响，对粮农组织能有何贡献。但这次我多少留了点余地，没有完全拒绝，只是说需要再考虑考虑。

## 答应出山助政

2011年12月初，达席尔瓦的筹备班子再次在罗马碰头，讨论其2012年1月1日上任的具体安排和临时工作班子组建问题。我恰好在罗马参加盖茨基金会组织的一个研讨会，也应邀参加了达席尔瓦的碰头会。12月3日傍晚，达席尔瓦约我到巴西大使馆会面。这回他显然下定决心，无论如何要说服我加盟，助他一臂之力。他说他的临时工作班子人选已基本敲定，希望明天的会上能明确对我的安排。他还说他已咨询过法律顾问安东尼的意见，要安排我作为他的特别高级顾问兼总干事办公厅主任，保持副总干事的级别和待遇不变。他一边说着，一边拿起电话，要我给我的夫人接通国际长途，他要亲自给我夫人做工作，请求她的支持。面对他三次邀请的诚意，我有点招架不住了。我只好答应当天晚些时候，也就是北京时间第二天一早和夫人通话商量之后给他一个结果。的确，我这样做并不是"作"。一方面是担心这个新任总干事性格随意，今后难以相处，伤了和气，影响工作；二是我一直亏欠我夫人，她好不容易等到我卸任退休，刚在北京安好家，正准备享受些闲云野鹤般的日子，特别是盼着我兑现"执子之手，周游环球"的承诺，如果再次出山，再度折腾，让她第九次搬家，过飘忽不定的日子，我确实于心不忍。

但知我者，爱妻也。我和佩红商量之后，她勉强同意我"再折腾一次"。她心里最清楚，无论我在哪儿，都不可能马放南山、刀枪入库，不问西东，歇息停步。她更理解我这个从贫穷农村走出来的人，对粮农

## 第九章　三进罗马辅佐新班子

组织使命有多少信仰和忠诚，在最后关头，她放弃阻止我再次出山，让我去分享我长期积累的专业知识和管理经验，认为帮助新总干事渡过难关是很有意义的。

第二天早晨，达席尔瓦一看到我，就迫不及待地问我与夫人商量的结果。我告诉他，我们同意再度出山，但我的条件是最多一年，而且只当顾问，不担任"总干事办公厅主任"这一职务。我建议他尽快物色任命办公厅主任。他听了欣喜若狂，连声道谢。他说他和他的妻子保萝女士一定要在新年上班后的第一时间见见佩红，当面表示感谢。2012年1月1日，听说南美洲职员在粮农组织总部的A厅举行了热烈的欢迎仪式，有人开了香槟，有人跳起了探戈，并向新上任的总干事达席尔瓦献上了鲜花。我没有答应达席尔瓦的要求，和他一起在新年的第一天在罗马总部大厅出现并接受粮农组织的欢迎。我认为自己不应该在这个时刻出现，来不及办手续其实只是一个借口（因为我已有签证），但更主要的是，这是新任总干事的闪亮登场，是巴西人的胜选庆典。中国人此时与总干事一职还暂时无缘，我没有理由去分享属于他们的独一无二的荣誉和欢乐。

新总干事的新征程注定不会平坦。从总部到地方，他人生地不熟。听说在他候任的几个月里，罗马十分热闹，或曰躁动不安，传言满天飞。有些人刚愎自用，放出风凉话，骑驴看唱本，等着看热闹；也有个别人拥兵自重，准备给他出难题。他的挑战不小：要调整计划重点，按他竞选时提出的5个优先领域，势必涉及各部门利益的重新划分，秘书处必定阻力重重，成员国也需要统一思想；如何开展权力下放和强化地区工作；如何处理南北利益与重点之争，特别是OECD国家，它们一直强调粮农组织要把主要力量集中在上游政策层面以及农业统计数据与标准等问题上。言下之意，不能切总部的蛋糕、削弱罗马的力量。这些都是改革以来各成员国分歧的焦点。对于新任总干事进一步下放的主张，根据过去两年我领导的"近期行动计划"执行的情况看，除非新任总干事愿意折中，同意关闭一批国家的代表处，方可换取 OECD 的支持。但很明显，新兴经济体对"把粮农国家代表处改为联络处"的提议能否接受，又是一关。同时，另一些国家则希望建立新的国家代表处，然而资源何在？我估计，2012 年上半年，各个地区部长大会可能掀起波澜。新总干事上任伊始，经不起出师不利的考验，孰重孰轻，应提前衡量研判。而最困难的是执行机构内部高层管理人员的调整计划，因为涉及法律问题。开除职员、解除合同，必须有法律依据，除非有人愿意为了体面主动辞职——但法律顾问认为概率不大。前任总干事的"临门一脚"的确有点毒，新总干事被困在"余地小，阻力大，难度高，支持小"的框架内。

新总干事达席尔瓦面临种种挑战，巴西人的智慧可以应对自如吗？

受人之托，必忠人之事。我重出江湖，一方面出于对这个组织崇高使命的热爱和信仰，另一方面也的确是想帮助达席尔瓦实现平稳过渡。大胆谏言献策，力争为机构带来最小的波动，使其迅速转入常态化运行——我在日记中写下了我此行的行事原则。

## 临时管家压力大

### 特别高级顾问

2012 年 1 月 8 日，我第三次走进联合国粮农组织总部，这回是担任总干事特别高级顾问、总干事办公厅代理主任，本质是"大管家"。这是非常时期的一项非常任务。用尼日利亚大使的话说，总干事办公厅是整个机构的政治中心，而阿尔及利亚前农业部长、迪乌夫任期最后一年的办公厅代理主任鲁伊基则告诫说："这里所做的事 70% 是说不。上上下下，里里外外，到处是陷阱，人人给压力。你得时刻保持清醒的头脑、高度的政治敏感、谨慎的工作作风、犀利的办事风格，才可能赢得一些肯定，至于赞赏，那是一种奢望。"

## 第九章 三进罗马辅佐新班子

他们说得都没错。我在副总干事任上已有体会：办公厅的"水"很深。不过那时的我倒没想过会有那么多负能量，大概是仁者见仁智者见智吧！

前后两个总干事理念不同，经验各异，管理风格也大相径庭；更何况，前任总干事经营18年，关系盘根错节；新总干事初来乍到，万事开头难。所有人都感到，过渡时期注定不平稳。毫不夸张地说，整个机构上下都在观望。新总干事两眼一抹黑，对我的确有点依赖。大事小事如潮水一般，全都涌向办公厅。我的角色很微妙，稍有不慎，必定会造成不良影响甚至麻烦，给机构带来损失。

我给自己的定位很清楚：我只是顾问，是来辅政的。既不是来继续当我原来的副总干事，因为我的继任已经上班6个月了；又不是来当总干事的监护人，倚老卖老，指点江山。我也很清楚，我之所以不接受"总干事办公厅代理主任"的正式任命，是考虑作为高级顾问，身份不那么敏感，可以做到"凡是对粮农组织有益、对成员方有利的事，就秉公办事，该说就说、该做就做，无所顾忌"。我在粮农组织工作14年了，历经总部—地方—总部，从"士兵"到"副帅"，我对这里的舆情民意太了解了。历经整整36年、两位非常强势的前总干事，人们梦寐以求进行变革，渴望一种新的组织文化：透明、民主、公正、公平。他们盼望新总干事是"仁德之君"，能带领粮农组织完成改革，走出困境，重塑这个大型国际组织的战斗力和国际形象。

新总干事达席尔瓦作为粮农组织中南美洲地区前助理总干事，人们对他的治理能力和治理水平早有议论，见仁见智。新官上任，他踌躇满志，希望我能帮他"建立一个新机构，培养一支新队伍，创造一种新风格，做出一流的新贡献"。这种种理想直接或间接地写入了他的竞选纲领。他希望用6个月、最多1年的时间打开一个新的局面。但他很快发现，自己的理想很丰满，现实却很骨感。在不到1个月时间里，他已深切感觉到，他在总部可以信任、依靠的人太少。"这证明了我在6个月过渡期的调研判断。我必须要大换血，建立属于我自己的高管团队。"他如是说。

一些国际组织的传统做法是，新领导上任时，老高管团队一般会主动递交辞呈，表明一种"高风亮节"的姿态，给新领导一个空间。据说联合国两任秘书长上任时都是这么做的，特别是潘基文，上任时有意无意地放了话，让大家去这么做。达席尔瓦上任时，大家事先仿佛商量好了，没有一个高管主动辞职，释放善意。与此同时，秘书处的传言不断增加，非常混乱。不少 D2 以上的管理干部都小心翼翼，打探关心的是自己的去向，有的保持低调但尽量做事，有的小心翼翼确保不出事，也有的左右观望干脆不作为，也有个别阳奉阴违、阿谀奉承者。新总干事在不同场合、大会小会上多次强调："现在总部的小道消息太活跃，正事不做，流言四起，必须严禁。"私下里，我几次对总干事说："其实这很正常。任何一场重大变动之前，都会出现焦虑、迷茫。假以时日，自然会好；关键是尽快明确决策，一旦尘埃落定，就会风清气正；信息透明，谣言自然不攻自破。"

的确，无风不起浪。在达席尔瓦胜选后的 6 个月候任期里，粮农组织理事会达成一个共识，同意为他在总部设一个临时办公室，安排了两个辅助人员。这期间，秘书处有一批会葡萄牙语的年轻人主动靠近他，出谋献策。传言说，这段时间他的重点就是考虑中高级管理人员的调整问题，他认定这是他正式上任后的首要之事。

我的主要任务是帮他确保机构在过渡时期的正常运转。按他的话，我将集中更多的精力应对日常管理运营事务。除了监督整个机构的计划与项目进展情况，以及参加成员国的各种治理会议，我还具体负责协调起草和审定总干事各种活动的讲话（如巴西私人企业大会、智利小农发展伙伴关系、达沃斯论坛发言、非盟峰会等讲话稿），联合国可持续发展大会（RIO+20）中粮农组织的立场文件和准备工作的内部协调，粮农新战略规划以及组织讨论总干事关于改革的新思路，等等。总干事决

## 第九章　三进罗马辅佐新班子

定对人事司进行改革，也指定我担任特别工作组组长，设计人事司结构调整方案并准备建议草本。

人事特别是高管的事由总干事自己管，他还使用了两三个"高参"。我对他说，我们中国官员遵循一个原则：不该问的事不问，不该说的事不说，不该知道的事不要打听。人事的问题我不会介入，除非某些个案明确需要我帮忙。他对我说的这个"三不原则"很感兴趣，让我给他写下来，他要在高管会上强调。他后来果真这么做了。实际上，总干事到任不久，就基本上有意无意地冷落了其前任迪乌夫离任前火速任命的两位副总干事和几位高管。

我觉得这是浪费资源。我建议他在做出任何新决定之前，应该重新启动实践多年的高管每月例会机制，总干事没有明确表示反对，但坚持按需开会。2012年2月8日，我请两位副总干事到我的办公室，与他们共同讨论人事机构调整方案。两位副总干事一致要求我建议达席尔瓦总干事恢复迪乌夫时期的四人领导小组会会议，即总干事、办公厅主任以及两位副总干事参会的例会。他们对新任总干事决定甩开现有高管的做法提了不少意见。

当然，他们的一些看法代表了不少人的意见，我自己也赞同。他们能向我吐露真言是对我的一种信任，一个寄托。我在答应向总干事建言的同时，也真诚地告诫他们，一定要克制，注意方法与场合，避免加深误会。

我和两位副总干事讨论了人事机构的改革方案，他们对性别平衡的政策问题比较关注。副总干事安娜·图特维勒主张把各级干部男女比例统统设为1∶1，她认为必须目标明确，才可能争取在两三年内逼着大家去努力实现。那几年，联合国在大力推进职员的性别平衡，并要求各机构设定明确目标。从政治上说，安娜绝对正确。但凭我在联合国工作20多年的经验，我觉得这不现实。我认为，我们需要树立雄伟目标，但不能喊口号，放一个大气球，给后面的人留下执行的困境与麻烦。我主张实事求是，循序渐进，第一阶段先争取在两三个双年度计划内实现女性达到35%左右的目标。我说："除非开除相当比例的男性职员，我们不可能有足够的空缺名额在短时期内招聘女性职员。"性别问题在国际组织一向是最敏感的问题，我们有责任让大家重视但需要理性处事，尤其是领导干部。

关于人事管理机构设想，我们基本同意在过去几年改革探索的基础上设计。我们提出了把现有的人事司一分为二的设想：将带有政策和战略性的工作，如人事政策、行政法规、国际职员招聘、机构设置及管理层与职员关系等较为敏感的工作，列入人事办，直接向总干事报告，以减少官僚层次，提高办事效率；而把工资发放、退休与医疗保险、职员培训以及辅助人员招聘（一般在当地招聘）等例行性工作和服务性的工作交给人事服务办，仍归行政部助理总干事分管。总干事基本同意了这个建议。

可以说，我在头几个月的工作是个"大管家"：协调沟通、开会讨论、审阅文件等。5个地区农业部长会议都将在上半年召开，按惯例由办公厅负责协调，有大量的政策问题和会议文件需要审批，这占用了我的大量精力。班子改变，但工作不能停顿。各种请示报告如潮水般涌进办公厅，我应接不暇，虽然紧张繁杂，但基本上还算顺利。这当然主要得益于我担任副总干事时积累的经验和建立的人脉网络。美国、德国和印度尼西亚的大使都在不同场合表示：在这个关键的过渡转轨阶段，总干事是选对人了。连外部的合作伙伴也不乏赞扬。但我认为，这些都出于善意和外交鼓励，也可以说是成员国的一种期望。我心知肚明，新总干事的蜜月期"奖品"为时不会太长，最多3个月吧。3个月后，各种矛盾将会更加凸显，不易驾驭之事将会剧增，而最令人担心的是人事问题。走廊上，大家都在议论总干事准备动大手术的计划，谣言多了，搞得人心惶惶。

半年多前，时任总干事迪乌夫任期将止，他不顾成员国的反对，突

## 第九章 三进罗马辅佐新班子

击任命了一批高管,包括一名副总干事。我认为这账不能算在这些干部身上,他们中的一些人本身素质并不错,只是被人挪来挪去的棋子罢了,不应该为此付出代价。我作为"前朝重臣,两朝元老",我的原则是来帮忙,但一定不添乱。我不但要有关怀和大爱的胸怀,而且还要尽最大的努力帮助消除他们与总干事之间的矛盾(尽管后来证明不可能)。我极力反对完全否定过去18年的极端思想,主张要往前看,笃信懂得敬畏历史才能面向未来。我的原则是:积极建言对机构、对改革有利的事;利用自己的顾问身份,敢于提不同想法,不做附和派。必要时,对新总干事的政策、思路和做法及时说出只有朋友才愿意说的话,做出只有朋友才敢做的事,不管他是喜欢还是不喜欢。当然,我会注意方式方法。

我也负责总干事对外重大活动的协调与沟通。2012年2月16日,我从我的朋友、比尔及梅琳达·盖茨基金会农业部部长塞缪尔那儿获悉,比尔·盖茨将于2月22日来罗马,我觉得这是推动粮农组织与盖茨基金会合作的好机会。我当即提出希望塞缪尔促成邀请比尔·盖茨来粮农组织总部做一次学术报告并讨论双方合作之事。达席尔瓦总干事完全同意我的建议,并让我直接负责协调组织。

为了接待盖茨先生,我做了认真的准备。经过与基金会农业部部长塞缪尔商定,我们决定安排比尔·盖茨于2月23日下午2:30到粮农总部做题为"体制创新:缩小数字鸿沟为农业发展服务"的学术报告。我还向总干事建议并得到他的同意,演讲后邀请盖茨与粮农组织高管成员以圆桌会议的形式讨论双方合作,主要聚焦三个方面:一是利用现代数字技术,发展农业大数据库应用;二是建立粮食安全指标体系,监测进展情况;三是推动南南合作,支持小农提高生产力。我部署了有关人员做了相应的技术准备,同时也为总干事准备了会议流程(串词)。这是继2011年5月我成功协调组织了美国国务卿希拉里来粮农组织演讲后又一次来自美国的高端访问活动。

在讨论接待比尔·盖茨的安排时，他的团队再三交代，不用警车，不要护卫，更不能有任何的欢迎仪式。他们强调，比尔不喜欢张扬，过分的接待安排只会让该团队工作人员尴尬，甚至挨训。盖茨是世界首富，身家数百亿美元，富可敌国，可他竟如此低调，令人钦佩。对照一些发展中国家部门领导或企业领导的奢华，大肆挥霍，慷国家之慨，令人哑然。盖茨团队还强调，他对我建议的三个问题很有兴趣，愿意与粮农组织高管互动、切磋合作。

遗憾的是，当盖茨于2月23日下午造访粮农组织总部时，新总干事临场改变了串词，要每个人首先介绍自己的背景和所在部门的工作。大家自然都想让盖茨了解自己领域的重点，结果发言冗长，又不加控制，我们错过了与盖茨聚焦讨论那三个预设的热点问题和合作的机会。盖茨对那次与粮农组织高管的首次近距离接触，没有留下好的印象。后来盖茨基金会的朋友告诉我，"比尔对此次访问甚至感到很失望"。

在随后的一段时间里，由于对改革进程的急躁，达席尔瓦开始不断抱怨他的令行不通，感觉有人怀疑他的领导能力，甚至怀疑个别人看不起他。这使他相当不爽，在好几次会上都提道："谁不愿意执行我的决定只能靠边站，我将请愿意配合的人帮忙。"他开始撤换迪乌夫任命的、与他无法配合的中高层管理人员。这是一个很敏感的问题，既有经济成本，也有政治风险。

我多次建议达席尔瓦总干事要谨慎行事，依法而为。法律顾问和我的看法一致，认为终止合同的成本过高。我还坚持，还要考虑人道主义方面的问题，许多人都有家有室，特别是孩子的教育不宜中断，他们需要一份工作，需要挣钱养家糊口，我们不能草率行事。我还对他说过，据我观察，他们中的绝大部分人还是称职的，而且我相信绝大多数人对粮农组织还是忠诚的，会支持新总干事的工作，只是新总干事从未在总部工作过，大家需要有个了解过程，特别是对他的思想、主张、工作作风以及领导风格，需要有一个适应和磨合的过程。与政府部门的帮派有

## 第九章 三进罗马辅佐新班子

所不同,在国际组织毕竟不存在对新任总干事个人的效忠与否的问题。

我也和总干事讨论过,改革从 2006 年初开始,持续了近 6 年时间,方向与战略基本明确,也改革设置了一个新部门,出台了一些新机制。一般情况下,如果一个系统运行正常,就不一定要完全打破,重新组建,那样成本太高,既影响效率,又影响实现组织效益的最大化。我对总干事说:"中国人有一句话,'新官上任三把火',这火你肯定得烧,但未必就要推倒现有一切重来,尤其是这些年已经花费了近 1 亿美元,就此付诸东流,谁都会觉得心疼。"我坚持认为,我们未来的主要任务是执行成员国的决定,把改革进行到底;要尽量避免再来一场新的、高成本的全面折腾。

对于这些意见,我真的很希望新总干事能够多少听进去些。我说,中国的《左传》有云:"一鼓作气,再而衰,三而竭。"持续 6 年的机构改革、再改革,已出现了人心浮动现象,广大职员最希望的是沉下心、坐下来,面向成果、侧重执行、做点实事。

但我遗憾地发现,我的想法与达席尔瓦的判断存在很大的分歧。他有点敏感,也缺乏安全感,总觉得大多数高管不在乎、看不起他,甚至不听从他的号令。他要建立完全属于他自己团队的决心日渐明确,明显不可动摇。

为了证明他的判断并非空穴来风,在一次偶然的场合,达席尔瓦给我看了一份来自一个叫 R 的 P4 级官员专门为他提供的"秘密"动态报告。我注意到,这是一本私人通信本,搞得很精致,像是每周一期,专门举报一些官员的活动,连主管宣传媒体的助理总干事召集几个中层女同事在阿文提诺一家餐馆聚会谈论新总干事似乎对女性职员有性别歧视的言论等都在被报告之列。此类报告,对于本来就比较敏感、疑心较强的达席尔瓦来说,怎能不火冒三丈呢?

"昌垂,你老跟我说他们是忠诚的,会支持我的工作,事实呢,你看看这些吧!"达席尔瓦总干事一边抖着那份报告,一边气呼呼地冲着我说。"我无法相信他们，他们不是我任命的，不会对我负责，我也不必对他们负责。"他很断然，决意要把两个副总干事和几个助理总干事尽早调整，来个大换血。

他是一个很有个性的人。一旦有了成见，九头牛也拉不回头。我曾努力想说服他，但最终证明是徒劳的。记得在上任初期，我曾对他说，他的重点是要抓三方面工作：一是新的优先战略方案的制订；二是下放权力，为地区和国家办公室赋权；三是推动更宽领域的南南合作。我多次提到，涉及人事问题联合国有一系列政策，工会也很强大，要尽量避免吃官司的做法（这一点，法律顾问也再三提醒过），克服不透明决策的诟病。我认为大换血没有必要也不可取。我发现在不少别的问题上，达席尔瓦对我的建议还是很认真对待也很感激的，但一提到人事问题，他就反应敏感，有时甚至反感，常常提醒我，我只是他的一个顾问、一个执行者。

从理论上说，他也许是对的，粮农组织唯有总干事一职是成员国选举出来的。总干事是该机构的最高行政长官，对成员国负责，其他所有官员都由总干事任命，都只是执行者；换而言之，其他所有人都只是总干事的顾问属下，最终的决策权在总干事手中。人事问题更是这样。了解总干事办公厅运作的人都知道，当时，我是唯一一个敢于向总干事建言、说实话，必要时也敢据理力争的高管。在高管职务调整压力最大的那段时间，许多人对我寄予厚望，希望我能帮忙，我的办公室也成为许多高管经常来访和寻求咨询之处。遗憾的是，我并不能为所有人排忧解难。

对于人事的任免，历届总干事都毫不掩饰地宣称这是他的行政授权，不和幕僚分权。坦率地说，除了说服总干事保住少数官员的职务，包括一位中国官员得到体面的重新安置，我最终还是无力帮助避免大批高管被调离，因为总干事重新洗牌的决心之大，不是三辆马车能拉回来的。我作为顾问，显然无力回天。

## 第九章　三进罗马辅佐新班子

那段时间，先后有20多名中高层主管被调换岗位、中断合同或降级使用，包括人事司司长和副司长。人事部门处于不正常的工作状态，作为办公厅负责人，我不得不与他们见面谈话，传达总干事的决定。这绝对不是一个好差事，因为我对他们中的好多人还是认可的，有的还是我在担任副总干事时亲自主持面试推荐的。我很同情他们，觉得有难以言状的揪心之痛。那段时间，由于精神上、工作上的巨大压力，我寝食难安，严重失眠，血压升高。我至今还记得有几个高管在我办公室里动容落泪的情形。他们有的来自美国、英国、德国、意大利和西班牙等发达国家，也有的来自如印度、孟加拉国、圣卢西亚和突尼斯等发展中国家，有些人在参加粮农组织工作之前还曾是本国有一定职位和影响力的人物。来自圣卢西亚的那位助理总干事还曾是该国的最高法官。不过，她的能力的确有限，在职员中的印象的确不佳，中止她的合同似乎无可厚非。可当她在我的办公室失声痛哭时，我的眼睛也跟着有点湿润了，我发现自己实在缺乏政治家般的铁石心肠。我答应帮她申请推迟3个月离职，好让她有个缓冲期处理一些个人事务。一位副总干事愿意接受D2的职务并调离罗马；副总干事M也找过我，就是我前面提到的在"秘密小报告"中被点名的那位。我很清楚，总干事的主意已定，绝不会动摇，就坦率地建议他：他年轻、能干，想办法到其他机构，比继续待在粮农、回到助理总干事职务会更舒坦些。他后来真的到另一个机构担任第三把手。他可能至今也未必知道他被请走的原因，除他担任总部行政助理总干事时与时任地区代表的总干事可能有什么交集过节外，恐怕与R的那些小报告有关。至于他和他曾经的下属R之间究竟何时何地发生过何种过节，以至于R竟用如此令人不齿的手段——秘密小报告报复他，就不得而知了。

对中高级管理成员的大面积调整让我感到极度不安，因为这导致人心惶惶，很大程度上动摇了军心，影响了工作。达席尔瓦总干事认为，这样做是出于无奈，是不得已而为之。他固然有一定道理，毕竟大家都认为前任迪乌夫在离任前大举任命新人的做法，的确不够专业，对后任总干事也不太友好。不少人也已预言，新总干事上台后必定要推倒重来，重新翻牌。我征询过法律顾问的想法，他认为从法律上说，达席尔瓦总干事这样做有一定的法律依据。首先，联合国 D 级以上的职务是属政治任命，一般的合同是每两年签一次，他们与 P5 及以下的专业人员不同，没有长期合同或永久合同之说。因此，理论上说，只要到了两年合同期满而没有被续聘，合同就自动终止。对于那些尚在合同期内的官员，新任总干事还可以利用法律条款中的有关规定，重新安排有关人员。但这种做法往往非常巧妙，更多的是以工作需要为由，调动到其他地方或其他岗位，以冠冕堂皇的理由和手段逼你，或主动辞职，或放低身段，接受比原职务低一两级的安排。当然，不同意从总部罗马调到其他地区，或不接受降级，为保持所谓的个人尊严而决定辞职的人并不多。

**制定新战略**

我的主要精力集中在业务协调和计划推进上。除了关注整个机构从总部到地方各部门的正常运转外，总干事明确要我侧重帮助以下工作：协调跟进新的战略规划的制定，推进粮农组织改革建议的执行，领导修改和制定有关下放和技术合作的相关规制，推动南南合作的典型案例，等等。与迪乌夫时期相比，我的工作量呈指数增加，原因很简单，迪乌夫是"老司机"，他执政 18 年，有一套虽然官僚但相对健全的机制，往往令下如山倒；而达席尔瓦，刚来总部，在人、事、物和工作环境陌生的情况下，又迫不及待地推动他的改革，落实他的竞选诺言，调换或辞退一批高管，不可避免地导致人心浮动和一定程度的无序，甚至思想混乱。此时，大多职能部门的主要领导都在观望，特别小心谨慎，不愿也不敢主动作为，甚至连"照常做主，照章办事"也成为奢侈。其结果则是什么事都往上报，大事小事全往办公厅推，最终都摆到了我的桌面

## 第九章 三进罗马辅佐新班子

上,这显然很不正常。在相当一段时间里,总干事办公厅无形中成为最为繁忙的名副其实的"运行枢纽"。

从某种意义上说,我真正成了过渡时期总干事办公厅的老管家,几乎涉及所有部门事务,包括总部与地方,内务与外事,面广事繁,政治性强,敏感复杂。总干事还要求我们一般事不过夜。作为办公厅临时家长,我压力山大;更何况机构处在新老班子青黄不接的阶段,部门领导等待上面指示的多,主动解决问题的少。一事当前,能推尽量往上推,这使得办公厅所有人不得不超负荷地工作,不但身体累,心更累。我常常感到分身乏术、筋疲力尽,总觉得时间不够用。时间都去哪儿了呢?是的,被大大小小的事务蚕食,被各种会议和文件湮没,被没完没了的应付危机事件而消耗。

为了实现总干事竞选时对优先计划工作的承诺,总干事决定聘请马丁·皮尼亚尼为高级顾问,专门负责制定战略规划,并成立了一个战略小组。他对我说:"你是粮农组织制定地区发展战略的'第一人',有丰富经验,就由你具体负责代管这项工作。"战略小组开始了漫长的反复论证。在初始阶段,我代表总干事在多个场合强调,新战略必须要与现有的改革建议同频共振,保持一致。我还强调:要广泛调研,征求各级职员的意见,让大家有参与感;要以问题为导向,避免规划过程中"新瓶装旧酒"的弊端。

一段时间后,我不再过问战略规划之事,因为总干事开始亲自过问,并直接与马丁沟通。经过将近一年的反复论证,包括与一些成员国的非正式磋商,总干事成功地完成了一部新的粮农组织战略规划,确定了 5 个优先领域:消除饥饿、粮食不安全和营养不良;以可持续的方式增加和改善农业、渔业、林业的物品和服务;减少农村贫困;赋能更包容有效的农业和粮食体系;增强对灾害和危机威胁的抗力。

应该说,与迪乌夫时期的发展战略相比,这个优先领域框架更集中,从原来的 12 个战略目标 49 个子目标减少到 5 个战略目标 12 个子目标。这是一大进步，与达席尔瓦的竞选承诺相吻合。这归功于总干事的坚持和亲自介入。他多次召集我和战略顾问马丁进行深入讨论，而且大多是利用下班时间，他说"这个时段最适合认真做事，没有干扰，容易集中精力，工作效率高"。我很高兴，我们俩在粮农组织的战略方向上想法一致，在技术层面，我们的意见也很统一。毕竟，他是经济学家，曾帮助巴西的卢拉政府发起过"零饥饿"计划，并成功组织实施了这个计划，这成为他政治生涯的一个里程碑；而我，则主持制定过地区战略规划，比较接地气，内外经验，形成互补。我至今还认为这是达席尔瓦总干事在上任头一年，即2012年做的最有意义的、最成功的一件大事。

坦率地说，在战略规划的组织实施上，我和顾问马丁以及总干事本人一开始存在较大的分歧。最让我感到不安的是，并不了解粮农组织运作机制的马丁顾问，提出了一个在我看来简直是破坏性的主张，却得到了总干事的肯定。他们决定甩开各个技术部门的助理总干事和大多数司长，成立所谓的"多学科团队"来组织实施战略。事实上，就是把现有的管理层晾起来，最后逼他们辞职或另谋高就。这种做法无疑为粮农组织埋下了一颗定时炸弹。从长远看，这无形中削弱了粮农组织的技术能力。我曾在一些场合不无担心地指出，把助理总干事和司长闲置，是在浪费粮农组织最昂贵的人才资源。2012年9月，在一次高管会上，我坐在总干事的右侧，在讨论发言时我提道："从2006年起，粮农组织已经经历了整整6年的改革；新总干事上任启动新的整改也已超过8个月，目前是时候回到常态正常运转了（我用back to normal一词）……"总干事一听到"back to normal"，没等我说完就打断我："昌垂，你这是主张开历史倒车，我的改革才刚刚开始呢，回到常态就等于归零。"我注意到，这是总干事第一次在公开场合对我如此不客气，他一脸愠怒。他对我一向客客气气，客气得让许多人都认为我们俩关系密切，甚至有人还错以为总干事在与我共享他的权力。没料到，他们一直以为对我有点

## 第九章 三进罗马辅佐新班子

依赖的新总干事，会在会上公开对我发飙。

客观地说，达席尔瓦上台之后，确实做了不少有勇气、值得赞赏的事，也给这个组织带来了一些新的希望，特别是他决定缩减行政开支，减少冗余的行政人员，赢得了成员国赞赏。但他以改革的名义，没完没了地调整部门，合并、撤销、下放、调动，时间一长，难免士气低落，人心惶惶。为了所谓的节省开支，他甚至亲自给主管运营的副总干事下了死命令，将罗马总部的公用手机从1 850部减到100部左右，只允许D2以上级别的官员使用。在信息时代这真是不可思议，反对声不断，此起彼伏。在他上任后的短短几个月，粮农组织总部和地区先后至少发生过5起职工游行、小范围罢工，要求集体与管理层对话等事件，这的确不寻常，我常常处在旋涡之中进行危机处理。一些高管领着高薪，战战兢兢地守着摊子，不敢主动作为。粮农组织再度出现了万马齐喑的局面，这绝非我决定三进罗马之时所能想见，也不是我对新当选总干事达席尔瓦的期待。我坚持认为，只有扭转这种局面，才能提振士气，回到正常运转的轨道。可惜达席尔瓦总干事误解了我的想法，以为我主张要回到迪乌夫时代的"常态"（normal）。

当然，即使如此，我还是觉得达席尔瓦是一个很有勇气的人。他接任总干事后，大刀阔斧地解决了一些迪乌夫时代没有解决的问题，表现了他果敢的一面，其中影响最大也最具争议的决定是削减70名辅助人员，包括总部的保安人员。他的这个敢捅马蜂窝、敢啃硬骨头的精神，还真让我折服。我不但赞同他的这个决定，而且还帮他制定了相关政策，并监督执行。是啊，自从推广信息技术应用以来，包括粮农组织在内的联合国系统，花费了大量资金，购买计算机和自动化办公设备，应用电子邮件和视频电视电话会议等，大大节约了人力，提高了效率。最明显的是专业人员全部使用计算机工作，自己写稿、打字，直接通过电子邮件交流等，取代了原来依赖辅助人员打字、发传真的方式，极大地减少了辅助人员的工作量。但多年来，辅助人员与专业人员的比例却基本没有变化，减员十分困难。特别是在意大利，工会的力量过于强大，动不动就举行游行示威，历任领导为了维稳，一般不去捅这个马蜂窝，减员自然成为迪乌夫时代的绝招。但达席尔瓦不同，他有勇气、有决心，说到做到，根本不在乎得罪人，体现了他改革提效的决心和魄力。但是，他的某些做法也明显与过去6年粮农组织大规模改革决定完全相悖，听说他于2014年收回了低级别职员招聘审批权，重新集中在他的手里，就引来诸多非议。

在全球治理舞台上之所以会出现这种局面，我认为在不少政策问题上成员国也应负有责任。比如说，成员国在某些重大问题上的态度和立场常常出尔反尔，表现出过分的实用主义，委实让人郁闷。我们见过不少的例子，不知是来自各国政府部门的真正意图，还是在前方的代表对自己国家过去立场的无知，或由于个人的昏庸无能、不学无术，或出于某种私利的考虑，他们有时竟以国家的名义做出与先前不一致的表态、提出不一致的立场或发出不统一的信号，让人大跌眼镜，哭笑不得。我们看到，一些成员国在换了一任前方代表后，居然把自己国家不久前的决定和主张推翻，还大言不惭，除了损伤国格，造成混乱，无形中放弃了主权国家在全球治理平台应有的主导权，让渡给国际组织的行政长官，给他们留下了操纵与利用的空间。在一定意义上，这类国家代表是在劳民伤财，是对纳税人心血的极大糟蹋。

## 消防队长不轻松

### 平息阿亚之争

联合国粮农组织危机应对涉及政治、外交、经济、社会、灾害、冲突影响以及内部组织管理等多个维度，其出现的频率和可能存在的风险与危害，得看你的运气和处理各种危机的经验与能力。

2007—2008年发端于美国的金融危机引发的全球粮食危机对粮农组

## 第九章 三进罗马辅佐新班子

织是一场大考,客观地说,粮农组织的表现可圈可点。而 2012 年年初,亚美尼亚和阿塞拜疆两国在举办欧洲地区农业部部长会议时因参观日程安排引起的外交摩擦,对刚刚上任的粮农组织总干事,则是一次危机管理的考验——尽管无法与应对全球性灾难的难度和影响相比。

阿塞拜疆是粮农组织 2012 年欧洲农业部部长会议的东道国。离开会不到两个月,东道国阿塞拜疆在其官方组织的旅游考察项目上,突然加入了访问其国家烈士纪念碑并由总干事代表粮农组织送花圈的议程。这涉及阿塞拜疆和亚美尼亚间的纳卡地区(纳戈尔诺-卡拉巴赫地区)的政治问题。由于历史遗留的领土争议,两国在纳卡地区大小冲突不断,在苏联时期,该地区是阿塞拜疆的一个自治州。1988 年纳卡要求并入亚美尼亚,导致该州阿、亚两族爆发武装冲突。苏联解体后,两国为争夺纳卡爆发了战争。1992 年,欧洲安全与合作会议(欧安组织前身)在俄罗斯的倡议下成立了由 12 个国家组成的明斯克小组,俄美法三国为该小组的联合主席国。自此,有关纳卡问题的不同级别谈判在明斯克小组框架下陆续举行。不可思议的是,就是这样一个政治性非常敏感、曝光度非常高的热点地区和热点问题,时任粮农组织助理总干事兼欧洲地区代表竟然稀里糊涂地批准了日程。之前,她也没有把好关,同意让阿塞拜疆代表利用东道主的主场便利,散发有争议的文件,这引起了亚美尼亚的强烈反对,并搬出欧盟救兵。欧盟代表约见我时,发出了外交威胁。

一场危机公关开始了。应该说,一是总干事刚上任不到两个月,还没有足够经验;二是外交事件直属办公厅职责范畴。总干事只有两点指示:一是部长会议的地点不能改,必须在阿塞拜疆巴库举行;二是会议必须按时举办。至于具体事务,由我全权负责。

我很清楚,在联合国的字典里,边界问题总是最敏感的政治与外交问题。

2012 年 2 月 29 日下午,我紧急约见了阿塞拜疆驻粮农组织大使。

我请总干事的另一名顾问，前办公厅代理主任鲁伊基陪同我会见。我们的目的就是说服阿塞拜疆取消访问国家烈士纪念碑的计划。阿塞拜疆大使态度非常强硬，他不断指责粮农组织秘书处偏袒亚美尼亚。我的态度亦非常坚决，我告诉阿塞拜疆大使：粮农组织的任务是，在联合国的框架下，顺利、成功地召开有广泛部长参加的会议。"这难道不是贵国所期待的吗？我相信秘书处和贵国在这个问题上的目标完全一致。"对话中，阿塞拜疆大使非常情绪化，我呢，一直保持"克制冷静"。或许正是这文武之道，一张一弛，反而让这位老外交官觉得自己有点失态，他最终控制住自己的情绪，做了点让步，认可日程安排本应是秘书处责任，应由秘书处审定。但他临行时还是留了一句话：他必须向国内汇报。我理解，他需与总部沟通并得到授权。

其实问题仍然悬而未决。就像不少国家一样，外交部和农业部常常在"踢皮球"。阿塞拜疆农业部网站上的信息并未更新，议程中仍有访问国家烈士纪念碑的安排。亚美尼亚与阿塞拜疆两国的争议继续发酵。欧盟大使和亚美尼亚代表在两天内三次约见我，几乎下了最后通牒，告知如果没有见到阿方明确的书面承诺，欧盟将正式宣布其所有的农业部部长将不参会。他们还说希望约见总干事。我告诉他们，此事由我全权负责，不必惊动总干事。他们走后，我马上让我的助理再次约谈阿塞拜疆国大使，我再次坚定地告诉大使："问题的确在贵国一边，明确承诺按协议办会，取消参观国家烈士纪念碑的计划是部长会议在巴库举办的必要条件。为了使会议继续在阿塞拜疆举办，我们在这个问题上不会有半点含糊。"为了挽回他们的面子，我答应：阿塞拜疆不需要向成员国另发通知承诺任何事，但必须由阿塞拜疆农业部部长给总干事正式发函，重申阿塞拜疆将按粮农组织与其签署的协议组织会议。我向他建议：来信可以只提"我们将按照最初达成的东道国协议，与所有地区成员国和粮农组织秘书处一道，共同举办一个成功的部长会"。知道我的确是帮他们解决僵局，阿塞拜疆大使这次的态度好多了，他显露出热

第九章　三进罗马辅佐新班子

情、平和之气，而且也恢复了作为外交家的风度。

鲁伊基顾问数次陪同参加与阿塞拜疆、亚美尼亚和欧盟大使的会谈交涉，事后他伸出大拇指，向我表示祝贺，说："你这个消防队长当得不错，你真是娴熟的谈判高手，我很佩服你。"

后来，欧洲地区农业部部长大会终于顺利召开，而且很成功。阿亚双方都很克制，没有再节外生枝。一场政治危机得以化解，欧洲地区两年一度的农业部部长会如期召开，包括亚美尼亚以及欧盟各国的农业部部长都悉数参会。

## 自杀引起的风波

另一场风波，涉及一名日本籍职员跳楼自杀，也给新上任三个月的总干事带来了极大的困扰。

由于总干事上任伊始就挥动"三板斧"，推动他的改革方案，第一波瞄准职员调动、招聘冻结、下放减员等，总部大楼的职员情绪很不稳定，压力与日俱增。我和法律顾问不得不整天忙着研究对策，布置人事司与工会负责人沟通，希望他们不要采取过激行动。就在这个节骨眼上，坐落于开罗的粮农组织地区办的一名日本籍职员于3月8日，即星期四一早在办公室跳楼自杀身亡。在互联网时代，这一消息如同原子弹爆炸，震动极大，瞬间充斥了粮农组织的内部网。有人说他的死因是减员，工作压力大，得了抑郁症。职工工会马上要求粮农组织管理层做出说明。

我接到人事司司长阿隆基的报告后，第一时间向正在南美洲出差的总干事做了汇报。他指示由我全权负责处理此案。

联想到总部最近的气氛和高压，我预感到，处理不好，将激发一场暴风雨。我把人事司司长和主管运营的副总干事以及行政助理总干事请来一起商量。我们认为，当务之急是要求地区办领导做好善后工作，安抚地区办的职员。我们还决定，马上派总部医生到开罗地区办，为开罗地区办职员提供心理咨询，顺便也了解一下其他职员的反应。我要求他在两天内提交一份"从医生视角的内部报告"。

事发当天地区办助理总干事兼地区代表阿依塔比并不在开罗，他回国休假了。副代表平时与代表关系不太融洽，他此刻显得非常谨慎。他在电话中告诉我，群众中意见最多的是："我们不断对职员加压，包括这个职员，他不过是 P2 级官员，却被要求负责一位 P5 空缺职位的工作。"言下之意，是粮农组织的管理层逼得这个年轻同事走上了绝路。周一一大早，我收到了医生的报告：开罗地区办职员的情绪正在升温，职员对地区代表的个人作风意见极大，并对总部最近的改革做法有些不理解。不少人要他转告，总部领导应该正视地区代表的官僚作风。他提醒管理层需要及时采取必要措施。"我只是个医生，从我的职业角度看，开罗地区办职员的情绪普遍不稳定，我们需要马上聘请专业的心理咨询医生。"他报告说。

整个周末，我基本上都在办公室，电话不断，包括和总干事保持联系。周一下午，总干事回到办公室的第一件事就是听取了开罗事件的汇报。我建议他从人文关怀角度出发，最好亲自与开罗地区办的职员开一次视频会议，主要是安抚，表示关切，而且越快越好。总干事表示赞同，时间就定在 13 日，即周二上午。视频会议显示，地区办的会议厅座无虚席，周围还黑压压地站了一批人。总干事首先对日本籍职员的离世表示深切哀悼。工会代表显然情绪激动，他们没等总干事多说，迫不及待、慷慨激昂地指责地区办领导管理不善，压制意见不同者，强烈要求开展调查。发言的职员不少，基本都是发泄情绪。粮农组织职员如此激动、如此毫无顾忌地发表意见实属罕见，特别是在总干事和主要领导在场之际。他们有的还带有双关语意，像在指桑骂槐，埋怨没完没了的改革、减员。总干事简单解释了改革的必要性，重点是安抚大家的情绪，临了，他答应"将开展认真的调查"。会后，总干事马上与我商量。我说，考虑到职员情绪，最好不要让地区代表马上返回开罗，建议给他

## 第九章 三进罗马辅佐新班子

一个"休假"安排,让其暂时离开,配合调查。

第二天上午10点,总干事又要出差去越南,他在电话中留下一句话,由我继续全力负责处理此案,并随时向他汇报。下午,我让副总干事M与地区代表通了话。据M副总干事回复,他发现地区代表对此事并不太在意,好像他也是受害者。地区代表阿依塔比是中东某国王室成员,据说是3年前由该国国王向时任总干事推荐的。担任地区代表3年多来,他的口碑一直较差。我在任副总干事时,也多次收到下放办公室主任送来的关于他的一些疑似违纪和不作为的匿名报告。我在与他进行年终绩效评估谈话时,也希望他加以改进;同时,我们也向时任总干事当面反映过,但他似乎不以为意,未予重视。这次,我觉得再也不能纵容了,决定以调查事实为依据,认真处理此案。我建议总干事的中东问题顾问鲁伊基先与中东某国代表沟通,向他报告地区办的民意。我们还决定,综合各种情况,最好先将他调来罗马"磋商",为人事调查小组在开罗放开工作提供方便。

3月14日,日本大使馆派一名参赞和驻粮农组织代表一起来粮农组织询问调查进展,并要求我们提供所有详细情况,以便向日本国内报告。我们注意到,把地区代表暂时调开的意图已被一些人误解甚至歪曲,地区办职员已开始在网上谣传总部要把地区代表保护起来,准备另行安排工作,真是捕风捉影、子虚乌有。

那段时间,我真的觉得压力很大,筋疲力尽。3月22日下午,总干事召集我、人事、医生和其他两个顾问,讨论了中东地区办的初步调查报告。我们注意到,开罗医院鉴定日本籍职员确实是由于抑郁症而自杀。根据医疗记录,他曾长期服药,但一直瞒着同事(在国际组织,这属个人隐私),包括地区代表本人并不知情。从调查报告看,这次自杀事件与地区代表没有直接关系。不过,大家坚持认为,地区代表长期以来确实存在管理不善的问题,作为地方一把手,他无法创造一个良好的工作环境,最好劝他马上辞职,以安抚人心。我们正在考虑具体方案时，开罗地区办员工反弹激烈，总部工会号召全球粮农职工于下周二午时在联合国国旗下默哀一分钟。开罗地区办职员甚至放话，若地区代表阿依塔比回开罗，将举行全体罢工，并号召全球粮农职工支持。

尽管对阿依塔比的不称职早就知悉，但过往的粮农管理层碍于与其母国元首的政治关系，没有采取必要措施，听之任之，终于酿成今日之祸。民心不可侮，新总干事决心已定，指示由我出面与阿依塔比谈话。23日下午，我召见了阿依塔比，进行了一场困难又真诚的谈话。他首先还是坚持自己是无辜的，职工自杀与他毫无关系，不能让他负任何责任。他强调，他曾是一名教授，一向勤勤恳恳；进入粮农组织3年来，他工作是努力的，但可能不经意得罪了一些人，有人就利用这个机会报复。我对他说，粮农组织已实事求是地把职工死亡之事与管理不善问题分开，因为起码目前调查没有任何证据显示二者之间有直接联系。但单从调查初步结论看，大多数人认为他不称职，不思作为，管理不善，导致地区办如一盘散沙，失去有效战斗力。这样，他已经失去群众的支持、尊重和信任，也失去上级领导的信赖，就凭这一点，他就应该认真考虑自己的尊严、个人的未来和国家的荣誉，引咎辞职。敢于担当是荣誉、责任、勇气和自律的贵族精神。我劝他："你还是在周末静心反思，下周一答复总干事。"他沉思了一下，对我说："何先生，相信我，我是无辜的；但您是我一向尊重的老领导，您的话我明白了。"他没有等周一，当场写了一封简单的辞职报告，并决定一两日内直接从罗马飞回中东。

一场令人悲痛的事故，由于发生在总干事推动改革的时期，差点卷起巨大波澜，成为驱动整个粮农组织职员情绪爆发的触发器。"水可载舟，亦可覆舟"，一个领导人如果脱离了群众，忘记了"严以律己、执政为民"的基本遵循，就已经不知不觉地把自己推向了危机四伏的境地。在这场风波中，我被推到风口浪尖，但最终用冷静与理智，从换位思考的角度寻找方案化解了一场危机。中国智慧，助我及时解决了一场可能一触即发的粮农组织管理层与职工的"冲突"。

## 总理荣膺"最高奖"

### 向总干事建言

让我颇感安慰的是，在我三进罗马的1年多时间里，我始终保持初心，继续为自己的国家做了些有意义也较有影响力的事。

2012年4月，刚上任不久的达席尔瓦总干事开始考虑选择性地访问一些主要成员国。我向他建议，应该把中国列入第一批优先出访的国家。我的理由非常充分。中国是一个农业大国，是联合国粮农组织的创始成员之一，是一贯的支持者、积极的参与者。中国仅用9%的全球耕地面积，养活了全世界20%的人口。中国政府对"三农"问题一贯重视，出台过一系列的政策并创造了有效可行的中国方案，对全球减少贫困和饥饿、实现联合国的千年发展目标起着标杆作用，值得粮农组织研究并推广到其他国家和地区。我认为，总干事应考虑尽早拜会中国领导人。我强烈建议，他应该将他上任后颁发的第一个粮农组织最高勋章——农民奖授予中国领导人，并借此机会与中国国家领导人探讨深化南南合作的机制，特别是在中国周边国家和非洲地区的农业和粮食安全合作。

新总干事非常赞赏我的建言，但他认为还不太清楚有关机制和程序，需要考虑考虑再定。

我的直觉告诉我，在这个问题上，我完全有把握说服总干事。我决定先行启动技术准备，立即把技术合作部的助理总干事托马斯找来，让他组织一个小规模工作班子，编制一份和中国开展农业领域南南合作的建议书。为了确保计划的有序推进落实，我专门安排了办公厅中国籍专员李轩负责全程跟进，并与中国代表处就此事保持密切沟通。我期待通过这种合作安排，帮助中国农业"走出去"，真正实现与受援国在项目方向和内容上的共商共建，达到互利共赢的合作目的。技术合作部很快按我的要求提交了一份5 000万美元的一揽子合作设想。我提出了一些具体修改建议，强调中方科技人员的作用和项目的可持续性安排，经过来回数次修改之后，我决定与中国农业部正式沟通这个建议书，征求他们的意见。

中国农业部非常支持我的想法。经过磋商，他们建议把合作内容做适当的调整，扩大领域与地域，同时也把经费要求从5 000万美元增加到1亿美元，以满足扩大合作地域和领域的要求，实现规模效应，追求实质性的合作成果。

7月初，我在国内休假，系统地思考了如何推动为中国授奖之事。这的确是一件大事，粮农组织有史以来还从未给哪个国家两次授奖，而新任总干事刚上任6个月多，也还没向任何国家颁过奖，需要下决心做决策。7月4日，我给总干事写了一份报告，再次建议他给中国领导人授勋颁奖。这回，我很快得到达席尔瓦总干事的肯定答复，他同意并要我马上准备必要的书面材料。我回信告诉他，我其实已提前安排技术合作部的助理总干事做了相关技术准备。他很认可我"超前思考，主动作为"的作风。

我立即与中国常驻罗马三机构代表处联系，告知总干事准备授予中国领导人"农民奖"，希望得到中国方面的明确意向，并决定到底是向国家主席还是向国务院总理颁奖。遗憾的是，直至7月中旬，秘书处仍未收到中方通知。"农民奖"是粮农组织颁发的最高荣誉，除获奖证书外，还将特制一套精美的金币，一面刻有获奖者头像，另一面刻有获奖者的一句题词。意大利是个讲究艺术的国家，金币的设计和铸造至少需要两个半月。当时总干事首访中国的时间初步定于9月初，而每年7—8月，意大利人大多关门休假，如果无法及时得到中方关于人选的决定和相关资料，如头像和题词，就根本不可能及时设计初样并返回有关领导审定，也就不可能按时完成铸造金币的流程。时间十分紧迫。我从代表处得知，这本来是件好事，如今却变成一个棘手问题，因为国内相关部门谁也不敢明确建议到底是该颁给国家主席还是国务院总理。我担心如果继续拖下去，在总干事访问中国前就根本无法完成所有工艺，会贻误大事。

在几次催问无果下，我得到的回答是中方不参与决定人选，联合国必须自己提出名单。我终于明白有关部门的难处。经过认真思考，并征求了秘书处几个同事的意见，在国内无人愿意做出决定的情况下，"始作俑者"的我就应该承担所有责任。我向总干事建议并得到他的批准，把粮农组织的"农民奖"授予时任国务院总理温家宝。我有充分的理由这么做：首先，1996年国家领导人江泽民主席已经得到过这个奖，这回可以把奖授予政府领导人；其次，时任温家宝总理从任副总理起就分管农业，一路走来，鞠躬尽瘁，殚精竭虑，成绩斐然，中国农业和粮食安全的成就有他的重要贡献，粮农最高勋章他受之无愧。我的思维简单机械，一前一后，一个曾是国家领导人，一个是时任政府领导人。在西方人看来，这也很有逻辑。再者，关键的是，不管是中国的哪一个领导人，他都是代表中国，代表中国农业事业，代表中国亿万农民。

我把粮农组织的决定通知中方。代表处有关领导如释重负，肯定了我为国内解决了棘手问题。未曾想，两天之后的周日，我在前往佛罗伦萨的列车上，接到了一个国际长途，中国农业部合作司司长问，这个决定到底是谁做的。我说：是粮农组织决定的。他进一步问：是粮农组织哪个领导决定的。我实事求是地说：是由我提名，总干事批准，一切都是按程序执行的。我加了一句：总干事上任后把第一个大奖颁发给中国，这不会有错吧？

## 颁给中国人民的勋章

8月9日，我们终于收到了温家宝总理的头像和他的题词。题词内容是："不懂得农民，就不懂得中国（One Who Knows Not Chinese Farmers Knows Not China）。"译文也很优美，有莎翁之风。尽管时间急迫，又遇上了罗马人雷打不动的暑假，靠着粮农组织神通广大的外宣队伍，得到了铸币公司的配合，终于在总干事访华前两天赶制出全套奖章。这套奖章一套5枚，独一无二，总理肖像栩栩如生，精美得很。

2012年10月2日下午3点半，中国国务院总理与其国务院成员100多人在人民大会堂举行隆重仪式，接受了联合国的"农民奖"。温家宝总理成为达席尔瓦总干事颁发的第一个，也是在达席尔瓦任内截至2018年唯一一位获得联合国粮农组织最高奖的政府领导人。

联合国颁给中国的最高农民奖，是颁给中国政府的奖，颁给中国农业部的奖，也是颁给实实在在努力、勤勤恳恳劳动的全体中国人民，特别是头顶烈日、脚踏黄土，生活在社会最基层的千千万万中国农民的奖。我为中国的农业和粮食安全以举世瞩目的伟大成就获得联合国的嘉奖、全球的认可骄傲，也为自己能以亲手促成这个伟大的奖项而自豪。

本以为自己的联合国情结一旦离任后就只能深藏心底，然而，2014年夏末，我离开粮农组织已一年有余，忽然从国内报纸上看到李克强总理将于10月中旬访问欧洲的消息，内心很是激动。但听说由于这次双边访问的时间太紧，总理到意大利的初步日程并未包括粮农组织，我觉得很遗憾。我不由得想起2011年我任副总干事时，负责协调粮农组织邀请美国国务卿希拉里访问粮农组织总部并发表演讲的场景，而作为一个农业大国，为何中国的总理不能在粮食安全治理的世界舞台中心分享我们"治国理政"的经验呢？我立即提笔致函达席尔瓦总干事，建议无论如何要争取邀请李克强总理到粮农组织做一场关于中国农业和粮食安全发展的演讲，让罗马三机构的高管和各国大使与代表都参加。我同时也向中国农业部有关官员做了同样建议，这对宣传中国农村改革，传播中国声音，提供中国经验与方案，扩大朋友圈具有重要意义。在粮农组织和中国驻罗马代表的共同努力下，李克强总理于2014年10月15日在百忙中访问了粮农组织总部，并做了一场题为"依托家庭经营推进农业现代化"的精彩演讲。总理深情地从他亲身经历出发,介绍了中国农村改革和发展的经验,表示中国愿意与各国分享农业技术、经验和农业发展模式,并当场宣布中国政府将向联合国粮农组织捐赠5 000万美元,用于开展农业南南合作,得到国际社会广泛赞誉。这是继2012年推动粮农组织授予温家宝总理联合国最高奖项"农民奖"之后,又一场中国领导人在粮农组织参加的高峰活动。李克强总理的演讲在国际上产生了深远影响,中国人把13亿人口的饭碗牢牢端在自己手里的成功经验,以及为联合国千年发展目标的伟大贡献,让世人叹为观止。

**再度告别罗马**

随着时间推移,达席尔瓦总干事对总部运作脉络逐渐清楚,自信心也明显增加,与此同时,他也逐步建立起他觉得可信任的核心团队。我相信那时,粮农组织已基本度过了最困难的过渡时期,可以步入正轨了。

中国有一句话:见好就收。我认为我协助总干事度过"过渡时期的任务"已基本完成,我该走了。但当我向他明确提出这个想法时,他还是深情挽留,并说,他是真的需要我。我也真诚地告诉他,这1年来,我经常失眠,而且血压超高,医生一直告诫我,必须调整,压力不能太大;我还告诉他,我不愿意错过北京大学计划聘用我当兼职教授的机会。他其实也是性情中人,早年曾是大学教授,对教书育人情有独钟。他用商量的口吻坚持说,他的确离不开我,并希望我能与北大商量,能否推迟到2013年6月。然而我去意已决,毅然决定于2013年2月结束在罗马的工作,并建议他尽快物色总干事办公厅主任的人选。

时光如水。一生之中,我三进罗马。第三次重返罗马,为实现粮农组织消除饥饿的崇高目标,为粮农组织的革新图变,我不知不觉又奋战了一年多,虽劳力劳心,也无悔无怨。这一年多,在真心与良知驱策下,我秉承自己的职业操守,本着对专业的热爱,凭着对国际组织工作的激情，坚守着对粮农组织的使命和信仰，在新任总干事上任后最困难的过渡阶段，为他辅政，日夜操劳，为总干事本人顺利过渡、为这个组织的战略转轨，付出了一个职业管理者应尽的心血；同时也在过渡转轨的艰难时期，为粮农组织许多同事尽了心力，在我的能力和职责范围内为他们提供了力所能及的帮助。

不少人问我，做一个成功的国际职员的秘诀。我想起丘吉尔的一段话——成功根本没有秘诀，如果有的话，就只有两个：一是坚持到底，永不放弃；二是当你想放弃的时候，请回过头来照着第一个秘诀去做。

万事只怕有心人。我想用自己的体会来说，成功有两点：一是做事成功，二是做人成功。做人不成功，成功只能是暂时的；做人成功，不成功也是暂时的。永远记住：要做事，先做人——大概就是中国先哲的智慧。

联合国的工作经历告诉我，作为一个国际职员，特别是作为一个管理者、团队的领班人，就像是一个航船的掌舵人，你必须和所有的船员融为一体，大家才愿意与你风雨同舟、患难与共。你必须和别人一样，又不完全一样，不一样的是你得身先士卒，吃苦在先；宽宏大量，吃得了亏，受得了委屈，抵御得住走捷径成功的诱惑，经得起艰辛与失败的磨炼。这就是修养，是需要终身学习的气质。

2013年1月8日，中国常驻罗马三机构代表夏敬源在代表处设午宴为我和夫人告别。粮农组织20多位高管出席。席间大家抢着发言话别，自然好话连连，浓情依依。午宴一结束，经济部政策司司长柯思塔斯走近我，说："我总结了3个词来形容您在大家心目中的形象：发展、救援和重建（development, relief and rehabilitation）。白天上班，您主持会议与大家研究工作，引导大家出谋献策，提出解决方案建议，我们分头去执行，十分奏效，您孜孜不倦推动的是粮农组织的发展工作（development）；傍晚六七点钟，大家下班了，我们有时筋疲力尽，心理压力很大，到您那儿聊聊天，排忧解难，眼前豁然一亮，解除了我们心理压

## 第九章 三进罗马辅佐新班子

力,精神得以放松,这就是对我们的救援(relief);您带领大家推进改革,有时我们觉得十方迷茫,您充满中国智慧,乐观地指出方向,但一旦出了差池与问题,您却总是帮大家扛着,说出大家没敢说的话,鼓励大家相信革新图变,相信明天更好,重建(rehabilitation)未来。您知道吗?这就是大家为什么喜欢您、敬重您的缘故。"

真没想到,粮农组织同事的临别赠言竟是如此珍贵的3个词。我想:你赠人一粒谷,人送你一碗粥。粮农十余年,做事做人,蒙此肯定,既觉感动,亦很受用。

粒谷碗粥,夫复何求?

# 第十章
## 西去归来如初家国梦

这就是我的一生，我发现人是值得活着的。如果有谁再给我一次生活的机会，我将欣然接受这难得的赐予。

——罗伯特·罗素

# 国际组织人才荒

**再扬帆起航**

归去来兮,岁月履痕。

2013年初春,罗马青山依旧,我结束了我热爱的国际公务员的职业生涯,完成了我在联合国的使命,为25年浪迹五洲的漂泊生涯画上了句号。此时,北京寒梅初绽,我们捧着一颗炽热的游子之心,怀着满满的眷念深情,回到了北京,回到了20多年前我们工作、结婚、生子和职业人生启航的地方。

有人说,国外的世界真精彩;我要说,今天的中国亦闪亮。40年的改革开放,经济持续高速增长,与欧洲沉闷的气氛相比,北京城里车水马龙,到处都是忙忙碌碌的人群,多少人生大幕才刚刚拉开。置身于这种热烈的氛围之中,你似乎感到,千帆历尽,归来仍是少年。我真想再借人生一百年,整装出发,再度起航,不为面包,不图生计,单凭内心欢喜,满腔热情地去做些过去想做而未做的事,那该多好!

凡是过往,皆为序章。

25年,弹指一挥间。这些年,岁月峥嵘,生命如歌,足迹五洲,拜联合国的工作所赐,我访问过百来个国家:会见过许多王公贵族与政府要人,也接触过无数平民百姓与街边乞丐;住过繁华都市的奢华馆舍,也到过荒郊野岭的贫困乡村;见多了朱门酒肉臭,也目睹了路有冻死骨。我一直困惑：为何在这天上有卫星、航天飞船，地下有高铁、汽车，海上有豪华游艇，足不出户可享受"互联网+"服务的时代，人世间还有近10亿贫困人口，还有8亿处于饥饿之中的妇女、男人和嗷嗷待哺的婴孩，他们每天要饿着肚子上床睡觉，还有多少人家徒四壁，连拥有一张床都是奢侈！这个社会公平吗？世界缘何如此两极分化！

当了25年的国际职员，我问了25年这样的问题，也探过25年的道，国际社会并没有回答好这个问题，我更没有。

脚步初歇，不免会经常陷入沉思。回想这一辈子，不觉感慨万千，学了理工，做过科研，入了政府大楼，从事过高科技管理，最后献身于国际发展与合作事业，尤其是后来15年致力于全球农业和粮食安全治理，走南闯北，有机会目睹了世界上最富有和最贫苦的两极。仿佛是自己的宿命吧，祖祖辈辈是农民，虽一度高居国际组织"庙堂"，自己却觉得永远都还是一个农民，怀抱一颗农民之心，像农民一样辛勤劳作，无怨无悔，春播秋收，恬淡安详。"这就是我的一生，我发现人是值得活着的。"这些经历或许承载着些许人生经验，这些履痕或可作为回馈国人的心意。"如果有谁再给我一次生活的机会，我将欣然接受这难得的赐予。"岁月履痕今归来，若得新生将何为？

此归，何为？时代变了，许多朋友都觉得65岁还算年轻，劝我再度扬帆起航。有人建议，办个国际咨询公司，利用我在国际组织的广泛人脉，"肯定能赚大钱"；也有人建议，成立个基金，以我的资历和影响，登高一呼，必定"资金如流"，应者云集；还有人说，到私企，帮助开拓国际市场，帮助中国企业"走出去"，"何愁没有百万年薪"。

应当说，回到京城，我很快被这个如火如荼的奋进时代、中国速度感染，被注入新的能量，自己仿佛真的变年轻了。刀枪入库，马放南山，不继续奔跑，很快就会落伍。我想，是该再做点什么来回馈祖国、报答人民。但思来想去，觉得这些建议都并非我的初衷，一是我并没有朋友们想象的那么三头六臂，二是我个人的心性所向，注定此生不会与

## 第十章　西去归来如初家国梦

大资本结缘。

但有一件事却始终让我耿耿于怀。

我一向深信不疑,人才资源是第一生产力。宣称自己是一个强大的发展中大国的中国,具备国际视野的人才资源却一直比较匮乏,这与中国的崛起和大国地位以及在国际上扮演负责任大国的角色太不相称。应该看到,国际组织人才资源是国家软实力的一个重要组成部分。一个国家的全球胜任力在一定程度上表现为其在全球治理方面的能力和水平,包括在国际规则制定中的话语权和贡献率,特别是在国际组织中的影响力。我认为,对国际组织人才的培养是大国的一种战略投资,在大国崛起的过程中,需求在不断扩大,需要坚持年年抓、坚持不懈地抓,需要建立恰当的机制系统地抓。

40多年前,我大学毕业时曾梦想当老师,教书育人,传道授业解惑。但是,国家的需要改变了我的志向,我被送到了中国科学院,便有了十余年遥感研究之路,科技管理之途;后来一个偶然机遇把我推向了国际舞台,阴差阳错地开始了漫长的联合国之旅,成为改革开放后第一代参与全球治理的实践者。

做人,我一直把自己定位为一名专业人员或职业管理人,而不是有人误以为的外交官,因为盛名之下其实难副。最重要的是,我始终未学会外交官在"是"、"可能是"和"不是"之间腾挪跳跃的柔术。我更不认为自己是一名政治人物,尽管我担任过副总干事职位,一般都被归类为职业外交官或政府部门部长级以上官员。我既不具备外交家的能说会道、合纵连横的才干,亦不具备政治家灵活善变、驾驭黑白的能力。我始终欣赏的是科学家的严谨,工程技术人员的精准,园丁的质朴与专注。

做事,我一向相信,世上从来就没有轻轻松松的优秀,随随便便的成功。事情是靠干出来的,不是靠说出来的,更不是靠吹牛皮吹出来的,中国今天的成功更是亿万人吃苦耐劳、百折不挠的精神铸造而成的。而当今世界充斥着太多混淆视听的说法，需要正本清源，以正视听，而这有赖于更多的中国人，特别是年轻一代在国际舞台上发声，讲好中国故事。这需要教育培养，这大抵催生了我的心愿：回归泥土，化身园丁，为青年，特别是那些有志于在国际组织舞台驰骋的青年分享我的经历和经验。

若有机会分享我们这一代人的经历，讲讲见过和想过的故事，无疑是一大乐事。

## 担任兼职教授

北京大学满足了我这个心愿。2013 年，由北京大学国际关系学院张海滨教授推荐，我接受了该学院的聘请，成为一名兼职教授，培养有志于参与国际合作和全球治理事业的青年才俊。我主要讲授粮食安全和全球治理，有时也用英文授课。除中国内地和香港地区的学员外，这几年，也有来自美国、英国、法国、加拿大、瑞士、韩国、日本、新加坡的留学生。我主要围绕全球粮食安全的现状与驱动因素，国际粮食安全治理的机制演变；介绍中国的三农政策，宣传中国改革开放，消除贫困和饥饿经验与成果；讨论发展中国家如何参与全球治理，发出声音，提供方案，扩大影响。评估说我的课程颇受年轻人欢迎。这些人文化背景不同，观察问题的视角不同，三观也自然不同。但他们有一个共同点，就是年轻、好奇、富有想象力、喜欢挑战。你在上面授课，有人会马上用手机上网查询，提出问题，有时甚至毫不犹豫地提出相悖的观点。和这样的学生在一起，自己都觉得年轻了 10 岁。几年下来，感觉自己的学问也增加了，正所谓教学相长。最近，北京大学还把我的有些课程录制成视频教学资料，在全球大型学分课程运营服务网络平台播放，供更多有兴趣的学生参考学习，听说点击率很高。我很庆幸也很感恩北京大学给了我这个圆梦的机会，让我终于过了把教师瘾，使我真真切切地体会到做老师的艰辛、乐趣、责任和荣誉。

## 第十章 西去归来如初家国梦

这两年来，随着中国对国际组织的关注度不断提升，各种类型的培训活动不断增加。除了北京大学，我也应清华大学、浙江大学、中国科技大学、中国人民大学、中国政法大学和西北工业大学等一些著名高校邀请，分别为其组织的"全球胜任力培养""国际组织人才精英班""中高级人员出国储备人才培训班"讲课。农业部、科技部、交通运输部、人力资源社会保障部、中科院以及中国联合国协会等，也不时邀请我给青年讲授交流国际组织工作的心得体会，分享如何做一名优秀的国际公务员。在一些培训班，我除了讲课外，还亲自设计了联合国职员招聘模拟面试模块并为他们做了模拟面试。在粮农组织的那些年，我作为面试委员会主席，前前后后主持面试过数十个高级职务的数百名候选人，他们来自世界各地，有不同的文化背景和工作经历。我把面试中的一些主要经验和可能出现的"问题和陷阱"总结出来，关键是如何用国际视野去透视不同文化的差异，这些案例很受中国年轻人的欢迎。

给青年介绍联合国用人标准具有现实意义。我把联合国的人力资源标准总结为386标准，即3个核心价值观——诚信、专业、尊重多元；8个核心能力——善于沟通、团队合作、计划组织、责任担当、客户导向、创新思维、科技意识、持续学习；6个方面领导才能——战略眼光、领导力、赋权他人、建立信任、绩效管理、判断力与决策能力。结合我周边同事的大量具体事例，深入分解，说明一个人如何能够从普通走向优秀，为国家、为世界做出力所能及的贡献。当学员们对我的课程给予肯定和很好的评价时，我自然很快乐，这让我体验到一个联合国退休职员的新价值。

教书先教人，如何提高修养，把自己培养成具有全球胜任力的国际型人，是我每每强调的主要内涵。我在国际组织看到不少例子：凡是成功人士都充满正能量。决定一个人的优秀和成功的因素不单单是智商，在很大程度上还是自强自律。自强，才会在人生之旅中倾尽全力，日复一日年复一年地付出辛劳与汗水，才能拥有足够的毅力和坚忍去控制自己的人生。我自己 20 多年的内省感悟，以及我身边无数年轻国际职员的生动事例，都支持了我对优秀国际型人才的总结与判断。我把这些看法总结为"四维"修为，与大学生们讨论。

一是要有家国情怀和大爱精神。家国情怀就是对国家、对时代的担当。自古以来，中国士子就有"先天下之忧而忧，后天下之乐而乐""苟利国家生死以，岂因祸福避趋之"的报国情怀，有"鞠躬尽瘁，死而后已"的献身精神。在国际组织工作，很多时候并不是坐在纽约、日内瓦高大舒适的写字楼里，要随时准备到最艰苦的地方去，与贫困、疾病打交道，要到恐怖主义肆虐的地方工作，甚至有生命牺牲。这都需要有浓厚的家国情怀和大爱精神。

二是一专多能。做学习型的人才，坚持各种形式学习，包括在实际工作中学习总结，不断强化多学科知识的积累。在具备坚实的专业背景的同时，如信息技术、统计、资源、环境、社会、经济和法律等某一学科知识，有意识、有规划拓展领域，具备宽广的知识面，争取成为多栖人才。

三是包容尊重不同文化。了解、熟悉和适应不同国家背景职员的文化特点、处事风格和工作习惯至关重要。要学会与有故事的人相处。如果看不到不同民族不同文化的长处，不懂得尊重各个民族文化，就很难在国际组织工作，施展一个人的才干。

四是团队合作精神。当今社会没有什么重大项目，如对抗禽流感，印度洋海啸等，是不可能依靠一个人独立完成的，都要以团队为基础组织实施。一个善于做出成效的管理者，既是能自己冲锋在前的战斗员，又是善于沟通的推销员，还是能动员组织的协调员，更是能带领兵团作战的指挥员。

这几年，听过我课程的学员不下 2 500 人，他们大部分都有参与全球组织工作的梦想，或从事外交和国际合作的愿望。他们有的是在校生，有的是青年学者，还有的已经是中层管理干部。能与他们分享、探讨自己 20 多年国际组织工作的实际经验与亲身教训，也算是一种回馈社会，我为此感到一定程度的安慰和满足。

中国正在逐步走向全球治理舞台的中心，需要培养更多人才参与国际组织，加强国际职员队伍。我有一个心愿：希望中国有更多的青年走出国门，到国际组织工作，同时也为国家效劳；也希望他们不但能进得了国际组织，还能站得住、做得好、升得上、有话语、有影响；在不同的岗位上，能帮助发出中国声音、讲好中国故事、提出中国方案、增强中国形象、扩大中国影响。在中国国际化的进程中，去主动争取国际化。这是我回归家园后的一种愿望和梦的花朵。

## 位卑未敢忘忧国

### 坚持建言献策

长期以来，西方国家一直利用国际组织平台与机制推动西方的文化、价值观和政治主张。它们对自己国家在国际组织的代表性一直予以高度重视，尤其是对重要和高级别的岗位历来有战略布局。由于历史原因，中国在国际组织中的职员人数少、层次低，国际运作经验弱，尤其是中高级领导层、核心部门专业人员的比例低、缺乏战略梯队。25 年所见、所闻的中国在国际组织的诸多短板，让我久久挂怀。

这些短板在中国国门初开及"韬光养晦"时期或可理解，然而，在中国和平崛起、建设负责任大国、提升国际影响力，需要推动中国文化和增强中国声音时，短板的制约日益凸显。如今，中国在联合国缴纳的会费排名已经上升到前两位，但对国际组织的影响能力和利用效率持续偏低，这与中国的大国地位明显不相适应。我们迫切需要改变现状，打造有利的国际环境。

位卑未敢忘忧国。2000 年后，一有机会我就向有关部门建言献策，颇有点苦口婆心。尽管我人微言轻，国人对我又知之甚少，但作为一个国际组织的老职员，全球治理的参与者、见证者，我总觉得自己是匹夫有责。于是，这些年来，常存"处江湖之远则忧其君"的责任心，但凡机会允许，我就在各种场合建言献策，唯冀能被国家聆听采纳，尽一个中国人的报效祖国之心。

2005年，目睹中国的继续崛起，预感到国家对国际发展合作和援助必将不断增加，对国际型人才的需求必然日益上升，我提出，可参照日、韩等国通过自费专家方案培训国际型人才的举措，建议有关部门尽快着手考虑这一方案的可行性，向联合国系统如亚太经社会、粮农组织、教科文组织等派遣实习生或年轻自费专家，并建议采用公开竞争机制选拔推荐人才，从年轻干部着手，通过多种渠道，培训有国际视野和竞争力的国际型干部。

同年，我还就"国际发展援助与合作"问题，向政府提出建立"中国国际发展援助局"的构想和建议。我写道：随着中国经济的发展，国际组织和发展中国家都对中国在国际社会中的作用和影响有了进一步的肯定，同时亦有更高的期望。最近，一些经济发展较好的国家对南南合作也有更多的承诺……考虑到我国对外各种合作援助不断增加，更考虑到我国走创新型国家和扩大贸易的发展战略，我国对外合作援助应逐步转向知识型和人才培训型，即由我国专家执行或推动对外经援或技术援助项目，以科技合作及人才培训作为经济和贸易合作的先导。为此，建议提请国务院成立"中国国际发展援助局"，负责协助、规划，组织实施中国对外发展合作与援助。这样既有利于经费的有效使用，又有利于扩大中国在国际社会发展援助的可视性和综合影响。

我还建议，中国退休干部人才资源相当丰富，特别是国家机关、中科院和其他教育研究机构的退休人员，都是可继续利用的人才资源。可以借助一部分在国内外有影响的人物，成立一个民间性质的"中国国际发展研究中心"，汇集一个多学科的队伍，作为上述提议的"中国国际发展援助局"的技术依托，执行一些具体项目的调研、论证与实施。该中心可以从小做起，摸索并积累经验，渐成规模。作为试点，可委托或选择国际欧亚科学院中国科学中心开展初步工作。

2009年年初，我在另一份建议中提出，大国，特别是发达国家对国际组织的掌控是有目共睹的，其目的是有效直接影响重要国际游戏规则的制定和实施。美、法、德、日等国都十分重视国际组织高层管理人员的任命。日本还派遣大量年轻干部到国际组织实习或任职，这成为国际型人才培养的一个有效途径。日本还利用其在国际组织的工作人员的合法性大量搜集运作信息和各国的经济统计资料。

随着中国政府对联合国组织的会费的增加，中国在整个联合国系统职员的低编问题十分突出，为尽快改善这个现状，我建议对于低层次的技术干部，各有关部门应有更开放的政策，打破部门界限，鼓励国内专业能力强、外语水平高、有培养前途的年轻专家参与竞争。对于高层官员，政府主管部门则可以适当推动，争取有更多的中国职员进入联合国组织，掌握一些重要部门的高层职位。随着中国的贡献增加，国际影响日增，我国应该在一些重要的国际组织有更多的高层管理干部，一来影响国际游戏规则的制定，二来为推动我国继续改革开放和扩大国际合作起一个重要的桥梁作用。

**人才政策的思考**

回国后，我进一步体会到国际型人才对于一个崛起中大国的重要性和紧迫性。经过反复思考，我于2014年和2015年两度向有关方面提出比较系统的书面建议，强调国家培养国际型人才迫在眉睫。我提出在国家层面要有长远战略，顶层设计、统筹规划、配套政策、统一管理、系统推进的主张。建议做到有目标、有重点，既瞄准国际组织重要或高级别职位，更要重视年轻人才的培养。同时提出要分层次、有组织地为我国组建一支热爱国家、熟悉相关业务、外语水平高、运作能力强、具有国际竞争力的国际职员储备力量，争取在5~10年内，从根本上改变我国在国际组织的代表性和人员结构,作为我国多边外交的重要补充力量,发挥公共外交不可取代的功效,扩大我国在国际舞台上的实际影响力。我强调的重点包括:

——提高对国际组织内中国职员队伍建设重要性的战略认识,培养大国胸怀。世界给中国一个机会,中国需还世界一种责任。中国要给国际组织输送最优秀的中国人才。通过国际职员的帮助和配合,起到"四两拨千斤"的效果,推动国家战略意图的实现和维护国家在国际事务中的合法权益,实现国家利益最大化。

——制定国家层面的统筹战略目标和实施机制。随着中国对国际组织工作的深度参与,为提高影响力,必须建立全方位的统筹对接机制,打破条块分割,杜绝国家利益部门化甚至部门利益个人化的状况;特别是要制定立足于国家战略层面的国际组织人才战略,实施"不拘一格降人才"的政策。

——配合宏观政策和战略目标的实施,建立可操作的、可落实的具体工作机制。有效的组织体系是关键,包括建立考核机制和表彰机制,使有关部门、有关工作人员对工作要求目标明确、到位。

——注重高层领导人才职务的竞争。高层管理人员在体现国家利益、国际问题讨论议程设立、推动国际规则制定进程以及国际重大政策取向等方面具有重要的影响。要加强调研预测,对相关的联合国部门与国际组织的组织领导机构及其负责人职位进行拉网式的系统分析。

——提高对初级、中级专业人员队伍建设的重视度。"风物长宜放眼量",构建人才梯队不可能一蹴而就,要长期经营方能结出硕果。为此,要有时空感,不可急功近利,放宽放长眼界,进行针对性与持续性并重的系统投入和培养,从而建设起涵盖各个层次、各个领域的人才队伍。

——了解国际组织特殊的、复杂的内部运行机制。只有浸润其中多年的人,方能有深刻把握。很多时候,恰恰是在中级甚至初级岗位上的职员,对机构运行、人员部署、政策制定、文件起草背景和会议决议形

## 第十章　西去归来如初家国梦

成过程中起着重要作用。因此，要纠正"眼睛向上不看下"的习惯，从一开始就必须高度重视初级中层职员的队伍建设，夯实人才梯队基础。

——为年轻队伍的培养设立专项经费。建议国家拨专项资金，用于遴选和派送年轻人到国际机构或组织去进行为期两年左右的自费专家实习。其目的是创造机会让有潜力的年轻人在国际机构或组织得到锻炼，获得资历和经验。在提高专业素养的同时，对国际机构的运行机制、规则以及项目管理有直接的熟悉和认知，为竞争正式的职位打下基础。具体建议，每年培养 500～700 名年轻职员，形成基本储备队伍，具体运作可以由有关部委和教育部国家留学基金委负责。

——要注重对已经在国际组织内工作多年的优秀中国职员的甄别、培养、推介。研究学习一些西方国家的做法，采用内外结合，旋转门、跳跃式的培养机制，加速从初级向中高级职员发展的进程。

——改变忽视甚至歧视国际组织从国外直接聘用的中国职员的政策，大力提高对这类人员的关心和支持力度。长期以来，相关部门对国际组织直接聘用的中国人员往往不够重视，有时则视其为"后娘生""外国的中国人"，甚至予以刁难。事实上，一些中国籍人士靠自己的拼搏，在激烈的国际竞争中脱颖而出，素质相当高。他们中许多人同样拥有浓厚的家国情怀，有时比国内政府机构推荐和空降的国际职员更坚忍、专业水准更高、国际视野更强、更具抗压力。这支队伍日渐壮大，活力日增，潜力无限，不容忽视。

——在争取国际组织的高级和重要岗位时，必须由中央权威机构牵头负责协调和决策，破除部门本位主义，做到全国一盘棋，在统筹部署下有重点有步骤地推进。在具体操作中要强调充分调研，做到信息确切，有的放矢，量才适用。方法要有理、有节，不可夜郎自大，视国际组织为国内衙门，盲目对国际组织加压，以免适得其反。

我努力呼吁，随着中国经济的不断发展，为鼓励优秀人才投身到国际组织工作中去，国家应出台相应的保障措施。当前，应协调处理各种关系，打破部门割据，鼓励人才流动，创造条件形成"国之器，国所用"的开放、统筹局面。

就是这样，2003—2015年这10多年间，我或写书面报告，或会议发言，或参与软课题研究，几乎每年都通过不同的场合呼吁政府加大力度培养国际型人才。我深信那些远见卓识的管理决策者终有一天会关注的。

令人振奋的是，随着国际和国家发展需要，2018年3月，全国人大批准了国务院机构改革方案，一个新的机构横空出世——"国家国际发展合作署"宣布成立，其主要职能是拟定对外援助战略方针、规划、政策，统筹协调援外重大问题并提出建议，推进援外方式改革，编制对外援助方案和计划，确定对外援助项目并监督评估实施情况，等等。我相信，中国政府的这个举措，将对联合国2030可持续发展做出进一步的贡献，将更好地与国际接轨，为在全球治理中成为一个负责任的大国增添新的色彩。

"位卑未敢忘忧国，事定犹须待阖棺。"建言献策，职责所在，呕心沥血，在所不惜。但凡于国家有利，无论多艰难，应坚持不懈，砥砺向前。

## 整装迎接新挑战

### 帮助发出中国声音

科技是生产力，科技没有边界。加强国际科技合作，是推动构建人类命运共同体、实现中华民族伟大复兴的重要领域。国际科技合作，一方面，有助于为我国科技人员牵线搭桥，促进中国的科技和企业"走出去"；另一方面，也有助于国际社会更多地了解中国，更好地分享中国改革开放的经验和成果。

以科技合作为先导，帮助发展中国家提高能力建设，是推动和拓展经贸合作的战略举措。中国目前每年都有一批从第一线退休下来的科技人员，他们拥有前沿知识，有坚实的科学基础和实操能力，掌握着科技

## 第十章 西去归来如初家国梦

发展的时代脉搏；同时，有一批国际组织退休人员回国，大部分人在到国际组织任职前，都曾经在政府机关工作过，有家国情怀，有国际视野，有很丰富的国际国内双重经验。如果创造条件，让这两批人联合发挥余热，整装转向推动科技合作的新战场，定会有所担当。

国际欧亚科学院中国科学中心或许就是这样一个有巨大潜力的科学家群体。它是一个由国际著名自然科学家、工程技术专家、经济学家和社会科学家组成的非政府科学家组织，成立于20世纪90年代，其总部设在莫斯科。其宗旨是推动全球民间科技合作，为可持续发展服务。至2015年，中国科学中心已有160多位院士，包括40多名中国科学院和中国工程院两院院士，科技实力雄厚，完全可以成为推动中国和世界各国，特别是"一带一路"沿线国家科技合作的桥梁。我于2002年当选为国际欧亚科学院院士。2013年，为了推动中心走向世界，我利用在国际上的专业网络和影响，成功地促成了国际欧亚科学院与联合国教科文组织建立伙伴合作关系，实现了中国科学中心10多年来一直努力却未能实现的愿望。我认为，国际欧亚科学院通过面向全球的理念改革，基于其强大的智力资源和科学网络关系，完全可以起到推动甚至引领中国等发展中国家，特别是"一带一路"沿线国家科技合作的独特作用，为构建人类命运共同体做出新时代的贡献。

2015年，由于个人原因，我辞去了国际欧亚科学院中国科学中心副主席兼秘书长的职务。然而，此举并非"归隐隆中"。2014年6月，我陪同全国政协副主席王钦敏到内蒙古鄂尔多斯的库布齐沙漠调研。那次调研后，我内心久久不能平静。我这个曾经在联合国担任过自然资源与环境处处长，推动过全球的荒漠化和土地退化治理行动，也曾到过北非、中东、北美和大洋洲的多个沙漠调研，可以说是见多不怪的人，却被这个沙漠正在发生的一项伟大事业震撼了。库布齐沙漠是中国的第七大沙漠，面积1.86万平方千米。3000年前是一片绿野，风吹草低见牛羊。400年前荒漠化，成为鸟不拉屎的不毛之地。30年前，乾坤倒转，这里出现了一个现代愚公——在沙漠里出生、含着沙子长大的王文彪，他带领着一群人开始治理沙漠，修复生态，用现代的科学技术与沙漠人的传统智慧相结合的办法，把其中 6 000 多平方千米的沙漠变成了绿洲，使这里重新牛羊成群、花草丛生。王文彪带领他的亿利团队，带动当地牧民参与，种上了甘草、有机瓜果，发展了生态产业，使 10 多万人脱贫致富。无论其规模还是其效果，都是我在世界各国平生之仅见，简直是一个神话！这不就是我们在联合国一直四处寻觅、苦苦追求的治理模式吗？我马上被这项事业吸引了。

我很快与在联合国的老同事取得了联系，我们决定做点事，帮助总结中国库布齐沙漠的治沙经验，把中国创造的这个沙漠生态治理方案向世界宣传推广。2015 年，我应邀参与组织"第五届库布齐国际沙漠论坛"并担任执行秘书长。这个论坛由科技部、林业局、内蒙古自治区政府以及联合国环境规划署、联合国防治荒漠化公约秘书处共同主办，由鄂尔多斯市政府和亿利生态基金会联合承办。我多年来在联合国积累的专业知识、政策思路、谈判技巧和管理经验终于在国内也派上了用场。

在论坛秘书处，我带领起草"库布齐模式"作为论坛的背景资料。我们建议把 2015 年论坛的主题设计为"沙漠生态文明·共建丝绸之路"，旨在深入贯彻落实中国政府关于加快生态文明建设和"一带一路"倡议等重大举措的部署，围绕"2015 后生态文明建设和绿色发展机遇""'一带一路'合作：共建共赢共享"等展开交流，讨论推进荒漠化防治和生态文明建设的市场机制、政策措施、国际合作等，凝聚国际共识。我组织编写了《2015 后生态文明建设愿景和合作框架》《全球荒漠化防治库布齐行动计划》等大会成果文件；并协调各方力量，利用主场优势以及与联合国组织共同主办的影响力，成功地将生态文明建设理念纳入联合国主流文件，增强了国际社会对中国生态文明建设的理解、认可和支持。论坛通过了《库布齐共识》，发起建设绿色丝绸之路的联合倡议，呼吁加强"一带一路"沿线生态修复和荒漠化治理国际合作。

## 第十章　西去归来如初家国梦

2017年,中国政府在鄂尔多斯主办联合国防治荒漠化公约第十三次缔约方大会。190多个国家和国际组织参加了大会。作为大会的一个主要活动,我带领一个年轻人的小团队,帮助主办机构组织了第六届库布齐国际沙漠论坛,经与联合国防治荒漠化公约秘书处和联合国环境规划署紧密磋商,我们把论坛的主题定为"可持续土地管理"。我的目的是培养年轻人,指导他们如何按联合国的程序,与联合国和其他国际组织以及非政府组织展开广泛磋商,最终形成了《可持续土地管理商业论坛宣言》,并成功地被纳入了联合国防治荒漠化公约第十三次缔约方大会的正式报告和《鄂尔多斯宣言》。《宣言》倡议建立国际联盟,结成伙伴共同应对荒漠化与土地退化,强调增进与相关国际和区域性金融机构、私营部门及国际组织间的合作,努力实现全球土地退化零增长的目标。

除引导组织会议成功举办,取得预期成果外,我更侧重通过这些活动,重点建设培养中国秘书处的能力,希望训练出一支高水平和可持续的国际论坛运作队伍。我坚持按联合国组织的标准和国际会议的惯例开展工作,包括在细节上与年轻的团队成员分享了组织联合国会议的实践经验,手把手地教他们如何应对遇到的重大问题,如何组织辩论、讨论与磋商,以及推动立场的协调,学习对争议问题的折中和促进共赢的谈判技巧等。我耐心指导了两次国际论坛的所有背景文件的起草,有时还利用小故事传授联合国特殊语言的使用,等等。当然,我也亲自为他们起草了2015年的《库布齐共识》和2017年的《可持续土地管理商业论坛宣言》这两个政策性强、高度敏感的核心文件。这些活动有力地宣传了中国荒漠化治理的经验和成就,并向国际社会推出了中国生态文明建设的重要理念,以及荒漠化治理的中国库布齐模式。

## 数字化时代的全球治理

当下,人类社会正步入信息化,并最终朝向生态文明社会方向发展。数字化浪潮迎面扑来。数字地球、数字城市、数字社区、数字电视、数字手机、数字家居、数字书刊等接踵而至，数字技术产品无所不在，提供的技术服务如影随形，已经渗透到人类社会的方方面面，与我们的生活和工作息息相关。智能手机和 App（应用程序）成为我们几乎每天都离不开的工具；电子商务、电子政务、"互联网+"、"一卡通"、"刷脸取款"等信息服务层出不穷，不断普及；物联网、工业互联网、无人驾驶汽车、智慧医疗等正在冲击传统产业；连农民也开始使用手机种地，机（无人机）—星（遥感与导航卫星）—地（地面自动观察台网）帮助农民实现无人拖拉机耕作，目前至少减少了三分之二的劳动成本。

纵观全球，人类社会正加快进入以智能设计、智能制造与智能服务为核心的智能经济时代。生物技术与信息技术的革命性突破正驱动数字化、信息化、网络化和智能化的发展。以云计算、大数据、人工智能为代表的信息社会正改变人类，改变人们的社会生活，也改变着中国的现代化进程。

无论从什么角度看，21世纪的第二个10年，世界处在大变革、大发展、大调整时期，具有一定的不确定性。一方面，全球化进程一波三折，地区冲突此起彼伏，全球政治云谲波诡；另一方面，科学技术飞速发展，新兴产业层出不穷，数字经济一路跃升，数字社会潮涌澎湃。这一切，将不断冲击政治、经济、贸易、军事、外交等诸多领域的传统理念，驱动全球治理机制和模式的适应、变革、创新与发展。我们生活在变化的社会中，就不得不与不断的变化打交道，特别是同技术、信息和数据打交道，不论我们从事什么职业，科技、外交、管理还是全球治理，不管我们想不想、喜欢不喜欢，因为我们自身和我们的一切行为都在变化的维度中，是变化数据的一部分。"苟日新，日日新，又日新"，新时代需要新思维，无论是国家治理还是参与和引领全球治理，都需要创新模式与机制以及创新型人才。

## 第十章　西去归来如初家国梦

数字化时代的世界，我们面临着前所未有的历史机遇。

"问苍茫大地，谁主沉浮？"

对于像中国这样一个正在走向全球治理舞台中心的大国来说，挑战与机遇并存。

中国必须掌握先机。为此，中国需要有代代相传的学习型人才资源，它是决定中国在未来世界中地位和影响的关键因素。这是中华民族世世代代的事业，不但我们这一代人需要重新学习、准备整装再出发，而且新一代人以及再下一代人更需要时刻有迎接未来新挑战的准备、决心和勇气。

世界潮流，浩浩荡荡。我好像还是当不成寓公，再度自觉或不自觉地被卷入了缩小全球数字技术鸿沟的洪流，在参与推动数字中国、智慧社会建设的热潮中，尽一点绵薄之力、做一些力所能及的贡献。

# 卷　　尾

　　米兰·昆德拉说过,"生活,就是一种永恒沉重的努力"。在人生每个阶段我们总会遇到挑战,重要的是不把难事当压力,而是把压力当动力,多一份欢喜心境,持一种求知欲望,笑对磨砺,直面困难,人生就赢了一半。

　　身处大变革的时代,引领变化是一种能力,适应变化是一种修养。我们崇尚歌德笔下的境界:"辽阔的世界,宏伟的人生,长年累月,真诚勤奋,不断探索,不断创新,常常周而复始,从不停顿,忠于守旧,而又乐于迎新,心情舒畅,目标纯正,啊!这样又会前进一程!"

　　我这一生平平淡淡,没有太多跌宕起伏,没有多少色彩斑斓,但毫无疑问,乐于足迹天涯,勤于步履有痕,每一步都准备用艰辛血汗凝成,每一处也都能遇上朋友和师长。我把这些记录下来,是为向我的先祖和我的家人交代,也是为了向无数亲朋好友以及那些曾帮过我和挑战过我的人献上感恩,是他们激励我不断挑战自我,使我行事日臻完善,为人日趋完满。

　　生命仍在继续,心灵依旧四方。

1992年,何昌垂(右5)在纽约参加空间应用协调会(右3为联合国外空司司长贾琛图里亚纳,左5为粮农组织遥感中心主任卡兰斯基)

1992年5月,何昌垂(前排右3)代表联合国参加在武汉测绘科技大学举办的摄影测量、遥感和地理信息系统国际学术讨论会

1994年，何昌垂（左1）与导师承继成教授（中）一起到缅甸调研南南合作遥感综合应用示范项目实施进展

1995年，在新加坡，何昌垂（中）与联合国气象卫星应用工作组中方联系人徐建明（左）以及乔杜里博士（右）在起草工作组会议报告

1997年，何昌垂（中）主持召开亚太地区第二次空间技术发展应用政策协调会，讨论在联合国框架下建立可持续的政府间空间合作机制

1997年，在香港中文大学，何昌垂（右1）和刘遵义（左2）、霍英东（左3）、徐冠华（右3）等人合影

1998年4月，何昌垂（前排右3）赴联合国粮农组织上任前，与亚太经社会空间技术应用处部分成员合影留念

2001年，何昌垂（左1）到非洲肯尼亚调研粮农组织援助的项目进展

2001年,何昌垂(左)在粮农组织总部罗马见到老领导宋健博士(中)(右为驻罗马粮农三机构代表梁劬)

2004年4月,何昌垂(右2)与美国卫生部长迈克尔·莱维特(右1)一行在老挝调研禽流感防控

2004年，何昌垂（右1）向西班牙王后索菲亚（右2）和外长（右3）介绍粮农组织与西班牙在印度尼西亚亚齐省的印度洋海啸灾后重建合作项目的进展

2004年10月，何昌垂夫妇（左1、左2）应中国驻泰国大使张九桓夫妇邀请到大使馆做客

2005年,农业部部长韩长赋(中)访问泰国曼谷,与粮农组织地区办中国籍职员合影(左1为戴卫东,左2为沈崇尧,右1为爱国华侨李先生,右2为何昌垂)

2006年5月,印度尼西亚组织召开第28届亚太地区农业部长会议,印度尼西亚农业部长(前排左7)和何昌垂(前排左6)共同会见高官代表团团长

2006年10月，何昌垂（右1）在粮农组织地区办公室会见印度空间研究院院长卡斯利兰甘和印度驻泰国大使，讨论遥感技术在农业监测中的应用合作

2007年，何昌垂（左2）视察缅甸，向当地农民了解粮农组织援助的野外项目进展情况

2007年，何昌垂（右）在亚太地区办公室接见粮农组织粮安委主席斯瓦姆拉坦教授

2008年2月，何昌垂（右）在泰国曼谷与联合国秘书长潘基文讨论有关世界粮食危机问题

2008年4月，亚太地区办公室第一个召开应对物价飙升头脑风暴会，粮农组织驻亚太国家部分代表和南亚与东南亚有关国家代表参加

2008年10月16日，世界粮食日庆祝活动，何昌垂与夫人（左4与左5）和电视粮食奖获得者合影

2009年10月，何昌垂（中）在泰国曼谷办公室会见参加世界粮食日的优秀农民代表

2009年，何昌垂（右）与中国科协副主席邓楠交流并讨论国际农业科技发展与合作

2010年3月，何昌垂（右）在粮农组织总部与地方负责人的"百万签名抗击饥饿"视频电话会上做动员报告（左为办公厅主任哈斐·勒俊）

2010年，何昌垂（左）在粮农组织总部会见乐施会总干事芭芭拉，讨论海地地震救援合作

2011年2月，何昌垂（第三排左1）代表粮农组织参加秘书长潘基文（前排中）主持的联合国系统行政长官联席会议（前排左2为沙祖康副秘书长，第四排右3为古特雷斯）

2011年5月,粮农组织总干事迪乌夫(右)在高管会上向副总干事何昌垂(左)赠送粮农组织纪念盘

2012年,何昌垂在中国河北正定野外考察

2013年春，何昌垂（前排中）再度告别罗马，与粮农组织总部办公厅职员合影

2014年，何昌垂应邀在上海国际问题研究院做关于气候变化与粮食安全的学术报告

2017年，何昌垂（右）和联合国环境署署长埃里克·索尔海姆访问库布齐沙漠，帮助促成了全球治沙合作行动方案

2018年，何昌垂（前排右6）与北京大学国际关系学院张海滨教授（前排左6）和全球治理培训班学员合影